Monumenti Etruschi O Di Etrusco Nome: Specchi Mistici. 1824-25. 2 V...

Francesco Inghirami

MONUMENTI
ETRUSCHI
O DI ETRUSCO NOME

DISEGNATI, INCISI, ILLUSTRATI

E PUBBLICATI

DAL CAVALIERE

FRANCESCO INGHIRAMI

TOMO II.

POLIGRAFIA FIESOLANA
DAI TORCHI DELL'AUTORE
MDCCCXXV.

ALL' ORNATISSIMA

SIGNORA CONTESSA

M. ANNA DE BOUTURLIN

NATA CONTESSA DE WORONZOUW

FRANCESCO INGHIRAMI.

La pubblicazione di questo Secondo Volume della mia Opera sopra i MONUMENTI ETRUSCHI debbesi riguardare come il benefico effetto dalle magnanime Vostre insinuazioni prodotto, allorchè mi animaste a riprenderne la sollecita prosecuzione; sollevandomi con favore non ordinario dallo scoraggiamento in cui mi aveva immerso l'assenza dei primi suoi promotori.

E poichè la insufficienza mia solo alla bocca ed al cuore dà campo di attestarvi la mia gratitudine, così vi auguro che trovar possiate in Voi stessa la compensazione di sì virtuose cure, nella soddisfazione di giovare in tal guisa al sostegno delle umane lettere e delle arti, in qualunque parte d'Europa vi troviate presente.

AVVERTIMENTO

*Non consente lo spirito severamente analitico del se-
colo in cui scriviamo, che un argomento esser possa dalle
semplici opinioni altrui sostenuto; e che abbia per base una
massima, ancorché invalsa oggimai nell' animo dei migliori pratici, a nuovo e più scupoloso esame non richiamata.*

*Se una tal norma guidato avesse il consiglio e la penna
di quei dottissimi uomini, ch' ebbero finora occasione di
scrivere degli* SPECCHI MISTICI, *vale a dire di quelli antichi Dischi di bronzo manubriati che patere sacrificiali etrusche appellarono, sarebbe certamente loro caduto in pensiero il sospetto che l' uso di siffatti utensili non fosse stato
in tutto corrispondente al nome col quale comunmeente ad-
ditavansi. E poichè ragion vuole che le distinte parti abbiano
per ordinario una qualche relazione col tutto al quale appartengono, così avvenir doveva che dalla più chiara cognizione d' un intiero Disco, più chiaro argomento traessero
anche circa il significato dei figurati delineamenti che ne
sogliono costituire la parte più interessante. Dove il soggetto figurato da essi delineamenti mostravasi oscuro e difficile a intendersi, dovettero i prelodati dotti archeologi trar
partito onde accumular congetture per mezzo del monumento medesimo, e dell' uso al quale finora credettero che
fosse stato adoprato, tenendo essi fisso il pensiero nella*

consuetudine degli antichi di ornare i loro utensili con sog-
getti per ordinario allusivi all' oggetto medesimo, ed all' u-
so cui questi erano destinati. Una tal serie di consecutive
idee doveva condurre gli eruditi a cercare nei sacrifizi, nel-
le libazioni e nell' espiazioni la ragione, il signicato ed
inclusive il nome delle figure che in questi bronzi si trova-
no incisi .

I sospetti che spargo nel presente mio scritto sull' uso
dagli antiquari assegnato finora a questi antichi Dischi di
bronzo, fanno revocare in dubbio anche le interpetrazioni
che adattatamente alle precitate idee di sacrifizi e libazioni
furono stese e pubblicate circa le figure ed i soggetti mito-
logici che vi si contengono. Se i miei dubbi si trovano va-
lutabili presso chi gli esamina, segue che non solo i monu-
menti di questa specie particolare, ma i soggetti medesimi
che in essi contengonsi potranno presentarsi all' indagatore
sagace sotto un nuovo punto di vista, e recare ad esso un
resultamento di nuove ed inattese notizie circa gli Etru-
schi, al quale importante oggetto mirano unicamente le mie
cure nell' esibire al Pubblico questi MONUMENTI ETRUSCHI
O DI ETRUSCO NOME·

Avendo io pertanto sostituito al nome di Patere *sactifi-*
ciali, finora dato a questi Dischi in bronzo manubriati quel-
lo di Specchi mistici, *presumer non debbo che tale sia per*
essere l' inalterabile opinione da abbracciarsi; ma soltanto
oso proporla a chi dalle mie ragioni resterà convinto, da ri-
tenersi almeno fintantochè altro di me più sagace interpe-
tre non giunga con chiarezza maggiore a rilevare di que-
sti singolari utensili antichi la vera natura, e dimostri non
essere stata da me conosciuta .

SPECCHI MISTICI

SERIE SECONDA

DEI MONUMENTI ETRUSCHI

Utinam tam facile vera invenire possem, quam falsa convincere!

CIC. DE NAT. DEOR,

DEGLI SPECCHI MISTICI

TAVOLA PRIMA.

Il plausibile scopo di raccogliere nei Musei le antiche memorie, debb'essere quello di piacevolmente istruirci nella storia dei trapassati. Queste ci ravvicinano ad essi, come se in certo modo vivessimo ai loro tempi, testimoni oculari de' loro costumi, religioni, scienze, arti, talchè per esse, come osserva Cicerone, dilatiamo le nostre cognizioni per i vasti spazj del tempo, trionfando di quello. Reputo pertanto, che di quante ne giunsero fino a noi, sieno da porsi tra le più interessanti quei Dischi in bronzo manubriati, che Patere etrusche comunemente si dicono; poichè contengono iscrizioni, e figure, che a vicenda si aiutano ad assicurarne l'interpetrazione, giovando del pari alla cognizione dell'antichità figurata, e delle lingue perdute; colle quali nozioni apresi largo campo a maggior cognizione della storia degli uomini. Per questi motivi, gli editori dell'opera Dempsteriana intitolata: DE ETRURIA REGALI fregiaronla di alcuni rami contenenti quei Dischi antichi, allora conosciuti nei principali Musei. Da questi han presa occasione di scrivere sulle Patere degli Etruschi, e il Passeri, e il Gori, e il Buonarroti, come di oggetti che meritavano l'attenzione dei dotti.

Ebbe in animo il Passeri di dare alla luce una collezione d'iscrizioni tolte dalle Patere etrusche; ma il pubblico non vide altrimenti, se non l'accenno di questa di lui buona disposizione, annunziata nella prefazione alla sua opera de'Vasi etruschi dipinti [1]. Molti di questi Dischi illustrò il Gori, uomo che applicatosi in particolar modo alle indagini delle antichità etrusche, prese in esame i soggetti, che vi si trovano espressi, e come altri antiquarj reputandoli anch'esso Patere spettanti a quel popolo, ne inserì buon numero nella vasta sua opera che intitolò: MUSEUM ETRUSCUM. In seguito conosciuti altri Dischi, e consideratane l'importanza, si applicò a raccoglierne quanti disegni potè, e molti ne fece incidere, con animo di pubblicarne un' opera a parte, per quanto apparisce dai suoi manoscritti. Ma il breve corso della umana vita non corrispose alla vastità dei progetti di quell'uomo infaticabile a pro delle lettere e dell'arti. Giovaron peraltro i disegni da lui raccolti a quei Letterati che del pari conobbero il dannoso vuoto, che faceva nella scienza antiquaria la mancanza di una qualche collezione stampata di antichi Dischi, e se ne occuparono. Di fatto ne troviamo una nel saggio di Lingua etrusca del celebre Lanzi, che sebben limitata pel numero de'monumenti, è corredata per altro di dottissime interpetrazioni, colle quali Egli mostrò, più che altri non avea fatto, l'utilità che arrecar potevano ai letterari studj le interpetrazioni delle figure, e delle iscrizioni che vi si trovano, e bramò che adunati in assai maggior numero si pubblicassero con illustrazioni. Alle provide cure del celebre Contucci siamo debitori di una bella raccolta di questi monumenti, pubblicati col titolo di Patere etrusche del museo Kirkeriano. Altri antiquarj ne han dati alle stampe, trattando delle antiche Patere sacrificiali.

Ma ciò non basta a prò degli studi che oggigiorno si voglion fare su'monumenti; al quale effetto se n'esige una più estesa collezione, perchè vedutine molti, e fatti fra loro

---

[1] Passeri, Pict. Etrusc. in Vasc., tom. 1, p. xxv.

dei confronti, è da sperar di giungere a conoscerne l'indole e l'uso, e spiegarne con più certezza i soggetti che vi
si contengono. In fatti abbiamo saputo che il Cultis. Biancani, zelante di tali ricerche, diedesi ogni premura per ot-
tenere dagli eruditi suoi amici, e per ogni dove notizie e
disegni di antichi Dischi, con animo d'istruir se ed altri sopra questa etrusca materia nel pubblicarne una collezione
corredata d'illustrazioni. Egli dunque fattosi un sistema sul-
l'esame di questi antichi monumenti sbozzò in un modo
informe e compendioso le interpetrazioni dei soggetti contenutivi, forse ad oggetto di darne più minuto ragguaglio
allorchè fosse stato per pubblicarle. Ma poichè le rappresentanze di quelli sono espresse in un modo assai vario dal consueto dei monumenti antichi, e in conseguenza difficili ad
interpetrarsi, così richiedendo molto tempo da chi se ne
occupa, non fu bastante al Biancani quanto restogli di vita
per mandare ad effetto il suo meditato progetto.

L'Emin. Cardinale Stefano Borgia zelante Mecenate
delle lettere, e gran letterato, conobbe anch'egli l'importanza di far noti al pubblico per via di stampe i Dischi antichi da lui raccolti nel celebre suo museo di Velletri; ed
affrettatosi a farne incidere in rame i disegni, preferibilmente ad infiniti altri monumenti del suo museo, gli spedì
al Lanzi perchè gl'illustrasse. Ma lo spirito di quel buon
vecchio era ormai logoro da tante altre già prodotte insigni
letterarie fatiche, da non esser più in grado di compilare
un'opera così laboriosa. Tuttavia si accinse a scriverne alcuni articoli che son giojelli d'erudizione, de' quali darò conto in compendio, poichè verranno in luce per le cure del
Ch. suo successore nella carica, e nel merito d'antiquario
Sig. Ab. Giovanbattista Zannoni.

Il dotto giovine greco Stelio Doria Prossalendi, poco fa
morto in Corfù segretario dell'università di quell'Isola, spe-
rò poter effettuare questo lavoro, vanamente intrapreso da
tanti altri ansiosi del progresso, che per mezzo dei Dischi si
può arrecare alle lettere, e cercatene ancor esso da per tutto notizie, per compilarne l'illustrazione e la stampa, seppe in tale occasione che in Bologna esistevan sempre non
poche schede e disegni di essi, lasciati dal già lodato Biancani. Per ottener le une e gli altri cercò favore presso l'
egregio Sig. Canonico Filippo Schiassi Prefetto del Museo d'
antichità nell'Istituto di Bologna, e Professore d'Archeologia
in quella università; il quale con quell'aureo suo carattere
d'urbanità che lo distingue, volle compiacere il Prossalendi,
aprendo seco lui un carteggio letterario, nel quale si com-
prendevano le ricercate notizie, e si esibivano i disegni lasciati dal Biancani per esser pubblicati; ma l'opera del Prossalendi mancò d'effetto per l'immatura e compianta sua
morte.

Frattanto ancor io, che di tali studi mi occupo e mi
diletto, domandai al Sig. Profes. Schiassi queste notizie medesime dal Biancani lasciate in Bologna. Nè meno sollecito, e bramoso ne fu il celebre antiquario francese L. A.
Millin; alle quali moltiplici istanze risolvè il Sig. Canonico
generosamente aderire, pubblicando l'intero suo letterario
carteggio tenuto col Prossalendi, in un libro scritto in latino, corredato di trenta due rami che contengono altrettanti disegni dei Dischi in bronzo, che ivi hanno il nome
di *Patere degli antichi* [1]. In una lettera diretta al prelodato Millin in Parigi e inserita in quell'opera, si duole che
il Biancani sia morto prima di vedere quanto il Lanzi scris-

---

[1] De Pateris antiquor. ex Schedis Biancani, Sermo et Epistolae.

se dipoi circa le Patere, come pure della morte del Prossalendi, che potutosi giovar degli scritti dal Biancani lasciati,
non meno che dei sistemi del Lanzi, avrebbe potuto darci
l'opera desiderata. Chiude quindi la lettera col manife-
star la speranza ch'io mi voglia prendere un tale incarico [1], forse ingannato da male sparsa fama ch'io ne possa esser capace. E se le mie fatiche, in qualunque modo
esposte sieno, posson realmente giovare al pubblico, come
non pochi de'miei amici mi fanno sperare non tanto per
la parte letteraria, quanto principalmente perchè profes-
sando io le belle arti mi si reputa in grado di poter più
facilmente che altri accingermi a raccoglier disegni e pubbli-
carli; così mirando io più alla pubblica utilità, che alla mia
insufficienza mi espongo al cimento d'incaricarmene con
impegno e piacere.

Le principali mie cure per effettuare questa impresa sono di porre nel mio portafoglio quanti disegni di antichi Dischi ho potuto adunare, tanto editi che inediti; giacchè una
raccolta gli dee tutti comprendere. Oltredichè ho domanda-
to per ogni dove ai possessori di questi monumenti, che me
ne comunicassero i disegni, per il qual mezzo ho arricchita
non poco la mia raccolta in modo da poterla dare alle stampe più di sei volte maggiore delle sin qui edite. Ho disegnato con ogni precisione possibile tutti i Dischi da me veduti in originale, ancorchè sieno stati già pubblicati da altri; ed ho pregati quei che si degnano inviarmene i disegni,
di calcarli sull'originale, acciò io ne riporti inciso il disegno
tal quale trovasi nel bronzo antico. In questa guisa i geni-
ali delle indagini sulle antiche arti potranno fare ogni osservazione che a loro piacesse, avendo sott'occhio la mia in-

1 Schiass. l. cit., p. VIII.

cisione, come se avessero l'originale medesimo, quale appunto si mostra il presente della Tav. 1. di questa terza serie.

È questo un Disco de'più comuni per la forma, per la grandezza, per il metallo, per il colore, come anche per la figura muliebre che vi si vede incisa. Il tipo originale in bronzo conservasi nel museo di Volterra. Io l'ho fedelmente copiato a pennello nella sua dimensione, disegno e colorito. Non è a mia notizia che sia stato mai pubblicato colle stampe da alcuno. Lo nomino DISCO MANUBRIATO per la circolare sua forma, e per l'appendice che già fu unita al manubrio, aderente alla sua periferia. Molti sono i Dischi manubriati simili a questo, la massima parte de'quali è in bronzo di varie leghe, ed alcuni pochi di puro ferro che trovansi carichi di tartaro ferrugineo, e molto guasti dalle ossidazioni. La struttura loro consiste in una lamina di metallo spesso così sottile, che non la giudico atta a sostener lungo tempo l'azione della gravità di un corpo soprappostovi, e per conseguenza incapace di servire di recipiente. Gran parte di essi trovansi per questa ragione, e per la sofferta ossidazione col manico staccato dal Disco, quale appunto si mostra questo. La fragilità della struttura loro non ci permetterebbe di ritrovarli spesso anche intatti dopo vari secoli, e solo tinti dal verderame, come io la dimostro [1], se gli antichi non gli avessero espressamente chiusi nei sepolcri, per alcune religiose loro superstizioni, che anderò indagando nello scrivere di questi monumenti. La figura più frequente che trovar si suole incisa in questi Dischi è appunto quella, che porta il presente, eseguita con incavo di linee nel metallo, come potrebb'essere incisa in un rame da stamparsi in semplice, ma largo contorno.

1 Ved. ser. III, tav. 1.

Sul significato di questa figura muliebre rappresentata-
vi scrissero molti, e variamente, come avrò luogo di esporre
ove occorra: ed io pure ebbi occasione di scrivere che mi
è sembrata una Nemesi [1]. Non mi trattenni granfatto sulle
ragioni della mia congettura, ma non ostante non ho finora trovati oppositori a questa opinione. Avrò luogo di pren-
derla in nuovo esame; contento per ora di accennare che
Nemesi fu presso molti popoli l'emblema significativo della
Divinità, in modo che noi la troviamo indicata dagli scrittori con diversi nomi come dagli artisti con diverse figure
a seconda dei vari attributi della Divinità che nei monumenti scritti o figurati si è voluta rappresentare. Quanto
dico ora in succinto non anderà esente dalle necessarie prove, quando tratterò di questa figura; poichè incontrasi spesso nei Dischi della collezione che espongo. Qui per ora mi
si conceda come provato esser essi spettanti ad alcuna cosa
di Religione, e la figura muliebre incisa in questo, essere
stato il simbolo della Divinità presso gli antichi.

TAVOLA SECONDA

Con giusta ragione dovè dire il dotto antiquario Lanzi non esservi errore più difficile a sterminarsi di quello che
ha radice in una falsa nomenclatura [2]. L'esperienza ci dà
giornalieri esempj della verità di tal massima. Egli abbattè
con ragioni convincentissime il nome etrusco dato comunemente ad ogni antico vaso di terra o semplice o verniciato
o dipinto: eppur quel nome, se non tra 'l fiore degli eruditi, tra' volgari almeno continuamente ripullula e si sostie-

---

1 Inghirami, Estratto del lib. intit.   2 Lanzi, Vasi ant. dipinti, diss. 1, p. 11.
de Pateris antiquor.

ne [1]. Ciò accade cred'io rispetto all'antiquaria, pel credito
e stima che presso il pubblico ebber coloro che i primi scrissero intorno alle dissotterrate o scoperte anticaglie; i quali con soverchia franchezza decisero e de'nomi e degli usi
e delle derivazioni di quanti monumenti venivano alla luce. Nè ciò potea diversamente accadere, mentre si esigeva che un antiquario tutto sapesse conoscere ed interpetrare; e quegli era maggiormente applaudito, che di maggior
novità e più strana facevasi propagatore. Ma siccome la sana critica or fra i pochi, or fra i molti de'dotti sempre ger-
moglia, così alle imposture d'Annio Viterbense cercò far
argine un Pier Crinito; alle credulità di Curzio Inghirami
contrappose il vero un Leone Allazio; ai battesimi del
Gori rise un Maffei; alle Origini italiche del Guarnacci mot-
teggiò un Antonioli; agli etruschi sistemi del Passeri obiet-
tò un Lanzi, e così dicasi di altri molti; ed io pure cer-
cai con ogni studio far note quelle verità che con ben tessute parole furono travisate da chi scrisse dell'Italia avanti
il dominio de'Romani [2]. Nè il mio lavoro fu rigettato dagli
amanti del vero, come fu loro gratissimo quello del Crinito, dell'Allazio e di quanti altri operarono a rettificare gli
studj dell'antiquaria. Mosso io pertanto da questo principio di utilità, mi lusingo di non gettar via vanamente il
tempo, occupandomi nell'esame del nome, dell'uso e del
significato dei Dischi manubriati, ai quali si è dato sinora
il nome di Patere, quasichè ad uso di sacrifizi fossero stati
adoprati. Ma questo esame non sarà nuovo, poichè gli antiquarj che scrissero de'monumenti figurati già ne diedero

---

1 Ved. Mazzarella Farao, Lettera sulle interpetrazioni di due Vasi fittili
Pestani, fatta dal Lanzi.

2 Inghirami, Osserv. sopra i monum.
ant. uniti all'opera intit. *l'Italia
avanti il dominio de' Romani*.

quasi tutti il parer loro: non però unanime, nè procedente da eguali principj come esporrò; tantochè lo studioso Lettore che vuole istruirsi in questa materia non sa per ora a qual partito doversi appigliare, mentre ognuno di essi gli viene esibito con ragioni e dottrine che hanno aspetto di esser plausibili e persuadenti, e da persone per cognizioni e per credito sommamente autorevoli. Che se ora il parer mio nudo nudo ancor io qui proponessi, qual fondamento avrei di sperare che si anteponesse a quello di un Passeri, di un Lanzi, di un Visconti, di un Millin, di un Vermiglioli, di un Akerblad, di un Ciampi, e di altri tali dottissimi uomini, che se ne sono egualmente occupati? Per render utile questo mio trattato vedo necessario che mentre tesserò in certa maniera la storia de'Dischi manubriati e di quanto n'è stato scritto, io dimostri con ragioni, dottrine ed esempi la difficoltà di ammettere tutte le opinioni che discordano da quella sola, sia d'altri, sia mia, che troverò la più idonea a farci chiari sull'astrusissimo e ricercato articolo del nome, dell'uso e del significato dei Dischi manubriati. Nè la difficoltà di sradicarne ogni mal fondata definizione ed improprietà di nome può disanimarmi dallo occuparmene; poichè d'altronde sperimentiamo continuamente che giunge il tempo, nel quale il vero, snidata la falsità, signoreggia e trionfa di quella. Protesto pertanto, che mi sarà caro il restituire ai monumenti che esamino il proprio loro legittimo nome di *Specchi mistici*, come traggo dagli antichi scrittori (quando sien valide e convincenti le mie ragioni, del che non giudico), egualmente che il trovarmi da altri convinto che Patere o altri utensili da sacrifizio (come finora è stato creduto) sieno i Dischi suddetti ad onta d'ogni mio sforzo per provare il contrario.

S. II.   2

Nella totalità dei Dischi manubriati che si son ritrovati finora, la più gran parte va corredata di figure. Il restante di essi è semplice come quello che espongo in questa Tav. II. I Dischi semplici formano il minor numero nella Italia media e nella superiore, come rilevasi dalle raccolte di antichità dove sono adunati e conservati; si trovan poi frequentemente nella Magna-Grecia e nella Sicilia, ma quasi sempre senza figure come vengo assicurato dal Cult. Sig. March. Gino Capponi il quale viaggia per l'Europa lodevolmente occupandosi a pro delle lettere, e delle scienze, e specialmente di quest'opera, come apparisce in più luoghi di essa. Ecco un articolo d'una sua lettera su tal proposito scrittami prima del suo ritorno da quella parte d'Italia da lui percorsa nel 1817. « *Per sodisfare alle vostre interrogazioni, egli scrive, ho cercato agli Antiquarj delle notizie sul ritrovamento dei Dischi in bronzo manubriati, ed ho saputo specialmente dal dotto Monsig. Capecelatro Vescovo di Taranto, espertissimo in queste materie antiquarie, che i vostri Dischi si trovano anche in questi paesi, ma non già con figure a graffito, come soglionsi trovare 'in Toscana e per lo stato Romano* '* ».* Dunque l'oggetto per cui furon fatti generalmente i Dischi in bronzo manubriati non fu il contenere quelle sacre istorie che in molti s'incontrano; altrimenti quei che ne son privi de'quali do un esempio in questa II. Tavola non sarebbero fatti a verun oggetto: lo che è assurdo. Spero poter dar conto in seguito del perchè si trovano i Dischi semplici più frequentemente nella Italia inferiore che nella media e nella superiore. Il Ciatti riconosciuto per il più antico scrittore dei ritrovamenti di questi

---

1 Lettera MS. esistente nel mio carteggio letterario al n. 42.

dà loro il nome di *coperchi di urne cinerarie*, perchè il caso portò che in Perugia, come pure in Arezzo si trovarono i primi sulla bocca di vasi cinerarj [1]. Lorenzo Legati ragionando di uno di questi Dischi indi a poi conosciuto col nome di *Patera Cospiana* parimente trovato sopra un vaso di bronzo ripieno di ceneri, gli dà lo stesso nome di *coperchio di urna in bronzo* [2]. Il Montalbani veduto questo tal Disco situato nel Museo Cospi, e trovatolo corredato di sacre storie, senza prender cognizione della sua provenienza come suppongo, lo credè utensile spettante ai sacrifizj di quella religione; [3] lo che per altro accenna soltanto nel titolo del suo articolo come appresso: MANUBRIATI ANTIQUISSIMI DISCI; HOC EST EMBLEMATICAE AENEAE LAMINAE VETUSTISSIMAE SACRIFICIALIS INTERPRETATIO. Dopo di che nient'altro scrisse in conferma di questa sua supposizione veramente gratuita. Ma chi conosce le opere sue giudicherà, che attesa la scentifica sua vasta facondia ed enciclopedica erudizione, dovea probabilmente goder molta reputazione in Patria; talchè sentiamo dallo stesso Legati quanto erano autorevoli le di lui parole e giudizi relativi al monumento in questione, ancorchè privi di fondamento. «*L'uso di questo Disco*, dice il Legati, *fu creduto dal Montalbani il servir di Patera da sacrifizj de' Toscani il che può concedersi quando s'intenda de' sacrifizj mortuali. Io però osservo*, prosegue il Legati, *che servisse di coperchio d'urna sepolcrale come da principio accennossi* [4] ». Questo picciol periodo scritto con ingenuità, ci dimostra che il Disco manubriato non risvegliò l'idea di

1 Ciatti, Mem. di Perugia, lib. IV, p. 120.

2 Legati, Mus. Cospiano, lib. III, cap. XXX, p. 312.

3 Montalbani, in Ulyssis Aldrovandi Dendrolog., lib. II, p. 601.

4 Legati, l. cit., p. 322.

Patera in questo scrittore, nè per la forma o struttura sua, nè per la circostanza del suo ritrovamento, nè pel giudizio che ne dà il Montalbani, al quale par che il Legati annuisca sol per ossequio al credito che aveva di uomo universalmente erudito, non peraltro di un ragionator critico e persuadente; giacchè il Montalbani non rende conto delle ragioni che lo inducono a supporre una Patera quell'utensile. Vegliava già in quel tempo uno scritto dello accreditato dotto Casali, nel quale si era dato un cenno di quella opinione [1], ammettendo che oltre le Patere consuetamente note senza manubrio, ve n'erano alcune delle manubriate, fra le quali, pel disegno che n'esibisce il Casali, par che restin compresi anche i Dischi esposti in questa mia opera. Ed in vero non furon le sole Patere senza manico simili a quella ch'io propongo per modello della vera Patera sacrificiale presso gli antichi [2], usate nei sacrificj, ma altri vasellami ancora, e di varia forma vi si adoprarono; di che fan fede le opere dell'arte ove si vedono espressi [3]. Alcuni di essi vedonsi molto piani ed aperti [4] e talvolta manubriati [5] per modo che molto si assomigliano a quei Dischi manubriati dei quali ho preso a trattare, giudicandoli Specchi mistici: onde avvenne che per tale approssimativa somiglianza furono dal Causeo confusi questi con quelli, ed a tutti fu dato nome di *Patere* [6]. Il Montfaucon [7] ed altri ripro-

---

1 Casali, De Veterib. AEgypt. rit., cap. xv, de Romanor. Ethnicor. Sacrificiis, p. 157.

2 Ved. tav. B, n. 1, Patera filicata veduta geometricamente. N. 2, la stessa veduta in profilo spaccata.

3 Ved. tav. G, n. 2: tav. H, n. 1, 3, e 6: tav. I, n. 1: tav. K, n. 5: tav. L, n. 1: tav. M, n. 2: tav. N.

n. 2: tav. O: tav. P, Q, n. 3, e 5.

4 Ved. tav. G, n. 2: tav. I, n. 1.

5 Ved. tav. Q, n. 5: tav. M, n. 2: tav. K, n. 2: tav. O.

6 Causeus, Mus. Rom., tom. II, sect. III Instrum. Sacrificiis apta, et Bonanni Mus. Kircherianum, tab. v, p. 44.

7 Antiq. expliq., tom. II. pl. LVX, p. 142.

dussero quella quantità stessa di antichi recipienti di varia
forma, ed altri anche ne aggiunsero unitamente a molti Dischi figurati, o Specchi mistici, non però da essi riconosciuti
per tali, e a tutti assegnaron l'uso nei sacrifizj. Opporrei
primieramente a costoro il dubbio che tutti i vasellami e
piatti da essi ai sacrifizj assegnati sieno stati realmente adoprati per usi tali. Chi entra pe' Musei d'oggigiorno resta
sbalordito dalla innumerabil quantità di forme de' vasellami
di metallo e di terra cotta che vi si mostrano. E s'ha da
credere che tutti per uso sacro fossero fabbricati? Nò certamente, poichè tali recipienti sono di frequentissimo uso
pe' bisogni di nostra vita, e talvolta sono anche semplicemente simbolici, siccome nella serie v. de' miei Monumenti
son per provare. Sappiamo da Ateneo che gli antichi avevano come noi abbiamo per ciascuno ufficio di nostra esistenza dei vasi particolari [1], come da vari altri antichi scrittori
dottamente interpetrati dal culto Creuzero ci è noto che
non pochi di essi furon di mistica rappresentanza [2]: ed eccoci per necessità pervenuti ad una distinzione fra i vasi da
sacrifizio, e i destinati ad altri oggetti. Non è dunque a seconda del capriccioso arbitrio del Montalbani, del Casali e
del Causeo, che noi distingueremo i vasi sacrificiali dai non
sacrificiali, ma ci faremo guidare dalla evidenza, non che dalle descrizioni e dai monumenti degli antichi pagani. Con
siffatte regole entro nel dritto di escludere dai sacrificiali
strumenti i Dischi in bronzo manubriati perchè lo ammetterli non consente colla sana critica, l'evidenza non mel
dimostra, i classici antichi non ne parlano, i moderni scrittori ne dubitano, i monumenti ove sono i sacrifizj non me

1 Creuzer, Dionys, pars 1, p. 38, 39,   2 Athen., Dipnosoph., lib. xi.
alib. sparsim.

ne offrono alcuno, come anderò dichiarando più particolarmente a suo luogo.

Il Begero che tanto si fa stimare dai dotti pel retto giudizio che suol portare sopra i monumenti antichi, non volle accordare al Causeo ed al Casali che i Dischi manubriati e figurati si potessero supporre essere stati Patere da sacrifizio, e dichiara la sua negativa per due paragoni: la prima perchè ad esso non sembraron Patere: la seconda perchè quei due letterati sebbene le dissero Patere, omisero poi di provarle tali [1]. Ed infatti non posson eglino pretender fiducia da chi vuol seguir la ragione piuttosto che l'opinione. Le opposizioni del Begero non sfuggirono al Lanzi che le dichiara nel MS. della Imp. Galleria di Firenze; ove dei Dischi in questione scrive in questi termini: « *Patera etrusca: così chiama il comune degli antiquari certe quasi lanci manubriate ed orlate, che non hanno veruna profondità o solo pochissima, e spesso van fregiate di figure e anche di caratteri etruschi [2]* ». Quindi passa a dare un cenno di varie opinioni tenute dagli antiquari relativamente ai Dischi, fra le quali inserisce quella del Begero. Ma il Lanzi non si espressé con simile incertezza, quando trattò delle vere Patere da sacrifizio prive di manico, e francamente le disse « *Patere di bronzo, che sono sul gusto che vedesi in moltissimi marmi e medaglie che rappresentano Sacrifici [3]* ». Dunque dicasi che i primi antiquari che videro i Dischi, come il Ciatti e il Legati non li giudicarono Patere: i primi che crederono Patere i Dischi, non poterono dare di tal giudizio ragione che appagasse, i primi che vi si opposero sparsero per quella

---

1 Beger., Thesaur. Brandenburg., tom. III, Antiq. var., fol. 424.

2 Lanzi, Inventario MS. di Galle-

ria, stanze de'Bronzi, armadio XII, e XIII. Vasellame num. 43.

3 Lanzi, l. cit., p. 33.

opinione dei dubbi tali che fecero impressione nell'animo
dei maggiori antiquari fino ai nostri ultimi tempi. È dunque la forza della consuetudine che ci fa nominare *Patere*
i Dischi manubriati, non già l'intima persuasione che sieno tali; e questa forza, come in principio accennai è difficile,
a vincersi. Esaminiamo sopra di ciò il seguito degli scrittori.

Il Fabretti, il Buonarroti, il Foggini, il Bourguet ed altri
che scrissero su diverse rappresentanze espresse nei Dischi,
non si occuparon del significato e dell'uso di questi utensili
e nominarongli Patere, perchè tale era il nome che loro
assegnavasi dal comune degli antiquari, come indicò il Lanzi, ond'è che radicato quel nome, ancorchè per uso soltanto, non poteasi tor via da chi ne restava mal persuaso, se
non entrando in un laberinto di lunghe discussioni, ed esami ben ragionati. Troviamo infatti che il celebre Montfaucon, allorchè fra le immense antichità che produsse al pubblico, dovè parlare dei Dischi, non alterò il sistema che allora tenevasi di ammetterli cioè fra i vasi da sacrifizio, e
nominolli Patere, appunto per non entrare, cred'io, in quella disputa; ma protestò bensì in due luoghi della sua grande opera che ammettevali di mal grado come tali per la loro
troppo piana ed incapace superficie [1].

Il Bonanni confonde, come altri fecero, le Patere rotonde coi Dischi manubriati, ma conviene col Begero che questi non debbonsi riconoscere per Patere da libazione [2]. Lo
stesso abbiamo in varie osservazioni del Conte di Caylus [3].
Anche il Winkelmann osserva che le Patere da sagrifizio nei
bassirilievi son vere tazze, mentre i Dischi da lui pur detti

1 Montfaucon, Antiq. expliq., tom. ii,
cap. v, p. 142, et Suppl. au livre
de l'Antiq. expliq., tom. ii, p. 63.

2 Mus. Kirckerian., class. i, p. 12,
edit. a Ph. Bonanni.

3 Antiquit. etr., tom. vi, p. 97.

Patere li trovan con orlo assai basso [1]. Il Contucci che secondo ne scrive il Lanzi [2] ed il Biancani presso lo Schiassi [3] fu l' interpetre dei Dischi adunati nel Museo del Collegio Romano, ammettendo come cosa provata che i Dischi
manubriati spettassero all' ufizio di versare il sangue delle
vittime sull' ara, è poi costretto a supporre che se ne versasse in ben piccola dose, riflettendo alla figura loro e senza punto labro o talvolta pochissimo [4]. Esibisco peraltro a
tal uopo l'esempio di un monumento antico dove si vede
che la Patera destinata a ricevere il sangue della vittima è
delle più grandi e profonde [5].

Il Passeri che cerca rendere una ragione probabile perchè le così dette Patere etrusche sieno manubriate, mentre
le vere Patere effigiate nei monumenti son prive di mani-
cò; immaginò che i Dischi manubriati si usassero per Patere
in certi da lui supposti privati sacrifizi, [6] de' quali però nè
scrittore alcuno, nè verun monumento ci ha lasciata memoria. Quante strane ipotesi per sostenere un primo sbaglio!

Nè minori fole vennero in testa al Gori, poichè suppose la ragione per la quale i Dischi da lui tenuti per Patere
son piani e con bassissimo labbro attribuir si dovesse all'essere state in uso pei sacrifizi degli Dei infernali, ai quali
facevasi basso l'altare [7]. Ma noi, di grazia ricorriamo agli

---

1 Winkelmann, delle Arti del Disegno
presso gli ant., tom. 1, lib. III,
cap. II, § 21, p. 190.

2 Saggio di Lingua etr., tom. II,
p. 199.

3 De Pateris antiq. ex schedis Biancani, Epist. v, p. 56.

4 Contucci, Mus. Kirc. AErea notis
illustr., tom. 1, p. 2.

5 La Ninfa che riceve il sangue di

un asino scannato in onor di Priapo
è tolta da un antico monumento
in b. r. prodotto dal Boissard, e
riprodotto dal Montfaucon Antiq.
expliq., tom. 1, pl. 181, e da me
riportato alla tav. K. num. 4. della serie VI.

6 Passeri, Paral. ad Dempst., p. 123.

7 Gori, Mus. etr., tom. III, p. 185.

antiquari per esser tenuti a bada con capricciose ed aeree ipotesi, o per essere istruiti sui veri usi degli antichi?

Piacque al Millin cercar più plausibili ragioni per dare ai Dischi manubriati il nome di Patere, piuttostochè indagare se ad essi fu dagli antiquari suoi antecessori e contemporanei bene appropriato quel nome, opportunamente giovandosi delle vaste cognizioni, delle quali egli era ornato; ma dovè al solito valersi di supposti, mentre nulla si trova di antico, scritto o figurato a favore di quella ipotesi. Immaginò pertanto che i Romani imitassero gli Etruschi nell'esecuzione delle loro Patere, facendole manubriate come sono i Dischi, e così le usassero nei sacrifizi; ma che poi le rappresentassero totalmente rotonde e senza manico nei monumenti, per renderne più elegante la forma [1]. A ciò mi oppongo col produrre più monumenti, in alcuni de'quali si fanno dei sacrifizi [2], ove sebben la Patera sía di forma rotonda, qual suol vedersi generalmente, [3] pure lo scultore non vi ha posta gran pretensione di eleganza. In un di essi, che è un fregio intiero di un qualche frontone sono adunati tutti gli arnesi da sacrifizio [4], e in conseguenza anche la Patera che è rotonda e senza manubrio. Che se questo guastasse l'eleganza degli utensili, perchè non ne anderebbero privati e la scure, ed il simpulo, e il coltello ed ogni altro manubriato utensile sacrificiale?

Volle il Lanzi provare la proprietà del nome di Patere ch'egli avea dato ai Dischi, assegnando loro un uso particolare nei funebri sacrifizi, perchè trovati frequentemente

---

[1] Millin, Monum. antiq. ined., tom. 1, p. 190, et seqq.

[2] Ved. tav. H, num. 5, tav. I, num. 1, tav. K, num. 3 e 5, tav. L, num. 2, tav. M, num. 5, tav. Q, num. 1, 2 e 3.

[3] Ved. tav. H. num. 2.

[4] Ivi, num. 1, 2. e 3....

presso i cinerari e gli ossuari dei morti; ma è necessario a parer mio provar prima che sien vere Patere e sacrificiali, per quindi poterle supporre usate a'sacrifici funebri; giacchè nei sepolcri, per via d'esempio, trovansi ancor le medaglie e gli anelli, che sicuramente non fecer parte degli utensili funebri sacrificiali. E se adopravansi ai riti bacchici, com'egli pure talvolta sospetta, trovandosene anche nelle ciste mistiche, non per questo è da supporre con lui che servissero in quei riti a versar liquidi, nè ad offrir mole salse, o simili doni, come congettura questo dotto antiquario, ancorchè ne abbia egli vedute delle profonde [1]; poichè nei vasi dipinti che ci presentano mille foggie di riti funebri e bacchici, come ne dà esempio il disegno da me esposto alla Tav. G, non vedesi mai che i manubriati Dischi ivi espressi si adoprino in quelle cerimonie per versar liquidi, nè verun altro contenuto. Si provi pertanto con ragioni incontrastabili che i Dischi da me esibiti in questa raccolta sieno stati fatti per uso di sacrifizi, e poi concederò che si debba attendere a qualificarne la specie. Sceso in Italia già adulto Arnoldo Heeren Letterato Bremense, e veduti i manubriati Dischi nel tempo stesso che ne sentì il nome di Patere che qua loro si dava, non si potè appagare della convenienza del nome coll'oggetto che lo portava; ed avendo in seguito dovuto scrivere in proposito di essi, gli nominò Patere etrusche di bronzo, ma con aggiungervi, *ut vulgo eas appellare solent* [2].

Il Ch. Vermiglioli fra gli ultimi scrittori di queste antichità, si mostra tuttavia dubbioso, se i Dischi manubriati sieno stati veramente in uso per sacrifizio, e quasi fos-

[1] Lanzi, Sagg. di Ling. etc., tom. II, p. 208.

[2] Heeren, Expositio fragm. Mus. Borgiani, p. 9, not. (c).

se mal persuaso di quanto era stato detto fino a lui a pro
di quella opinione, tenta altra via per giustificarla, e fra
varie ragioni si risolve a non dubitarne, perchè si trovano
negl'Ipogei, e crede che s'adoprassero nelle sacre inferie [1].
Io credo che per realizzare delle supposizioni, non sia la
vera strada quella di addurne delle altre in prova, poichè
così la proposizione resterebbe sempre dubbiosa. Quando
dichiaro che i Dischi siano Specchi, cerco risolvere il dubbio in una massima certa, allegando coll'autorità degli
scrittori che gli Specchi ponevansi nei sepolcri [2]. Così dunque mi si provi che vi si ponevano le Patere adoprate nelle sacre inferie, giacchè il supporlo non basta per persua-
dermene. Il Ch. Vermiglioli suppone altresì che nelle ciste
si trovino le Patere che si adoprano nelle feste di Bacco [3],
senza che il supposto abbia appoggi o conferme. Ed io suppongo che vi si trovino Specchi, e lo proverò con diverse
autorità degli antichi. Più modernamente fu scritto in Inghilterra sulle Patere degli antichi; e fra queste furono inseriti i Dischi andati finora sotto quel nome, nella categoria
delle Patere etrusche. Ivi si fan distinte da quelle delle altre nazioni antiche, per il manico del quale van corredati i Dischi [4]. Questa opinione mi lusingo sarà cambiata al
terminare del mio scritto sopra i sacri Specchi, o SPECCHI
MISTICI antichi, nei quali saranno convertite le Patere degli
Etruschi. Scrisse poco tempo fa il Cult. Sig. Prof. Schiassi
una dotta Dissertazione sulle Patere degli antichi, ed ag-
gregò ad esse i Dischi in bronzo manubriati, ma non atte-
se a provare che questi erano del genere di quelle [5]. Quin-

---

[1] Vermiglioli, Patera etrusca ined.,
p. XXXVIII.

[2] Ved. sopra, p. 11.

[3] Vermiglioli, ibid.

[4] Moses, a collection of Vases, Al-
tars, Paterae,.... p. 25.

[5] Schiassi, de Pateris Antiq.

di avendo io dato conto in un giornale di questa erudita
produzione [1], esposi i miei dubbi che i Dischi manubriati,
de'quali il Ch. Schiassi produsse un buon numero in rami
con interpetrazioni, non fossero realmente Patere sacrificiali [2]. Il mio scritto fu esaminato e riportato in altri giornali,
nè finora è stata da veruno disapprovata la mia massima,
che i Dischi manubriati non possono esser Patere sacrificiali [3]. Qui si chiude la storia in compendio del nome di
Patere dato a questi Dischi. Riepilogata, si scopre che i primi ritrovamenti di essi non presentano idea di Patere: che
un tal nome gli fu assegnato ad arbitrio e senza prove, ed
unicamente perchè gli antiquari di quei tempi volevano dar
nome ad ogni anticaglia; che quel nome gli fu contrastato
da diversi accreditati antiquari: che si sostenne non ostante tra il comune di essi, non sapendosene, cred'io, sostitu-
ire sin qui uno più persuadente: che quei che vollero sostenere ai Dischi il nome di Patere, dovettero farlo per via
di arbitrarie supposizioni prive affatto di appoggio, non
potendo essi allegare nè un monumento, nè un passo di
qualche antico scrittore a favore della loro opinione: che
le varie prove, credute finora valide a sostenere nei Dischi
quel nome di utensili sacrificiali, non reggono ad un ben
ponderato e critico esame: finalmente a misura che nell'antiquaria si è aumentata quella critica, che è necessaria al
giusto discernimento dei monumenti, si è snervato il supposto che i Dischi in bronzo manubriati fossero Patere da

---

1 Collezione di Opuscoli scientifici e
letterari ed estratti d'Opere interessanti, volume xx, Estratto del libro
intit. De Pateris Antiq., con aggiunte di osservazioni e note, p. 91.

2 Ivi, p. 93, e seg, not. (1).

3 Giornale di Letteratura e Belle Arti,
tom. II, p. 20, e seg. Millin, Annales
Encyclopédiques, février 1817,
p. 366, et seq.

sacrifizio. Il finquì detto potrebbe essere per avventura bastante a giustificar la mia massima, che i Dischi manubriati sieno stati Specchi mistici e non già Patere sacrificiali. Ma quest'ultimo nome assegnato ad essi dai più accreditati archeologi dei nostri tempi, potendo toglier fiducia al mio scritto e in conseguenza renderlo inutile; così credo necessario esibire altre prove a favor del mio assunto, prendendo brevemente in esame le vere Patere degli antichi, per mostrare quanto mal convenga il nome loro ai Dischi manubriati, e quanto mal si appropria ai Dischi ciò che delle Patere sacrificiali ci dicono gli antichi e ci mostrano i loro monumenti.

L'etimologia della voce *Patera* ch'è tutta latina trovasi in *patens* da *patendo*, o *quod pateat* [1], come ricavasi da Macrobio, il quale ce ne indica nel tempo stesso il genere e la forma che descrive per un bicchiere basso ed aperto [2]. Che la Patera si tenesse dai Latini nel genere dei bicchieri, vien confermato anche da Varrone [3] e da altri [4]. È poi altresì chiaro che la voce *Poculum* derivata da *potu* quasi *potacu-*

---

1 Vedi la maggior parte de'Lessicografi migliori della Lingua latina.

2 *Sed Plautus insuetum nomen reliquit; aitque in fabula Amphitryone pateram datam cum longe utriusque poculi figura diversa sit. Patera enim, ut et ipsum nomen indicio est, planum ac patens est.* Macrob., Saturn., lib. v, cap. xxi, p. 519.

3 *Praeterea in poculis erant paterae*, Varr., de Lingua latina, lib. iv, p. 31.

4 *Paterae Phialae sunt dictae, vel quod in ipsis potare solemus, vel quod patentes sunt dispansisque labris.* Isid., Etimologiar., lib. xx, cap. v, p. 1318.

In eo proelio Alboin Cunimundum occidit, caputque illius sublatum, ad bibendum ex eo poculum fecit, quod genus poculi apud eos scala dicitur, lingua vero latina patera vocitatur. Paul. Warnefr. diacon., de Gest. Longobardor., lib. i, cap. xxvii, p. 424.

lum [1], indica patentemente essere il bicchiere un vaso potorio, vale a dire un recipiente atto a contenere una bevanda. Nè diversamente poteva intendersi della Patera, mentre comprendevasi nel genere dei bicchieri ancor essa, il che vien confermato più chiaramente da Varrone, il quale descrive la bevanda che nella Patera mandavasi attorno a'commensali in un convito [2]. Quando mi si accordi esser questa la definizione della Patera autorizzata dall'etimologia e dai classici, potrò francamente escludere dal genere delle Patere tutto ciò che non è un recipiente atto a contenere una bevanda; dal che parmi restare esclusi naturalmente e ragionevolmente i tanti Dischi piani e di bronzo, nominati Patere dai già riferiti scrittori di Archeologia, mentre la qualità in essi osservata d'esser piani e senza rilevato labbro all'intorno, li rende incapaci di contenerla. Le descrizioni che delle Patere ci lasciaron gli antichi, prese anche per più sensi, combinano con la data definizione. Un chiaro passo di Virgilio [3] ci fa vedere, che i vari usi e le bevande fatte colle Patere nelle libazioni eran tali, che non avrebbero potuto eseguirsi senza dare ad esse la capacità di un bicchiere. Ed affinchè non si opponga ch'io ritorco a senso mio la frase poetica del citato Autore, ne trascrivo la spiegazione latina

[1] Vedi la maggior parte de'Lessicografi della Lingua latina.

[2] *Praeterea in poculis erant paterae, eo quod pateant, Latine ita dictae. Heisce etiam nunc in publico convivio, antiquitatis retinendae caussa, cum magistri fiunt, potio circumfertur; et in sacrificando Deeis, hoc poculo magistratus dat Deo vinum.* Varr., l. cit.

[3] *....., in mensa laticum libavit honorem,*
Primaque libato summo tenus attigit ore,
Tum Bitiae dedit increpitans: ille impiger hausit
Spumantem pateram, et pleno se proluit auro:
Post alii proceres ..... (Aeneid., lib. 1, v. 740 seq.)

del più accreditato interpetre Carlo Rueo, al quale come imparziale può affidarsi il lettore. *Stillavit Dido in mensam vinum, honorem liquorum, et eo stillato prima degustavit reliquum summis tantummodo labris: deinde dedit Bitiae hortans eum: ille alacer ebibit pateram spumantem, et conspersit se vino aureae paterae plenae: postea alii proceres* [1]. Mi si dica dunque se tante operazioni, e di gustar del vino, e di averne versato in copia tale da farlo spumare, e di gettarne sopra la mensa ed indosso, e di farne gustare agli astanti, ancorchè in piccola dose, si possan compiere colle sole poche gocce di liquido, di cui è capace un disco piano della grandezza di quello segnato in questa Tavola, con un labbro appena rilevato, o con picciolissima convessità, come il presente che espongo? E quel preciso del poeta ..... *pleno se proluit auro* [2] fa supporre che il recipiente non contenga men che un bicchiere di liquido. Il Chiar. Vermiglioli consente che a vari uffizi fossero destinate le Patere, e che in un tempo medesimo più usi facevansi del liquore che contenevano già consacrato ai Numi, *parte,* egli dice, *se ne versava sulla vittima, parte sull'ara, e parte su gli astanti* [3]. Ma egli omette di osservare, che a far ciò si richiedeva recipiente maggiore o sia più capace in profondità che non è il Disco da lui esposto nel ragionare delle Patere. Infatti il Lanzi che pure ammette essere stati i Dischi usati a versar liquori, soggiunge che ve ne sono alcuni ben profondi [4]. Se ne argomenti dunque che egli credè la maggior parte dei Dischi, che son piani o concavi

---

1 Ruaei Interpret. ad usum Delphini, ad Virgil. Aeneid. lib. 1, v. 740 et seqq.
2 Virg. l. cit.,
3 Vermiglioli, Patera ined., p. xxxv.
4 Lanzi, Sagg. di Ling. etr., tom. 11, p. 208.

quasi non atti ad uso di Patere. Quelli poi che egli addita come ben profondi non sono i Dischi manubriati in bronzo e figurati dei quali ho preso a trattare, ma una qualità di vasellame particolare, del quale ragionerò nel trattar delle Tavole O, P e di altre. La descrizione che della Patera sacrificiale ci lasciarono gli antichi precitati scrittori, combina con una di queste tazze esistenti nella Imp. Galleria di Firenze, e che io esibisco in disegno alla Tavola B num. 1 e 2, colle sue precise misure [1]. Io tengo per certo esser questa la vera Patera degli antichi, sieno Romani, sieno Etruschi, sien Greci, e di tutti e tre ne cito gli esempi in monumenti diversi [2]. Il Lanzi che la nota nel già accennato inventario fra i monumenti della Imp. Galleria di Firenze, così la descrive « *Una grande e bella Patera d'ar-*

---

[1] La Patera in argento esistente in Galleria è precisamente il doppio più grande del Disco qui inciso. Il num. 1 è la veduta dell'intiera Patera posta verticalmente. Il num. 2 è la sezione della stessa Patera veduta orizzontalmente.

[2] I monumenti romani dove si vede in uso la Patera rotonda sono alla tav. H, n. 2, 5 e 6, tav. K, n. 1, 3 e 4, tav. M, n. 5, tav. Q, n. 1, 2 e 3. I monumenti etruschi con la Patera sono alla tav. F, n. 2, tav. I, n. 2, tav. L, n. 2. I monumenti Greci con la Patera sono alla tav. K, n. 5, tav. L, n. 1, tav. M, n. 4. La figura del monum. n. 5, della tav. H, mostra la Patera dalla parte inferiore, dove trovasi l'incavo per introdurvi le dita onde tenerla in mano, corrispondente alla * della tav. B, n. 2. La figura del monumento n. 3 alla tav. K, dimostra la Patera veduta verticalmente dalla parte superiore e concava, da dove versavasi il liquido, corrispondente al n. 1 della tav. B. La figura n. 1 della tav. L, e quella della tav. Q, n. 2 mostrano la Patera veduta in profilo e tenuta orizzontalmente come vedesi al n. 2 della tav. B. Gli ornati nelle Patere dei monumenti etruschi, come vedonsi alla tav. I, n. 2, tav. III, della ser. I; in quelle dei romani, tav. H, n. 2, e 6, tav. Q, n. 2, ed in quella dei greci tav. K, n. 5, son simili a quelli della Patera in argento, veduta alla tav. B, n. 1 e 2.

gento ornata di fogliame simile al felce per tutta l'area, fornita nel centro di un incavo per tenerla più sicuramente in mano nell' atto delle libazioni. Cicerone nomina P a t e ras f i l i c a t a s ¹ ». Notisi ora che nell'esame di questa ch'è vera Patera, trova il Lanzi l'immediata relazione fra il monumento ed il classico che ne tratta. L'inventario accennato prosegue immediatamente in questi termini; « *Sei Patere di bronzo tutte piccole e comunemente ornate di cerchi a tornio. Sono sul gusto che vedesi in moltissimi marmi e medaglie che rappresentano sacrifizi* » ². Queste sei Patere da me esaminate nel citato gabinetto dei bronzi le ho trovate della qualità medesima ch'è la prima citata in argento, e non già come i Dischi manubriati. Passando il Lanzi a notare i Dischi manubriati nell'inventario medesimo, così ne descrive il primo. « *Patera etrusca. Così chiama il comune degli antiquari certe quasi lanci manubriate ed orlate, che non hanno veruna profondità o solo pochissima* ³ ». Qui peraltro il Lanzi non sa allegare tstimonianze nè scritte nè figurate per assicurarci dell'uso sacrificiale dei Dischi, nè pel solo sentimento del comune degli antiquari si dee convenire che sien Patere; poichè se fossero tali se ne troverebbe fatta menzione fra gli antichi scrittori, e vedrebbonsi espresse nei monumenti, come delle vere Patere trova il Lanzi da citarne in esempio e Cicerone e i marmi e le medaglie, quando siano della natura stessa di quella espressa alla Tav. B. Si dee pure avvertire non essere stato mai trovato un sol Disco manubriato con fo-

---

1 Lanzi, Inventario MS. di Galleria, stanza dei Bronzi, armadio XII e XIII, Vasellame, Patere, XII, 32.

2 Ivi, l. cit., 33-38.
3 Ivi, l. cit., XIII, 43.

glie di felce, come indica Cicerone, e come vedesi nella
citata Patera d'argento della Tavola B, o con altri ornati
a rosone quasi simili, come vediamo nella vera Patera greca [1], nella etrusca [2] e nella romana [3] da me riportate nel corredo di questi monumenti. Dunque Cicerone accenna queste
per Patere sacrificiali, e non già i Dischi in bronzo manubriati, che in questa raccolta nomino *Specchi mistici*. I monumenti delle mie Tavole di corredo a quest'opera giustificano la osservazione del Lanzi, che simili Patere vedonsi
nei marmi, ed anche nelle medaglie che spettano ai sacrifizi. Il fregio architettonico da me indicato alla Tav. H,
num. 1, 2 e 3 racchiude come già dissi gli utensili sacrificiali; e la Patera che per necessità vi debb'essere, se si
cerca al num. 2, troverassi ivi in marmo, quale in argento
è quella della Galleria [4], rotonda senza manubrio, ornata
dalle foglie di un rosone che ne comprende l'area, e che
forma col suo bocciolo l'ombilico del centro; prominente
nella parte concava del recipiente, e concava ov'entran le
dita per tenerla nella parte esteriore, e convessa o inferiore che dir vogliasi che il marmo non mostra [5]. Il Tempio di Giove Statore, le cui rovine tutt'ora avanzano sul
colle Capitolino in Roma, aveva il fregio parimente ornato
d'ogni utensile da sacrifizio, e ivi pure si vede la Patera
che nella forma e negli ornamenti era simile alle precedenti [6]. Nè qui si ristringon gli esempi, mentre ogni tempio che per poco fosse ornato nel fregio, avea per lo più
nelle metope la vera Patera sacrificiale [7], che non si vide

1 Ved. tav. K, num. 5.

2 Tav. I, num. 2.

3 Tav. H, num, 2.

4 Tav. B, num. 1.

5 Tav. H, num. 2.

6 Cipriani, Tempio di Giove Tonante, tom. III, num. 10, tav. VII.

7 Ivi, Tempio della Sibilla, tav. IV.

mai simile ai Dischi male a proposito detti *Patere*, quali sono per esempio le are sepolcrali, nei cui laterali vedesi frequentemente la Patera dall'una parte ed il simpulo dall'altra. Alcune volte questi recipienti sono aggruppati con altri emblemi nella parte anteriore ov'è la iscrizione; e in qualche caso, se da un lato sono emblemi d'altro genere, dall'altro è il simpulo colla Patera, come nel disegno che qui esibisco [1]. Parimente i bassirilievi ci recano esempi numerosi di sacrifizi e conviti ed altre sacre cerimonie, ove sono in uso le Patere simili alla già esposta in argento [2], e non già come i Dischi in bronzo manubriati. Così dicasi di quelle che ci offron le Gemme [3] ed i simulacri di totale rilievo [4]. Per le medaglie citate dal Lanzi qual esempio speciale da vedervi Patere sacrificiali, io ne produco una spettante a Gordiano Iuniore, ove nel rovescio è la Concordia intorno ad un'ara in atto di sacrificare, o per meglio dire libando vino colla Patera, la quale per quanto piccola, pur si distingue simile a quelle dei tempj, delle are, dei bassirilievi, e di altri monumenti già ricordati [5]. Il Monterchi [6], il Buonarroti [7] ed il Rascke [8] illustratori di questo medaglione osservano che la Concordia nelle monete romane si rappresenta colla Patera in mano. Aggiungo io la osservazione che le Concordie son frequentissime in esse, e per conseguenza anche le Patere che hanno in mano;

1 Ved. tav. H, num. 6.

2 Tav. H, num, 5. Tav. K, num. 3. Tav. L, num. 2.

3 Tav. K, num. 1. Tav. M, num. 4. Tav. Q, num. 1 e 2.

4 Tav. I, num. 2. Tav. Q, num. 3.

5 Tav. M, num. 5.

6 Comment. in max. Numismata selecta ex Bibl. Card. Carpegnae.

7 Osservazioni sopra alcuni Medaglioni ant., Gordiano XIV, num. 6, p. 273.

8 Lexicon Numism., in voce *Concordia*.

nessuna delle quali è mai simile ài Dischi manubriati. I vasi fittili ancorchè non citati in esempio dal Lanzi per trovarvi Patere sacrificiali, pure le hanno dove si tratti positivamente di libare o sacrificare [1]; e intanto i Dischi manubriati che vi s'incontrano, spesso vedonsi adoprati in cerimonie molto diverse [2]. A più evidente dichiarazione di
quanto io dico, propongo un confronto fra i passi dei classici ove si tratta di Patere, e i monumenti che le esibisco-
no adattatamente a quanto quelli ne dicono. Descrive Omero la libazione dei Proci di Penelope in un convito, ove
intendesi che avendo il coppiere distribuito il vino nei bicchieri dei commensali, libano essi aglì Dei e quindi bevono
assai di quel vino [3]. Varrone altrove da me citato dichiara
più apertamente, che il bicchiere destinato nei conviti no-
minavasi *Patera*. Produco un bassorilievo etrusco da me
disegnato fra le urne di Volterra [4], ove non solo si vede
un convito, ma precisamente quello dei Proci, giacchè vi

---

1 Ved. tav. K, num. 5. Tav. L,   2 Tav. G, num. 4. Tav. N, num. 4.
num. 1.   Tav. R, num. 1.

3 *Sed agite, pocillator quidem incipiat poculis,*
   Ut postquam-libaverimus, decumbamus domum profecti:
   Hospitem vero sinamus in aedibus Ulyssis
   Telemacho curae-esse; huius enim dilectam venit ad domum.
   Sic dixit; illis autem omnibus gratum sermonem dixit.
   Ipsis vero craterem miscuit Mulius heros,
   Praeco Dulichiensis; famulus autem erat Amphinomi:
   Distribuit vero deinde omnibus astando: illi autem diis
   Ubi-libassent beatis, biberunt dulce vinum.
   At postquam libassent bibissentque, quantum volebat
   animus,
   Perrexerunt utique ire decumbituri suas ad domos quisque.
   Clarke, Trad. Homer., Odyss. lib. xviii, in fine.

4 Ved. tav. F, num. 2.

si rappresenta Ulisse in sembianza di vecchio mendico, introdottosi nella sua Regia mentre i Proci banchettando offron doni a Penelope affin di sedurla [1]. Qui si osservi, che fra i vasi mensari e potori che i convitati tengono in mano, si vede la Patera da libazione spettante al commensale seminudo: e questa pure di figura simile alla descritta in argento. Le Patere nei conviti son comunissime ne' monumenti, niuna delle quali peraltro può assomigliarsi ai Dischi manubriati, creduti Patere fino al presente. Si legge in un passo insigne di Cicerone, che Coriolano avendo immolato un toro, bevve il sangue che conteneva la Patera del suo sacrifizio e cadde estinto per quella infausta bevanda [2]; talchè riflettò che la bevanda dovea esser maggiore assai di quella che potrebbesi contenere in un Disco manubriato ch'è quasi piano. Narra Petronio Arbitro, che « *tre fanciulli vestiti in abito bianco e succinto entrarono, ed uno di essi portando attorno la Patera del vino invocava gli Dei propizi* » [3]. A tale uffizio corrispondono quelle picciole figure in bronzo di giovanetti, conosciuti col nome di Pocillatori e di Lari, che da una mano tengono una Patera, dall'altra un ciato, come dimostra la statuetta ch'io riporto in esempio [4]. Apparteneva dunque ai Pocillatori porgere il vino in Patere ai commensali; e di fatto son Patere i recipienti che queste statuette tengono in mano e tutte simili all'argentea di Galleria e nessuna mai ai Dischi manubriati, per quanto tali figure in ogni sorta di rilievo sieno innumerabili nelle

---

1 Homer. lib. cit.

2 *Hunc* (*Coriolanum*) *isti ajunt, cum taurum immolavisset, excepisse sanguinem patera, et eo poto mortuum concidisse.* Cic. de claris Orat, aut Brutus, lib. III, cap. XI, p. 265.

3 Petron. Arb. Satyricon, cap. LX, p. 305.

4 Ved. tav. Q, num. 3.

raccolte. Orazio conferma in certo modo quanto da Petronio si accenna [1]. Ma più chiaramente cel fa vedere Ateneo
dove narra, che Mercurio era il Pocillatore degli Dei [2], e
lo conferma Luciano [3]. Un'antica gemma che io qui riporto, mostra ad evidenza ciò che accennano i due scrittori.
Vi si vede Mercurio col caduceo da una mano e colla Patera dall'altra [4], e questa è parimente simile a quella di argento espressa nella Tavola B, e non ai Dischi manubriati.
Scannata la vittima nel sacrifizio, raccoglievasi il sangue
nelle Patere com'è già noto ad ognuno, e oltre il già lodato
passo di Cicerone anche Virgilio verifica quanto io dico [5],
al che corrispondono i monumenti dell'arte, uno dei quali
già pubblicato dal Boissardo ho trasportato fra i miei disegni, per mostrare che la Patera sottoposta alla vittima è
rotonda ed assai recipiente [6], e non manubriata e quasi piana come sarebbero i Dischi. Lo star colle Patere avanti
l'ara, come accenna Virgilio [7], è replicato dall'Imperatore
Antonino in un Cammeo di questa Imp. Galleria di Firenze [8]. Dallo stesso poeta apprendiamo, che aspergevasi l'ara

1 *Hinc ad vina redit laetus, et alteris*
   Te mensis adhibet Deum.
   Te multa prece, te prosequitur mero
   Defuso pateris;.... Horat. Carm. lib. IV, Od. V, v. 31.

2 Athen. Deipn; lib. x, cap. xxv, p. 55.   *Maiae,* p. 232,.

3 In Deor. Dialog., *Mercurii et*   4 Ved. tav. M, num. 4.

   5 *Supponunt alii cultros, tepidumque cruorem*
   Suscipiunt pateris.... Virg. Aeneid., lib. VI, v. 248.

6 Ved. tav. K, num. 4.

   7 *Post Idem inter se posito certamine reges*
   Armati Iovis ante aras, paterasque tenentes,
   Stabant:.... Virg. Aeneid., lib. VIII, v. 639.

8 Ved. tav. Q, num. 2.

del liquido nelle Patere contenuto [1], di che abbiamo infiniti esempi nei monumenti, alcuni dei quali esibisco ancor io [2], ed ivi pure ravvisasi la necessità che le Patere abbiano una capacità sufficiente a contenere il liquore che vedesi versar sull'ara, di che manca assolutamente la più gran parte dei Dischi. Do fine a tanti esempi col mostrare ne'monumenti riscontrato il passo di Cicerone, ove abbiamo che i simulacri tengono in mano la Patera [3]: un de'quali riporto fra i miei disegni incisi [4], ch'è dei tanti e tanti, che in gemme, in bassirilievi, in statue d'ogni grandezza ed in bronzi s'incontrano pe'Musei. Ivi pure la Patera non è manubriata, qual dovrebb'essere per corrispondere ai Dischi di bronzo, ma quale ho già con tanti esempi dichiarata per la vera sacrificiale. Ora io chiedo a chi sostiene per Patere i Dischi in bronzo manubriati, che mi si contrapponga un solo esempio dell'uso di tali strumenti come Patere, combinato coll'antichità scritta o con delle circostanze che lo persuadano come ho fatto io con tanti esempi da me addotti, corroborati da incontrastabili ragioni, che la sola Patera usata nelle libazioni fu la rotonda, senza manico, discretamente concava ed ornata spesso di foglie (quando se n'eccettui una certa qualità di recipienti pur manubriati che saranno da me dichiarati ove occorra). Ma per quanto

---

1 *Dant fruges manibus salsas, et tempora ferro*
 Summa notant pecudum, paterisque altaria libant.
  Virg. Aeneid., lib. XII, v. 173.

2 Ved. tav. M, num. 5. Tav. Q, num. 1.

3. *Idem Victoriolas aureas, et pateras coronasque, quae simulacrorum porrectis manibus sustinebantur, sine dubitatione tollebat: eaque se accipere, non auferre, dicebat, ... * Cic., de natura Deor., lib. III, cap. XXXIV, p, 223.

4 Ved. tav. K, num. 1.

gli antichi scrittori, non meno che gli antichi artisti ci mostrino essere l'esibito alla Tavola B l'utensile distinto col
nome di *Patera*, pure i moderni, io ripeto, assegnano questo nome anche a quei Dischi manubriati che io credo poter nominare *Specchi mistici*. Ma in luogo di oppormi as-
sertivamente a quanto essi ne han giudicato, lascerò il mio
lettore arbitro di un ponderato giudizio fra le mie ragioni
e le loro, che ora anderò esponendo. Alcuni di quelli
scrittori che ho nominati e nominerò nell'esame delle opinioni loro vivon tutt'ora, ond'è ch'io mi sottopongo alle
lor censure, pronto a disdirmi ove la ragione mi persuada
di avere errato; giacchè lo scopo essenziale di questo mio
scritto è il portar luce e progredire nella scienza archeolo-
gica, e non già il far pompa di nuove opinioni.

Il Casali che fu de'primi, come si disse, a sospettare nei
Dischi l'uso di Patere, pretese limitarle all'ufizio di sole Patelle [1]; tantochè nominando queste ultime dietro la scorta
di Varrone [2], disse che di tal natura erano le Patelle o *Patere* col manico serbate fra i suoi monumenti antichi, e
ch'egli esibisce delineando un Disco manubriato: ma il con-
fonder le Patere propriamente dette col diminutivo *Patelle*, non fa che queste sien diverse da quelle, mentre vediamo le une come le altre in mano degli Idoletti poco fa
mentovati e conosciuti col nome di Lari ed anche di Patellari, come si raccoglie da Plauto [3], poichè hanno in mano piccole Patere, sempre per altro di forma simile alle

---

1 Casali, de veteribus Aegypt. riti-
  bus, cap. xv, de Roman. Ethnico-
  rumque sarificiis, p. 157.

2 *Patina a patulo dixerunt quod
  libarent in caenis patellas*, lib. iv,
  p. 30.

3 *Dt me omnes magni minutique, et patellari
  Faxint....* Cistellaria, act. ii, Scena i, v. 46.

grandi, sacrificiali, non manubriàte, e simili alla da me esposta in argento [1].

Il Passeri si diede a credere che gli Etruschi avessero due generi di Patere: cioè le ansate e le sferiche [2]. Queste ultime che son le vere Patere degli antichi, vengon da lui descritte avere nel fondo un prominente umbilico: quelle ch'ei dice ansate, (sebben dovea dirle manubriate) di un fondo piano ed eguale, sono i Dischi in questione, l'uso de'quali fu da esso creduto limitato a private e domestiche libazioni, e ciò lo argomenta dai vasi (ch'ei pur vuole etruschi,) ove son figure che portano in mano i Dischi manubriati. A render chiara la mia opinione che antepongo a quella del Passeri, fa d'uopo che io definisca la libazione che usavasi presso gli antichi.

Libare parola che deriva dal verbo latino *libo*, ha origine greca senza gran variazione da λείβω che significa diffondere, versare, e nel tempo stesso libare agli dei; lo che si rileva da Omero, che ragionando di una libazione agli dei, così si esprime: λείβον δ' ἀθανάτοισι θεοῖς [3], mentre che altrove per dire che versavansi lacrime, servesi della medesima voce δάκρυα λείβων [4]. I Latini poi usarono le due indicate voci per esprimere libazione, talchè in Virgilio troviamo: *Hic duo rite mero libans carchesia Baccho* [5] e quindi anche *vinaque fundebat pateris* [6]. Era infatti la libazione fra le cerimonie del sacrifizio il versar dalla Patera il vino, come anche il dotto Nieuport [7] ricava dal seguente verso d'Ovidio *et fundit purum inter cornua vinum* [8], le cui pa-

---

1 Ved. ser. vi, tav. B.
2 Passeri, Paralip. ad Dempst., p. 123.
3 Homer., Odyss., lib. ii, v. 432.
4 Ibid., lib. V, v. 84.

5 Aeneid., lib. V, v. 77.
6 Ibid., v. 98.
7 Rituum roman. explic., p. 370.
8 Ovid., Metamorph., lib. VII, v. 594.

role corrispondono all'azione della già esposta Concordia [1],
e di tutte le altre che trovansi nelle monete romane, le
quali stanno sempre in atto di versare ove hanno in mano
la Patera; lo che spiega abbastanza l'atto della libazione [2].
Non è così dei Dischi dipinti nei vasi, mentre le trenta-
sette figure che nella raccolta Passeriana portano il Disco,
si vedon tutte dirigerlo all'alto [3] e non già in sembianza
di versar liquore da quello; come chiaramente si vede dalle
figure espresse nelle stampe di questa raccolta [4] che tengono in mano la vera Patera da libazione. Oltredichè se
le Patere dipinte nei vasi fossero le manubriate secondo il
sistema del Passeri, come poi se ne vedrebbero tante nei
vasi stessi, senza manico in atto di versar da essi il liquore, e precisamente delineate nella stessa foggia della già
citata in argento della Galleria di Firenze? [5]

Una prova che le opinioni di questi antiquari, ancorchè
dottissimi, non sono attendibili in questo articolo delle Patere, si è quel sovente loro cangiar d'opinioni, senza che
l'una sia più comprovata dell'altra. Scrisse il Passeri che
quei Dischi eran Patere servite nelle funebri cerimonie, non
molto dopo aver già detto che le donne le usavano nelle
private e domestiche libazioni, come ho accennato. Oppongo anche a questa opinione che i Chh. interpetri dei vasi
fittili dipinti, Italinscki, Fontani, Millin, Millingen, Laborde
ed altri accennarono in quelle pitture non poche funebri
cerimonie, ma non per questo videsi libare in esse colla

1 Ved. p. 27.
2 Ved. ser. vi, tav. M, num. 5.
3 Ved. tav. G, n. 4, tav. M, n. 6,
    tav. R. n. 1, e 4.
4 Ved. tav. H, n. 5, tav. K, n. 3,

e 5, tav. L, n. 1 e 2, tav. M,
n. 5, tav. Q, n. 1, 2, e 3.
5 Ved. tav. B, n. 1, e 2, tav. F,
n. 2, tav. H, n. 2, e 6, tav. I,
n. 2, tav. K, n. 5, tav. Q, n. 2.

Patera manubriata. Che se in 'alcune di esse cerimonie s' incontran donne ch'abbiano in mano lo Specchio mistico, e se questo secondo l'addotta osservazione del Passeri è ripetuto spesso nelle mani delle donne astanti a sacre funzioni, è più facile il dedurre da ciò, che tali utensili sien piuttosto veri Specchi mistici, che vere Patere da libazioni, o funebri o private ch'ei voglia dirle: lo che sarà da me dichiarato a suo luogo.

Non dissimile contradizione si trova nelle opere del Gori, che nel descrivere il Disco dov'è il natal di Minerva lo suppone una Patera adoperata in onor della Dea per le libazioni che facevansi nel dì suo natalizio con gran pompa solennizzato [1]. Cangiatosi poi d'opinione, scrive nell'opera stessa esser credibile che queste Patere manubriate fossero usate nelle sacre inferie de'morti [2]. E per aumento di contradizione osservo che ragionando quivi di esse inferie [3], produce un monumento ch'egli crede a quelle allusivo, e dove si vede in effetto una libazione sopra d'Ifigenia consecrata per vittima a Diana [4], eseguita con Patera come soleasi: ma la Patera è rotonda, senza manico, quale si usò dai Greci, dai Romani, dagli Etruschi, secondo ciò che altrove ho già dimostrato [5]. Or questo esempio ch' io presento a chi legge [6], così chiaro come il Gori stesso lo esibisce nei rami suoi [7], avrebbe potuto disingannarlo dall'error che i Dischi si usassero nelle libazioni, se la cosuetu-

1 Gori, Mus. etr., Tom. ii, p. 243.
2 Ibid., Tom. iii, p. 134.
3 Ibid., Dissert. iii, de sepulcr. ornamentis.
4 Ved. Lanzi, Dissert. sopra un'Urnetta toscanica.
5 Ved. p. 24, not. 2.
6 Ved. tav. L, num. 2.
7 Gori, Mus. etr., Tom. i, Tab. clxxii, num. 2.

dine di questa credenza non avesse presa forza maggiore d'ogni giusta ragione.

Mi sembra che neppur Winckelmann apportatore di tanta luce sulla interpetrazione dei monumenti antichi, abbia preso a spiegare i Dischi in un senso chiaro e sicuro, quanto nel resto. Scrive questo grande archeologo che gli Etruschi ci hanno lasciati saggi della loro abilità nell'incidere non le gemme soltanto, ma i bronzi ancora « *di che*, egli aggiunge, *ne fan fede le molte patere, ossia tazze pe' sacrifizi che usavansi per versar l'acqua o il vino o il miele, parte sull'ara, parte sulla vittima stessa* [1] ». Qui parmi che sien confuse col Disco la Patera e la tazza, come rilevasi dalle sue stesse parole che or noterò, osservando prima che nelle vere Patere da sacrifizio non si videro mai le indicate incisioni quali si trovano realmente nei Dischi, de'quali par che intenda voler parlare: e se tratta di questi non può senza errare dirli tazze; poichè egli stesso proseguendo il suo ragionamento soggiunge *che le patere etrusche, quelle almeno nelle quali si vedono figure incise, hanno la forma di un piattello con un orlo assai basso*: qualità, com'io giudico, non indicanti una tazza. Nè per le già da me allegate ragioni conviene ai manubriati Dischi il nome di Patere. Me ne somministra le prove egli stesso contro di se: mentre aggiunge che *nei bb. ril. di Roma ove rappresentansi sacrifizi, vi si vedon le patere rotonde senza manico*. Queste son dunque le vere Patere sacrificiali. Or io domando: chi le vide mai prive di profondità, con incisioni di figure, e manubriate, siccome i Dischi si vedono?

Winckelmann per altro, cercate nei monumenti anche le

---

1 Winckelmann, Storia delle arti del Disegno, Tom. I, lib. III, cap. II, p. 190.

Patere manubriate, adduce in esempio che in un bassorilievo della villa Albani vedesi una Patera formata con manico [1]. A questo esempio posso dare due grandi eccezioni. La prima è che un esempio unico non ha forza di prevalere a tanti contrari: la seconda che sempre più avvalora la prima si è, che esaminato il citato b. r. di villa Albani dal celebre Zoega profondo conoscitore d'antichi monumenti, lo ha trovato più che per metà diminuito dal suo antico stato. Della figura sedente che in esso b. r. tien la manubriata Patera in mano, rimane ben poco di antico. Nel resto, ch'è moderno restauro, comprendonsi le braccia, la Patera manubriata, e le mani che la sostengono [2]. È dunque svanito quel solo esempio, sul quale basavasi dal Winckelmann la credenza che gli antichi usassero nei sacrifizi Patere manubriate, ed ornate di figure a graffito. Esempi di questa fatta non mancano in antichi bb. rr. che per altro impongono solo agl'incauti osservatori dei moderni restauri. Mi sovviene aver veduto un sacrifizio in b. r. inciso, se io non erro, dal Rocchigiani, ove al basso dell'ara vidi per terra una Patera manubriata ed ornata di figure, fatta sul metodo di questi mistici Specchi; ma vi riscontrai altresì certe punteggiate lineette le quali soglionsi porre dagli accurati disegnatori e incisori per indicare il moderno restauro, nel quale ivi è compresa anche la Patera manubriata. Osservo a tal proposito che lo stesso Rocchigiani in al're sue Opere espresse più d'uno di questi Dischi appiè delle are sacrificiali [3]. Non furon dunque gli antichi, che po-

1 Winckelmann, l. cit.

2 Zoega, Bassirilievi ant. di Roma, Tom. II, tav. CXII, p. 280, e seg.

3 Raccolta di cento tav. di Monum. Antichi per uso degli artisti, incisi da Pietro Ruga, Tom. II, tav. XLVIII, e XLIX.

ser le Patere manubriate nei sacrifizi, ma i moderni che ve le immaginarono. Che poi quei Dischi fosser Patere particolari e proprie degli Etruschi, come par voglia intendere il citato Winckelmann al principio del suo ragionamento, ciò resta abbastanza smentito dai vari esempi da me citati [1] ove le Patere degli Etruschi non son manubriate, ma simili a quelle dei Romani e dei Greci.

Il Lanzi che più d'ogni altro conobbe l'importanza d'esaminare con esattezza i monumenti prima di trarne da essi conseguenze adattabili alla scienza antiquaria, penetrò che in quel b. r. citato da Winckelmann v'era sospetto di restauro; e dal vedere che niun altro monumento antico avea Patere manubriate ne'sacrifici, ne argomentò per i pochi lumi allora vigenti circa ai Dischi manubriati, che non si poteva dar loro con certezza alcun nome. Ma poichè si trovano entro le ciste mistiche, e vedonsi nei vasi dipinti in mano di donne e di uomini, ne argomentò il Lanzi che avessero servito nei riti Bacchici a versar liquori [2]. Più esempi ne potrei addurre in contrario, ma per i molti basti solo quel di una figura che per essere avanti a Bacco in un vaso dipinto, facendo ad esso una libazione [3], è incontrastabile che quella sacra funzione si faccia secondo il Bacchico rito: eppur la figura versa il liquore da una vera Patera senza manico, e conforme a quella d'argento della nostra Galleria, e de'bb. rr. Romani. Dunque nei riti Bacchici non furono usate Patere di forme diverse dal consueto, onde si abbia a sospettare che fosser quelle ch'io dico mistici Specchi. Fra le tante altre congetture ammesse dal

---

1 Ved. p. 24, not. 2.

2 Lanzi, Sag. di Ling. etr., Tom. II,

p. 208.

3 Ved. ser. VI, tav. K, num. 5.

Lanzi rispetto all'uso dei Dischi manubriati, ebbe luogo anche quella già prodotta dal Passeri e dal Gori [1], che fosser Patere usate nelle libazioni per le inferie dei morti, e l'ammette per due ragioni. Una di queste si è, perchè molti di essi trovansi nei sepolcri. A ciò rispondo che vi si trovano anche gran quantità di lucerne, medaglie, strigili, braccialetti muliebri, e simili cose che non furono certamente in uso nei sacrifizi e nelle libazioni. Fra queste anticaglie poterono aggiungere i Dischi, ancorchè non spettassero neppur essi alle libazioni.

L'altra ragione è per lui l'aver trovata in un Disco certa parola etrusca da esso spiegata *inferiis libationibus* [2]. Trovo peraltro questa interpetrazione posta in dubbio dal dotto Visconti, il quale crede potervi leggere *furens*, adattatamente ad Ercole che in quel Disco si rappresenta furioso. Oltre di che potrei domandare con lo stesso Visconti, perchè quel solo Disco ad esclusione di tutti gli altri porta l'iscrizione analoga all'uso [3]?

Al Ch. Vermiglioli, che al par del Passeri, del Gori e del Lanzi ammise il sospetto che ad uso di Patere nelle sacre inferie fossero stati usati i Dischi manubriati, mi opposi con altre ragioni [4], alle quali potrò aggiungere in conferma della mia opposizione quanto ho detto contro gli altri tre riferiti scrittori. Egli peraltro approva nell'articolo stesso, non doversi ammettere come esempio delle Patere manubriate nei sacrifizi il b. r. di villa Albani citato da Winckelmann, perchè modernamente restaurato ad arbitrio; riflette

1 Ved. p. 17, e seq.   p. 84.
2 Lanzi, l. cit., p. 207.   4 Ved. p. 19.
3 Visconti, Mus. P. Cl. Tom. VI,

che i monumenti etruschi han Patere in mano de'sacerdoti, rotonde, senza manico ed a foggia di semplici tazze; e
sospetta che i dischi manubriati dipinti nei vasi antichi,
non sien Patere da sacrifizio: pare in somma che questo saggio Antiquario esaminando con giusta critica il nome di
Patere etrusche dato volgarmente ai Dischi, e non trovatolo coerente al soggetto, ne abbia mendicato un qualche motivo nella supposizione dell'uso di essi nelle sacre inferie
come accennossi, forse per giustificare il nome di Patera
del quale si serve egli per accennare il Disco manubriato
che illustra; piuttostochè per intima persuasione della proprietà e convenienza di un tal nome dato comunemente a
quel monumento. Che questo sia plausibile giudizio più
d'ogni mia apologia ne fan fede le parole precise di una
sua domanda inserita nell'articolo stesso che ora esamino.
Ma veramente, egli dice, *le patere manubriate sieno state
ad uso di sacrifizi?* [1]. Quivi è motivo anche di riflettere,
che se dopo tanti anni che si ragiona, e da tanti bravi
soggetti sopra questi Dischi nominati *Patere*, siamo tuttavia
in dubbio sul nome che loro si è attribuito, ne viene in
conseguenza il persuadersi, che i motivi di adattare ad essi
un tal nome sieno stati ben deboli e mancanti di fondamento.

Fra tanti scritti venuti alla luce sulle Patere degli antichi,
nessuno è più dotto, nè più diffuso di quello, che tratto
da alcune schede dell' Antiquario Biancani, ha pubblicato
modernamente il Ch. Sig. Canonico Prof. Schiassi[2]; ma non

[1] Vermiglioli, Patera etr. inedita,
p. xxxviii.
[2] De Pateris Antiquorum ex schedis Iacobi Tatii Biancani, Sermo
et Epistolae.

per questo si viene in chiaro se i Dischi manubriati sian di quel genere; poichè in questo scritto si presume già trovato e fuori d'ogni dubbio, che vi sieno state in antico più qualità di Patere, alcune delle quali fossero le rotonde usate dai Latini, accennate da Varrone [1] e dai Classici, espresse nei monumenti, esibite ne' musei, ove si vedono atte a contener liquidi per eseguire le già descritte libazioni, e costruite d'oro, d'argento, di rame, di pietre preziose, di vetro e di terra cotta, descritte parimente dagli antichi [2] e in gran parte riscontrate fra i monumenti: alcune altre poi fosser le Patere manubriate, circa le quali però il prelodato Schiassi non trova che il Biancani abbia citato verun antico testimone in prova di quanto scrive. La ragione di tal varietà di Patere la desume dalla varietà di costume di due nazioni, Romana ed Etrusca; credendo egli che a quella spettino le rotonde e senza manico, ed a questa le manubriate: massima da me già confutata per via di moltiplicati esempi [3]. Al che aggiungo essersi trovati non pochi Dischi nel Prenestino [4], paese certamente romano quando questi monumenti furono in uso; talchè non solo gli Etruschi ma i Romani ancora se ne servirono, e perciò da non reputarsi per Etruschi generalmente tutti quelli che si vedono pe' musei. Oltre di che se il Biancani trovò tante dottrine sulla forma e sulla materia delle patere, come indicai, perchè non trovò neppure un accenno di quei Dischi da lui

1 De ling. lat., lib. iv, cap. 26.

2 Il Ch. Sig. Prof. Schiassi cita a tal proposito Omero, Tucidide, Diodoro Siculo, Plinio, Solino, Stazio, Giovenale, Apulejo, Dionisio d'Alicarnasso e molti altri.

Ved. l. cit., p. 5.

3 Ved. p. 17, e ser. vi, tav. F, n. 2, tav. I, n. 2.

4 Guattani, Notizie sulle Antichità, per l'anno 1787, mese d'Aprile.

creduti Patere manubriate? A ciò rispondo che delle vere
Patere, come quella in argento già esposta [1], se ne dovean
trovare, come se ne trovano, tracce negli antichi scrittori
ed artisti. Non così delle manubriate, perchè sono state
supposte tali dai moderni antiquari, mentre i Dischi manubriati non sono che Specchi mistici.

Alcuni di coloro che meco disapprovarono il tener come Patere da sacrifizio i Dischi manubriati, ma pur pensando che ad uso di recipienti fossero stati adoprati, immaginarono che fossero gli Apoforeti [2] rammentati da Isidoro, non però da più antichi scrittori (quando non si
consideri ciò che di tali utensili scrive S. Ambrogio di
qualche secolo anteriore al citato S. Isidoro [3]) appo i quali
non trovasi mai nominato tale utensile. Secondo i due citati
scrittori era questo un piatto nel quale appresentavansi dei
commestibili [4]. Il Begero per le predette ragioni pensò anch'egli che i Dischi manubriati non altrimenti fossero Patere, ma apoforeti, con che in antico porgevansi le vivande
nei conviti [5]. Ancorchè io concedessi poter ciò eseguirsi
con alcuni Dischi dei più grandi, ad ogni modo non par
verisimile che a quest'uso fossero adoprati quei per esempio
riportati alle Tavv. 2. 3. 4. 5. mentre per la picciolezza loro non sono recipienti che di una troppo piccola porzioncella di commestibili: eppur la maggior parte dei Dischi
non eccede gran fatto questa grandezza. Oltre di che il manubrio spesso sottilmente e debolmente attaccato alla perife-

1 Ved. tav. B, n. 1, e 2.

2 Lanzi, MS. di Galleria.

3 S. Ambros., Exortatio Virgin., cap.
1, pag. 277.

4 *Apophoreta a Graecis a ferenda*

*poma, vel aliquid nominata: est
enim plana.* Isidor., lib. xx, c. 4.

5 Beger., Thesaur. Brandenburg.,
§ Antiquitates variae, Vol. III, p.
424, et seq.

ria del disco, lo rende incapace di sostenere del peso, come altrove ho avvertito [1].

Un'altra osservazione è ch'io non vedo a qual fine si
fosser dovute incidere in quei piatti figure misteriose, rappresentanze astrologiche, precetti fisici e morali nascosti
sotto un velo allegorico, e parole scritte non facili ad intendersi dal volgo profano, mentre non dovean poi servire che
a porgere dei pezzi di carne e de' frutti ai commensali,
come suppone il Begero. In fine, ciò che mi trattiene sopra
ogni altra ragione dall'ammettere la di lui opinione è il
vedere nei monumenti antichi Greci, Etruschi e Romani,
rappresentati i conviti senza che questi manubriati Dischi
vi si vedano espressi mai, nonostante che vi si trovino piatti,
vasi manubriati e recipienti di varie specie e grandezze.

Vuole il Gori che alcuni Dischi per esser piani e di un
labbro appena prominente, servissero ad apprestar le vivande agli Dei Inferi ne' funerali [2]. Gli si oppone il Contucci, domandando in quale autore si trovi ciò, specialmente per essere questi decorati di storie che nulla han
che fare colle funebri cerimonie [3]. Argomento più saldo
da opporre al Gori si è il vedere in gran numero di vasi
fittili esprimenti cerimonie funebri, che il piatto, col quale
si presentan le offerte agli Dei, è una coppa grande, rotonda e priva di manico [4]. I bassirilievi Romani e Greci mo-
stran lo stesso [5]. Altri han creduto che si adoprassero ad
offerire *mole salse* e simili doni nei sacrifizi, quando la
bassezza del labbro, e la superficie piana del tutto, che

1 Ved. p. 6.
2 Gori, Mus. etr., Tom. II, C. 1,
   Tab. LXXXII, p. 185.
3 Contucci, Mus. Kirk., Tom. 1,

Tab. XIX, p. 77.
4 Ved. tav. G, n. 2, e 3.
5 Ved. tav. I, n. 1.

in loro incontrasi, non permetta il crederli fatti per uso
di liquidi. Di tal parere furono il Lanzi [1], il Biancani [2], ed
altri che dei Dischi trattarono: supposizione che non po·so
ammettere se non accompagnata da esempi ne' monumenti
scritti o figurati, de'quali finora manchiamo assolutamente.
Altri finalmente opinarono, che in luogo di liquidi, si ver-
sassero con essi i profumi e l'incenso sull'ara ne'sacrifizi.
Il Contucci è fra questi: ma chi resterà mai appagato del
suo ragionamento rispetto a questa opinione? Egli ammette
già che l'incenso si gettasse nel fuoco a pochi grani tenuti
con le due prime dita, e lo ricava da un b. ril. da lui osservato nel Museo del P. Kirker in Roma [3]. Io non cono-
sco quel monumento, ma sibbene un simile che trovasi
nel vestibulo della Libreria di S. Marco in Venezia, riportato fra le mie Tavole, ove parimente un sacerdote getta
con due dita l'incenso sull'ara, tolto dall'acerra. [4] Porto
pure in esempio altro monumento già edito ed illustrato
dal Ch. Antiquario della Imp. Galleria di Firenze l'Ab. Zannoni [5]. È questo il ritratto di Antonino Pio che sacrifica
alla Speranza, scolpito in cammeo di onice, esistente nella
prefata Imp. Galleria [6]. La piccola figura alata presso l'ara
è il Genio dell'Imperatore: divinità di un rango minore, siccome spiega il prelodato Zannoni, ma santissima e assai
terribile pe'Romani, che spesso comparisce nelle medaglie
a far libazioni sull'ara [7]. Prosegue il culto espositore [8] che

1 Sagg. di Ling. etr., Tom. ii, p. 208
e MS. di Galleria.

2 Ap. Schiassi De Pateris Antiquor.

3 Contucci, Mus. Kirker. Tom. i,
p. 2.

4 Tav. Y, n. 2.

5 Galleria di Fir. ser. v, Cammei
Vol. I, p. 56.

6 Ser. vi, tav. Q, num. 2.

7 Ved. Rasche ad ver. Genius.

8 R. Galleria di Fir. l. cit.

dall'acerra sostenuta dal Genio nella sinistra e dalla mossa della sua destra comprendesi che versa l'incenso sull'ara. L'acerra, com'è noto, era il ricettacolo dell'incenso; onde da Ovidio fu detta *thuris acerra* [1], e questo poneasi sul fuoco, prendendosene i grani con tre dita, come scrivono alcuni [2], e come si vede nel bel b. ril. dell'apoteosi d'Omero, o con due, come nota S. Girolamo [3], e come vedesi non tanto nel già esposto b. ril. della Biblioteca di S. Marco, quanto nel cammeo della Galleria Fiorentina parimente riportato nelle mie Tavole. Dunque più monumenti fan costare dell'uso assai praticato nell'antica liturgìa di porre cioè l'incenso sull'ara con le dita e non con la Patera. Aggiunge però il Contucci la supposizione che per lo più l'incenso si gettasse nel fuoco mediante la Patera, perchè vede spesso nei monumenti i sacerdoti con essa in mano pendente sull'ara, e crede che la si usasse piena d'incenso allor quando se ne volea bruciare maggior copia [4]. Taccio altre anche men ragionate di lui supposizioni, ed oppongo soltanto a questa, che non v'è bisogno di mendicare ipotesi, ove son chiari i monumenti e li scritti che mostrano e dicono essere state le Patere bassi bicchieri o tazze, che dir vogliamo, atte a contener liquidi per usarle nelle mense, nei conviti e nelle libazioni. Ma quand'anche per istrana combinazione si tacesse dagli antichi scrittori l'uso supposto di versar l'incenso sull'ara per mezzo della Patera, e che realmente questo si versasse con essa dai sacrificanti espressi nei monumenti, aggiungo che questi ci

---

1 Ovid. Fast., lib. IV, v. 934.

2 Ibid., lib. II, v. 573. Lact. lib. V, cap. 19, p. 410.

3 *Si quis duobus digitulis thu-* *ra compressa in bustum arae jaciat, etc.* S. Hieron. Epist. XIV, ad Heliod.

4 Contucci, l. cit.

distolgono dal supporre che i Dischi in bronzo manubriati
fosser destinati a quell'uso, mentre nei citati b. ril. si vedono costantemente con Patere rotonde, profonde, umbilicate, e non già con Dischi manubriati, che per tante da me
allegate ragioni si son veduti così diversi da quelle. E per
approssimarmi ancor più all'analisi della supposizione proposta dal citato Contucci osservo, che allor quando voleasi
dagli antichi porre molto incenso sull'ara, vi si versava con
piena mano. Nè lo suppongo a capriccio, ma con l'autorità
di un b. ril. da me riportato [1] che me ne fa vedere un esempio. È questa una vecchia Sacerdotessa della Dea Frigia occupata in una cerimonia sacrificiale Mitriaca al dir di Polluce [2]. Il Zoega che trasse il presente monumento dalla
raccolta di villa Albani, ed inserillo fra i suoi b. ril. da'
quali io l'ho copiato, è di parere ancor egli che quella donna getti con piena mano l'incenso sull'ara [3]. Concludasi
dunque che l'antichità scritta e la figurata non consentono
che suppongasi essere stati i Dischi manubriati adoperati per
uso di recipienti di specie alcuna. Ma non a torto tanto
numero di Uomini per ingegno e dottrina sublimi già da
me nominati credettero un recipiente quell'utensile, mentre
vedendolo a primo aspetto tale il fa credere la sua struttura;
come apparisce dal disegno che ne do a questa Tav. II.
tanto che hanno motivo di supporlo, finchè da me non
si darà della sua struttura una spiegazione al disco in
bronzo manubriato più conveniente di quella già data da
essi: lo che sarà soggetto di ragionamento per le Tavv. seguenti.

1 Ved. tav. I, n. 1.   3 Zoega, B. ril. tav. 105.
2 Lib. iii, cap. ii, Segm. ii.

TAVOLA TERZA.

Il Monumento antico di bronzo esibito al num. 1, di questa Tav. III è un Disco manubriato dei più semplici, poichè manca di figura sì dall'una come dall'altra parte di esso, e di ogni sorte d'ornato. Io lo traggo da un rame inserito nel Giornale di belle Arti, che tempo fa pubblicavasi in Roma [1]. Ho accennato nella precedente spiegazione che i Dischi si trovano nei sepolcri. Ora ne adduco un esempio. Nel Giornale si ha per iscopo di descrivere un'Urnetta di metallo, trovata in un sepolcro di Preneste, nella quale era il Disco di questa Tav., unitamente ad un pettine femminile ed un ago da testa. Nella parte inferiore di questa Tavola si vede l'indicata urnetta. Sappiamo dal dotto compilatore del Giornale, che questa fu acquistata da Monsig. Casali. Gli antiquari la reputarono concordemente una di quelle Ciste mistiche [2] nelle quali, secondo il superstizioso rito de'pagani, alcune cose e simboliche figure per uso di varie iniziazioni e cerimonie religiosamente ascondevansi. Quivi l'espositore rimanda eruditamente agli apologisti della religione cristiana chi fosse vago di sapere quali eran gli oggetti contenuti in quelle ciste, che Valerio Flacco chiama *plenas tacita formidine*, ed Apulejo *tacita cistarum sacra*. Ma pur descrive quei che Clemente Alessandrino già palesò [3], fra i quali leggesi essere il pettine femminile e lo

[1] Guattani, Notizie sulle Ant. e belle ar. di Roma per l'Anno 1787, tav. III, p. 25.

[2] Ved. Lanzi, Ling. etr. Tom. II,

p. 248.

[3] Clem. Alex., Cohort. ad Gentes p. 15.

specchio. Pare però che il Guattani voglia mettere in dubbio se sia quella una vera cista mistica, perchè essendo di metallo e storiata, differisce dalle cognite, per mezzo delle medaglie e dei b. ril., le quali compariscono per lo più tessute di vimini, o di simil pieghevole materia, come l'etimologia della voce richiede e come Ovidio le accenna: *Clauserat actaeo texta de vimine cista* [1]. Oltre di che non vi trova il serpe, come si osserva quasi sempre nelle rappresentanze di queste ciste, avendo allusione a Bacco. A ciò rispondo per le osservazioni del P. Panel [2] scortato dalla testimonianza di Aristofane e di Demarato, che talvolta le ciste facevansi anche d'oro, lo che dimostra che potettero essere anche di qualche metallo. Riguardo poi ai vimini che vedonsi nelle ciste rappresentate in varie produzioni delle arti, è da riflettere alla necessità che hanno gli artisti di assegnare un carattere conveniente e permanente agli oggetti che rappresentano, acciò più facilmente e senza equivoco sien riconosciuti dagli spettatori; ond'è che a tale effetto, non solo fecero quelle sacre urnette sempre con indicazione di vimini, come richiede l'etimologia rigorosa del termine *cista*, affinchè per tali a prima vista si riconoscessero, ma vi posero anche il serpe, acciò da per se si manifestassero per le ciste dei misteri. Nei vasi antichi dipinti sono espresse anche le cassette o arche [3] contenenti le anzidette cose Bacchiche [4], come si crede, e che per tale ufi-

---

1 Ovid. Metamor. lib. II, v. 554.

2 Panel, De Cistophoris, p. 16.

3 Ved. la Cassetta che tiene in mano la Donna alla tav. G, n. 4, ove sono gli ornati, simili a quei della cista della tav. L, n. 3, mentre tutti i disegni son presi dai vasi fittili.

4 Διονύσου δὲ ἄγαλμα ἦναῖν τῇ λάρνακι Pausan. in Achaic. cap. XIX, XX, p. 572, seq.

zio ciste mistiche potevan dirsi [1], e intanto non le vediamo
contrassegnate da'vimini, nè dal serpe di Bacco, poichè se
ne distingue patente l'uso; ma le canestre che son d'uso
femminile, espresse nei vasi fittili hanno in vece di vimini
certi ornati [2] che si ripetono nelle cassette: e per tale indizio d'ornati si fa chiaro che l'uno e l'altro recipiente è
del genere delle ciste misteriose di Bacco, e di tutti quei
Numi che (secondo nota l'erudito Lami) [3] ebbero l'onor
della cista nei loro misteri. Di siffatti indizj non ebbe di
bisogno la vera urnetta, che per attuale e positivo uffizio
di essi misteri era fatta: giacchè l'uso stesso meglio che i
simboli ne additava la qualità. Una cista bacchica rappresentata in un Disco di quei che son per esporre, prova che
il serpe non si apponeva a quel recipiente, ove altri indizj
e per fino la scrittura la facevano riconoscere per la cista
di Bacco, ma intanto i vimini non vi son trascurati.

Ivi ancora impariamo la ragione di alcune maniglie, che
a varie borchiette si vedono aggiunte nella nostra cista di
bronzo, giacchè comparisce nell'altra che le ciste attacca-
vansi per via di corde sospese ad un chiodo forse nella
muraglia, nel tempo di alcune funzioni. Senza un tale esempio ci sarebbe ignoto l'oggetto di quelle maniglie.

Corroborate con maggiori probabilità le opinioni che l'urna in bronzo, dove il Disco che illustro era chiuso, fosse
realmente una cista mistica, fa d'uopo esaminare, se questo
ha somiglianza con alcuno dei sacri arcani oggetti nominati
da Clemente Alessandrino, ed esposti dal nostro Autore.

---

1 Synesii Calvitii Encomium.

2 Ved. tav. L, num. 3.

3 Saggi di Dissert. dell'Accademia

Etr. di Cortona, Diss. VI, Tom.
I, p. 63.

Trovasi pertanto essere assomigliato allo Specchio rotondo, che di tal forma si usava in antico, rammentandolo Aristofane [1] Plinio [2] e Seneca [3] e i monumenti che presentan la toelette muliebre [4] e simili [5]. E qui paionmi spinti tropp'oltre i dubbj del culto compilatore del giornale, mentre varie circostanze da lui lasciate inosservate avrebbero fatto vedere il ravvicinamento fra le ciste mistiche, ed il monumento scavato in Preneste, ove oltre il citato Specchio, trovossi anche un pettine femminile, come egli stesso racconta; e il pettine femminile appunto è fra gli arcani oggetti che l'Alessandrino descrive: talchè non resta oscura ad intendersi se non la ragione di un ago da testa che unitamente al pettine ed allo Specchio erano entro la cista, quando non si voglia supporre che vi faccia le veci di una spada, che pur si trova rammentata dall'Alessandrino [6] fra le cose riposte nella mistica cista; poichè non par credibile che una spada ad uso di combattere possa esser capace di ascondersi entro un cestello. Più verosimilmente potrebbe rammentar l'ago fatale della Madre Idea [7] custodito in Roma fra le cose fatali, da cui faceasi dipendere la stabile conservazione dell'Impero [8]. Preoccupato il Chiar. Autore dall'idea già invalsa generalmente, che quei Dischi fosser Patere da sacrifizio, ne segue ch'egli credendo di vedere anche in questo della Tav. III una Patera come scrisse, non potè ve-

1 In Nubib., vers. 750. p. 89. et schol.

2 Histor. Natural., lib. 33, cap. 9, p. 608.

3 Quæst. Natural., lib. 11, cap. v.

4 Questa sarà in uno dei vasi da spiegarsi nella serie V che ri-

chiamerà la presente Tavola.

5 Nel corso di questo mio scritto se ne troveranno altri esempj.

6 L. cit.

7 Serv. ad Aeneid., lib. vii, v. 188.

8 Cancellieri, Le sette cose Fatali di Roma antica, p. 7.

rificarne la natura, nè riflettere che secondo gl'insegnamenti dell'Alesssandrino egli non dovea cercar patere sacrificiali entro le ciste mistiche. Nè potè verificare la qualità dell'urna di bronzo che più chiaramente si manifesta per cista mistica, quando si trova che il suo contenuto combina col descrittoci dall' Apologista Cristiano come accennai, per quindi nuovamente assicurarsi per inversa pruova, che il Disco trovato in una cista non può essere che uno Specchio mistico usato nei misteri di Bacco.

TAVOLA QUARTA.

La massima parte dei Dischi più ornati e figurati che vedonsi pe' musei hanno una struttura simile a quello espresso in questa Tav. IV. In parte lo traggo da quel celebre Disco Borgiano che porta incisi con interessanti figure i natali di Bacco; monumento in chiara fama per la dotta illustrazione che ne dà il Visconti nella sua opera classica del Museo Pio Clementino [1] delle cui ricercate dottrine io non posso però in modo alcuno profittare per arricchirne la dichiarazione della presente Tavola; perchè do principio alle mie osservazioni su quel monumento, ove appunto egli le chiude. In seguito esporrò ciò ch'egli scrisse della superficie figurata a storie, opposta alla presente che esamino come vedesene il taglio in profilo al num. 1 della Tav. V.

Premetto altresì che lo Specchio Borgiano è mancante del manubrio dalle figure in giù, come io farò vedere nell'e-

1 Visconti, Museo P. Clementino, Tom. IV, Bassirilievi, tav. A. p. 99.

sporne la parte storiata. Io ve l'ho aggiunto piuttosto per
dar con esso una idea di questi monumenti in generale,
che per rammentare quello in particolare. Son molti che
non hanno manubrio, come il Cospiano fra i più conosciuti [1].
Ma siccome nella più gran parte di essi trovansi quei fori nel-
l'appendice al Disco dove il manico dovrebbe attaccarsi, così è da supporre che per mezzo di chiodi vi sia stato unito
in antico di altra materia e non di bronzo; e credo che per
questa ragione troviamo differenza nei manubrj di questi
medesimi Dischi dipinti ne'vasi [2], perchè forse vi si vollero
esprimere quei che si attaccavano ai Dischi, e non già quelli di bronzo che noi vi troviamo annessi. Infatti io riten-
go i disegni di alcuni Dischi trovati nella Grecia Italica, da
dove provengono gran parte dei vasi dipinti, e manca loro
il manubrio, ma non già l'appendice per aggiungervelo d'altra materia che di bronzo. Dalla fig. num. 2 della seguente
Tav. V s'intende chiaramente come fossero costrutti i Dischi privi di manico.

È regola costante in questi Specchi bacchici, che l'ornato
in rilievo composto di uno o due listelletti ed un ovolo
intagliato in rilievo anch'esso, e che qualche volta degenera
in semplice scannellatura o simile ornamento, trovasi sempre dalla parte opposta a quella ove sono espresse le figure [3]. Ora questa parte vuota di figure ed arricchita degli indicati ornamenti è quella che io prendo in esame attualmente.

Fra le varie strutture dei Dischi in bronzo pochi si trovano di superficie piana del tutto, ma pur se ne incontrano;

[1] Ved. Tav. X.
[2] Ved. tav. XI, di questa se-
ria.
[3] Ved. tav. v, e sua spieg.

e fra questi può citarsi il Cospiano, come noterò a suo luogo. Ove la superficie della lamina che compone il Disco
deviando dalla figura piana si fa concava per una parte, vi
corrisponde sempre una superficie convessa dall'altra; e la
convessa è quella che si trova lucida a guisa di Specchio:
e quando il Disco abbia gli ornati di fusoria sopra indicati,
s'incontran sempre dalla superficie convessa e lucida quale
esprimo alla Tav. presente; e non mai dalla concava e figurata. Il manubrio procede con egual metodo, poichè i
lavori che vi si vedono in bassorilievo non proseguono in
giro, ma son per lo più limitati a questa sola superficie del
cilindro ellittico, e ne lasciano spogliata la parte opposta,
come ripeterò parlandone più estesamente altrove.

Termina quasi sempre il manubrio di bronzo in una testa
di animale, che presenta anch'essa la parte superiore dal
lato, ove il Disco è lucido, dove son gli ornati in rilievo,
e dove il manico è lavorato. L'appendice che attacca il manubrio alla circonferenza dello Specchio suole avere qualche
ornato di capriccioso arabesco quale vedrassi per esempio
alla Tav. V num. 2. Il Disco Borgiano che io riporto qui
per cosa rara, in luogo dell'ornamento ha due figurette,
che supposte insignificanti dai culti espositori di esso, Lanzi e Visconti, non fissandovi la loro attenzione, si dispensa-
rono dal ragionarne. Ma se il Lanzi tacque nel succinto
esame da lui inserito nella celebre sua opera sulla lingua
etrusca [1], ne accennò alcun che per altro in un suo MS.
che conservasi nella Imp. Galleria di Firenze [2], dicendo sol-

---

[1] Tom. II, tav. X, num. 2, e p.
195.
[2] Libreria privata, num. 4. Lanzi,

Lapides antiqui, numismata, pondera, vasa.

tanto che il Baccante e la Ninfa espressi nel manico sono
adatti al soggetto della nascita di Bacco effigiata nella parte
opposta. Non vorrei che le indicate avvertenze sembrassero
trite, inutili e da omettersi non portando conseguenze notabili alla piena cognizione della natura ed uffizio di questi
Monumenti, che sotto il nome di Patere etrusche hanno
tanto interessato finqui i dotti e i curiosi indagatori delle antichità.

Le due figure mi pajon bene indicate dal Lanzi per due
Baccanti, non però come adattate soltanto al soggetto e-
spresso nell'altra parte del Disco; ma piuttosto convenienti
al Disco medesimo, che vedemmo già alla Tav. III far parte dei mistici oggetti del culto bacchico.

In fatti se riprendiamo l'esame della notata cista la troviamo sormontata da un gruppo di figure, che serve ad essa
di manico nel suo coperchio, in cui precisamente come in
questo mistico Specchio si vedono due persone di vario sesso lottar nude fra loro. Il Ch. Visconti credè quel gruppo
analogo alla storia d'Oreste rappresentata nel corpo cilin-
drico della cista mistica, perchè il costume di quelle lotte
vigeva in Sparta patria d'Oreste [1]. Ma siccome anche la cista Kirkeriana ha sul coperchio tre Baccanti abbracciate insieme [2], sebbene intorno al corpo di essa non sianvi Oreste,
nè la nascita di Bacco, ma gli Argonauti; così è più verosimile il credere che i monumenti spettanti al culto di Bacco, o a' suoi misteri, ove avessero bisogno di un qualche
ornamento, come nei tre manichi delle due ciste mistiche,
e dello Specchio Borgiano, si componessero di simili bac-

1 Visconti, ap. Guattani Monum.   2 Contucci, Musei Kirkeriani in Ro-
ined. ant. per l'anno 1787, p. 32.   mano collegio, Ærea, Tom. 1.

chici scherzi. E qui mi piace riportare il parere del Guattani
che le figure sovrapposte alla cista molto rischiara ed illustra, col riflettere che alla santità di qualunque mistero non
facea torto una licenziosa lotta di maschio e femmina, sen-
do costume che quelle arcane misteriose adunanze terminas-
sero in gozzoviglie amorose, come avvertì Euripide inse-
gnandoci che

Fingon di Bacco celebrar le feste,
Ma onoran poi più Venere che Bacco [1].

Credo peraltro che tali depravate rappresentanze non si par-
tissero da un principio turpe e vizioso, ma bensì fossero
una degenerazione di certa massima comune alla nazione
tutta de'Greci, non meno che de' loro proseliti; cioè che
l'Amore fosse il Genio primario degli Uomini tutti [2], le
anime de'quali fossero da esso dirette al possedimento di
sublimi virtù morali [3] e quindi anche di corporali ornamenti [4], e non già di vituperevoli licenze come a primo aspetto
presentano le due figure di questo Disco, e tutte le altre
che costituiscono gl'indecenti baccanali del Paganesimo.
Checchè ne avvenisse peraltro dell'abuso delle Orfiche adunanze, certo è che in origine altro esse non furono che un
aggregato di Giovani i quali stretti fra loro in amicizia eru-
divansi in ogni sorta di virtù [5]. Nè altro pare a me che si
debba intendere per quelle due figure che s'abbracciano in-

---

1 Eurip. ap. Guattani, l. cit.
2 *Statuerunt Amorem in rerum initio tum Cosmogonia Hesiodea, cum plurimi Philosophi inde a Pherecyde Syrio, deinde adoptaverunt Orphici, diversa diverso modo de eo enarrantes* *tum illi tum hi.* Kanne, Analecta Philologica.
3 Platon. in Symposio.
4 Plutar. *De profect. Virtut. Sententiae.*
5 Creuzer, in Praepar. ad lib. de Pulcritud. Plotini, p. xl.

sieme. Simili temi vedonsi ripetuti nei Dischi da esporsi in
seguito, unitamente alla varietà delle interpretazioni, delle
quali sono suscettibili.

La testa d'animale colla quale termina questo, come quasi
ogni altro manico dei Dischi in bronzo, dà occasione ad altre congetture favorevoli per provare il mio assunto. Il Cultissimo Prof. di archeologia Vermiglioli ha creduto vedere
una testa asinina nel manico di un famoso Disco da lui illustrato [1]: ma l'esame d'un solo non basta a stabilirne la
vera somiglianza; nonostante però che questo quadrupede
sia provato dal Ch. A. spettare a Bacco. Il Lanzi che ne
decide per le replicate osservazioni fatte in molti di questi
utensili, le determina per teste di cavrioli [2]. Il Cajlus [3] ed
altri ne pensarono egualmente. Ed infatti, quelle forme molto allungate e quel muso assai ristretto, più al cavriolo che
all'asino si convengono. In questo allegorico animale trovasi
una relazione fra i Dischi, e le ciste; poichè nel già mentovato giornale [4] vedo notato che nel Prenestino fu trovata
una cista mistica, entro la quale era un cavriolo ed una
pantera, oltre due altri Dischi rammentati come patere in
quella relazione. Della convenienza di siffatto animale con
i sacri Specchj e con le ciste, arnesi spettanti a bacchica
liturgia se ne argomenta specialmente dal sapersi che della
sua pelle vedesi spesso coperto quel Nume, in memoria,
come crede il Lanzi [5], della metamorfosi che di lui in que-

---

1 Vermiglioli, espos. d'una Patera
   etr. ined., p. xxxviii.
2 Lanzi, Sagg. di Ling. etr., Tom.
   ii, p. 231 e 248, e ne'suoi MSS.
   della Imp. Galleria di Fir. al Vol.
   4, in più luoghi.
3 Antiquit. Etr. Greq. et Rom., Tom.
   v, Pl. xlvi, num. 5, p. 119.
4 Guattani, l. cit.
5 Vasi ant. dipinti, Dissert. ii, § ii,
   p. 82.

sto animale fece Giove per salvarlo, quando era infante, dalla madrigna Giunone. Nè diversamente pensò il Buonarroti, cioè che rappresentassero cavrioli gli animali che nei vasi dipinti stanno presso a Bacco, quando non hanno sembianza di Leoni o di Tigri [1]. Altrove darò ragione del cavriolo più coerente alla natura del Disco, che non è quella esposta dal Lanzi. Qui basti per prova, che in quei manichi vi si riconosce da più osservatori una testa di cavriolo.

Tornando all'esame dell'area che resta chiusa fra gli ornati del Disco, e che comparisce lucida in modo da giudicarsi uno Specchio, a me pare che manifesti un motivo d'essere in quella guisa, piuttostochè in altra. In primo luogo gli ornati descritti, che tutti si mostrano da questa parte dell'area lucida, e nessuno dall'opposta, indicano che quel lucido aveva un oggetto, o usuale o significativo, necessario in quell'utensile; mentre tutto il restante e della forma e degli ornati, pare a quello subordinato. L'animale medesimo ch'è in fondo del manico, dovendosi presentare rettamente allo spettatore dimostra che servivansi dell'utensile dalla parte dove l'animale ha il capo; lo che corrisponde all'area lucida del Disco. Gli ornati e le figure vedonsi nell'appendice del manubrio, e non già nell'area lucida; mentre nell'opposta superficie del Disco le figure (quando vi sono) che occupano l'intiero spazio dell'area, fan credere che questa dovea far mostra di se non per altro che per quel lucido che contiene in tutto lo spazio. E il vedere ogni ornato, come dissi, da questa parte, ci assicura che l'oggetto dell'intiero Disco è d'esser mirato o

[1] Buonarr., ad monum. operis Dempster. Explic. et coniecturae, p. 16.

adoprato da questa, e considerato per il lucido che contiene, più che per le figure solite trovarsi nella superficie opposta alla lucida di molti Dischi. Che se queste fossero l'oggetto primario di essi, perchè mai se ne lascerebbe perpetuamente vuoto lo spazio lucido? Perchè avendo tutti l'indicato lucido, molti di essi mancano poi di figure nella parte opposta? Perchè ove si vedono dalla parte lucida (come nel Disco di questa Tav. IV) furono sottomesse al lucido stesso, e ristrette nella parte più ignobile dell'utensile, qual'è l'appendice che attacca il manico al Disco? Eppure il soggetto medesimo di Satiri e Ninfe, quando è nell'opposta parte (come vedremo in altri Dischi; in quella cioè che suol corredarsi delle consuete figure) occupa sempre il mezzo dell'area circolare, come ogni altra deità.

Avrò luogo di fare osservare che gran quantità di Dischi manubriati della natura medesima di quei che in questa raccolta mi accingo ad esporre, si trovano espressi nei vasi fittili antichi, e per quanto i Dischi positivi abbiano figure in una delle loro superficie, pur le figure non compariscono mai nei Dischi dipinti nei vasi; tantochè par chiaro che la parte dipinta e ostensibile nei vasi sia la lucida, e non già la figurata; e quest'ultima, com'io credo, veniva a formare il didietro del Disco, mentre lo spettatore lo dovea presentare a se dalla parte lucida. È dunque la superficie levigata a foggia di specchio, o vogliamo dire lo specchio medesimo l'oggetto principale di questo utensile; come anche in altri articoli di questa mia opera, e con più solidi argomenti, anderò dimostrando presentandomesene l'occasione.

L'idea generale di specchio implica a primo aspetto

quella di un arnese atto a riportare al nostr'occhio l'immagine degli oggetti che gli si pongono avanti, mentre guardiamo la di lui superficie: e per conseguenza anche immagine nostra allorchè stando avanti a quello perpendicolarmente forma colla superficie dello specchio angoli retti. Questa immagine non si riflette egualmente al nostr'occhio allorchè la superficie dello specchio è convessa, perchè essa sparpaglia i raggi della luce che reflette, rende divergenti i paralelli, ed aumenta la divergenza di quei che divergono per natura. Quindi è che da alcuni di coloro, ai quali ho comunicate queste mie idee sugli antichi Dischi di bronzo manubriati da me creduti Specchi, mi è stato obiettato che la convessità di varj di loro li rendeva incapaci d'essere adoprati a tale ufizio, non potendo render l'immagine quale dall'oggetto reale la ricevevano [1]. Questa obiezione potrebbesi diriger contro l'opinione di un gran Letterato dei nostri giorni, il quale ha creduto che molti di questi Dischi sieno specchi sotterrati con belle donne in fresca età rapite dalla morte [2]: ma fa d'uopo intendere che questa congettura gli si è presentata nell'osservare, che varj di essi essendo di una bellissima pulitura, sono affatto piani. E così par che da questa categoria ne eccettui quei che hanno una superficie non piana del tutto. Nè già esclude questi dal genere degli specchi, ma dottamente fa vedere per le autorità di Clemente Alessandrino e di Arnobio che anche nei misteri Bacchici si adopravan gli Specchi: del qual genere par che supponga esser quei che ora esamino. Da queste varie opinioni deducesi che l'ignorar

---

1 Lettera ms. a me diretta dall'Ormanni, nel 1817.

2 Akerblad, Dissert. sopra due laminette di bronzo, in fine.

l'uso di quei Dischi presso gli antichi non ha forza di ab-
battere la massima che possano essere Specchi. In fatti se
prescindiamo dall'uso loro, troveremo che gli antichi ebbero specchi di varie superficie [1], e per conseguenza potè
esser fra queste la convessa. Un'altra prova, che pare a me
non spregevole per confermarci che questi Dischi debban
essere stati Specchi presso gli antichi, è il sospetto che
n'ebbero molti di coloro che ne hanno trattato, ancorchè
in fine dassero loro il nome di patere etrusche. Ed ho osservato, come dimostrerò, che gli hanno giudicati Specchi
quando gli hanno considerati per se stessi nelle loro qualità, vale a dire nella forma, nella materia, e nel lucido che
contengono: ma gli hanno poi detti patere solo perchè
non han potuto penetrare qual potesse essere l'uso loro
come specchi convessi, perchè altri avean già dato a quei
monumenti incautamente il nome di patere. In un articolo
d'inventario scritto dal celebre letterato Cocchi per le anticaglie che conservansi nella Imp. Galleria di Firenze, alla
quale egli ha preseduto, trovo queste sue precise parole: »
*Dodici patère di metallo, alcune delle quali sono molto lu-
cide, e pare che possino aver servito anche per specchio* [2]. »
Questo articoletto ci persuade che chi ha per le mani i
nostri Dischi è costretto a giudicarli Specchi, ad onta del
nome di patere che vien loro comunemente assegnato. Anche altri che videro i Dischi usciti dagli scavi, sospettaro-
no lo stesso [3]. Parimente il Lanzi che ha dato un cenno di

---

1 Plin., Hist. Nat., lib. xxxiii, cap.
ix, p. 627.

2 Cocchi, Inventario ms. della R.
Galleria di Firenze.

3 Notizie trovate sparsamente nei
mss. di Galleria e da me copiati.
L'Ormanni altrove cit. così scrive a me: *Avevo fino adesso*

sospetto che vi si riconoscessero Specchi antichi, piuttosto che patere, notando sagacemente che nei vasi etruschi veggonsi in mano di donne e di uomini, come nelle pompe egizie gli Specchi; nè meno nell' atto de' sacrificj vide questa forma di patere manubriate. E infine del suo paragrafo soggiunge le seguenti parole » *Comunque siasi e qualunque nome convenga meglio a tali anticaglie* » [1] indecisione nata in lui dall' evidenza che que' monumenti fossero Specchi, e dal nome che comunemente han portato di patere. L' Akerblad chiude anch' egli il suo esame se i Dischi debbano come Specchi esser considerati, oppur come patere, con dire che quest' oggetto meriterebbe una particolar disquisizione, ch' egli tralascia a coloro che han l' ozio ed i comodi per occuparsene [2]. Ai giusti dubbj che il Ch. Ennio Quirino Visconti propone se il Disco tenuto in mano da una donna dipinta in un vaso da lui dottamente illustrato [3] sia patera o flabello o specchio, il Ch. Sig. Pietro Vivenzio più affermativamente risponde che senza tema d' errore par che sia Specchio siffatto arnese, come lo nomina il prelodato Akerblad, contro la sentenza di coloro che lo dissero patera, ragionando di quei ritrovati nelle ciste mistiche del museo Kirkeriano, Borgia, e Casali [4]. Il Ch. Regio Antiquario Sig. Ab. Zannoni in occasione di illustrare

---

dubitato che potessero essere specchi, attesa la loro faccia levigata che presentano nella faccia alcun poco convessa. Volterra 1817.

1 Lanzi, Saggio ec. Tom. II, p. 208.

2 Akerblad, l. cit.

3 Visconti, Esposizione delle pittu-

re d' un antico vaso fittile trovato nella Magna-Grecia, ed appartenente a S. A. R. il Principe Poniatowski, p. xi.

4 Vivenzio, Lettera al Cav. d'Agincourt, nel Giornale Enciclop. di Firenze, Tom. iii, p. 265.

un monumento in quell'opera della Galleria di Firenze
che onora quell'uomo sì culto, afferma d'esser pienamente
d'accordo coll'opinione prodotta dall'Akerblad sulle credute patere, dal prelodato dotto Svedese tenute per specchi, ed avvalorata dal già lodato Sig. Vivenzio [1]. Più modernamente ancora il Ch. Sig. Canonico Prof. Schiassi, nel-
l'esporre una interessante serie di antichi Dischi, sebbene
abbia dato per titolo al bellissimo libro che gli correda: *De
pateris antiquorum*, pure in esso propone il dubbio che
possano essere stati usati per ornamento nelle pompe, come avea già sospettato il Lanzi [2], che per tal motivo il
suppose Specchi, come già dissi. Egli ci avverte anche in
più luoghi della prelodata sua opera, che se il Biancani
avesse vissuto abbastanza da poter vedere le opere del
Lanzi, avrebbe certamente cangiata opinione rapporto a
questi Dischi tenuti allora per patere da sacrifizio. Il sospetto che gli antichi Dischi sieno Specchi proveniente da ripetute osservazioni su i vasi fittili, non sfuggì neppure ai
dotti loro interpetri Italischi [3], Millin [4] e Millingen [5]. Anche nei tempi andati e di minore esperienza reputò il Buonarroti che fosser dipinti nei vasi *specula rotundae formae
inter crepundia Bacchi in Orgiis connumerata* [6].

Ma in siffatte cose di osservazione l'esperienza ed il tempo decidono molto della verità, e queste due circostanze

1 Zannoni, Illustr. della Imp. Galleria di Firenze, Statue, Busti,
Tom. 1, p. 38.

2 Schiassi, de Pateris antiq. ex schedis Biancani, p. x.

3 Raccolta II. Hamiltoniana, Tom.
1, tav. 38, p. 38.

4 Peintures, des Vas. ant., Tom. 1,
pl. LXVI, p. 118, not. (1).

5 Peintures, des Vas. ant. ined., pl.
IV, p. 11.

6 Buonarroti, Explicat. et coniect.
ad monum. Dempster., p. 16.

par che confermino i prelodati scrittori nella esposta loro
opinione. Fra i preziosi mss. del più volte lodato Lanzi
che si conservano nella Imp. Galleria di Firenze, ho letto
un articolo scritto posteriormente al saggio di lingua etrusca, ove riproduce con fondamenti maggiori il sospetto che
ai Dischi antichi manubriati convenga il nome di Specchi;
e trova nello Spanemio un appoggio per sostenere che gli
specchi antichi, o di argento, o di bronzo si fecero piani
come pure convessi; e che tali metalli e tali forme combinano coi Dischi; ed aggiunge per cosa molto probabile
che la parte figurata del Disco fosse la meno considerata
in quel mobile, e che la più degna parte fosse la opposta
o pura che deggia dirsi, quale appunto è quella che servir
poteva di Specchio. Quindi adduce un esempio che molto
avvalora quanto già esposi a questo proposito, ed è che
una Cariatide in bronzo da lui veduta presso Bires, teneva
uno di questi Dischi, il cui liscio era dinanzi, e di dietro
erano le figure. Nè da tacere è l'altra sua osservazione che
nel Disco attinente al museo Petrini, e in alcuni dei Medi-
cei che conservano vestigj d'inargentatura, questa non
comparisce in ambedue i lati, ma solo in uno; di che non
sa trovar più persuadente ragione che supponendo quella
parte dover fare specchio, quell'altra no. [1] Io non asseri-
sco già che il Lanzi tenesse ferma questa opinione preferibilmente ad ogni altra rapporto ai Dischi; mentre anche
in queste osservazioni sempre li nomina patere, sebbene le
sue riflessioni molto dalle patere vere sacrificiali gli allonta-
nino. Ed ancorchè io non abbia trovato sempre costante

---

[1] Lanzi, MS. esistente in Galleria di Firenze.

nei Dischi quanto egli accenna rapporto alle loro inargentature, pur noto ch' egli sospettò in principio che questi Dischi potessero essere Specchi, come già confessò ingenuamente nel suo Saggio di lingua etrusca, e che il sospetto si accrebbe col tempo e coll' esperienza di altri che a mano a mano veniva ad esaminare. Ma spiegando per umiltà la propria opinione, quell' uomo per questa come per altre morali virtù grandissimo, tentò, sebbene con deboli appoggi, sostener l' opinione altrui circa quei Dischi; talchè a quel foglio del suo ms. se ne trova un altro da lui sostituito, dove vuole (come vedremo) che quei Dischi spettassero ai sacrifizi [1]. Più saldo nella propria opinione il tempo e l'esperienza tennero il rinomato Akerblad; ond'è che in una sua lettera a me diretta si esprime, che in quanto alla sua congettura che molte delle così dette patere non sieno altro che Specchi, l' abbandona a chi vorrà confutarla o approvarla; ma che intanto avendo in questi ultimi anni esaminato un numero non piccolo di questi Dischi, non ha incontrata cosa di momento a farlo mutar d' opinione [2]. Anche il Ch. prelodato Schiassi ne ha mantenuti dei dubbj, ed in un articolo di sua lettera a me diretta trovo la seguente interrogazione. » *Ma che pensa ella dell' uso di queste che finora si son chiamate patere? Crederebb' ella che nella parte liscia avessero servito come Specchi* [3]? » Il Ch. Vermiglioli antiquario assai noto per le sue opere, a cui ho comunicate molte delle mie idee sugli antichi Dischi, mi scrive che attualmente legge dalla sua

---

1 Lanzi, l. cit.

2 Lettera segnata del 1815 da Roma.

3 Lettera manoscritta a me diretta dal Ch. Sig. Prof. Schiassi, nel 1815 da Bologna.

Cattedra la seguente massima.» *Una tal circostanza è di non lieve peso per confermarci nella nuova dottrina del Cav. Inghirami, il quale in una sua non peranco edita opera dimostra quasi ad evidenza, come tali Dischi manubriáti non debbon tenersi per patere ed istrumenti da sacrifizj, come sono stati reputati sin qui, ma sibbene per Specchi etc.* [1]»

Nè diversamente pensa uno de' più gran letterati della Germania, per quanto nelle sue pubblicate dottissime opere abbia egli accennati i Dischi col nome di Patere Etrusche. Ad esso ho comunicate alcune mie congetture onde togliere ai Dischi il consueto nome di patere, sostituendovi quello di Specchi mistici, come lo accennano i Classici; al che egli si compiace rispondermi in questi precisi termini» *Igitur recte tu ad illa penetralia pedem refers, et firmo gradu in arcem contendis veteris sapientiae. De speculo quae scripsisti, ne vivam si magis quidquam mentem animumque meum possit advertere. Itaque plaudo mihi, inque sinu gaudeo, qui mediam in Italiam te studiorum meorum nactus sim commilitonem* » [2]. In uno dei nostri Giornali di letteratura leggo anche il parere del Ch. Prof. Ciampi espresso nei termini seguenti.» *Altre Baccanti con Specchi le osserviamo in altri laterali di sarcofagi etc.* [3] » I miei scritti medesimi che non potettero concedere ai Dischi la qualità di patere contro chi li dichiarava per tali, non han saputo finora trovare oppositori [4]. Più modernamente dall' Inghilter-

---

1 Lettera manoscritta a me diretta dal Ch. Sig. prof. Vermiglioli, nel 1816 da Perugia.

2 Lettera latina manoscritta a me diretta dal Ch. prof. Creuzer, nel 1816 da Heidelberga.

3 Ciampi, ved. Giornale Enciclop. di Firenze, Tom. IV, num. 45, Anno 1812, p. 368, e seg.

4 Inghirami, Osserv. sopra il libro intit. *De Pateris antiquor. ex schedis Biancani.*

S. II.

ra ricevei lettere dal Ch. Sig. Conte Cav. Cicognara Presidente dell' I. R. Accademia delle Belle Arti in Venezia, ove si legge l'articolo seguente: » *Ho parlato coi dotti Inglesi, e alcuni si tengono forti ad un' opinione che sembra omai prevalente, cioè che le patere manubriate altro non fossero che specchi. Ho fatto quante obiezioni per me si poteva che saria pedantismo ripetere: e mi si è sempre risposto, che si osserva costantemente la parte levigata atta a rifletter l'immagine esser quella opposta all'incisione: che l'orlo rilevato era destinato ad impedire che (posando lo Specchio) potessero danneggiarsi o fregarsi le figure delineate delicatamente: (quantunque a me sembri il contrario, poichè uno sfregio leggiero e uno strupicciamento qualunque dovea portar più danno alla parte levigata, che alla figurata ed incisa a solchi profondi)... che si osserva costantemente avere il manico finito e colla testa rivolta verso chi si riguardasse nella parte destinata a rifletter l'immagine e mai verso le figure delineate: che in vasi, monete e sculture non s'incontrano quasi mai sacrificatori con patere manubriate, ma sogliono avere nella mano scodelle profonde e senza manico: che le patere manubriate o Specchi trovansi per lo più in mano a donne e non a uomini, mostrandosi suppellettili muliebri; e siccome s'incontrano scodelle non manubriate e figurate e letterate dalla interna parte, così può in tal guisa essere stata impropriamente applicata l'istessa denominazione agli Specchi per la rassomiglianza di costruzione in grazia del tenue labbro che hanno attorno.*

Mi si mostrano argomenti diversi per queste opinioni e fra questi una scodella del museo Britannico, da me qui riportata al num. 14 [1]. *Ma pare più trionfante argomento l'ispezione sulli Specchi dell'India di varia mole e lavoro, con altri bronzi ed antichità passati dal Sig. Carlo Townley al museo Britannico, i quali Specchi bellissimi ed atti a servire al lor uso anche presentemente, hanno lavori finissimi d'ogni maniera dall'una parte coll'orlo rilevato e sono levigati dall'altra, e sono manubriati* [2]. »

A questa medesima idea fa eco l'Italia. Si legge difatti nel Giornale Arcadico di Roma una erudita dissertazione del Ch. Sig. L. Vescovali sopra l'interpetrazione d'un bellissimo Disco posseduto dal prelodato Autore, il quale si esprime al nostro proposito nei termini seguenti: » *Dopo ciò che ne ha scritto... il Cav. Inghirami.... credo non doversi più dubitare che questi Dischi manubriati tenessero le veci dei nostri specchi* [3]. In altro accreditato Giornale italiano dove nel dar conto delle opere attualmente in esecuzione parlasi ancora della presente, e del vantaggio che reca alla scienza antiquaria, vi trovo scritto così » *anche le antiche famose patere etrusche, sulle quali si è scritto tanto, cambiano ora d'aspetto nè più si tengono per patere* [4]. Così tacendo di altri Giornali italiani che non ricusano le mie nuove proposizioni [5], noto soltanto che quelli esteri già indicano questi Dischi sotto nome di *specchi mistici* [6].

---

1 *Di questo Disco ne sarà dato conto a suo luogo.*

2 Lettera del Ch. Sig. Conte Cav. Cicognara a me diretta da Londra in data del settembre 1817.

3 L. Vescovali, ved. il Giornale Arcadico di scienze, lettere ed arti, Tom. IX, anno 1821, p. 92.

4 Biblioteca Italiana, compil. dal

Ch. Sig. Acerbi, num. LXI, e LXII, anno 1821, p. 128.

5 Giornale Arcadico, Tom. VIII, anno 1820, p. 111 e 112. Abbreviatore, anno 1820, vol. II, p. 102, e seg.

6 Ved. Bibl. univers., Genève, Tom. XVI, p. 98. Revue Encycloped., Paris, ec.

Or le allegate autorità dei Classici antichi, le moltiplici osservazioni dei moderni più celebrati scrittori e le conferme di non pochi di loro, unitamente alle mie già esposte ragioni, non danno peso all' asserto, che i Dischi manubriati sieno stati Specchi presso gli antichi? Mi si potrebbe opporre, che nonostante le addotte opinioni dei moderni, in fine eglino stessi combinaronsi tutti a nominarli patere nelle opere loro, e considerarli come sacrificiali strumenti. A ciò risponderei volentieri che sarà mia messe il raccorre e dai classici e dall' evidenza quanto abusivamente siasi seguita questa falsa nomenclatura, e quanto privi di saldi appoggi sieno stati i motivi che indussero i letterati moderni a preferir questa all' altra da me annunziata opinione, lo che servirà di materia a trattare della Tav. V. Intanto proseguendo l'esame del mio monumento di questa Tav. IV, lo considero per il lato della sua totale figura trovandolo similissimo ad uno specchio che vedesi sopra una iscrizione insieme con un pettine ed un altro utensile da toeletta [1]. La figura circolare è la più consueta negli specchi antichi. Il Caylus che per aver visitati innumerabili monumenti merita fiducia, dice di aver trovati quasi tutti gli specchi di figura circolare [2]. Vedonsi peraltro ne' musei specchi di figure angolari; ma è d'uopo convenire per l'esperienza che la più gran parte di essi presso gli antichi furono circolari, come quello al cui proposito ragiona il prelodato scrittore è da me copiato; [3] il quale arnese, quando se n'ec-

---

1 Ved. tav. H, num. 4, ser. vi dei monum. di corredo.
2 Caylus, Recueil d'Antiq., Tom. iv, p. 156, et v, p. 173.
3 Ved. tav. K, num. 2, della ser. vi cit.

cettui l'ornato, resta per la sua figura e pel suo manubrio, come anche pel metallo che lo compone, simile ai Dischi in questione. L'antichità scritta ci assicura anch'essa di tal consuetudine, come infatti leggiamo in Aristofane che per mostrar la forma di certa cassetta, la dice rotonda come uno specchio [1]. Il suo Scoliaste ripete a tal proposito, che la luna è tonda come uno specchio [2]. È dunque vero che l'idea di specchio presso gli antichi implicava l'idea di forma circolare. E l'uso che se ne dovea fare di mirarvi la propria immagine, suggeriva l'aggiunta di un manico per poterlo comodamente tenere avanti di se. In questa guisa si vedono in fatti gli specchi frequentissimi nei monumenti [3].

Un'altra circostanza propria dei nostri Dischi è da esaminarsi: cioè se può loro convenire, considerati come Specchi, il luogo dove si trovano. Dissi già che il ritrovarsi entro le ciste mistiche era proprio degli Specchi piuttostochè delle patere, sulla testimonianza di Clemente Alessandrino [4]. Aggiungo quella di Eusebio che ripete quanto accenna l'Alessandrino [5], come anche Arnobio, il quale rammentando varie delle cose simboliche chiuse entro le ciste mistiche descritte da Clemente, e varie omettendone come forse di minor considerazione o importanza nei sacri riti, non lascia però lo Specchio, quasi fosse tra le cose essenziali di quelle ceste [6]. In fatti asserisce l'ingenuo già nostro

---

1 Aristoph., in Nub., v. 750, p. 89.

2 Ibid.

3 Pitture d'Ercolano, tav. 26, del Tom. III, riportato qui alla tav. I, num. 6.

4 Ved. p. 47-48.

5 Praepar. Evangel., lib. II, cap. v, p. 61.

6 Arnob., contra Gent., lib. v, p. 213.

Antiquario Lanzi nel suo Saggio di Lingua Etrusca [1] e ratifica nei suoi mss. [2], che nessuna cista di cinque già trovate in Italia si è finora conosciuta, senza che contenesse un qualche Disco. Ma non tutti ci provengono dalle ciste; mentre molti di essi, come narrerò nel descriverli, si trovarono nei sepolcri. Un insigne passo di Plinio finora inosservato mi autorizza a crederli Specchi anche per questa circostanza. Narra egli aver saputo da un certo Muciano che gli Specchi, unitamente agli strigili posti coi cadaveri nei sepolcri di pietra d'asso, venivano dopo qualche tempo a pietrificarsi [3]. Ecco in qual modo sappiamo che gli Specchi ponevansi nei sepolcri, ove ora non trovando che i nostri Dischi, convien dire che sian questi gli Specchi nominati da Plinio. Un'altra circostanza stringe ancor più l'argomento: le ciste sono state trovate quasi tutte nei sepolcri, e quella del Museo Borgiano fu trovata con due dei nostri Dischi, uno stilo, ed uno strigile [4]. Talchè se gli strigili accompagnano i Dischi nei sepolcri come gli specchi di Plinio, convien dire che questi sien della natura di quelli, quando tante altre circostanze lo mostrano, e nessuna vi si oppone.

Premesse queste osservazioni, resta ora la parte per quanto sembrami la più difficile a dichiarare, ch'è il determinare la specie e la qualità precisa di questi Specchi, per quindi passare a conoscerne l'uso. Plinio [5], Seneca [6], ed altri

1 Tom. II, p. 208.

2 Lanzi, MS. di Galleria, num. 4.

3 Plin., Nat. Hist., lib. xxxvi, cap. 17, p. 747.

4 Guattani, l. cit.

5 Nat. Hist., lib. xxxiii, cap. ix, p. 626.

6 Natur. Quaest., lib. 1, cap. v, p. 835.

antichi ci avvertono, che ai tempi loro varie qualità di specchi si conoscevano. Per andar più sul sicuro in sì difficile indagine, credo esser la via più breve quella di escludere dall'esame tutte le qualità di specchi non confacenti all'indole ed alla qualità dei Dischi in esame; onde resti da adottarsi al nostro proposito quella sola che può convenire a tutti i Dischi generalmente, come anche a tutte le circostanze che l'accompagnano. Non ammetto che questi Dischi, considerati ora come Specchi fosser quelli che portavansi per ornamento nelle sacre pompe, come citando a suo favore Apulejo, sospettò il Lanzi [1] seguito poi dal Ch. Prof. Schiassi [2] e da altri; poichè quell'antico scrittore narra che negli specchi portati da alcune donne nelle pompe d'Egitto, vedevasi tutta la turba che seguitava la Dea Iside, emanandone i raggi di riflessione verso il simulacro, e intanto la turba vi vedeva la Dea; giacchè le donne a ciò destinate di portavano voltati indietro [3]. Dunque nè la figura convessa, nè la lor piccolezza avrebbe permesso ai nostri Dischi d'essere atti a far l'ufizio di Specchi tali che riflettessero l'intiera turba verso la Dea, o che la Dea potesse mostrarsi con essi alla moltitudine. La superficie convessa gli esclude, a mio parere, anco dal genere di quelli specchi tenuti dai devoti avanti le statue di Giunone e Minerva, allorchè altri devoti figuravano di ornar le Dee inanellando i loro capelli [4], sebbene in questa categoria gli ponga il Ch. Vivenzio fra le varie sue congetture ad essi

1 Lanzi, Saggio, Tom. II, p. 208.
2 Schiassi, De Pat. Antiq in Epistola ad Caiet. Vignaferrium, p. x.
3 Beroald., in Apul. Metam., lib.

XI, p. 1033.
4 Seneca, ap. S. August., lib. VI, cap. 10, p. 159.

relative [1]; giacchè ancor questi dovean esser piani ad oggetto di rifletter giustamente la immagine che ricevevano,
nè troverei ragione perchè Specchi serviti per usi tali, dovessero poi chiudersi nei sepolcri. Non so`neppure ammet-
tere, come suppone altresì lo stesso prelodato Sig. Vivenzio, che questi Specchi sien quelli offerti nei Tempj a varie divinità, come egli trae da iscrizioni antiche: imperciocchè di quelli parla anche Plinio, ma in occasione di
trattar degli Specchi d'argento [2], e mi persuado che il dono doveva esser di prezzo perchè meritasse una iscrizione
di marmo a perpetua memoria, come per ordinario vi si
leggeva. Sappiamo da Seneca che i Romani ebbero specchi
d'oro e d'argento, di smisurata grandezza pari alla statura
d'un uomo: talehè per uno di essi non fu sufficiente prezzo la dote che assegnò il Senato per darsi a Scipione [3]. Un
dono di questa fatta è onorifico per chi lo fa, e per il
tempio che lo ritiene. Lo stesso passo di Apulejo riportato
dal prelodato Sig. Vivenzio sta contro il suo supposto. Ivi
si dice (parlando del tempio di Giunone Samia) che vi
erano ricchi doni offerti alla Dea, gran quantità d'argento
in piatti, specchi, bicchieri e arnesi tali [4]. Era dunque nella qualità del metallo che consisteva l'importanza del dono
e non già nella qualità dell'arnese. Or mi si dica se finquì
si è mai trovato un Disco, del genere di quei che illustro,
che fosse in argento? Questi son tutti di bronzo, eccettua-
ti alcuni pochi di ferro, e perciò doni non degni da offrir-

1 L. cit.

2 Nat. Hist., lib. xxxiii, cap. ix,
p. 626, et seq.

3 Seneca, Quaest. Nat., lib. 1, p.

775.

4 Florid., cap. xv, presso Vivenzio.
L. cit.

si in un tempio. E quand' anche fossero stati donati alle Divinità nei tempj, come mai si potrebbero attualmente ritrovar fra i cadaveri nei sepolcri? È poi inutile ricordare specchi di oricalco, d'ambra, di vetro e di altre tali materie, come in proposito dei nostri Dischi rammenta il precitato Vivenzio, giacchè qui si tratta di quei di bronzo. Nè credo già che lo Specchio in bronzo, manubriato, con simboliche figure dalla parte opposta come son quei della mia serie, sia di que' che usavan le donne nelle loro toelette, onde spente in fresca età sieno state serrate con essi nei sepolcri. Il Ch. Akerblad che ne propone il supposto, lo congettura dall' incontrarsi nei sepolcri delle donne anche collane, smaniglie, ed ogni sorta di ornati muliebri [1]. Ma se i nostri Dischi fossero stati di quell' uso medesimo, perchè fra i tanti trovati nei soli sepolcri di Volterra (ch' io cito fra tanti esempj) neppur uno è d' argento, ma tutti di bronzo? Eppure gl' ipogei nei quali furon trovati i Dischi appartennero a nobili e facoltose famiglie, come oltre quanto ne scrisse il Lanzi [2] congetturandolo dalle etrusche iscrizioni da lui dottamente interpetrate, si verifica ancora per i molti ornamenti muliebri, non che virili, in oro ed in gemme, di cui va sì ricco il museo di Volterra.

Io dunque su questi dati suppongo che insieme colle ceneri dei cadaveri fossero riposti nelle urne quegli ornamenti più preziosi che i defonti avevano in dosso, come attestano per le tradizioni di molti antichi il Meursio [3] ed altri scrittori di funebri cerimonie; e suppongo altresì che

1 L. cit.
2 Ved. Saggio di Ling. etr., e di altre antiche d'Italia.

3 Meurs., Oper., Vol. V, De funere, cap. XLII, p. 376.

le donne di Volterra, come di molti altri luoghi, non costumassero di porre gli arnesi di loro toelette nei sepolcri, e che se mai fosse invalso tal uso fra loro, ve ne avrebbero posti alcuni anche in argento: ed è perciò che specchi da toelette si trovan rarissimi; e finalmente suppongo che i Dischi in bronzo sì frequenti nei sepolcri, specialmente Toscani, vi si ponessero per tutt'altro oggetto che per rammentar la toeletta delle donne, giacchè a tal uopo, come dico, non li credo mai stati in uso per la convessità di non pochi di loro, e per le altre già da me allegate ragioni. Molto meno cred'io che questi Specchi veduti anche dal Ch. prof. Ciampi in mano delle Baccanti servissero a raccogliere i raggi luminosi emanati dal fuoco acceso sull'ara, come a lui sembra vederli in alcuni sarcofagi di Pisa [1]. Il raccogliere i raggi luminosi è proprio degli specchi concavi e non convessi, come sono i Dischi in bronzo manubriati in gran parte; nè so a quale oggetto si debba fare una tale operazione dalle Baccanti intorno al fuoco di un'ara; talchè mi do a supporre che il b. ril. dal Ch. Prof. proposto per norma di questa funzione, sia suscettibile di migliore interpetrazione. Cadono ora sotto l'esame gli Specchi nominati da Clemente Alessandrino e da altri, da me già indicati nelle pagine scorse.

Ci son già noti gli antichi misteri, sotto il cui nome si distinsero in modo speciale le orgie Cabiriche, le Samotraciche [2], le Bacchiche, le iniziazioni Eleusinie etc. [3] Questa voce mistero par che prenda origine da μυέω, che

1 Ciampi, l. cit.

2 Pausan., in Boeoticis, cap. xxv, p. 758, et seq.

3 Euseb., de Praep. Evang., cap. v, p. 61, et Clem. Alex. apud eumdem l. cit.

vale *insegnar ciò che spetta alle cose divine*, ed anche *iniziare* [1]: verbo che viene da μύω che vuol dir *chiudere*, poichè (come dichiara Eustazio) τοῖς μύσταις cioè agli iniziati conviene μύειν τὸ στόμα, καὶ μὴ ἐκφαίνειν ἃ μεμύηνται *chiuder la bocca, e non manifestare quelle cose in cui sono stati iniziati.* Quindi si fece Μυστήριον *mistero*, termine passato anche ai Latini con poca variazione, *mysterium.* Lo che fu inteso anche per *arcano* spettante a cose sacre, cioè cose arcane, cognite a pochi, nè comunicabili che agl' iniziati: così Erodiano [2]. Da queste voci venne anche Μύστικος fra i Greci, e *mysticus* appo i Latini; lo che, seguendo noi Marziale, intendiamo per quello che faceasi nelle arcane e sacre cerimonie degli Dei [3]. Così Virgilio disse *mistico* il vaglio di Iacco, poichè questo era usato nei misteri di Bacco, non già per vagliar civaje, al qual uso è fatto quell' arnese, ma per figurar con esso la purgazione delle anime, mentre vengono esse purgate per mezzo dei misteri, come il frumento si purga col vaglio: interpetrazione non mia, ma di Servio [4]. Così ancora Clemente Alessandrino *mistiche* nomina le ciste nel seguente periodo: οἷαι δὲ καὶ αἱ κίσται μυστικαι, cioè; *Quali sono le ciste mistiche?* e quindi passando egli ad individuare i simboli che contenevano, dà a questi l'epiteto di cose sante αὐτῶν τὰ ἅγια in due luoghi del periodo che segue al già riferito [5]. In altri scrittori antichi non son dette mistiche le ciste, una *secretorum capaces* in Apulejo; *plenas tacita formidine* in Valerio Flacco, come dissi altro-

---

1 Vid. Plutarc., in lib. de exilio, p. 607.

2 Lib. 8.

3 Martial., lib. vi, epigr. 81.

4 Ad Virg. Georg., lib. i, v. 166.

5 Clem. Alex., in Cohort. ad Gentes. p. 15.

ve. Quegli epiteti dunque di *tacite*, e di *secrete* equivalgono al termine *mistiche*; giacchè vedemmo che mistico vuol dir segreto, occulto, arcano, santo o religioso. Nè soltanto le ceste, ma ciò che in esse contenevasi denominar si può coll'aggettivo di mistico; mentre l'Alessandrino dà a quelle cose il nome di sante, Apulejo quel di secrete, e Valerio Flacco di occulte. Dunque lo Specchio ch'è fra le cose racchiuse nelle ceste, se dai citati scrittori si disse anch'esso tacito, occulto, santo, dee dirsi *mistico*. Osserviamo in fatti che ragionando il Creuzero dello Specchio Bacchico da Clemente Alessandrino, e da Arnobio annoverato fra i trastulli del nume infante [1], lo nomina Specchio mistico di Bacco e in più luoghi della sua opera [2].

Per le addotte ragioni, come per le altre che s'incontrano in questo scritto, sembrami che i Dischi in bronzo manubriati finora indicati col nome di patere, dovranno ora riconoscersi con quello di *Specchi mistici degli antichi*, preferibilmente ad ogni altro nome, e per qualunque altra opinione più o meno prossima alla presente di quei rispettabili Uomini che di questa indagine si occuparono; poichè sebbene in esse si accenni potere essere stati Specchi i Dischi manubriati di questa raccolta, ciò si fece con tale perplessità di assertive, e con tali ambiguità di espressioni che il già lodato Prof. Ciampi fattosi interpetre di alcuni articoli pubblicati su tal particolare dai più moderni scrittori, intende che l'opinione d'essere specchi i dischi di bronzo in questione sia vacillante, come rilevasi da quanto scrive: » *Una delle Baccanti*, egli dice, *componenti la storia di Penteo in un Cippo della Imp. Galleria di Firenze illu-*

1 Creuz., Dionys., p. 39, 40.   2 Ibid., p. 38, 39.

strata dal sig. Ab. Giov. Batta. Zannoni [1], *tiene, oltre il tirso, una patera. Quì il sig. Zannoni rammenta l' opinione del Ch. sig. Akerblad, cioè che le credute Patere trovate nelle ciste mistiche e nei sepolcri non sempre fossero veramente patere, ma piuttosto specchi; opinione che quel dotto antiquario dopo averla avvalorata con molte condizioni non dà per totalmente provata, ma meritevole d' una particolare disquisizione. Nel presente b. ril. il sig. Zannoni propende a credere, che sia veramente una patera quella che tiene in mano la Baccante. In un laterale d' un sarcofago pisano vedesi pure un Baccante che ha una patera nel medesimo atteggiamento che la tiene questa Baccante* » [2]. E potrò io francamente proporre che i Dischi manubriati sian tenuti per Specchi, e come tali considerati nel corso di queste mie illustrazioni contro il sentimento di Uomini sì versati nell' antiquaria? Se riflettiamo che non ostante i sospetti allegati di altri dotti a favore di questa nuova opinione, eglino stessi scrivendo nominarono patere questi utensili, quasichè nelle loro perplessità trovato avessero probabilità maggiore nel crederle patere, piuttostochè Specchi; convien ch' io prenda prima in esame tutti i dati su i quali si disser patere i Dischi manubriati per decider dipoi con maggior sicurezza e stabilire se come Specchi piuttostochè come patere si debbano considerare, e per quindi anco vedere se SPECCHI MISTICI posson dirsi, perchè spettanti ai misteri.

[1] R. Galleria di Firenze, ser. IV, Vol. I, tav. XVII.

[2] Ciampi, nel Giornale Enciclop., Tom. IV, num. 45, p. 268-269.

TAVOLA QUINTA.

Le tre figure vedute in profilo in questa Tav. V
indicano le varietà che sogliono avere generalmente i Dischi manubriati. Il num. 1 è il profilo di un Disco esibente nella parte superiore e per mezzo del taglio da A fino
in B l'interno, e nella inferiore da B fino in C, l'ester-
no, ossia quell'orlettino che più o meno grande sogliono
avere i Dischi nella loro periferia, a cui è aggiunta un'appendice C D che termina in una quasi punta, siccome vedesi di prospetto nel Disco effigiato alla Tav. III num. 1
di questa serie II. Da questo profilo che insieme colla citata figura della Tav. III num. 1 si fa manifesta la struttura
di gran parte dei Dischi, scorgesi che se ne costruivano di
quei che non avevano veruna profondità, ma solo un orlo
che li contorna. L'appendice appuntata e breve dimostra
che questa è da inserirsi in un manico forse di legno o
d'altra materia che non fu metallo. Il piccolo listelletto segnato in A è la grossezza, e come dir si suole, lo spaccato
della lamina che compone la superficie del Disco. L'altro
listello che gli è contiguo indica l'interior parte del Disco
serrata in giro dall'orlo accennato. Par dunque che quest'orlo siavi aggiunto per dare un termine alla periferia della lamina circolare, e non già per formar con essa un recipiente; al che si richiederebbe un rilievo maggiore, onde
formare un labbro non tanto basso.

La figura num. 2 presenta il profilo del Disco posto alla
Tav. III, ed alla IV di questa medesima serie, intendendosi

che la superficie A sia la parte lucida veduta in profilo del Disco già esposto di fronte alla Tav. IV B sia l'ornato di fusoria che lo circonda: C D sia tutto il manubrio: E sia la superficie concava che mostra il Disco della Tav. II, la quale manca di quel piccolo listello che vedemmo in B C alla figura num. 1, mostrando soltanto gl'interstizj dell'ornato di fusoria che si manifesta dall'esterior parte B C, unitamente all'ornato del manico ed alla testa di cerbiatto in D.

La figura num. 3 presenta un'altra varietà di forma che suol trovarsi frequentemente nei Dischi, ove si vede che mentre tutto il diametro A C del num. 1 mostra una superficie piana, ha poi una tale convessità in E che ne contorna l'interno, eccettuatane però la porzioncella dove il manico è unito al Disco: nel qual punto essendo interrotto l'ornato, viene interrotta anche la concavità dell'interno. L'interiore concavità comunica qualche poca di convessità all'esterna ossia opposta superficie che suol esser la lucida, la cui cicloide vedesi verso A e C. Il manico degenera pure alcuna volta in cicloide; e quivi, come nell'antecedente manubrio, si vede che la parte dei manichi corrispondente all'interno E è sempre liscia, mentre si trova ornata la parte opposta dov'è lo Specchio.

È necessario ammettere che i Dischi manubriati sieno stati fatti per qualche uso o positivo o significativo o allegorico o qualunque altro siasi. Vedemmo già che per uso positivo di specchi da mirarvi gli oggetti riflessi (quali potrebbero esser quei di superficie piana simili alla figura della Tav. IV, ed al num. 1 della Tav. III) non potettero esser fatti, perchè ve ne son molti che dalla parte lucida fan vedere una superficie più o meno convessa, come dimostrano i numeri 2 e 3 di questa Tav. per cui si rendono incapaci di tale ufizio. Nè per l'opposto possono esser tazze o recipienti per la superficie piana del tutto che hanno molti altri simili a quello della fig. num. 1 di questa Tavola, e num. 1 della Tav. III. Stabilito ciò per le molte ragioni da me allegate nelle spiegazioni delle Tavole precedenti, fa d'uopo cercare in questi monumenti a quale uso sieno stati adoprati. La via più sicura sarà di notare in essi quelle qualità soltanto che sono a tutti comuni. Queste ristringonsi alle seguenti. 1ª La loro forma sempre rotonda. 2ª. Una delle loro superficie sempre lucida come uno specchio. 3ª. Gli ornati del manico e del Disco, quando son di fusoria, sempre dalla parte lucida e convessa di esso. 4° Il metallo del quale son fatti i Dischi sempre di bronzo. 5° Tutti i Dischi corredati d'un manico.

Gli antichi e soprattutto gli Orientali non presentavano i lor pensieri, la loro morale, le loro cognizioni nella fisica, nella metafisica, nella religione, se non sotto il velo dell'apologo, dell'allegoria, delle favole, degli enigmi e dei geroglifici [1]. Molte di queste qualità si trovano nei Dischi; talchè a misura che nello spiegarli s'incontrano, ci persuaderemo che l'uso loro sia stato piuttosto rappresentativo, che positivo. E in primo luogo sappiamo per Ateneo, come per altri, che gli antichi avevano in venerazione grande la *figura rotonda* perchè imitava il mondo [2]. Per tal

---

[1] Ved. Gebelin, spirito allegorico degli Ant., Estratto dell'Ab. Cesarotti, Vol. 1, par. 11, p. 12, not. (a).

[2] Athenaeus, lib. xi, p. 313, et seq. ex script. Asclepiadis Myrleani. Clem. Alexandr., Strom., lib. v, p. 662.

motivo Platone asserì esser la figura sferica la più perfetta
di tutte [1]. Se udiamo Porfirio, la sfera e tutte le forme sferiche sono attribuite al mondo, al sole, alla luna, alla Fortuna, alla Speranza [2]. Si rammenti chi legge che Cibele trovasi rappresentata con un disco verticalmente posto presso
di se, e sul quale appoggia per lo più la man destra. Qualche volta hanno dato i greci artisti a questo emblematico
oggetto la figura d'un cembalo, o timpano che dir si voglia, forse per maggiore eleganza, come appunto si vede
nella bella statua di Cibele del museo P. Clementino [3]; e i
poeti ne trassero posteriormente argomento che quello strumento musicale per esser proprio dei pastori e in conseguenza caratteristico di Ati, fosse poi caro a Cibele come
amante di quel pastore [4]: altri dissero ch'esprimesse lo strepito dei Titani per nascondere i vagiti di Giove infante [5]:
altri che il rumor del timpano scacciasse i maligni spiriti [6].

Tutto ciò potrebbe anche accordarsi, se Cibele avesse costantemente presso di se o il cembalo, o il timpano; ma
siccome spesso in sua vece tiene un semplice Disco o un
globo, e per fino una base di colonna [7] posta verticalmente
come il cembalo, è dunque la forma dell'oggetto qualunque siasi, e non il genere, che racchiude l'enigma allegorico per cui fu posto nelle mani della Dea. È chiaro in ciò
un passo di S. Agostino, da cui si apprende che Cibele ha

1 Plat., in Timaeo, Tom. III, p. 95.
2 Porph., apud Euseb., praepar.
   evang., lib. III, cap. VII, p. 98.
3 Visconti, Mus. P. Clem., Statue,
   Vol. I, p. 77, tav. 40.
4 Ved. Millin, Dizion. mitolog. art.
   Cembali.

5 Ved. Creuzer ad Nonn. Dionys.,
   p. 231.
6 Zoega, Bassiril., spiegazione delle
   tav. XIII, e XIV.
7 Nella raccolta di Monum, incisi
   della Galleria Giustiniani, p. 236,
   num. 87.

costantemente in mano il timpano significante l'orbe del
mondo [1]. Varrone e Servio citati da Millin [2] attestan lo
stesso dei varj simboli di Cibele che han figura rotonda. Mi
limito a riportare in esempio una Cibele del museo Capitolino, che in luogo di tutt'altri oggetti rotondi, ha in mano un Disco manubriato simile a quello che illustro [3]. Così fra i molti attributi di questa Dea che han forma circolare posti nelle are a lei dedicate, si vede ripetuto anche il Disco manubriato [4].

Un passo di Sinesio c'insegna che realmente i filosofi
ed i sacerdoti dell'antichità servivansi di semplicissimi oggetti per meditare e venerare i prodigj del Creatore nelle
opere portentose del mondo creato.» *I savj d'Egitto*, egli
dice, *con rostri di sparvieri e di cicogne scolpiti nel vestibolo dei loro tempj e nei simulacri, si burlano del popolo;
mentre intanto ritirati nel lor santuario, con danze misteriose stannosi venerando certe cassette, in cui son riposti alcuni
globi, che se il popolo vedesse, gli avrebbe a scherno come
cose ovvie, avendo egli bisogno di portenti: e come no?
s'egli è plebe?* [5]» Così Sinesio. Tornando ai monumenti
trovo in un vaso fittile di greca maniera una composizione
di varie figure ch'io riporto alla Serie VI, ove una donna [6]
tiene colla destra una cassetta e colla sinistra uno Specchio:
un'altra [7] che oltre l'avere in mano l'apoforeta, indica colla sinistra un globo: nel mezzo ad esse è un'edicola, o

1 S. Aug., de Civit. Dei, lib. vii,
cap. xxiv, p. 180.

2 Millin, Diz. mitolog., art. *Timpano.*

3 Ved. ser. vi, tav. R, num. 4.

4 Gruter., Inscript., Tom. i, Part.
i, p. 27.

5 Synesii, Calv. Encom., p. 73.

6 Ved. tav. G, num. 4.

7 Ivi, num. 3.

monumento sepolcrale [1] che qui tien luogo di santuario,
giusta i detti di Sinesio, intorno a cui stan le devote con
cassette e globi com' egli accenna, e nel tempo stesso vi
si vede adoprato il Disco manubriato venerato nel santuario
con altri simboli. Rammentiamoci ancora che il Lanzi, studiate a fondo le pitture de' vasi fittili, scrisse che per lo
più esprimon Bacco, il suo coro, i suoi misteri, le sue pompe. [2] Se la pittura che espongo è da annoverarsi fra quelle, pei tirsi che vi si notano [3], io mi persuado che vi si
trattano ceremonie de' suoi misteri. Dunque i monumenti
ci mostrano che gli Specchi sacri adopravansi nei misteri
occulti del paganesimo, ed ivi per la lor forma rammentavano la rotondità del globo mondiale. In fatti se più minutamente si esamina ciò che da Clemente Alessandrino, e
da Arnobio è descritto contenersi nelle ciste mistiche di
Bacco e della Fortuna col nome di sacri areani simboli,
troveremo che quasi ogni oggetto ha figura che si mostra
in giro. Narra il primo che i simboli del sacro arcano racchiusi nella cista di Bacco erano un dado, una palla, una
ruzzola, un pomo, una trottola, uno Specchio ed una pelle [4]. Tolgansi i due estremi oggetti, il dado e la pelle, e
si troverà che gli altri sogliono essere assegnati nelle mani
della Madre Idea per denotare il globo mondiale colla rotondità della loro forma [5]. Descrive il secondo quei della
Fortuna che son quasi gli stessi, nominandoli, ruzzola, da-

1. Ivi, num. 5.

2 Lanzi, de' Vasi ant. dipinti, Dissert. II, § 1, p. 77.

3. *Le figure 1 e 11 della tav. citata di questo libro hanno tir-*

so in mano.

4 Clem. Alex., Cohort. ad Gent.
Tom. 1, p. 12.

5 Ved. p. 80, e seg.

di, Specchio, trottola, rotelle che girano, palle ben tornite, e pomi d'oro delle Esperidi. La figura di tutti questi simboli arcani riducesi al globo e al Disco, quali appunto si vedono presso le due donne del monumento della Tav. G. Clemente Alessandrino ci spiega che questi simboli rammentano i trastulli di Bacco, coi quali baloccavasi quando fu sorpreso dai Titani e sbranato [1]. Ma è da riflettere che questa è la spiegazione che se ne dava nella teologia poetica: ed in fatti protesta egli d'aver presa la favola dalle poesie d'Orfeo, ed aggiunge che svela queste misteriose cose per mostrarne il ridicolo [2]. Si osservi peraltro che quanto egli racconta, spettando alla teologia poetica, vien rigettato dai savj del paganesimo, e persino proscritto [3].

Sappiamo già che Varrone distingue tre sorte di teologie: la favolosa, la fisica e la civile. La prima, ch'è la poetica, era nota al popolo e potevasene parlar su i teatri [4], ed a questa spetta la favola di Bacco sbranato mentre si baloccava. Non così la seconda che tratta degli Dei e della loro natura [5] e della conoscenza dell'universo, di che non poteasi parlare in pubblico [6]. Cicerone ci avverte che i misteri spiegati in un senso ragionevole fanno conoscere la natura delle cose ancor più che quella degli Dei [7]. Che bisogna dunque intender qui se non la teologica natura della divinità relativa all'universo che abbraccia tutte quelle

1 Clem. Alex., l. cit.,

2 Ibid.

3 Willoison, de triplici theologia mysteriisque vet. commentatio, infra.

4 S. August., de Civit. Dei, lib. vi, cap. v, p. 150.

5 Stanleii, Hist. Phil. de principio rerum natur. ex mente Heracliti, Dissert. i, Tom. i, Part. ix, cap. vi, p. 466.

6 Willoison, l. cit., p. 25.

7 Cicer., de nat. Deor., lib. i, § xlii, p. 25.

cose, le quali han rapporto non solo colla sua forma e colla sua disposizione, ma anco con gl'importanti problemi della sua origine? È dunque abbastanza chiaro pei monumenti e per gli scritti antichi che gli oggetti ascosi nella cista di Bacco, fra i quali è lo Specchio, sono per la lor forma rappresentativi della natura dei numi e dell'universo, secondo la teologia fisica da Varrone indicata.

Non è meno importante l'osservazione che gran parte dei Dischi hanno qualche convessità nella parte speculare ed in conseguenza (per esser composti d'una lamina) son concavi dalla opposta parte; lo che rende questi utensili incapaci di servire per uso di specchio, se non rappresentativo; mancando di quella superficie piana tanto necessaria al positivo specchio usuale. Ma intanto acquistano una forma che partecipa della orbiculare. Questa sebbene espressa in modi variatissimi, noi la troviamo replicata in alcuni idoletti orientali, e specialmente degli Egiziani concettosissimi nelle loro allegorie; di che do un esempio alla Ser. VI [1] del quale si è lodevolmente servito il Ch. prof. Creuzer per provare quel ch'io dico [2]. Crede egli pertanto che di una mostruosa forma quasi simile fosse il Vulcano Menfitico, deriso perciò da Cambise: [3] così compariscon derisi da Clemente i descritti oggetti racchiusi nella cista mistica: così il popolo avrebbe derisi quei globi che ci ha descritti Sinesio: così da non pochi saran derise alcune figure ch'io pubblico espresse in questi miei Dischi. Eppure di questo genere furono anche i Cabiri, come avrò luogo di esporre, e i Pateci, e Giove Belo, ed altri Dei de' Fenicj e dei

---

1 Ved. tav. C 2, num. 2.   3 Herodot., lib. III, p. 37.
2 Creuzer, l. cit., p. 197, tab. 1, n. 5.

Sirj, ed anche Ercole Mensario ed Arpocrate, e l'etrusco
Tagete, e l'egiziano Canobo, e Bacco Cabirico, e tutti in
somma gli Dei benefici che dicevansi Dei potenti, Dei buoni, Dei magni, tenuti per i creatori, salvatori e conservatori di quell'universo che rammentano al filosofo intelligen-
te, ed all'iniziato nei misteri colla presenza della forma loro *orbiculare* [1], e che formano il ridicolo di coloro che non
gli tengono per oggetti allegorici, o che non sono intesi
da quei che gli tengono per oggetti positivi: come addivie-
ne dei Dischi in bronzo manubriati che per la struttura loro se ne argomentò fino ad ora essere stati patere da sacrifizio.

Della natura dei sopraindicati oggetti ed idoli, sono anche le uova dei Dioscuri, e l'uovo che posero gli Egiziani
in bocca del Vulcano loro, altrimenti detto Phtha, e generalmente l'uovo cosmogonico immaginato da tutti i Cosmo-
logi del paganesimo [2]. Ma perchè sia chiara la relazione
tra questi oggetti e lo Specchio sacro di cui ragiono, fa
d'uopo ch'io esponga alcune mie riflessioni sulla cosmogonia degli antichi, e su i loro misteri nei quali di essa trattavasi, ed a contemplazione della quale, cred'io, si fecero
i Dischi in bronzo manubriati che han sembianza di specchi.

Fu la cosmogonia un articolo di somma venerazione per
gli antichi popoli di qualunque religione essi fossero. Lo
spettacolo dell'universo è come un gran libro esposto ai dotti ed agl'indotti, che parla a tutti gli uomini con un linguaggio, a cui la ragione non può ricusare di prestar fede. Il portentoso aspetto del creato indica all'uomo anche

---

1 Creuzer., Dionys., Commentatio II,   2 Id., p. 166-171.
     p. 131-148.

il più rozzo un Essere creatore; e l' ordine maraviglioso onde alternansi le stagioni, succedonsi i giorni e le notti, distruggonsi e si riproducono gli esseri viventi, dimostra la presenza di un Ente riproduttore e conservatore. Chiarissima per tutti è la testimonianza di antico scrittore che leggesi tra le opere d' Aristotele, ove apprendiamo che la tradizione della creazion del mondo fu comune a tutti i popoli ed antichissima; e nota pure l' errore d' alcuni intitolati filosofi che la posero in dubbio » *È dunque*, egli *dice, una certa tradizione antica e paterna a tutti gli uomini, che da Dio, e per mezzo di Dio siano state a noi costituite le cose tutte.* » [2] Ecco il facile motivo di adorare il Creatore contemplando le cose create.

Come il sapiente Mosè dette principio ai suoi libri colla storia della creazione del mondo, così Ermete in Egitto, Dschemo in Persia, Sanconiatone in Fenicia, Orfeo in Grecia ed altri altrove principiarono i loro trattati teologici e filosofici dalla cosmogonia. Ma siccome la rozza plebe non era in grado di bene intendere ogni spiegazione che quei primi filosofi davano alle portentose operazioni del Creatore, o intesele, non sapeva tenerle nella dovuta venerazione; e d' altronde volendo quei sapienti riserbare a loro stessi il pregio del sapere, così ritennero tali dottrine come arcani impenetrabili al volgo [3], mostrando ad esso la sola parte liturgica [4] con segni materiali e visibili, come prescrisse in seguito la teologia civile trattata in pubblico

---

1 Pseud., Aristot, lib. 1, de Mundo et Caelo, cap. vi, p. 617.

2 Synesius, l. cit.

3 Αυτουργία Ministerium quod habetur circa cultum Dei. Theodoret., lib. 4, Hist. Ecclesiast. art. Αυτουργία opus aliquod publicum facio. Hesych.

dai sacerdoti, e trasmettendo con cautela ai soli gerofanti
ed iniziati la teologia fisica consistente in gran parte nei
fenomeni della natura, e nell' ordine cosmogonico, involti
peraltro nell' oscuro velame dell' allegoria e dell' enigma, e
dando a ciò il nome di mistero μυςτήριον da μύω chiudo [1]. Per
questa ragione avvenne che nelle processioni egiziane si vide il sacerdote portare in mano il vaso che veneravasi dal
popolo come simbolo del Creatore, non meno che del creato [2]; mentre dai gerofanti e dagl' iniziati s' intendevano in-
volte tante filosofiche e teologiche arcane allegorie in questa mistica struttura del vaso e nel vuoto che in se contiene [3], come ho luogo di mostrare diffusamente nel mio trattato dei vasi fittili alla quinta sezione di quest' opera. Soltanto riporterò a mio proposito che il vaso degli Egiziani
non fu il solo emblema religioso che simboleggiò quanto
di più sacro aveano i Gentili. Imperciocchè è da sapersi che
in Persia, al riferir d' Ateneo » *si ebbe un certo vaso nominato* Condy *ed imitato da altro vaso detto* Lanterna astrologica *d' Ermete (o Mercurio egiziano), rappresentante il
mondo; ove si consideravano i miracoli degli Dei e quanto
si genera sulla terra, e col quale si facevano libazioni* » [4].
Di qui nacque la nota favola fra i Persiani del famoso vaso sacro che spacciossi inventato da Dschemo antichissimo

[1] Così Snida.

[2] *Gerebat alius felici suo gremio
summi sui Numinis venerandam
effigiem non pecoris, non avis...
Urnula faberrime cavata.* Apu-
lejus, Metamorph., lib. xi, p. 374.
Καὶ τὸ ποτήριον... κατὰ μίμημα τοῦ
κόσμου. Athenaeus, lib. xi, cap. 78,

p. 314. Se ne vede la rappresentanza in una pittura d'Ercolano, Tom.
II, tav. LX.

[3] *Urnula Faberrime cavata.* Apul.,
l. cit.

[4] Nicomachus, lib. i, de Festis Aegyptior. ap. Athaeneum, lib. xi,
cap. 55, p. 269.

re di Persia, il quale al tempo che fondò Persepoli mostrò
con questo vaso le dottrine dell'astrologia, e tutta la scienza delle cose naturali. Qui propone il Ch. Creuzer di consultare un certo scrittore di cose orientali il quale insegna
che *giam* in lingua persiana significa un vaso ed uno Specchio. Avverte intanto che gli Orientali fabbricando vasi
d'ogni figura e d'ogni materia, purchè partecipassero della sfericità, diedero ad essi lo stesso nome che riteneva
un tal globo celeste [1].

Esibite tali dottrine, non mi par male a proposito il farne
l'applicazione ai Dischi di bronzo manubriati num. 2 ●
num. 3 di questa Tavola. La curva lor forma [2] non meno in questi come in altri, dove più, dove meno sensibilmente mostrandosi [3], dà a questi arnesi la principale
qualità significativa ch'ebbero i venerati vasi persiani, cioè
sferica e recipiente; e in conseguenza per questa forma
possono i Dischi aver servito di simbolico segno dell'universo e della divinità, perchè tutti han le medesime qualità dimostrative della rotondità, e non aver servito di patere perchè non tutti han la qualità di recipiente atto a contener liquidi, come provai trattando della Tav. IV.

2. Una delle superficie dei Dischi è sempre lucida come
uno specchio. Questa particolarità in essi di esser lucidi
dalla parte alquanto convessa, li rende pari a ciò che in
Oriente dicesi *condy o giam* interpetrato per vaso, per
specchio, e per globo; mentre pajon fatti in modo che par-
tecipino alquanto delle tre qualità sopraddette. Dunque la

---

1 V. Herbelot. Biblioth. Orient. in
verbo *Giam* ap. Creuzerum.; l.
cit., p. 27, not. (**).

2 Vedi anche tav. VII, e VIII.
3 In A, num. 2.

qualità di specchio nei Dischi si accorda con quanto abbiamo detto finora; mentre, se si considerano come patere per uso di sacrifizj, non sapremo a qual fine potessero essere dalla parte inferiore levigati a foggia di specchi; nè vediamo giammai nelle vere patere che si conservano ne' musei una tal particolarità. Considerati pertanto come Specchi, si cerchi nell'etimologia del nome loro qualche lume per l'uso al quale saranno stati impiegati.

Dalla voce ancorchè disusata ὄπτομαι *video* ne derivano ὀπτήρ, *qui videt, speculator,* ἴσοπτρον *speculum,* ἐπόπτομαι *aspicio, contemplor diligenti facta inspectione, secerno, eligo* e simili. Quindi troviamo le *Epoptea* ἐπόπτικά o sacre contemplazioni della natura e degli esseri regolati, o sieno degli astri, e delle cause, o sieno Dei, alle quali contemplazioni erano ammessi gli ἐπόπται cioè gli ultimi graduati di perfezione nei misteri [1]; lo scopo de' quali era di unire l'uomo al mondo ed alla Divinità [2]. La contemplazione è anche detta κατόπτια e quindi lo specchio κάτοπτρον, il contemplatore κατόπτης. In fine κατοπτρίζω significa il far delle riflessioni, come è proprio dello specchio che riflette gli oggetti. Analizzate queste voci, trovasi che il contemplare ed il contemplante per più sinonimi derivano da una stessa radicale, ed hanno pure un medesimo significato; tantochè combinandosi, come ho dimostrato, che lo specchio ha la radicale medesima, e partecipa costantemente di quelle voci, può considerarsi come lo strumento per cui la potenza dell'animo nostro si esercita nella contemplazione, e come

1 Clem. Alex., Strom., lib. v, p. 582.

2 Sallust. Filos. Ved. Cesarotti, Vol. x, part. II, p. 30.

il continente allegorico delle cose da contemplarsi nei misteri, dove adopravasi; mentre per le qualità già osservate-
vi rammenta misticamente la Divinità e l'universo.

Se dai paragoni d'etimologie si passa a quei de' monumenti, trovasi (come già esposi) che in un vaso fittile qui
esibito alla Tav. G. num. 4 come in varj altri, è dipinta
una donna che tiene un disco in mano nell'atto di occuparsi d'una sacra funzione; che val quanto dire, in atto
di trovarsi mentalmente alla presenza dei Numi, e di quei
sacri oggetti che doveansi considerar nei Misteri [1]. Aggiungo anche l'esempio di un uomo che ha specchio in mano, come tanti se ne incontrano in vasi fittili, acciò non
si tenga per utensile muliebre ad oggetto di ornarsi. [2] Il
già lodato Creuzer che prima di me lo ha pubblicato, lo
suppone un *Neofito* assorto nella contemplazione. [3] Propongo ancora all'esame un'altra pittura fittile, ove un Genio
mostra ad una donna il disco [4] quasi ad essa proponesse
di far con quello alla mano alcuna considerazione dei misteri secreti che spettavano agli *Epopti* da noi rammentati, come se gli dicessimo *speculiferi* o portatori di Specchi
per far le considerazioni degli Dei e dell'universo come
era loro ispezione. Combina con questa supposizione l'atto
delle già esposte figure, ove il Disco è tenuto avanti agli
occhi, quasichè presentasse alla mente l'immagine di ciò che
l'iniziato debba considerare. E non è questa l'azione propria di chi mira una qualche immagine dentro uno specchio? È peraltro all'occhio della mente, piuttostochè al-

---

1 Ved. ser. v, tav. xix.
2 Ved. ser. v, tav. xxi.
3 Creuzer, Simbolic. und. mithol.

der. alten Völc., Tom. iii, § 28, p.
533.
4 Ved. tav. R, num. 1.

l' organo della visione che questo Specchio riflette gli oggetti da considerarsi, e perciò può essere anche convesso
e sempre atto a tal uso. Che se l' *iniziato* rivolge lo Specchio dalla opposta superficie, allora gli oggetti considerati
si fan più sensibili per le figure che vi sono delineate. Ora
se il Disco fosse una patera sacrificiale come si vuole, dovrebb' ella forse tenersi in mano in simile situazione? Si
torni ad esaminar le mie Tavole [1] dove si vedon patere da
sacrifizio, e dall' atto stesso di chi le tiene se ne argomen-
terà l' uso diverso da quello dei Dischi. E le figure che si
contengono in molti di essi non convengon più allo Specchio, dove l' *iniziato* dee considerare la divinità, che alla
patera o al piatto, con cui ponevansi a mensa le frutte, o
versavasi il vino sull' ara nei sacrifizj? Ciò basti per ora a
dimostrare, che il costante lucido nei Dischi, mentre gli
caratterizza per Specchi e non mai per patere sacrificiali,
ci rischiara viepiù sul significato di essi tutto proprio dei
misteri del paganesimo, e concorde in tutto alle circostanze; che le molte altre pruove che si possono addurre in conferma della convenienza del nome di Specchi da me dato
ai Dischi in bronzo manubriati in fronte di questo libro,
son riserbate a più opportuna circostanza a misura che i Dischi medesimi nell' illustrarli me ne porgeranno occasione.

3. Gli ornati di fusoria del disco e del manubrio si trovan sempre dalla parte lucida e convessa di esso. Il Disco
num. 2 della presente Tav. V è il profilo di quello segnato
alla Tav. II a rovescio, ed alla Tav. IV a diritto, la cui
superficie A che si mostra convessa, è lucida in guisa di
specchio, ed ha gli ornamenti di fusoria in B. C. La parte

1 Ved. ser. vi, tav. H, K, L, Q.

opposta B che è concava, è quella che suol essere ornata
di figure. Questa forma di Dischi che ha qualche poco di
concavità, ha somministrato motivo di sospettare che patere e non altro fosser queste anticaglie. Il Ch. Sig. Professor
Ciampi fece incidere in rame, non ha gran tempo, un utensile [1] quasi simile ai Dischi de' quali io tratto. Egli videlo
scolpito in un sarcofago pisano, che essendo nelle mani
di un ministro de' sacrifizj, dà sicuro indizio di essere un
utensile destinato a tal ceremonia. Dico però quasi simile e
non eguale del tutto, giacchè vi è fra i due monumenti la
gran differenza, che ove nel monumento num. 2 di questa
Tav. V la testa dell'animale si mostra dalla parte lucida
del Disco, segnata di lettera A, come anche più chiaramente vedesi alla Tav. IV ove il Disco si mostra dalla superficie convessa; vedesi all'opposto nel monumento prodotto dal prelodato Sig. Ciampi, ove la testa dell'animale
si mostra dalla parte concava. Questo sacrificiale strumento non è raro fra le antichità: io n'esibisco uno [2] già esposto dal Conte di Caylus [3], dei varj che si son trovati per
lo più in terra cotta. Questo per esser in profilo e tagliato, meglio si paragona col Disco inciso al num. 2 di questa Tav. V, e chiaramente ci mostra che la testa dell'animale e gli ornati del labbro simili a quei di fusoria nel disco in bronzo, trovansi in questo vaso di terra dalla parte concava, mentre nel bronzo son dalla parte lucida e convessa. Dunque la superficie di queste tazze di terra cotta posta in uso come patera sacrificiale, doveva esser la

---

1 Ved. ser. vi, tav. M, num. 2.
2 Ved. ser. vi, tav. Q, num. 5.

3 Recueil d'Antiq. Egypt Etr., Gr.
et Rom., Tom. v, pl. civ, num. 7.

concava, che vediamo ornata ed esibente la testa dell' animale nel suo naturale aspetto; così la parte lucida dei Dischi suppongasi la frequentata per l'uso che se ne faceva,
perchè i suoi ornati di fusoria si trovan da questa parte
ch' è la convessa. Talchè potremo dire che siccome le tazze manubriate del Caylus e del Ciampi son patere corre-
date di ornamenti, così i dischi in bronzo sono Specchi
mistici ornati egualmente.

Quando i dischi son corredati di figure da una superficie, e di ornati in fusoria dall' altra, si può essere incerti
qual di esse abbia la preminenza per l'uso: ma se mancano le figure, come in molti Dischi suole accadere, e gli
ornati pur si trovano dalla parte lucida e convessa di essi, pare in tal caso assai chiaro, che quella e non altra sia
la primaria. Il presente articolo, molto interessante alla cognizione dell' uso dei Dischi, viene altrove richiamato nuovamente in esame con altre ancor più solide pruove. Serva
per ora l' aver dimostrato col confronto delle vere patere
manubriate che allorquando gli antichi vollero destinar siffatte tazze ad uso di patere da sacrifizio, non ostante aver
loro data una costruzione molto simile a quella dei Dischi
di questa serie, furon però costretti a cangiare in loro la
situazione degli ornati, affinchè indicassero l' uso di esse
dalla parte concava; mentre i Dischi che non serviron
mai per tal uso di libazione, l' ebbero dalla parte convessa
e lucida, vale a dire dalla superficie che si tenne come Specchio simbolico.

4. È osservabile in quarto luogo che i Dischi son sempre
di bronzo, mentre le patere sacrificiali si conoscono eseguite in diverse materie; talchè ho ragione di supporre an-

che per questo motivo [1], che questi fossero destinati ad uffi-
cj diversi da quelle. E poichè dissi che per la circolare loro figura presentavano l'immagine di Dio creatore dell'universo, non meno che dell'universo medesimo da esso creato [2]; così presentemente ricerco se ciò concorda colla materiale sua struttura sempre di bronzo.

Premetto che gli antichi par che accozzassero insieme
le idee di Dio, di universo, di natura, di cielo, senza di-
stinguerle fra loro, sennonchè all'occorrenza di doverne
trattare in particolare. A misura che esamino i miei Dischi,
sembrami che ancor essi mi presentino le medesime idee
coll'allegorico linguaggio dell'arte; dovecchè i filosofi ed i
sacerdoti ne han lasciata memoria col cauto linguaggio della scrittura lineare. Per esser convinti di questa massima
rispetto agli scrittori, basta leggere il primo capitolo del
secondo libro di Plinio, e nell'esame del mio scritto ne
vedrà il lettore l'applicazione a questi monumenti. Ora mi
limito a dichiarare che il filosofo Possidonio pretendeva, come Zenone, che il mondo in generale ed il cielo in particolare componessero la sostanza della Divinità, che Boeto
più astrologicamente faceva risedere nel firmamento e nella sfera de' fissi [3]. Dunque perchè i sacri Specchi de' quali
tratto, rammentassero ai devoti l'immagine della Divinità
in complesso, bisognava, secondo i citati scrittori, che in
particolar modo rappresentassero il cielo. E posto ancora,
com' io diceva, che il significato allegorico degli Specchi
mistici abbia avuta una provenienza antichissima e tutta o-

1 Ved. p. 72.   3 Diog., Laert., Vit. Zenon., p. 566.
2 Ved. p. 83.

rientale [1], qui aggiungo esser manifesto, secondo Fornuto, che Omero ed Esiodo tennero le loro allegorie da più secoli anteriormente tramandate al tempo loro, dai Maghi, dagli Egiziani, dai Celti, dai Libj e da varie altre nazioni antiche d' Oriente [2].

Omero dunque (per citarne un esempio) in più luoghi del suo poema finge che il cielo sia di bronzo [3]. Io son di parere che egli non avrebbe azzardata una tal metafora, se non avesse avuti esempj degli antichi onde poterla con qualche ragione sostenere; mentre ai suoi tempi si doveva avere del cielo un'idea non tanto strana. Pindaro, ancorchè meno antico, si esprime colla medesima frase [4]. E se m'insinuo a ricercarne l'origine più antica negli Orientali, maggiormente me ne confermo. È assai pregevole per l'originaria ricerca di molti usi e opinioni l'aureo libro di Giobbe: e quivi pure si trova la seguente espressione = *Tu forsitan cum eo fabricatus es caelos, qui solidissimi quasi aere fusi sunt* [5]. Par dunque che ancor gli Ebrei si fossero ideato il cielo come un corpo solidissimo, formato da una lamina di bronzo. Così i settanta interpetri spiegan la voce *Rakiah Firmamento* usata da Mosè [6] per *solidità*; mentre la voce *Rakah*, d'onde vien *Rakiah*, s'interpetra per *lavorare il metallo col martello*, come se Mosè avesse voluto indicare il cielo qual solido corpo compatto, come una concava volta fatta di bronzo da un fab-

---

1 Ved. p. 80.

2 Ved. Cesarotti, l. cit. part. II, p. 39.

3 Διὸς χαλκοβατὲς δῶ. Iliad., lib. I, v. 426.

4 Nem. Od. VI, v. 3.

5 Iob., cap. XXXVII. v. 18.

6 *Fiat Firmamentum in medio aquarum*. Gen., cap. I, v. 6.

bro a forza di martello [1]. E per maggior conferma, che il Disco di bronzo in sembianza di Specchio con dati non e-quivoci può essere un'allegoria del cielo, riporto la interpe-trazione del citato testo ebraico, che dice: *extendisti, velut malleo duxisti caelos adeo uti speculum fusum:* oltre quella del testo Caldeo ne' seguenti termini: *extendisti cum eo cae-los validos, quorum aspectus sicut speculum fusile, quorum superficies ita levis est uti speculum* [2]. Qual simbolo adun-que più espressivo del nostro Disco di bronzo in sembian-za di specchio potrà meglio esprimere l'antica allegoria del cielo? Anassimene di Mileto fu il primo fra i Greci che in-segnasse la teoria della solidità del cielo, sull'esempio de-gli Orientali [3]. Crede Plutarco ch'egli lo immaginasse di terra, vale a dire di una materia solida e dura [4]. In fatti riflettendo al movimento che volta tutte le stelle dall'orien-te all'occidente conservando l'ordine loro e le loro distan-ze, si è potuto supporre che il cielo fosse un inviluppo sfe-rico e solido al quale le stelle fossero attaccate come altret-tanti chiodi. Anche i meno antichi scrittori ce ne danno una simile idea. Ecco Clemente Alessandrino il quale di-mostra che Iddio formò il cielo solido, perchè tutto ciò che è solido, è sensibile [5]. Spiacemi di non rammentarmi in qual codice antichissimo della Chiesa si veda effigiato l'Eter-no Padre con martello in mano, in atto di affigger le stel-le nel cielo. Dunque in ogni tempo ed in ogni religione

1 Ved. Calmet., Comment. lit. in Genes., cap. 1, *v.* 6, p. 5.
2 Calmet., in Lib. Iob. cap. xxxvii, *v.* 18, p. 689.
3 Bailly, Hist. de l'Astr. ancienne,

p. 201.
4 De Placitis Philos., lib. iii, cap. x, p. 895.
5 Clem. Alex., Strom., lib. v, p. 593.

fu ammessa, per così dire, questa emblematica immagine del cielo di solido bronzo, come vien rappresentata dai Dischi sempre di tal metallo fusi o battuti.

Per quanto gli antichi Specchi si facessero di varj metalli, come già dissi averci insegnato Plinio [1], pare però che nei Dischi siasi scelto il bronzo per esprimer l'allegorico simbolo del cielo, come lo concepivano gli Orientali; mentre lo consideravano in un tempo stesso come una gran superficie solida e di bronzo, e perciò lucida e levigata come uno specchio.

Quelle frasi che gli antichi usarono per esprimere il cielo, vale a dire quella volta stellata che presentasi ai nostri sguardi in tempo di notte, o quello spazio che noi vediamo percorrere al sole e alla luna in pieno giorno, sembra che le usassero egualmente per esprimere l'intiero universo, comprendendovi la terra come un pianeta celeste. I Dischi in bronzo par che abbian lo stesso figurativo significato e di cielo, e di terra, e dell'intiero universo. Così ancor noi non di rado usiamo dire che il Mondo è pieno di disastri, volendo esprimere che questi son contingenti ai mortali abitatori del globo terrestre. Chiudo questo paragrafo con darne un esempio, e nel tempo stesso mostrare la continua relazione che i Dischi hanno colle dottrine cosmogoniche ed orientali da me accennate varie pagine indietro [2]. Secondo la cosmogonia del Giappone, il mondo era chiuso in un uovo d'una immensa grandezza, e 'l suo guscio era di bronzo [3]. Qui vien compreso il cielo e la terra, figurando quell'uovo, immaginato anche dagli Orfici e

1 Ved p. 60, not. 1, e 70, not. 5.
2 Ved. p. 80.

3 Embass., ot the Emp. of Iapon, p. 275.

da altre sette, l'orbe intiero mondiale, il cui esteriore involucro di bronzo è rappresentato compendiosamente dai nostri Dischi di bronzo in foggia di specchi.

5. È finalmente osservabile in tutti i Dischi la qualità d'esser manubriati. Dico dunque a questo proposito che una quantità grande di antichi specchi furono di una figura circolare, corredati di una lunga appendice comoda a servire di manubrio per poter presentare questo utensile con facilità davanti al nostro volto. [1] Eccone in prova un'antica Venere cesellata in un piccolo utensile di una toeletta d'argento, alla quale, adattatamente al soggetto, alcuni Genietti presentan lo specchio soprammesso ad un manico [2]. L'arnese che ha in mano una donna in atto di accomodarsi i capelli dipinta in Ercolano, è certamente uno specchio [3]. Lo stesso vedesi in mano d'una donna in un vaso greco pubblicato dall'Italiski [4]. Costei s'imbelletta il volto con un pennello, come chiaramente apparisce, e in conseguenza il Disco manubriato che tiene alla sinistra per questo uffizio, non si può giudicar che uno specchio. Un altro di tali utensili ha propriamente ripetuta l'effigie della donna che se lo tiene avanti agli occhi [5]. Ma i vasi fittili d'ogni italica regione somministrano esempi di specchi manubriati. Gli amplessi di Amore e Psiche per lo più accompagnati dallo specchio nei monumenti dell'arte, lo hanno manubriato nell'esempio che ne adduco di una bella tazza fittile dissepolta nella Grecia Italica [6]. Millin che ne pubblicò il tipo da cui l'ho copiato, nominò specchio quel manu-

1 Ved. ser. vi, tav. K, num. 2.   4 Vasi, Tom. ii, tav. lviii.
2 Ved. ser. vi, tav. C 2, num. 3.   5 Ivi, Tom. i, tav. 47.
3 Ved. ser. vi, tav. M, num. 6.   6 Ved. ser. vi, tav. N, num. 4.

briato utensile, sebbene sia simile in tutto ad altri che egli nomina patere [1]. Un coperchio di antico etrusco cinerario ha una matrona recumbente, che mostra d'avere in mano uno specchio. Visitando il Lanzi per la prima volta il Museo di Volterra, e notando in particolare il coperchio del sarcofago ch'io riporto, [2] così scrisse nel suo libretto di appunti e memorie « *Vi ho anche veduto lo specchio se già non fosse patella, e quella cornicina non significasse la sponda di essa* [3]. » Frattanto osservo che la prima idea risvegliata al Lanzi da quel manubriato utensile fu di *specchio*. È altresì nota fra le sculture etrusche l'urnetta perugina dove è una donna che avendo uno di questi Specchi manubriati nella mano sinistra, vi mira se stessa [4].

Il Gori [5], il Lanzi [6] e modernamente il Ch. Vermiglioli [7] che hanno riprodotto questo monumento nelle opere loro, nominano specchio quel rotondo manubriato utensile. Un altro Amore abbracciato con Psiche da me riprodotto [8] dopo il Bonarroti [9] e il Millin [10], lavoro de' tempi bassi, ha pur vicino a se un manubriato Disco, giudicato uno specchio dai due prelodati scrittori. E se apriamo le iconologie del Ripa [11], del Mattei e di altri, vi troveremo la Prudenza, la Verità ed altre figure allegoriche con lo specchio in ma-

---

1 Millin, Peintures de Vas. Antiq., Tom. I, p. 117, pl. 65.

2 Ved. ser. VI, tav. H 2, num. 1.

3 Lanzi, ms. esistente nella R. Galleria di Firenze.

4 Ved. ser. VI, tav. G 2, num. 1.

5 Mus. Etr., Tom. I, tab. CXXXVII, num. 2.

6 Saggio di ling. etr., Tom. II,

part. II, tab. XIII, num. 8.

7 Antiche Iscrizioni Perugine, Tom. I, tav. I, num. 6.

8 Ved. ser. VI, tav. N, num. 6.

9 Vetri Ant., tav. XXVIII, num. 3.

10 Gallerie mitholog., Tom. I, pl. XLVII, num. 197.

11 Tom. IV, p. 428.

no sempre manubriato a guisa dei nostri Dischi. Anche
a' dì nostri si dipingono e si fanno specchi rotondi e manubriati. Dico in fine che anche gli specchi antichi, da me
citati là dove ho trattato della lor forma, hanno parimente
il manubrio [1].

Con tanti esempi di manubrj dati agli specchi in ogni
luogo, in ogni tempo ed in ogni sorte di opere d' arte,
come potremo noi negar nome di Specchi ai Dischi da me
illustrati? mentre oltre la figura ed il lucido, qual si conviene allo Specchio, han poi come tanti altri Specchi anche il manubrio? Se ne potrà dunque concludere che le
qualità generalmente dominanti nei Dischi in bronzo manubriati concorron tutte a farceli riconoscere Specchi, e
non patere sacrificiali.

TAVOLA SESTA.

Il Disco di questa Tav. VI presenta all'osservatore la
sua lucida superficie, ove comparisce l'ornato di fusoria intorno alla periferia, come anche nel manico; siccome già
indicai in B. G. al num. 3 della Tav. V. Il campo lucido è
privo di figure, come ogni altro della sua specie; mentre
la superficie opposta e non lucida le contiene, e manca
d'ornati di fusoria nel contorno e nel manico, siccome vedremo allorchè sarò per esporlo. Winkelmann fu il primo
a far conoscer al pubblico questo Disco [2] e in seguito lo
replicarono altri, come noterò scrivendo delle sue figure;

1 Ved. p. 82, e seg.   133, p. 174.
2 Winkelmann, Monum. ined., num.

ma tutti si occuparon di queste soltanto, ossia della superficie opposta alla presente, e intanto questa ch'io prendo a dichiarare è restata finora inedita e inosservata. Io l'ho trovato casualmente dentro una cartella di varj disegni della Imp. e R. Galleria di Firenze, ove esiste tuttora nell'archivio privato del Sig. Direttore, che gentilmente si compiacque permettermi ch'io n'estraessi una copia; la quale io riporto incisa così come l'ho calcata sul disegno originale.

Nel campo lucido si leggon delle lettere etrusche. Io non so se il Lanzi l'abbia veduto, mentre fu l'Antiquario di quello Stabilimento. Fra le voci etrusche da lui registrate nelle sue opere non si fa menzione di questo monumento scritto. Ebbe egli peraltro certamente sott'occhio un frammento di altro disco, che aggiungo al num. 3 di questa Tav. VI, mentre l'ho trovato inciso fra le sue stampe dei dischi Borgiani, e precisamente in un suo cartolare, dove conservasi anche la stampa della parte opposta del frammento, con altri pezzi che tengono figure e parole etrusche, e delle quali esiste nel cartolare medesimo la spiegazione scritta da questo letterato, e forse preparata per pubblicarsi [1]. Ma non vi ho trovato memoria alcuna, che fosse relativa alla voce scritta nel frammento, e che è la medesima in ambedue i bronzi che espongo.

Essendo pertanto riserbato a me il ragionarne per la prima volta, dirò che i due dischi hanno dalla parte opposta altre iscrizioni che indicano i nomi delle figure che vi si vedono, e così accade per lo più in altri Dischi corredati di parole. Le superficie lucide di questi bronzi son tutte

[1] Il Cartolare citato si trova nell' Archivio privato della R. Galleria di Firenze.

anepigrafe per quante io ne abbia vedute, eccettuate quelle che portano l'etrusca parola che leggesi nei due monumenti di questa Tav. VI, egualmentechè in altro Disco esistente in Francia, del quale l'ornatissimo Sig. Marchese Gino Capponi, premuroso dell'avanzamento delle lettere, ed in particolar modo di questa mia opera, mi ha procurato un esatto calco. Ora tre leggende perfettamente uguali tra loro, e tutte e tre le sole che si trovino dalla parte lucida di questi Dischi, mi porgono giusto argomento di crederle indicanti o nome o qualità speciale di questi monumenti medesimi, come appunto più Veneri vi si trovano accompagnate da una voce che leggesi *Turan* e che giudicasi perciò essere il nome etrusco di questa Dea.

Se la lingua etrusca ci fosse cognita al segno da poterne interpetrare con certezza le voci, sarebbe dissipato ogni dubbio sul vero significato dei Dischi, sempre peraltro che si ammetta che quella epigrafe ne spieghi il nome, o l'oggetto a cui erano destinati: ma l'incertezza inclusive delle lettere, e dei primi elementi di essa renderà dubbioso qualunque argomento che relativamente a questa voce io possa premettere per ispiegarla. Si affaccia il dubbio immediatamente alla prima lettera che nel monumento comparisce a destra del riguardante; poichè a tenore di altre iscrizioni etrusche pare che si debba leggere in senso retrogrado, cioè all'orientale. Sanno i dotti che quella lettera etrusca, la quale ha figura della nostra M, fu letta per *M* da tutti quelli che precederono il Lanzi; il quale fatto accorto dall'ispezione di un abbondante numero d'iscrizioni, stabilì nel suo Saggio di lingua etrusca doversi tenere per un *x* alla greca rovesciato, e leggersi per S [1]. Le altre lettere non opponendo gran difficoltà, e potendo per conseguenza esser lette a seconda dell'antico greco, e di altre lingue antiche d'Italia, offrono insieme la seguente leggenda *SUTINA*.

Così è letta dal prelodato Lanzi la voce stessa in un bronzo antico del museo Borgia in Velletri, consistente in un Telamone, o manico probabilmente spettante, com'egli crede, ad alcuno di questi Dischi ora in esame. Assegna egli a tal voce la corrispondente *suthina*, aggiungendo egli che tal vocabolo è vicino a *suthi* per modo che sembra un suo derivato, la cui significazione se procedesse dal Σωτηρα o anzi dal Σωτειρα de' Greci, tradurrebesi per *SALUTI* breve titolo ch'egli trova in un'ara di Pesaro. Sembragli poi anco verisimile, che se *Suthia* significa salute, la Dea che presiede si chiamasse *Suthina* con desinenza usitatissima in latino antico, rispetto a' Numi che invocavansi per tutela. Gli esempi che ne adduce in prova sono: *Tutilina*, generico nome di *tutela*, e quei che invocavansi per gl'infanti, *Statilinus*, *Fabulinus* [2]. Quest'ultima ipotesi mi pare verosimile in modo che non si debba richiamare in sussidio un caso obliquo in quel nome, dove il caso retto si presenta sì chiaro. Vero è che in terzo caso, dallo stesso Lanzi dichiarato assai raro, si potrebbe leggere una tal voce *LARTHIA* ed anche altre: ma non essendo esclusi i femminini terminati in A in caso retto [3], perchè fra questi non potrà essere anco la voce scritta in questi Dischi? Altrove si hanno da esso ragioni plausibili da interpetrare *Suthil* sincopato

1 Lanzi, Saggio di ling. etr., Tom.   x, p. 495.
  I, part. II, cap. II, § x, p. 212.   3 Ivi, p. 302, 304.
2 Ivi, Tom. II, part. III, § I, num.

da *suthial* per la formula *donum pro salute*, siccome *Mi-nerval* interpetrasi dai grammatici *donum pro Minerva* o sia *pro studiis Minervae*. Quindi soggiunge che anche *su-thur*, voce lasciata in tronco, siccome *platur*, o *thucer*, può supplirsi con una finale come σώτυρα o σωτήριον *donum pro salute*: parola che egualmente trovasi nei donarj greci ed in autori latini [1]. Nota per ultimo che nel medesimo sen-so dicesi σώστρα *dona pro salute* [2]. Ma il Lanzi non men-zionò in questo caso un altro significato che i grammatici danno a quella voce greca cioè *praemia quae conservatus conservatori reddit*. Tutto ciò, a parer mio, trova la sua ra-dice nel verbo σόω *servo, salvum et incolumem praesto*, alla quale idea di salvezza rendesi affine la Dea che vi presie-de. Non però sola Igia o Igea debbe intendersene la tute-lare, ma più estesamente Cerere col nome di Iside saluta-re, che peraltro secondo alcuni filologi vale lo stesso che Igea, nel cui mito noi troveremo unito anche Iasion, ed altri numi onorati con epiteto di salvatori fra i quali pri-meggia Esculapio col nome di Esmun, l'ottavo [3], del qua-le nell'ottavo giorno dei Misteri Eleusini facevasi comme-morazione [4]. E poichè della Iside e della Cerere, accenna-ta qui col nome di salutare, assai dovrò trattare in segui-to, così ora per brevità mi limito a dire che non impro-priamente potremo credere la voce scritta replicatamente in questi Specchi allusiva alla Cerere dei misteri, sì perchè

---

[1] *Nam quoties surgis soteria po-scis amicos.* Martial., lib. xii, p. 56.

[2] Lanzi, l. cit. Tom. ii, par. iii, § xiv, p. 481, e seg.

[3] Creuz., *Symbolik und Mytol.*, S. II.

Tom. iii, p. 566.

[4] Vid. Saint–Croix, sur le mystère du Pagan., Tom. i, Sect. v, art. i, p. 334.

14

la leggenda senza epentesi, nè sincope, nè metatesi è trasportata in *Suthina* creduto dal citato Lanzi quel nome di Dea che presiede alla salute, qual' era Cerere nei misteri del paganesimo, ai quali ho già avanzato il sospetto che appartenessero questi Specchi, lo che mi ha coartato a distinguerli col nome di *Specchi mistici.*

A render compito l'esame di questa iscrizione mi resta ora da proporre il mio dubbio sulla maniera di leggerla. Imperciocchè se il Lanzi prescrisse doversi leggere la M in etrusco dando ad essa il valore del *sigma* greco, non estese la regola in modo che non soffrisse eccezione; anzi avvertì che nelle lingue antiche pare che sia regola generale; in Etruria poi per qualche caso, ancorchè rarissimo, par da confondersi con la M [1]. Ne offre lo stesso Lanzi un esempio nei tegoli etruschi mortuali della famiglia Publicia trovati in Todi, ove si legge *Marcus Publicius* che in lingua etrusca incomincia per una M di forma simile a quelle che mostrano i bronzi che illustro; e quindi letta per M, e non già per S dal Lanzi [2]. Forse altri esempi si trovano in quel saggio di lingua etrusca. Tralascio quelli per addurne altri fra le iscrizioni etrusche Perugine dal Ch. Vermiglioli con sagace dottrina interpetrate, ove si trova parimente che la iniziale della famiglia dei Marcanj registrata in urnetta etrusca è chiaramente una M simile alle nostre [3], e qui pure altri esempi si omettono per brevità, ma si prova, che due dei più celebri interpetri della lingua etrusca non escludono sempre la *m* etrusca dal positivo significato

1 Lanzi, l. cit., Tom. i, part. iii, cap. ii, § x, p. 212.
2 Id., Tom. ii, part. iii, cl. ii, p. 382.
3 Vermiglioli, Iscriz. Perugine, Tom. i, cl. v, num. clxxxiv, p. 198.

di *m*, nè sempre lo convertono in *s*. Potendo pertanto esser la *m* del nostro monumento fra queste che ritengono il suono pari alla figura, potremo sospettare che in luogo di *suthina*, come si disse, vi si debba leggere *MYTHINA*. È dunque conveniente che si esamini il significato di questa voce resultata dalla possibilità di dover esser letta in tal guisa, come l'abbiamo esaminata supponendo che vi si leggesse *SUTHINA*.

A me sembra *MYTHINA* un composto da μύω chiudo, e διν doricamente Dio, o Divinità; se ammettesi che in mancanza di coguizione dell'etrusca lingua si debba cercar soccorso dalla greca. Ed in vero per quanto le due lingue sieno state tra se diverse, è però probabile che gli Etruschi nell'accettar gran parte del culto originato in Oriente e riformato in Grecia, ne ricevessero e ritenessero parimente il frasario non alterato qua in Etruria se non per qualche accidentale modificazione di pronunzia. Che la prima sillaba proveniente dal verbo greco *chiudere* desse nome alla voce mistero, fu da me provato altrove [1]. Che *Tina* o *Dina* sia la voce già usata dagli Etruschi per nominare la Divinità principale sarà da me parimente provato dietro quanto ne scrissero i celebri antiquarj Lanzi e Visconti, allorchè la trovarono scritta in un Disco di quei ch'io sono per ammettere in questa raccolta. Credo peraltro che più naturalmente quel *Thina* etrusco potrebbe derivar da Δῆνος che in greco suona *mente* e *consiglio* sostituitavi la *T* dagli Etruschi in mancanza della *D* che le si reputa affine. Adotterei questa spiegazione, perchè trovo che Plato-

[1] Ved. p. 75.

ne indica sovente Iddio coll'attributo della divina sua mente, come vedremo. Le due voci, (se pur son tali) che concorrono a formar la parola etrusca MYTHINA, potrebbero indicarci ch'ella significhi MISTERO DIVINO, O ARCANO SEGRETO DELLA DIVINA MENTE.

È dunque da cercarsi qual relazione aver possa il Disco, e precisamente lo Specchio, sulla cui superficie si legge l'epigrafe anzidetta con i misteri della Divinità. Per esser breve bisogna ch'io premetta più cose come provate; talchè per avere un'idea dei misteri presso gli antichi, convien dire che dalle dotte osservazioni fatte su questa materia dai celebri letterati Santa—Croce [1], Willoison [2], Ouvaroff [3], ultimi scrittori di tal materia, oltre il Meursio [4] e i molti più che ne aveano già scritto, resulta che in essi richiamavasi l'origine di tutto ad un solo Dio, ch'è per se stesso, e da cui tutto il rimanente riceve l'essere [5]: spiegavansi le relazioni dell'universo e dell'uomo con la Divinità, l'immortalità dell'anima, i mezzi del suo ritorno verso Dio, l'ordine delle cose dopo la morte [6], l'espettativa di una miglior vita futura, e la memoria della presenza di quell'Ente che vede tutto [7]. Noi vedremo che la maggior parte di queste massime son considerate nei Dischi. Per quanto si citino come fondatori dei misteri, personaggi distinti della più remota antichità, comparisce però dalla storia che

1 Recherches historiques et critiques sur les Mystères du Paganisme.

2 Ibid. notes, et Tom. II, de triplici Theologia Mysteriisque veterum commentatio.

3 Essay sur les Myster. d'Eleus.

4 Op., Tom. II, Eleusinia, p. 458.

5 Pluche, Revisione della storia del Cielo, Tom. 1, p. 14.

6 Ouvaroff, l. cit., estratto da Millin, Annal encyclop. Vol. 1, p. 359.

7 Pluche, l. cit.

non si sostennero costantemente con egual grido e reputazione, e furon soggetti a cangiamenti e vicende nello spazioso intervallo dagli Inachi, dai Cadmi, dagli Eumolpi, che si dicono i fondatori in varie regioni, fino ai Valentiniani, ai Teodosi che ne furono i distruttori [1]. Lo stabilimento del Platonismo fu per i misteri un momento di auge e di fanatismo [2]. E noi vedremo quale sviluppo arrechino alla cognizione dei nostri dischi le dottrine Platoniche. Volendosi partire da sicuri dati appoggiati a cose di fatto nell'indagine di questi Dischi, fa d'uopo rammentarsi aver io provato che provenendo essi dalle ciste mistiche, spettano ai misteri, e che avendo una superficie lucida, si considerano come Specchi [3]. Ora è da cercarsi per qual simbolo eran gli Specchi entro le ciste mistiche; e come si leghi l'idea ch'essi danno del Cielo con queste ciste di Bacco. Il favoloso racconto poeticamente narrato al volgo pagano circa le avventure di Bacco si era, che i Titani per comando di Giunone, cercato il nascosto Bacco figlio di Giove e di Cerere o Proserpina e trovatolo a balocco fra puerili trastulli lo fecero in pezzi; ma Cerere raunatene le membra il ricompose, e per virtù di Giove ritornò in vita [4]. Si aggiun-

---

1 Ouvaroff, l. cit.

2 Ibid.

3 Ved. p. 49, e 50.

4 *La Favola di Bacco sbranato dai Titani è narrata da molti (* Vid. Clem. Alex., Cohort. ad Gentes, p. 12 *) ma con alquante variazioncelle, che non alterano però gran fatto il racconto. Diodoro ne spiega l'enigma fisico di-*

cendo, che la vite ricevendo l'esistenza dalla terra, Cerere, e dall'aria, Giove, produce il Vino, Bacco. I Contadini, Titani vendemmiano staccando il frutto dalla vite, e pestandolo per trarne il vino spezzano Bacco, ma la terra, Cerere, dopo la vendemmia e l'amputazione, rende alla vite nuova fertilità,

ge poi che fra i puerili balocchi eravi anche lo specchio [1]: ond' è che per questa ragione portavansi fra le cose sacre religiosamente entro la cista mistica nelle Orgie [2]. Ma è da notarsi che il racconto è tutto poetico, narrato da Igino [3], il quale (come osserva il Ch. Creuzero) trasse le sue favole dalle antiche tragedie, e quindi dalla favola se ne concepì l' allegoria fisica da Furnuto spiegata [4], o dall' allegoria se ne compose la favola; ma se riflettiamo che la origine dei misteri ha una data più antica assai delle tragedie de' Greci, potremo supporre che quelli avessero in uso lo Specchio per altra causa assai men frivola di quella che indicasse un trastullo di Bacco bambino, come i poeti narrano al volgo. Sappiamo da Clemente Alessandrino [5], e da Eusebio [6] che il gran sacerdote dei misteri apriva le adunanze col formulario seguente » *Ascoltate le mie parole. Io vi ho da dire importanti verità* ». Cicerone in più luoghi ci addita che nei misteri realmente si conservavano importanti nozioni sulla esistenza d' un Dio, e sulle speranze d' una vita futura [7]. I balocchi di Bacco sbranato e risorto intesi alla lettera non costituiscon per certo nè una verità, nè una cosa importante. Noi peraltro non possiamo con certezza esser informati del vero modo di concepir l' allegoria dello Specchio in un senso più importante come soleasi dagli

---

cioè restituisce a Bacco nuova vita. Vid. Phurnut., de Nat. Deor., cap. xxx, p. 77.

[1] Clem. Alex., l. cit. Aruob. adversus gent., lib. v, p. 213. Vid. Creuzer, Dionys., p. 40.

[2] Clem. Alex., l. cit.

[3] Fab. 167, p. 282.

[4] Ved. p. 109 nota 4.

[5] L. cit.

[6] Praepar. Evang., lib. xiii, Proem., p. 375.

[7] Tuscul., lib. 1, cap. xii, p. 153. De nat. Deor., cap. xlii, p. 42.

iniziati ai Misteri, giacchè quel poco che ne sappiamo dal più volte citato Alessandrino par piuttosto spettante al senso poetico, che al mistico ed importante che davasi agli oggetti chiusi entro le ciste, detti da Apulejo *tacita cistarum sacra* [1]; mentre quanto di tutto ciò seppe il volgo dai Poeti par che non abbia gran parte nelle rappresentanze dei Dischi spettanti, come ho detto, ad altra teologia che alla poetica. Ma da varie congetture argomentiamo quali potessero essere le arcane dottrine dei Pagani misteri.

Sappiamo da Erodoto, da Apollodoro, da Diodoro, da Plutarco, e da altri [2] che i Greci tennero per istitutore dei misteri un personaggio d'immemorabile antichità nominato Orfeo, che istruitosene in Egitto ne trasportò in Grecia le dottrine ed i riti [3], diffusi poi da Inaco, e da altri in varie greche regioni, come si disse [4]. Ora per quanto si dubiti se un tale Orfeo abbia mai avuta esistenza [5], nonostante esistono per sicuro inni e dottrine teologiche e filosofiche le quali vanno sotto il suo nome [6]: e gli uni e le altre si aggirano principalmente sulle Cosmogonie, e Teogonie le più antiche. Siamo altresì venuti in cognizione per i severi studi di accreditati moderni scrittori [7], che le dottrine Orfiche sono il ristretto delle principali massime filosofiche dei più antichi Persiani, Indiani, Egiziani, ed altri Orientali, abbracciate poi dai Pittagorici, e dai Platonici, per cui

---

1 Apul., lib. xi, p. 146.

2 Vid. Kanne, Fab. Cosmogon., p. 40.

3 Vid. Iablonscki, Pantheon Aegypt., lib. 1, p. 17 29 42.

4 Ved. p. 109.

5 Vid. Kanne, l. cit.

6 Vid. Creuzer, Dionys., sive de Rer. Bacchicarum Orphicar. orig., sparsim.

7 Vid. Kanne, l. cit., p. 49, e gli altri da lui citati.

si dissero i lor fondatori iniziati nei Misteri. Eccone una prova di paragone. Allorquando il Demiurgo o capo dei misteri dovea parlare agli iniziati della Divinità, premetteva il seguente discorso: » *Io mi rivolgo a quelli che hanno dritto di ascoltarmi. Chiudete bene le porte a tutti i profani* » [1]. Così, secondo Platone, era molto arduo il disvelare l'Artefice dell'Universo, e dopo averlo disvelato non era poi bene ragionarne con tutti [2].

Concludasi dunque che la misteriosa ragione dello Specchio conservato nelle ciste Bacchiche si debba trovar piuttosto nelle dottrine degli antichi filosofi, che nelle favole dei poeti; e siccome i Platonici sono i soli che parlino di uno Specchio mistico spettante a Bacco, è per questa ragione che mi trovo astretto di ricorrere alle loro, benchè astruse dottrine, per rintracciare in qual modo introducevasi nei misteri di Bacco un così fatto arnese. Raccoglie il cultissimo Creuzer da varj passi di Proclo interpetre di Platone, che Bacco vide la creazione di tutte le cose della natura contemplando in uno specchio la propria effigie [3]. Plutarco il quale parimente tentò interpetrar le dottrine di Platone scrisse, che il Mondo egualmente che l'anima dell'uomo non avesse avuto principio di creazione nel tempo materiale, ma che avesse ricevuto il suo sviluppo nell'esser contemplato da Dio [4]. Or questa contemplazione par che si facesse come in uno specchio, poichè altrove soggiunge lo stesso Autore che » *intelletto è la mente nelle*

1 Euseb. Praeparat. Evang., lib. XIII, cap. XII, p. 388. Clem. Alex., Cohort. ad Gent., p. 48.

2 In Tim., p. 28.

3 Creuzer, Dionys., p. 41.

4 De Animae procreat. e Timaeo, p. 1013.

·mattematiche; la quale vi agisce come negli specchi ove pu-
re alla sola mente si presentano le apparenti immagini de-
gli oggetti » [1]. Un tal parallelo fra la mente e lo specchio
non è proprio soltanto dei filosofi pagani, poichè gl'interpetri delle sacre carte se ne servirono sovente; ond'è che
Remigio Vescovo nel dichiarar le lettere di S. Paolo così si
esprime: » *come in uno specchio contempliamo l'immagine*
degli oggetti, così nella mente vediamo la stessa immagine
dei concetti » [2]. E chi fosse vago di meglio conoscere come l'Onnipotente creasse colla sua mente divina o Verbo
λόγος ιερός, le cose tutte di questo mondo, consulti la mirabi-
le Epistola dell'Apostolo Paolo, dove leggonsi queste precise parole » *Filium Dei, qui Patris imago est, esse pariter*
creaturarum primogenitum; quoniam in ipso condita sunt u-
niversa in coelis et in terra visibilia et invisibilia.. omnia per
ipsum, et in ipso creata esse, et ipsum esse ante omnia » [3].

Ma torniamo a Proclo donde partimmo. Egli pertanto
c'istruisce che i Teologi del Paganesimo fino da antichissimi tempi hanno preso lo specchio per simbolo adattato
a denotare la *mentale creazione* del mondo [4], e lo accenna appunto nel ragionare dello Specchio di Bacco. Tanto
basti a farci sicuri che lo Specchio racchiuso nelle mistiche
ciste di questo nume simboleggia propriamente la creazione universale. Aggiunge Proclo la favolosa opinione che
Vulcano fabbricasse uno Specchio a Bacco, in cui rimiran-
do il nume e vedendo l'immagine di se stesso procedè a

---

1 Platonicae quaest., p. 1002.
2 Explanat. in Epist. ii, B. Paul. Ap.
   ad Corinth., cap. iv, p. 991. In
   Biblioth. Veter. Patr., Tom. viii.

3 Procl. in Timaeo, p. 163.
4 Epist. ad Coloss., cap i, ♮. 16-
   18.

tutta la creazione materiale [1]. Concludasi dunque per la interpetrazione che io do alla voce scritta nei due Specchi
di questa Tav. VI, che per essersi trovati nelle ciste misteriose di Bacco, misteriosi posson dirsi ancor essi, e per le
allegate ragioni, e perchè formano il contenuto tacito arcano delle ciste medesime. Concludasi parimente che usan-
dosi nei misteri non tanto le ciste, quanto ciò che in esse
chiudevasi, può convenientemente lo Specchio partecipare
del nome di mistero, indicandone l'uso: che ne' misteri
trattavasi della creazione del mondo e del sommo Artefice
suo: che ciò tenevasi misteriosamente occulto non solo dagl' iniziati, ma dai filosofi ancora; dunque a ragione dovea
darsi il nome di misterioso oppur mistico anche all' oggetto materiale che ne era il simbolo rappresentativo.

Nè occorre che io ripeta quanto da' filosofi più o meno
antichi sia stato scritto circa la mente divina, relativamente al mistero della creazione dell' universo per provare che
molto a proposito sarebbe scritto nello Specchio sacro MI-
DINA, cioè mistero della divina mente per esprimere la creazione. In molti dei Dischi esposti in questa serie si trovano incise a graffito figure e soggetti mitologici che richia-
mano questa medesima idea, lo che può servir di conferma
dalla mia spiegazione, e così le due parti del Disco
posson recarsi luce a vicenda. Il dire che tal figura espressa nei Dischi è Venere, tal altra è Giove, non appaga
ogni curioso: si vuol sapere da molti a quale oggetto questa Venere e questo Giove sieno là; sopra di che vertono
principalmente le mie cure, e le mie osservazioni. Da esse

1 Procl., l. cit.

dunque traggo argomento, che i due Dischi di questa Tav.
VI avendo non solo figure dall' opposta parte, ma anche
parole che indicano i respettivi soggetti in essi rappresentati, così la parola che trovasi nell' opposta parte levigata
potrà esprimere il soggetto o la ragione di quella sua levigatezza. Un passaggio di Proclo me ne fa concepire il soggetto: egli parla dello Specchio come simbolo della creazione in occasione appunto di sviluppare la platonica idea
che il mondo sia una macchina lucidissima, quasichè il suo
fattore l'avesse levigata al tornio [1], di che do altrove qualche altro cenno.

La probabilità che la interpetrazione ch'io do a questa
voce etrusca possa esser giusta, non esclude il potersi ap-
prezzare come tale anche quella proposta dal Lanzi; poichè la sola certezza dovrebbe ammettere un significato soltanto, ma il probabile può esser proposto in più sensi. È
però da notare che il Lanzi sembra propenso a credere in
fine che questa epigrafe significasse donario, all' uso, come egli dice, dei Latini e dei Greci [2]. Ciò mi richiama alla
mente che il titolo di consacrazione per gli etruschi è già
noto nella voce PHLERES, come lo stesso Lanzi c'insegna [3]
e ci ratifica il Ch. Vermiglioli [4]. Ma oltre il non veder traccia veruna di questa voce nelle iscrizioni della presente
Tav. VI, mi sorprenderebbe il trovare uno stesso titolo di
consacrazione sempre nei Dischi, e non mai negli altri monumenti certamente consacrati agli Dei, ove per altro si ravvisa la indicata leggenda *phleres* di significazione incontra-
stabilmente dedicatoria.

---

1 Vid. Interpr. Creuzer. Dionys.,
  Pars. 1, p. 39, (*) ubi plura.
2 Ved. p. 105.

3 L. cit., Tom. 11, pars. 111, p. 480,
4 Iscr. Perugine, Tom. 1, cl. 11, p.
  38.

Qualche altra osservazione circa questo soggetto sarà da me proposta nel dar conto del Disco notato con questa medesima epigrafe *midina,* esistente in Parigi.

TAVOLA SETTIMA.

Le mie osservazioni su i Dischi manubriati, esposti in questa collezione, mi conducono a persuadermi che appartenessero un tempo ai misteri del paganesimo col nome di Specchi mistici, di che ho dato già qualche cenno. Quello che vedesi esposto in questa Tav. VII contiene in mezzo a varj ornati una figura virile, barbata e con gambe serpentine terminate in una coda di pesce, partecipante in questo aspetto della struttura di quelle mostruose figure che gli antichi nominaron Giganti e cattivi Genj o mostri infernali. Ora si esamini se dessa può convenire con un oggetto usato negli occulti misteri.

Il segreto nel quale tenevasi dagl' Iniziati ciò che spettava alle loro cerimonie e dottrine, (la rivelazione delle quali fu in qualche circostanza capitale delitto [1]) produsse l' effetto che non pochi degli antichi scrittori avendo avuto occasione di ragionarne per incidenza in iscritto, il fecero con cautela tale, con tal concisione, così enigmaticamente ed oscuramente, che appena dagl' iniziati soltanto e consapevoli del segreto potevano essere intesi. Non così di alcune opere d'arte spettanti a questi misteri. Esse eran fatte per servire a quelle religiose funzioni, e quindi chiude-

[1] Vid. Plutarc. in Nicia, p. 526.

vansi nelle tombe degl' iniziati, come avrò luogo di provare in varie occasioni. E poichè i sepolcri erano inaccessibi-
li ai profani, e rispettati da tutti [1], così gli antichi vi de-
positarono senza riserva gli oggetti arcani, misteriosi e segreti di lor religione, e quivi serbaronsi fino a' dì nostri (fra
i quali oggetti già ammisi gli Specchi mistici) mentre di essi appena ci resta qualche oscuro cenno presso gli antichi
scrittori. Se combiniamo pertanto quel poco di scritto che
abbiamo, col molto di figurato in queste materie, ne avremo il resultato di non pochi lumi alla cognizione vicendevole e dei misteri, e dei monumenti che li contengono. Così la inevitabile congettura che supplir debbe alla
deficienza degli scrittori troverà non debol sussidio nella
moltiplice espressione degli artisti, unico mezzo perchè il
puramente congetturale, da non pochi usato finora nei trattati d'Antiquaria, ceda una volta al probabile, e questo abbia luogo soltanto dove non si abbiano documenti bastanti
a scuoprire una verità incontrastabile.

Propongo a tal uopo che si dichiari uno di questi oscuri
passi lasciatoci scritto da Cicerone relativo ai misteri di
Lemno da esso veduti in Samotracia » *Non s' ha,* dic' egli,
*da cercare in cotesti inviluppi tante Deità. E' sono destina-
ti piuttosto ad insegnarci qual sia la natura delle cose che
molto c' importano* » [2]. E che mai si debbe intendere per
la natura delle cose che molto c' importano? Strabone ci
dice quasi lo stesso circa la mitologia Persiana [3]. Eusebio

1 Danielis Glassenii, Theolog. Gent.,
lib. 1, cap. XIII, § VIII : extat in
Thesaur. Gronov. , Tom. VII, p.
(69.)

2 Cic. de Nat., Deor., lib. 1, § XLII,
p. 25.
3 Strab., lib. XV, p. 733.

Cesareense, che dal paganesimo passando alla religione cristiana, si credè sciolto dall'obbligo di tener segreto ciò che nei misteri occultavasi, ci dà qualche lume, cred'io, per rispondere alla domanda. Egli ci trasmette alcuni squarci di orientale cosmogonia pei frammenti di Sanconiatone recataci dalla Persia. Ivi compariscono il cielo e la terra deificati col nome di Urano e Ghe; così il sole, il tempo, ed altri naturali oggetti personificati forman tra loro un tessuto di fatti che in sostanza contengono l'ordine cosmogonico della natura, scritto nello stile della storia [1]. Sappiamo in fatti quanto era grande il genio degli Orientali di nascondere la filosofia sotto il velo delle allegorie e delle favole misteriose [2]. Sappiamo altresì dall'antico citato scrittore che i nominati oggetti naturali erano parimente presentati dal Gerofante sotto allegoriche figure e racconti, con cui eran descritti i fenomeni della natura, e l'ordine cosmico insegnato nelle orgie e nelle iniziazioni [3]. Da tutto ciò si desume che le *molte deità* del paganesimo non eran poi tenute come tali nelle recondite assemblee dei misteri, se non in quanto lo richiedeva la espressione allegorica: ma in sostanza vi si trattava della scienza dell'universo reputata *importante*, perchè non solo abbraccia le cose tutte che han rapporto alla sua forma e alla sua disposizione, ma anche il problema della sua origine, della sua antichità, della sua durata e della sua fine. Io son pertanto pienamente d'accordo con un moderno filosofo [4] nel

---

1 Euseb., Praep. Evang., lib. III, cap. x, p. 64.

2 Ved. Gebelin, sopra lo spirito allegorico dell'Antichità: Estratto dell'Ab. Cesarotti, Op., Vol. x,

part. II, p. 1.

3 Euseb., l. cit.

4 Boulanger, Antiquitè devoilée, lib. III, chap. I, de l'institution des mysteres ec. Tom. II, p. 1, et suiv.

credere che siffatte questioni oscure non meno che interessanti formassero un dei segreti dei misteri, reputato nocivo a manifestarsi al popolo non solo dal santuario, ma dalle scuole ancora de' filosofi [1], che non con tutti ragionavano di così sublimi dottrine [2].

Questo studio dell' universo conduceva d'altronde a render conto dei fenomeni, e delle rivoluzioni fisiche, e quindi a cercare il principio del *bene* e del *male*, che è stato un problema per uomini sommi di tutte le età e di tutti i popoli; mentre alcuni han confessato un Dio solo dispensatore d'una giustizia terribile ed arbitro unico dei destini dell' universo, ed altri han dato alla Divinità un avversario, per introdurre il male in tutte le opere sue: massima che ebbe sede radicale in Persia, e quindi anche in altre regioni si diffuse [3] col nome di *Dualismo*. Trovandosi d'altronde l'uomo nel godimento del bene mentre è circondato dalla luce del giorno, e nella tristezza quando n' è privo, prese da ciò il motivo d'immaginar due sostanze di natura opposta, all' impero delle quali si credè vicendevolmente sottoposto con supporre che l'una di esse contribuisse alle sue felicità, l'altra a' suoi mali. Quindi ne avvenne che le parole *luce* e *bene* divennero sinonimi, come anche *tenebre* e *male*. Tali furono i principali attributi della distinzione de' due principj buono e cattivo, ammessi in molte teologie, i quali furono la base principale del sistema loro religioso. Ed è presumibile che ciò entrasse nelle favole, nelle cosmogonie, e nei misteri dell'antichità. Que-

---

[1] Bailly, Astron. anc., lib. vii, § xvii, p. 205.
[2] Plat., de Legib., lib. vii, p. 818.

[3] Zend-Avesta, cap. ii, p. 301, ap. Creuzer, Symbol. und Mythol., Tom. iv, § 39, p. 269.

sta conclusione si trova appoggiata all' autorità di Plutarco [1]
e di Euripide da esso citato, il quale ha per massima che il
bene non sia separato dal male: miscuglio necessario perchè tutto abbia il suo corso. Furon dunque dagli antichi
ammessi due Dei, soggiunge Plutarco [2], ma di natura e di
potenza opposta, che portan l' una verso la dritta, l' altra
verso la sinistra, e che in tal guisa governano la nostra
vita, egualmente che il mondo sublunare, soggetto per
questa doppia causa a tanti cangiamenti ed irregolarità di
ogni specie. L'uno di questi numi era riconosciuto col titolo di Dio per eccellenza, l'altro con quello di Demone.
I Persiani, o Zoroastro che fu capo della religione loro,
nominano il primo *Oromazo*, o *Oronusd*, ed il secondo
Ariman, dicendo che il primo è della natura della luce,
l' altro delle tenebre. Questa dottrina è dipoi passata dai
mitologi ai legislatori, ai poeti ed ai filosofi. L'autore n'è
ignoto, ma l' opinione è per se stessa sanzionata dalle tradizioni di molti popoli, e consacrata per mezzo de' misteri
presso i Greci come presso altre nazioni. Vi si riconosce
in sostanza il domma dei principj opposti della natura, che
per la loro contrarietà producono il miscuglio del bene e
del male. Aggiunge poi lo stesso Plutarco l' osservazione,
che i Greci ne' tempi anche i più antichi ebbero per lo
stesso principio il loro Giove, ed il loro Plutone, e questi
vedevasi come Serapide avviluppato da un serpente [3].

Un dotto Francese riflette a questo proposito che il serpente è in tutte le teologie la forma simbolica del capo dei
Genj delle tenebre, del Tifone, del Diavolo, dei Giganti,

1 De Iside, p. 369. 3 Ibid., p. 370.
2 Ibid.

dei Titani, di Pitone nemico di Apollo, del Drago nemico dell'Agnello dell'Apocalisse, di Plutone, sovrano del cupo baratro infernale, del tentatore di Eva. Da queste nozioni vien giustificata la mia supposizione che la figura posta in mezzo del Disco debba riguardarsi come un cattivo Genio, nemico del Genio benefico, e come un mostro infernale, quale viene indicato dalle sue gambe partecipanti del carattere di serpente. Resta pertanto ad esaminare il perchè il serpente fosse tenuto dagli antichi qual simbolo del Genio cattivo.

L'equinozio della primavera segnato dall'Ariete zodiacale fissa il principio del benigno influsso del sole sopra il nostro globo terrestre, sviluppando nella natura il germe della fecondazione, moderando i rigori della stagione iemale, portando sull'orizzonte un aumento di tempo luminoso, arrecandoci in somma quanto di buono possiamo desiderar sulla terra. Al comparire di questo segno, trovasi nel globo celeste che si nasconde, l'opposto segno della Bilancia e con esso la costellazione del Drago che l'accompagna. Immaginaron pertanto gli antichi, che da tale equinozio incominciasse l'influenza di quel Genio benefico il quale, facendoci ricchi de' suoi benefizi, allontanasse da noi i tristi effetti del cattivo Genio. Per opposta ragione: al comparir della Bilancia nell'equinozio autunnale, sorgendo nuovamente il Drago, noi vediamo languir la natura, e sopravvenire una stagione sgradevole e tenebrosa nell'allungar delle notti, quasi che un Genio maligno rivestito delle sembianze del Drago venisse a privarci di quei benigni effetti che la natura gode ne' sei mesi che il sole si trattiene maggiormente sul nostro orizzonte. È questo, per

quanto mi sembra, il più felice sviluppo che dar si possa
alle oscure favole cosmogoniche degli antichi Persiani [1], le
cui dottrine sul Genio buono e sul cattivo furon poi adottate e trasmesse in altre antiche religioni, come ho accennato in principio. Par dunque che nasca di qui ogni opinione sul cattivo Genio, e sul di lui soggiorno nelle tenebre, e sulla di lui formale rappresentanza partecipante del
serpente.

Ecco in qual maniera do conto per ora del cattivo Genio
o mostro infernale che vedesi nel mezzo del Disco esposto
in questa Tav. VII. E siccome in altre tavole di questi E-
truschi monumenti s' incontrano simili mostruose figure,
così ho luogo, illustrandole, di provare più estesamente e
con chiari documenti ciò che ora propongo. Resta tuttavia
da esaminare come questa che illustro sia emblematica del
cattivo Genio e d' un demone infernale, e nel tempo stesso un di quei spiriti immaginati che i Gentili chiamaron
Giganti.

L' ira giusta di Dio fu sempre temuta dagli uomini di
qualunque religione. È stata anche ispezione de' sacri ministri il rammentarla nelle ammonizioni verbali, e 'l man-
tenerla presente alla memoria degli uomini per mezzo di
simboli, di allegorie, e di altre opere dell' arte. Leggiamo
in Clemente Alessandrino il più volte da me citato discorso che dal Gerofante facevasi agl' iniziati nei misteri, coi
termini seguenti: » *Se volete incamminarvi per la sicura*
strada, pensate sempre che i vostri passi sono osservati dal-

---

[1] Ved. il Trattato del Beausobre sul
Manicheismo e quello dell'Hyde sul-
l' antica religione de'Persiani, e i
libri sacri di essi, compresi nella collezione nominata Zend-Avesta.

l' unico Re del mondo. Egli penetra tutto; nè può alcuno sottrarsi a' suoi sguardi » [1]. Io mi do a dubitare, come altrove ne ho fatto cenno, che tra i segni da Cicerone additati in uso presso gl' iniziati, per mezzo de' quali essi riducevansi a memoria la massima, *che vivendo bene, si assicuravano uno stato migliore dopo la morte* [2], egli vi contasse anche gli Specchi sacri, mentre io ne vedo rappresentati in mano degl' iniziati, allor quando si mostrano occupati nelle religiose cerimonie dipinte nei vasi fittili [3]; talchè in questi specchi trovar si debbe qualche segno personificato (come solevasi) della Divina giustizia. E siccome varj indizi concorrono a provare che il Disco sacro, di cui tratto in questa Tav. VII, sia del genere di quei che vedonsi dipinti nei vasi; così credo che per confermarmene sia da cercarsi se anco il soggetto ivi espresso corrisponda a quanto suppongo figurato in quelli dei vasi suddetti.

Trovo pertanto nelle sacre scritture che allorquando il Signore volle minacciar Babilonia dell' ira sua, proferì per bocca del Profeta Isaia le seguenti parole » *Verranno i Giganti per adempire il mio furore, e goderanno nell' arrecarvi dei danni* » [4]: così voltano i Settanta, mentre dalla Volgata ne abbiamo la seguente interpetrazione: » *chiamai i miei forti nell' ira mia, esultanti nel rendermi trionfante.* » Mi sembra dunque che questo passo debbasi considerare come una enfatica orientale espressione, che prende forza dal rappresentare i Giganti come ministri dell' ira di Dio. La voce ebrea *Neshilim* usata dalla Scrittura in significato

---

1 Cohort. ad Gentes, p. 48.
2 De Legib., lib. 11, § VIII, p. 174.
3 Ved. ser. VI, tav. G, num. 4, e altrove alla ser. V.
Isaia, cap. XIII, v. 3.

di Giganti γίγαντις è tradotta dall'Aquila *irruentes* ἰπιόντις, versione che esprime tutta la forza della voce ebrea, significante *nemici impetuosamente scagliantisi*, o *facenti impeto in altri* [1]. Non diversamente furono considerati i Giganti del gentilesimo, descriverdoceli Ovidio come nati dalla terra, smisurati mostri insubordinati, che ardiron persino muover guerra a Giove, come a tutti gli Dei [2]: delitto sacrilego che meritò loro d'esser perseguitati dal fulmine di Giove, e cacciati all'inferno [3]. Una più antica ed orientale opinione pare che gli ammettesse destinati a vivere immersi in un vasto fondo d'acque [4]. Di tutte queste dottrine, come di altre ch'io sono per accennare, ne fu personificato un fantasma, quale io credo esser quello che vedesi nel mezzo del Disco di questa Tav. VII. E poichè i teologi del paganesimo dissero che i Giganti eran figli del cielo e della terra, così gli artisti, come anche i poeti, li rappresentarono fortissimi della persona, potenti ed invincibili, come si conviene a celeste generazione. Questa qualità viene indicata nel mostro del Disco, non solo per la robusta quadratura del petto, e per la ferocità che gli accrescon le gambe serpentine, le orecchie ferine e la barba folta ed irsuta, ma per i sassi ancora che tiene in mano, coi quali rammentasi l'audace lor pugna con Giove. Apollodoro no-

---

1 Calmet, Diction. Biblic., in voce *Nephilim.* Herbelot, Bibl. Orient. *Amlak* et Ad.

2 Fast., lib. v, v. 34, et seq.

3 Virg., Aeneid., lib. vi, v. 580.

4 ..... *infernum ita exhibent, veluti obscurissimus locus sit* *sedes priscis Gigantibus sub aquarum mole gementibus destinata.* Iob. XXVI, ⋆. 5. Isaia XIV, ⋆. 9. Ezech. XXXII, ⋆. 21 27 29. Vid. etiam Iablonscki, Pantheon Aegyptior., lib. v, p. 66 90 106.

ta espressamente che le armi dei Giganti non eran che sassi e tronchi accesi di quercia, ed aggiunge anch'egli che in volto comparivano spaventosi perchè coperti di pelame le teste e le gote [1], quale appunto ne vediamo l'effigie nel Disco. L'esser poi detti figli della terra, combina coll'esserli stati dati dagli artisti i serpenti per gambe [2]; poichè il serpente mancando di piedi è fra gli animali il più aderente alla terra. Nella presente figura, come in molti dei Giganti di simil fatta, espressi specialmente in sarcofagi ed in lucerne fittili, viene aggiunta alle gambe serpentine [3] la coda falcata di pesce. Più ragioni, cred'io, posson concorrere a darne motivo. Le acque, per via d'esempio, sotto le quali dicemmo essere oppressi i Giganti, e per frequentar le quali fa d'uopo aver natura piuttosto di pesce che di serpente. Qui nel Disco son rappresentate queste acque anche dal tortuoso ed ondeggiante ornato che ricorre attorno attorno vicino al suo lembo: ornato che viene usato nei monumenti ogni volta che voglionsi rammentate le onde dell'acque. [4] Dunque il mostro corredato, come si vede, di pistrici e d'acque potria dirsi del genere de'Tritoni.

Ed in vero noi vediamo negli antichi sarcofagi, e specialmente nelle urne etrusche di Volterra, frequentatissimi i mostri marini probabilmente allusivi al transito per mare delle anime trapassate da questa vita alle Isole fortunate [5].

---

1 Apollodor., lib. 1, p. 19.
2 Ovid., l. cit., v. 36.
3 Gori, Mus. etr., Tom. III, cl. III, tab. III.
4 Vedasi una mia memoria riportata dal Sig. Barone di Zack nella sua opera intit. Corresponden-

ce Astronom., Vol. II, p. 142.
E la ser. 1, di quest'opera, tav. v, p. 40.
5 Cornel. a Lapid. in Genesim, cap. x, ɬ. 4, p. 133. Ved. ser. 1, tav. XVI, p. 153.

Ma è altresì da notarsi che la maggior parte di questi mostri espressi nelle urne etrusche di Volterra, han caratteri d'orrida fierezza, or con ali spaventevoli, ora con sassi in mano, or con faci, or con gladj e con altri micidiali strumenti, adattati ad esprimer piuttosto i ministri di punizione che i condottieri delle anime agli Elisi. Scrissi in altra mia opera [1], che da indizi tali si può congetturare esser questi i mostri orrendi che da Virgilio [2] e dai mitologi sono assegnati all'ingresso dell'inferno come altrettanti ministri della divina giustizia contro i colpevoli: mi confermo in questa opinione vedendo, che oltre questi mostri che come il nostro partecipano del marino e del terrestre, sono anche frequenti nelle urne di Volterra i Centauri, [3] e le teste di Medusa, ed altri mostri descritti da Virgilio in quel tremendo ingresso infernale; ed è perciò che io li credo generalmente mostri infernali, effigiati nelle urne cinerarie e negli Specchi sacri, per rammentar che l'ira divina è pronta sempre a punire coloro i quali non vivono secondo i savi precetti del Gerofante pocofà rammentato nel parlar dei misterî. Nella Serie delle anzidette urne etrusche più chiaramente io tratto di quest'articolo interessante dei mostri infernali. Al proposito del presente Disco debbo aggiungere non esser facile assegnare il vero motivo di quelle onde esclusivamente da quei più che ho accennati. È però vero che in questi Dischi par che gli antichi abbian voluto presentare alla mente dello spettatore più argomenti compendiati in pochi simbolici segni, dei

1 Inghirami, Osservazioni sopra i monum. ant. uniti all'op. intit. L'Italia avanti il domionio de'Romani, p. 57.

2 Aeneid., lib. vi, v. 286.

3 Ved. ser. i, tav. ix, p. 101.

quali non è da sperare che noi possiamo di tutti ugualmente trovare un felice sviluppo.

E che mai dunque vorranno significare nel mostro di questo mistico Specchio, come in tutti i Tritoni ed altri mostri marini, quelle code di pesce voltate sempre in aria, e sempre fuori dell'acqua mentre galleggiano sull'onde? Leggesi nei trattati d'astronomia dei Lalande, e Bailly che la mitologia può essere in gran parte originata dalle osservazioni astronomiche delle costellazioni, e di ogni altro corpo celeste [1]. Nè io credo spregevole quel sistema, purchè si limiti al semplice parallelo fra alcune favole o rappresentanze dell'arte, ed alcune astrologiche osservazioni. Ammesso un tal metodo e volendolo applicare in particolare a spiegar questo Disco, è a proposito il dividere un planisfero celeste in due sezioni al circolo dell'Eclittica, quale suol suddividersi in dodici parti che comprendono le dodici costellazioni del Zodiaco, e di nuovo aggruppár queste in due divisioni di sei costellazioni per ciascheduna, nominando per comodo l'una di esse parti l'emisfero luminoso che comprende l'Ariete, il Toro, i Gemini, il Cancro, il Lione, la Vergine; l'altra l'emisfero tenebroso che comprende le Bilance, lo Scorpione, il Sagittario, il Capricorno, l'Aquario e i Pesci. Accenno per luminoso quell'emisfero compreso fra i due equinozi che ha i giorni più lunghi delle notti; e per tenebroso quello che trovasi al disotto della linea equinoziale, e che contenendosi in esso le due stagioni autunnale ed iemale, ha le notti più lunghe dei giorni.

1 Bailly, Histoire de l'Astronom. ancienne, livr. IV, § IV, p. 93.

È importante ancora il premettere che gli astrologi sole-
vau dividere i segni delle costellazioni zodiacali in tre parti comprese nel solo spazio di dieci gradi, e perciò nominate *decani*. Quindi essi traevano il loro oroscopo non solo dai segni zodiacali, ma dalle costellazioni ancora estrazodiacali che trovansi combinate nel predetto spazio del
decano. Senza dipartirmi dalla premessa che il mostro di
questo Disco abbia una provenienza orientale, trovo fra le
costellazioni la Balena che dalla maggior parte degli astronomi viene indicata col generico nome di *Cetos* [1] che val
mostro marino, di qualunque specie egli sia [2], e smisurato
pesce, e in conseguenza metaforicamente il pesce del mare. Nella sfera Persica trovo che questo mostro col nome
di *Piscis ex mari* vien situato nell'emisfero ch'io nomino
tenebroso, poichè vi leggo che la sola coda partecipa del
primo decano dell'Ariete. L'espressione del dotto Aben—
Ezra è concepita in questi termini *Cauda Piscis ex mari*
instar viperae in felle [3]. Se il presente mostro proviene
dall'immagine della Balena celeste, debbe aver la coda qual
vipera irritata che s'innalza sulle sue spire; ed ecco in qual
modo, cred'io, si è immaginato dagli artisti di figurar questo mostro colla coda inalzata. Con questo principio mi
sembra che si possa dar conto di tutta la sua struttura.

Le gambe che partecipano del serpe par che prendan
motivo e dall'immagine Persiana che l'assomiglia alla vipera, e dal nome di Drago dato a quella costellazione in

1 German., Caes. in Arat. Phaenom.,   2 Arat., v. 649.
    Commentar., p. 82. Nonn., lib.   3 Aben–Ezra, spher. Persic. *Aries*,
    xxv, v. 128. Arat., v. 354. Procl.,   *Decanus*.
    cap. 16.

più trattati di astronomia [1]. Bayer nella sua uranometria dice di più, che gli asterismi di questa costellazione richiedon piuttosto che vi si rappresenti il drago marino, che la balena; giacchè varie sfere antiche, e varj monumenti trovati a Roma le danno questa figura [2]. In fatti noi vediamo che tal mostro in qualunque maniera venga effigiato, non manca peraltro del carattere di serpente e di pesce nelle sue inferiori estremità, come nel nostro si vede: e siccome fra i molti nomi ch'ebbe questa costellazione vi fu ancora quel di Leone [3], così par che vi si conformi l'artista che ha dato al mostro del Disco non solo un aspetto ferino qual si conviene più al lione che all'uomo, ma in luogo di barba lo ha contornato di certa criniera e di grandi orecchi, quasi vi fosse realmente effigiato un lione. E poichè Arato nomina questa costellazione il gran mostro [4], così gli artisti han dato a tal chimerica figura ogni mostruosa forma che loro cadeva in idea, purchè peraltro partecipasse in modo speciale della qualità di leone, di serpente e di pesce (come abbiamo veduto), e nel tempo stesso di quella dei Giganti ch'erano i mostri più terribili degli antichi, mentre osaron perfino far guerra agli Dei. Partecipa degl'indicati caratteri di pesce, di leone, di drago e di potente Gigante anche l'orrida bestia mistica dell'Apocalisse che avea la potestà di far guerra ai Santi, e che non apriva bocca se non per bestemmiare Iddio [5], e della quale l'immacolato Agnello avrebbe un giorno trionfato [6];

---

1 Vid. Caesii, Cael. astron., p. 225.

2 Kirk., Oedip., Tom. II, pars. II, p. 199.

3 Arat., v. 629. Ulug-Beigh, p. 110-

112.

4 Ibid.

5 Apocalyp., cap. XIII, v. 3, 7.

6 Ibid., cap. XIV, v. 1.

e in questo animale appunto è figurato il demonio infernale delle sacre carte ribelle al suo Dio, come interpetrano
i nostri teologi [1]. Ma si tengano pure per ambigue varie
circostanze della mia spiegazione, semprechè mi si possa
accordare che la figura del Disco indica un Gigante, mostro abitatore del tenebroso baratro infernale, che avendo
in mano smisurati sassi in atto di scagliarli, sembra esser
pronto a punire con essi chi è colpevole al cospetto di Dio.

La forma di questo Disco è di una tazza manubriata
avente maggior concavità che non ne sogliono avere i consueti Specchi sacri di questa mia raccolta; sicchè a differenza degli altri incapaci di contener liquidi, come dicemmo, per la superficie loro quasi piana del tutto, questo
può dirsi un recipiente perchè concavo a sufficienza a tal
uopo. Ma s'io lo considero già usato a versar liquidi sulle
are nei sacrifizi, come potrò spiegare al curioso osservatore la ragione di quelle tre fermezze appuntate e ritorte
che vedonsi al lembo di esso, e vicine al manubrio? e delle altre due attaccature che stanno verso il labbro dalla
parte superiore? Certo è che tali aggiunte non serviron
pe' liquidi, nè per veruno di que' commestibili che con le
supposte patere manubriate dicevansi gettati nelle are per
offrirsi agli Dei [2]. Winckelmann vide questo bel monumento in disegno fra quei delle patere etrusche preparate dal
Gori per pubblicarsi, e ne pubblicò egli stesso anticipata-
mente un esemplare copiato da quello del Gori [3]; ma tol-

---

[1] Calmet, Comment. in Sacr. Script.,
Tom. VIII, Apocalyp., cap. XIII, p.
873.

[2] Ved. p. 42, e 43.

[3] Winckelmann, Monum. ant. ined.,
part. II, cap. XXXIII, p. 120, num.
156.

tene alcune particolarità del manico, delle quali tratterò a
suo luogo, egli tace affatto del monumento, e soltanto lo
nomina come patera antica. Il Biancani che parimente vide
la nominata Goriana raccolta de' disegni di patere, non ne
fece alcun caso nelle sue memorie che preparò per queste
anticaglie; altrimenti il Ch. prof. Canonico Schiassi esatto
espositore di quanto ci ha lasciato il Biancani su questo
particolare, non avrebbe trascurato di darcene conto. Il
Lanzi che pur gli vide e gli citò [1], tace di questo; sebben
ci avverta che Winckelmann ci annunziò la collezione Goriana nel pubblicare in rame il monumento del quale io
tratto. Nè io dovrei cimentarmi a scriverne dopo che sì
grandi uomini lo passarono sotto silenzio. Ma in un' opera
così estesa come la mia, nulla si dee preterire; talchè se
non sarà utile quanto scrivo in questo proposito, varrà molto il rame che io ne do a vantaggio di quei che son più
illuminati in queste materie: mentre qui troveranno anche
il rovescio del monumento che nè Winckelmann, nè altri
han dato mai alle stampe; e quello che Winckelmann ha
dato, assai si allontana dal suo originale. Appiè del medesimo trovo memoria che fu dissotterrato in Pozzuolo. La sua
misura eccede in grandezza quanti Dischi manubriati si videro in metallo fino al presente.

Tutte queste notizie non somministrando alcun lume a
conoscere l' uso delle indicate fermezze, ricorro ad alcune
mie congetture. Le vedo sovrapposte alla parte concava
del Disco: dunque poteron esse tenervi fissato un qualche
solido che incastravasi forse in quel vuoto, e veniva nella

---

1 Lanzi, Sagg. di Ling. etr., Tom. ii, p. 219.

parte superiore ad essere aderente alle fermezze medesime.
La figura del Disco è simile nel contorno agli Specchi degli antichi, perchè rotondo e manubriato, qual vedesi in
mano della donna alla Ser. V, Tav. XIX e dell'uomo Tav.
XXI, e Ser. VI, Tav. M, num. 6, ed R num. 1. Qui mi
rammento che il Caylus indica fra' suoi monumenti alcuni
specchi piani di figura circolare, senza manubrio, nè cornice alcuna all'intorno, e nella parte loro posteriore di forma arcuata quasi che fossero una sezione di un globo [1],
come nel corredo de' miei monumenti si vede [2]. Questi per
esser posti in opera ad uso di specchi, dovean certamente
incastrarsi in un qualche recipiente manubriato per poterli
tenere in mano; e il recipiente dovea necessariamente avere delle fermezze per ritenere stabilmente la piastra del
metallo speculare. Ora siccome io vedo che la parte opposta allo specchio esibito dal Caylus è precisamente della forma stessa del concavo che presenta il Disco, così io posso
supporre che siffatte lastre metalliche speculari si ponessero
entro il vuoto dei Dischi simili al presente, e con le indicate fermezze vi si tenessero stabili. Comunque ciò sia,
egli è certo che manca all'enunciato specchio del Caylus
un continente, come al vuoto del presente Disco un contenuto, ed è congetturabile che uniti insieme i due oggetti, potrebbero formare un vero Specchio; onde non è cosa
del tutto fuor di ragione il credere che l'uno sia stato fatto per l'altro. Sappiamo, è vero, che queste masse metalliche speculari alcune volte si racchiudevano in certe custo-
die fatte a libretto, come ce ne avverte lo stesso Caylus [3];

---

1 Caylus, Recueil d'Antiq. Egypt.
Grec. et Rom., Tom. III, pl. LXXXIX.

2 Ved. ser. VI, tav. N, num. 5.
3 Ivi.

ma ciò non esclude che siano state apposte anche ai Dischi manubriati. Vediamo di fatto in più vasi dipinti alcuni Dischi in profilo di una considerabile grossezza e quasi simili ad una scatola rotonda: e non poteron questi contenere una delle accennate masse metalliche speculari? [1] Si osservi lo specchio che ha in mano la donna Ercolanese da me esibita [2], e si troverà che non tutta l' area del piano circolare è liscia qual si conviene ad uno intiero specchio, ma una parte più centrale è divisa per una linea concentrica dalla parte esteriore che la circonda: dunque gli specchi degli antichi là nella Magna Grecia, ove trovaronsi e i vasi e le pitture e il Disco che illustro, annettevano allo specchio una certa cornice che io suppongo essere o la periferia del Disco, o altr' oggetto retto dalle indicate fermezze che vi si vedono.

Esposta questa mia congettura, dell' apposizione d' uno specchio amovibile al nostro Disco, mi si domanderà perchè nel fondo del recipiente vi si veda una figura? Rispondo, che supposto il Disco usato per sacro rito potè aver più significati, ed essere adoprato in più maniere, come gli altri sacri Specchi più semplici da me già esposti, che a mio credere, si tenevano in mano (come vedesi nei vasi dipinti), per ponderarne or la parte dritta ov' era lo Specchio or la parte opposta ov' erano le figure. [3] Suppongo ancora che il vuoto di questo Disco, che a differenza degli altri è profondo in modo da servire di recipiente, sia stato effettivamente in uso per libazioni. Me ne conferma altro Di-

1 Abbildungen, zu Creuzers Symbolik und Mythologie der alten Völ. Ker., taf. IX.

2 Ved. ser. VI, tav. M, num. 6.
3 Ved. la spiegazione della tav. XXI, alla ser. V.

sco manubriato (che parimente riporto) [1], il quale è costruito quasi nella medesima guisa, ad eccezione che non
ha le fermezze di questo, ed ha di più un beccuccio che
indubitatamente lo manifesta un utensile atto a versare dei
liquidi. Quanto io dico par che favorisca l'opinione di coloro che sostennero, (e forse anco taluni tuttora sostengono,) che i Dischi manubriati sono in origine le patere degli antichi. Ma se ammetto in questo la capacità di contener liquidi per la sua sufficiente profondità, non posso ammetterlo in quei che vedonsi d'una superficie affatto piana,
come son per esempio i molti de'quali esposi il profilo alla
Tav. V, num. 1. Nel trattare di quei che spettano ai numeri 2 e 3 della Tav. stessa manifestai la mia osservazione
sulla sfericità che incontrasi nel profilo di molti Dischi, la
quale più o meno sensibilmente si mostra nella maggior
parte di essi.

Alle dottrine recatevi debbo aggiungere, che siccome ho
creduto che i Dischi sacri prendessero origine dal celebre
vaso Persiano indicato col nome di *Condy* da Nicomaco
presso Ateneo [2], così ricorro di nuovo a quello per vederne
col Disco attualmente in esame tutta l'analogia. In quello
pertanto *consideravansi i miracoli degli Dei e quanto si genera sulla terra, e con esso facevansi le libazioni*: così A-
teneo [3]. Il Disco in esame par che abbia contenuto lo Specchio sacro, nel quale, come pur dissi [4], per la rotondità
della figura e per la levigatezza della superficie, consideravansi la Divinità del Creatore ed i portenti dell'universo
creato. Tolto da esso lo Specchio che dalle fermezze cono-

1 Ved. ser. VI, tavv. O, e P.   3 Lib. XI, cap. LV, p. 269.
2 Ved. p. 88.   4 Ved. p. 89.

scesi essere stato amovibile, si dovea vedere il Gigante nel quale consideravasi la giustizia divina riserbataci in una vita futura; articoli di considerazione spettanti ai misteri. Può avere il Gigante anche un cosmogonico simbolico significato, ed è lo sconvolgimento della natura per mezzo dei fulmini, dei tuoni e delle tempeste, o d'altri simili flagelli rappresentati per mezzo de' Titani o Giganti ministri di Giove, secondo le dottrine Orfiche ed Esiodee [1]; il che spetta al sistema della natura ed alle sue varie accidentalità. Ma il vaso indicato da Nicomaco fu anche in uso per libazioni: ed io suppongo che lo specchio si togliesse dal Disco qui esposto per far di questo utensile una patera sacrificiale, o che almeno come tale ne avesse la rappresentanza.

È da sapersi che il vaso aperto, o coppa o patera che dir vogliamo, fu dagli antichi destinato a simboleggiar più cose: nè potendo io penetrare con precisione quali fossero le considerate particolarmente nei misteri per mezzo degli Specchi sacri che di patere han sempre più o meno carattere nella loro concavità, pure ne accenno alcune che mi paiono le più analoghe alle altre circostanze di questo sacro utensile. Prepongo a tutt'altro la massima degli antichi tramandataci da Vitruvio, cioè che tutte le cose in natura traggano la loro esistenza dall'umidità del liquore [2]. Da questo principio vedesi derivato l'ossequio per i vasi che contengono i liquidi, e così viene spiegata la ragione perchè i sacerdoti in Egitto portatisi al tempio tenendo in mano un'idria d'acqua, ringraziavano il Cielo dei benefizi che sparge sulla natura a nostro vantaggio, come narra lo

---

[1] Vid. Kanne, Fab. Cosmog., p. 87, et seq.

[2] Vitruv., trad. del Galiani. Prefaz., al lib. viii, p. 301.

stesso Vitruvio [1]. Osserva il cultissimo Creuzer [2] che il passaggio di Vitruvio è dichiarato con molta luce da Firmico, il quale insegna che gli abitatori d'Egitto tributarono venerazione all'acqua dalla quale ricevevano benefizi, talchè supplicavano colle acque, e le veneravano con superstiziosa continuazione di voti [3]: racconti che vengono confermati da Clemente Alessandrino [4], da Sinesio [5], e specialmente da Apuleio, il quale narra in particolar modo la processione Egiziana ove dal sacerdote portavasi una urnetta pulitamente incavata, con fondo rotondo, ed effigiata esteriormente da figure; il cui orifizio elevato alquanto dal resto del labro, formava un lungo rivolo. [6] Si noti che Apuleio parla della venerazione degli Egiziani pel vaso atto a contenere la indicata umidità, e tace poi di questa umidità; dunque il vaso stesso rotondamente incavato, com'egli dice [7], era per essi un oggetto venerabile e sacro; di che abbiamo più chiara conferma dallo stesso Apuleio il quale nomina quell'urnetta: *effigie venerata del Dio d'Egitto*, felicitante il seno del sacerdote che la trasporta. Io dunque potrei sospettare che la tazza manubriata con beccuccio [8] fosse qualche cosa di analogo al vaso Egiziano da Apuleio descritto. Ma senza indagare particolarità sì minute, possiamo stabilire che sicuramente gli antichi ebbero tazze manubriate delle quali servironsi come patere per i loro sacrifizi e libazioni. Il monumento proposto dal Ch. Sig.

1 Ibid., p. 303.

2 Dionys., p. 212.

3 Firmic., De errore profanar. relig., p. 3.

4 Stromat. iv, p. 758.

5 Encom., p. 73.

6 Apul., Metamorph., lib. xi, p. 793.

7 *Urnula faberrime cavata fundo quam rotundo.* Apul., l. cit.

8 Ved. ser. vi, tav. O, e P.

Prof. Ciampi [1] n'è un esempio sufficiente; poichè in fatti noi troviamo pe'musei varie tazze manubriate che a quella si ravvicinano [2]: ma bene osservate, han certi caratteri che alquanto le diversificano dal Disco di questa Tav. VII, e ancor più dal resto dei Dischi manubriati che io riconosco per sacri Specchi. In queste tazze manubriate si trova costantemente il manico terminato in una testa d'ariete, e non già di cavriolo come terminan quei degli Specchi sacri. Se il cavriolo, come già provai, allude a Bacco [3], a Mercurio è dedicato l'ariete. Il Lanzi spiegando in un suo ms. il monumento Borgiano [4] che ho posto alla Tav. O della Ser. VI, ne trova ragione plausibile nella protezione che a Mercurio si assegna dall'autore degl'inni omerici in quel verso che lo dichiara pastor dei greggi [5]: nè per altra ragione egli crede che gli antichi statuari lo figurassero con pelle d'ariete, or sotto il braccio, or sugli omeri ond'ebbe il nome di χριόφορος [6], di che più luminoso esempio non saprei addurre di un'antica corniola incisa, ove si vede Mercurio con caduceo nella destra, e con patera nella sinistra, entro la quale è la testa d'ariete [7], come si trova nei manichi di queste patere manubriate, delle quali

1 Ved. ser. vi, tav. M, num. 2. *I Camilli che preparano altri oggetti da sacrifizio, indicano che la tazza portata in mano da un di loro spettava a questa funzione.*

2 Di queste ho parlato a p. 93, e ne ho esibito l'esempio alla tav. Q, num. 5.

3 Ved. p. 56.

4 Manoscr. esistente nella R. Galleria di Firenze.

5 Hymn., in Merc., v. 568.

6 Pausan., Boeotic., cap. xxii, p. 752.

7 Ved. ser. vi, tav. M, num. 4. *Questa figura è stata da me copiata da un'impronta che gentilmente mi ha favorita il Nob. Sig. Francesco Globert possessore di questo singolar monumento.*

ora tratto. Un'altra circostanza che gli diversifica dai Dischi in bronzo ch'io riconosco per sacri Specchi, è l'ornato costantemente dalla parte concava dell'utensile, mentre i sacri Specchi l'han sempre dalla parte convessa; come altrove ne ho proposta l'osservazione [1]. Altra circostanza variante son le figure che non s'incontrano quasi mai in queste tazze, mentre i Dischi speculari le han quasi sempre nel loro rovescio. La profondità loro è pure da considerarsi come circostanza che le diversifica dai sacri Specchi. Asserì il Lanzi aver veduti di questi ultimi monumenti con molta profondità [2]; ma si noti ch'egli nomina patere tanto gli Specchi sacri quanto queste tazze manubriate; e in tal caso non era fuori del vero, poichè mischiate le tazze, che son queste delle quali io tratto, coi Dischi per i quali intendo i sacri Specchi, troveremo quelle esser profonde, sebben questi non sieno. Di più è anche notabile che se per le teste di cavriolo si conoscono i Dischi spettare a Bacco, dovremo dire che le tazze manubriate spettano ad altro culto indicandolo la testa d'ariete.

Concludiamo da ciò che oltre i Dischi manubriati che furono sacri Specchi ed oggetti servibili alla pura memoria di massime filosofiche, e non punto ad usi meccanici e manuali; e oltre le patere da sacrifizio che furono senza manico, usate meccanicamente a versar liquori sulle are ed altrove per libazioni ed offerte, vi fu un altro genere di monumenti che alcuni antiquari per similitudine d'utensile chiamaron cazzarole. Uno di questi utensili ch'io riporto [3] fra i monumenti di corredo si mostra costruito in modo

[1] Ved. tav. IV, p. 57.   [3] Ved. ser. VI, tav. N, num. 4.
[2] Ved. p. 23, not. 4.

che per avere un manubrio piano e sottile non poteva terminare in una testa d'ariete, la quale richiede un prominente rilievo: quivi osservo che la testa di quell'animale
non vi è trascurata, ma è posta sull'attaccatura del manico
alla tazza, sebbene per la convenienza del recipiente vi stia
impropriamente, occupandone goffamente una porzione.

Dunque è da risolvere per l'esposte osservazioni, che questi vasi manubriati eran dedicati al culto di Mercurio esclusivamente dalle altre deità, oppure ebbero con Mercurio
immediato rapporto. Il giovine con patera manubriata in
mano che pone il Ch. Sig. Ciampi per osservarsi, e da me
inciso, trovasi in un sarcofago gentilesco situato nel Campo-santo di Pisa: il resto del b. r. presenta un sacrifizio di
un vitello che, secondo Ovidio, è offerto a Mercurio [1], e in
tal caso la mia opinione ha un appoggio in quest'esempio.
Osservo ancora che d'innumerabili patere sacrificali che vedonsi pe'musei, e in natura e in monumenti presentate,
pochissime son quelle che si trovano in foggia di tazze manubriate, e questa proposta dal Sig. Ciampi è fra le rare che
si vedono messe in opera nell'accennato monumento. Nessuna di queste tazze ha caratteri decisi di remota antichità;
ed il sarcofago dov'è scolpito l'esibito anaglifo si manifesta,
pe'caratteri della scultura, dell'ultima età del paganesimo.

Ma perchè mai si pensò a far tazze manubriate ad uso
di patere da sacrifizi con emblemi del solo Mercurio, mentre gli altri Dei non ebbero particolari patere per le offerte che loro si fecero? Io non so penetrarlo, non somminì-
strandumene veruna ragione l'antichità scritta, nè la figu-

---

1 Metam., lib. iv, v. 755.

rata. Solo io congetturo che tardi e da pochi per sacrifizi
e funzioni che a Mercurio ebbero relazione, si fecero patere manubriate di simil foggia, e si costruirono a molta
somiglianza coi sacri Specchi. Stabilitane l'epoca, si trae dalla storia che i misteri pagani ebbero delle vicende di de-
gradazione e di risorgimento, tanto che quando il politeismo presso la sua caduta, volle ancor combattere la Religione Cristiana, ripristinò quanto i misteri ebbero di più
importante, quanto la filosofia ebbe di più elevato [1], e si
pretese di scusar coll' allegorismo le assurdità introdotte nel
paganesimo, richiamando a nuova pratica le cerimonie più
antiche di quello [2]. Premesse tali storiche notizie, non dobbiamo esser meravigliati vedendo negli ultimi monumenti
del politeismo alcuni usi, alcuni simboli, alcune maniere
di esprimere, alcuni utensili, alcuni segni non usati per lo
innanzi dal complesso del paganesimo. Considero fra questi le poche tazze manubriate da sacrifizio, esposte nelle
Tavole N, O, P, Q. È probabile che in tale occasione si
andasse a rintracciare l'origine dei sacri Specchi, e trova-
tala in un vaso nel quale consideravansi molte cose naturali e soprannaturali, e insiememente facevansi le libazioni [3]; e trovato che con i sacri Specchi non poteasi adempire questa seconda parte di espressione, perchè non eran
vere tazze da poter con esse libare, così fu, a mio parere, istituito un altro genere di monumenti che son quegli delle patere manubriate già esposte, colle quali nel
tempo che si adempiva sostanzialmente l'atto libatorio ad

1 Ouvaroff, Saggio su' Misteri d'E-
leusi.

2 Gebelin, Dissert. sopra lo spirito

allegorico dell'Antichità.
3 Ved. p. 88, e 134.

esempio e in memoria del già esercitato atto col vaso di Di-
schemo, si veniva a rammemorare parte ancora del significato delle altre qualità astratte di quel vaso, mediante la
struttura manubriata di esse tazze; perchè rassomigliando assai nella forma ai sacri Specchi, poteano esprimerne anche
le rappresentanze allegoriche a quelli attribuite, delle quali
ho ragionato nelle pagine scorse.

Il manico d'queste tazze, come dicemmo, va sempre ornato di una testa d'ariete in luogo di quella del cavriolo, come hanno gli Specchi sacri; e di ciò si potrebbe
assegnare per presunta ragione, che spettando queste tazze
più determinatamente alla libazione, doveano esser sacre
piuttosto a Mercurio che a Bacco, e in conseguenza serbar
l'effigie dell'ariete, che si riconosceva per animale sacro a
Mercurio [1]. Accennai di più che le libazioni erano atti di
ossequio che si porgevano ai Numi [2]. L'occasione peraltro
di questo culto era per domandar loro alcuna cosa, porgen-
do ad essi le preci a tal uopo. Or chi non sa essere stato
creduto Mercurio il ministro apportatore agli Dei delle preci degli uomini? Egli fu di fatto nominato dai Latini Cam-
millo [3], e tal dicevasi pure il ministro dei sacrifizi e d'ogni
altra sacra funzione [4] e perciò della libazione ancora. Ecco dunque adunate le idee di rapporto fra Mercurio, la testa d'ariete, la libazione, le preci offerte agli Dei e la
nostra tazza manubriata che ora si esamina. A qualunque
degli Dei si facessero libazioni, Mercurio ne doveva essere
invocato mediatore: così ognuna di quelle manubriate taz-

---

[1] Visconti, Mus. P. Clem., Vol. IV,
Bassiril., tav. IV.
[2] Ved. p. 28, not. 3.

[3] Plutarc., in Numa, p. 64.
[4] Macrob. Saturn., lib. III, cap. VIII,
p. 174.

ze, o patere che dir vogliamo, aveva le insegne di Mercurio per indicare, cred' io, che con esse libavasi agli Dei colla mediazione di Mercurio. Che se i Dischi in bronzo fossero stati egualmente in uso per libazioni, come tanti e tanti han sospettato, avrebbero anch'essi dei segni relativi a Mercurio a cui s'indirizzavano le libazioni; di che non può dubitarsi dopo che vediamo ne' monumenti non pochi Mercuri con patera in mano [1]; e inclusive Anubi presso gli Egiziani, che a Mercurio lo sostituivano, vedesi rappresentato colla medesima patera [2]. Premesso quanto ho scritto, paleso adesso quanto ho risposto alla seguente cortese lettera scrittami dal Ch. Sig. Prof. Ciampi da Pisa nell' inviarmi il disegno dei tre ministri di un sacrifizio che ho fedelmente riportati alla Tav. M, num. 2 della sesta serie di questi monumenti. » *Sono stato*, egli scrive, *al Camposanto, e qui le accludo il disegno di un laterale, nel quale vedesi una patera. Io, come Ella stessa conoscerà, non posso trovar dubbio che questa, ancorché manubriata, sia veramente una patera, giacché il vaso della libazione, l'abito sacerdotale di chi l'ha in mano, e la vittima preparata nell' altro laterale del sarcofago, tutto mostra il sacrifizio. Questa patera ha il manubrio che termina in una testa di animale, come i manubrj d'alcune Patere del Biancani nelle Tavole VII, VIII, XXVI. Avverta che il sarcofago cui appartiene questo laterale è lavoro del terzo o quarto secolo dell' era volgare, e certamente non d'un' epoca alta.*« In una seconda lettera mi scrive quanto appresso. » *Spiacemi assai che non vi sia pervenuta un' altra mia, com' io sup-*

pongo, perchè vi era accluso un piccolo disegno d' un la-
terale di sarcofago del Campo-santo di Pisa, nel quale è
un sacrificatore con la patera all' uso etrusco, ossia come
quelle in questione. Il sacerdote è vestito all' etrusca, ed
etrusca ha la pettinatura. Questa patera simile a varie di
quelle del Biancani in mano del sacerdote, parmi che tolga
ogni dubbio sull' uso delle medesime, ed anco sull' antichità
non tanto alta, se pure non vuolsi mantenuto l' uso delle
medesime dal tempo più antico fino al terzo o quarto seco-
lo, come è probabile. Pisa 6 Maggio 1816. « È poi da aggiungere a quanto io trascrivo un paragrafo di questo dotto Archeologo sull' uso dei sacri specchi, da esso creduti
patere; col quale chiude la sua prima lettera. Eccone le
parole sue ». *Le confesso il vero che dopo aver fatta atten-*
zione a quella patera, io non so dare altro nome a questi
utensili; sebbene altra volta io ne abbia dubitato, ed anche
l' ispezione di un altro laterale mi avesse tenuto sospeso, se
cioè potesse credersi uno Specchio o altro arnese sacro. La
poca profondità e in molti nessuna che vi si riscontra, non
toglie che non servissero ad uso di patera; poichè dovendo-
si spargere la libazione, dal vaso si profondeva d' alto su
d' esse, le quali levigatissime e lustrate a specchio facevo-
no schizzare il liquore, e così molto più si diffondeva, e
perciò propriamente adattate alle libazioni. Tali trovo de-
scritte le patere anche da Macrobio [1]: patera, *etc.* ipsum
nomen indicio est, planum ac patens est, carchesium vero
procerum et circa mediam partem compressum. *Ella fac-*
cia quel conto che crede di queste mie osservazioni. Pisa

1 Saturn., lib. v, cap. xxi, p. 235.

22 *Aprile* 1816. » A queste due lettere ho resa la seguente risposta.

« *Ch. Sig. Prof. Amico Caris.*™ *Le due care vostre pre-
sentandomi nel Disegno che mi si rimette un argomento
nuovo sulle patere, non mi han permesso rispondervi così
sollecitamente, come avete sperato. Veduto il disegno e letto
quanto ne giudicate, trovo savissimo che reputiate una patera l' utensile manubriato in mano del Camillo e preparata
pel sacrifizio. È ben chiaro che il manubrio della esposta
patera ha una testa d' animale, ma vedo altresì che questo
ha caratteri distintissimi d' ariete, e in conseguenza v' è
notabile varietà fra questo utensile e quelli che illustra il
Biancani alle Tavole VII, VIII, XXVI, che han testa di
cavriolo. Di più noto che presentando il Camillo la parte
concava della patera, dimostra che da questa parte è anche
la testa dell' animale, a differenza degli utensili esposti dal
Biancani ove la testa vedesi costantemente dalla parte convessa. Concorro poi pienamente nel vostro plausibile sentimento che il sarcofago in esame non possa esser di un' epoca alta, nè mi opporrei a chi lo giudicasse anche assai posteriore al quarto secolo dell' era nostra. E chi potrà dunque censurarvi mai del vostro savissimo credere una patera
manubriata quella che ha in mano il Camillo, mentre per
tutti i riguardi si mostra tale? Il dubbio sulle vostre opinioni potrebbe solo per avventura cadere nel dovervi o no
accordare che la tazza manubriata del sarcofago Pisano sia
del genere stesso dei Dischi in bronzo che illustro nella
mia raccolta; qualora peraltro resti comunemente approvato
quanto scrivo trattando della Tav. VI. Ratifico dunque esser tanto probabile che la tazza manubriata del sarcofago*

sia utensile sacrificiale, quanto improbabile che i Dischi in bronzo manubriati, gran parte dei quali senza profondità, come voi notate, e da voi stesso alcuna volta creduti Specchi o altri arnesi sacri, sien patere da libar liquidi. È dunque inutile che mi ponghiate avanti agli occhi una ipotesi tutta vostra, tutta gratuita ed, a mio credere, insussistente dello schizzar l' acqua dal simpulo nella parte lucida del Disco per libare agli Dei. Rammentatevi che se il Disco ha qualche convessità, questa è sempre dalla parte lucida: e chi si persuaderà mai che per libare si versasse un liquido sopra un corpo convesso per farlo schizzare? Il passo di Macrobio che citate a tal uopo, quando si legga intiero, c' insegna che la patera debb' essere un bicchiere di quei piani ed aperti. Sed Plautus insuetum nomen reliquit; aitque in Fabula Amphitryone pateram datam: cum longe utriusque poculi figura diversa sit. Patera enim, ut et ipsum nomen indicio est, planum ac patens est. [1] e il bicchiere (poculum) è un vaso potorio, e non già una superficie globosa sulla quale facciasi schizzar dell' acqua. Ma già sapete quanto io sia alieno dall' ammettere ipotesi. Per esse ammiro in voi un ingegno fertile, sagace, industrioso; ma nulla imparo di positivo a favore dei Dischi manubriati che esamino. Se altri monumenti vi si presentano relativi alla mia opera sulle così dette patere antiche, vi prego di comunicarmeli, poiché tutto accetto e da tutto imparo: e quello che mi avete spedito arreca non poca luce a spiegarne uno che pongo alla Tav. VII della mia opera, e ve ne sono infinitamente obbligato. Alla vostra seconda lettera sul-

[1] Saturn., l. cit., p. 519

S. II.

lo stesso soggetto della prima serve di risposta questa medesima mia. Aggiungo soltanto che circa le patere, da voi nominate all' uso etrusco, scrissi abbastanza nello spiegar le prime tavole del mio libro, onde voi ne vedrete le risposte quando incomincerò a pubblicarlo: nè minori osservazioni troverete in seguito di quel mio scritto, e sul vestito, e sulla pettinatura etrusca del sacerdote come accennate. Conservatemi il vostro affetto quanto quello che unitamente alla dovuta stima ho per voi. »

Restami ora da osservare l' ornato nella periferia del Disco formato da tre rosoni composti di minuti globetti. Di quanti mistici Specchi ho raccolti in disegno per arricchirne l' opera che scrivo, questo unicamente è fregiato di tale ornamento. Non così nei Dischi dipinti che vedonsi nei vasi, ove son frequenti siffatti rosoni a globetti, di che si vedono ripetizioni nelle mie tavole [1]. Finchè io non avessi trovato un esempio di un qualche Disco in bronzo che avesse gli ornati medesimi di quei dipinti nei vasi, mi si poteva sempre obiettare di esservi differenza fra loro, e non potersi perciò trarre alcun lume dai dipinti a favore dei positivi, nel sospetto che non fosser gl' istessi; ma con tale esempio io mi son fatto franco a dichiararli d' un genere stesso e d' una medesima specie. Resta ora da esaminare il perchè fra tanti e tanti Dischi dissotterrati, quest' uno soltanto va ornato a foggia di quei dipinti. Rifletto a tal proposito che la maggior parte di questi Specchi da me adunati si trovaron sotterrati nell' Italia media e nella su-

---

1 Ved ser. vi. tav. G, num. 4, tav.   XXII.
  R , num. 1, e ser. v, tav. XXI, e

periore, e particolarmente dove fu il Lazio e l'Etruria: i
vasi dipinti per lo contrario trovaronsi fino ad ora la più
gran parte nell'Italia inferiore che fu detta Magna-Grecia,
e in Sicilia. Or sebbene la religione fosse in massima la
medesima per tutta Italia, pure in certe particolarità di riti e di arredi sacri dovevano esservi differenze notabili fra
nazione e nazione. Rammentiamoci quanto dissi in principio, cioè che il Disco di questa Tavola VII fu trovato nelle vicinanze di Cuma, ch'è presso Nola, suolo abbondan-
tissimo di fittili dipinti, dove si vedon gli Specchi ornati in
tal guisa; motivo per cui è chiarissimo che rassomigli nella
sua costruzione più agli Specchi dipinti nei vasi di Nola,
che ai positivi dell'Etruria e del Lazio.

Il manubrio di questo Disco essendo costituito da varie
figure, merita la nostra particolare attenzione. Winckelmann
che pubblicollo, come dissi altrove, si occupò di alcune
di queste esclusivamente dal resto. Mirò pertanto a spiegar
quell'uomo che in raddoppiata immagine si vede legato
sotto il corpo degli arieti simmetricamente posti al disopra
del giovine Telamone (seppure come tale si dee ravvisare).
Dichiarò dunque che quegli abbia da essere Ulisse, allorchè per fuggir l'ira di Polifemo si asconde legato sotto 'l
ventre d'un ariete. Se riprendo l'esame dell'utensile sacrificiale posto alla Tav. O dei monumenti di corredo, trovo
nel manico un giovine nudo in simile atteggiamento, che
sostiene da ciascuna mano un semplice montone, e coi
piedi calca una testa di tale animale. Il Lanzi che dottamente scrisse in proposito di tal monumento, non dubita
che ogni simbolo ivi aderente non sia relativo a Mercurio.
E chi non sa di fatti che il gallo, il caduceo e l'ariete rap-

presentati nel cratere del monumento non sieno i costanti simboli di Mercurio? [1] Chi non sa che lo stesso Mercurio fu spesso effigiato portando un ariete [2]? Dunque può essere che qui sia 'l nume stesso adattatovi a forma di manico, e formante con le braccia e gli arieti il sostegno del vaso a foggia di Telamone.

È già tolto ogni dubbio che il soprappostovi cratere sia libatorio, come di sopra ho detto; ed il sagace Lanzi facendo a se la domanda, nel ms. citato, perchè si trovino vasi manubriati e libatorj con le insegne di Mercurio, mentre libavasi anche a Giove, ad Apollo, e a mille altre deità, trova lo scioglimento del dubbio nell' ufficio di Mercurio ch'era quel di precone, per cui a somiglianza degli uomini di tal ministerio, anch' egli è detto da' poeti φερίσπονδος [3]. Di qui nacque la favola ch'e' sia pocillatore degli Dei, e serva fra essi anche a' minori di se [4]. Parve dunque, siccome il prelodato Lanzi suppone, che a qualunque nume si facesse libazione, il vaso istesso con cui offerivasi dovesse essere insignito di qualche simbolo di Mercurio. Ciò era quasi un presentargliela per mezzo del solito pocillatore [5]. Una tale consacrazione delle patere libatorie a Mercurio par che sia di antichissima istituzione, al riferir d'Ateneo, da me altrove citato allorquando ho voluto provare la relazione fra i misteriosi vasi coi quali anche libavasi, e gli Specchi mistici dei quali mi occupo. Si legge pertanto in quelle mie

[1] Natal. Comit., Mythol., cap. v, p. 135, et seq.

[2] Visconti, Op. Mus. P. Clem., Vol. iv, tav. iv.

[3] Vid. Etymol. magn. in vocib. Ἑρμῆς,

et Κῆρυξ.

[4] Lucian., Dialog. xxiv, p. 276.

[5] Lanzi, MS. cit. esist. nella R. Galleria di Firenze.

carte [1] che il misterioso vaso Persiano col quale facevansi le libazioni, fu detto anche lanterna astrologica d' Ermete, cioè di Mercurio Egiziano [2]. Chi non fosse appagato delle proposte supposizioni del Lanzi adottate a spiegare la relazione fra Mercurio e le patere libatorie, potrà volger la mente al significato del nome di tal divinità, che gli Egiziani chiamarono Ermete o *Thoth* [3], e che ben ponderato dall' Iablonski scortato dalle autorità di gravi scrittori, si dichiara essere stato favoloso del tutto ed anche mistico nome; mentre Mercurio non era già un uomo che fosse vissuto in terra, ma sibbene intendeasi per esso la forza della divina sapienza, tantochè ogni libro scientifico scritto dai sapienti d' Egitto s' intitolava libro d' Ermete [4]. Aggiungasi l' osservazione del Creuzero, dove nota che, secondo Ateneo, dicevasi εʹρμῆν un certo genere di bevanda presso gli Egiziani; e precisamente l' ultimo bicchiere che nei conviti bevevasi [5]. Una tal cerimonia entra nel genere delle libazioni. Aggiungo inoltre che fra i libri attribuiti ad Ermete, tiene il primo luogo quello intitolato περί κοσμογραφίας [6], ed è anche indicato col nome di libro della sapienza presso gli Egiziani [7]. Posso in fine anche notare che lo stesso gran sacerdote portava nella pompa sacra d' Egitto i libri astrologici di Ermete, e gli astrologici simboli [8]; mentre si dice ancora che un tal sacerdote portava un vaso che rappresentava il mondo col nome d' Idria sacra [9].

1 Ved. p. 88, 89.
2 Ved. l. cit., not. 4.
3 Iablonski, Pantheon Aegyptior., Pars III, lib. v, cap. v, § 9.
4 Cluver., et Conring. in Fabricii Biblioth. Graec., Vol. 1, p. 47.

5 Vid. Creuzer, Dionys., p. 31.
6 Clem. Alex., Stromat., lib. vi, § iv, p. 757.
7 Ibid.
8 Id., ap. Creuzer, Dionys., p. 26.
9 Apul. Metam., lib. xi, p. 374.

Ecco pertanto con quale ingegnoso nesso trovansi legate le idee di Mercurio, di vaso, di libazione, di cosmogoniche dottrine e di sacro utensile; cose tutte che ho fatte
notare trattando dei mistici Specchi. Ma ciò non basta a
chi brama che si renda ragione di tutto; ed ancorchè ei veda
il nesso d'idee che legarono Mercurio, le cosmogoniche
dottrine, la libazione ed il vaso con cui si facevano, pure
ignora le cause che mossero i filosofi, ed i sacerdoti a legar queste idee.

A ciò posso rispondere che altrove avrò occasione di porre in chiaro l'origine ed il positivo significato della libazione; e ove si mostri che proviene da principj di cosmogoniche dottrine scritte nei libri che a Mercurio si attribuivano, e che si accennavano talvolta con una semplice
tazza ', verremo in chiaro dei motivi per i quali adattatamente si apponevano indizi di Mercurio alle patere da libare, come anche talvolta agli Specchi mistici, emblematici
dell'antica cosmogonia ed astrologia, come più volte ho
notato.

Sostenuto da fondamenti siffatti, non so ritenermi dal giudicare un Mercurio, quella nuda figura che serve di manubrio all'utensile che ho posto alla Tav. O, nell'atto di reg-
ger l'ariete di sua pertinenza, e conseguentemente giudico
spettante ad esso anche la testa d'ariete, ch'è nel fondo
del manico di questa, come d'ogni altra tazza da sacrifizi
del genere particolare da me già notato. Siamo, cred'io, tuttavia nella curiosità di sapere la positiva ragione perchè a
Mercurio si dasse per simbolo il montone. È di parere il

1 Ved. la spiegazione della tav. ix.

Visconti, affidato a Diodoro di Sicilia [1], che ciò alluda alla
invenzione dei sacrifizi attribuita a Mercurio [2]. Ma vi si oppone la mia dichiarazione antecedente d'aver dato gli E-
giziani il nome di libri di Mercurio a tutti quei che trattavano di sacre liturgie, come anche a quei delle scienze
che in Egitto fiorivano [3]. Abbiamo però degli esempi di
statue mercuriali che hanno come questa l'ariete sulle braccia [4], sopra di che il D. Girolamo Carli si dà a dubitare
che quell'animale abbia qualche arcano significato [5]. Pausania ne attribuisce in parte il motivo alla greggia, sorta
di ricchezze assegnata come quasi tutte le altre alla cura
ed alla ispezione di Mercurio [6], al che annuisce sopra ogni
altra sentenza il Visconti; ma oltre che l'attributo si ren-
derebbe troppo generico, è da notarsi che Pausania stesso
aggiunge di saperne ancora delle ragioni arcane ch'ei vuol
tacere [7]. Ora poichè il Visconti ha trovato in un vaso fittile dipinta la favola di Mercurio in atto di concedere a
Nefele il meraviglioso montone del vello d'oro che cam-
minava per aria, e sul quale salvar si doveano Elle e Frisso per esser trasportati in Colchide [8]; e poichè d'altronde
i dotti Ercolanesi [9], studiate le varie sentenze degli antichi
scrittori, han trovato che tutti convengono in questo, che
il monton di Frisso è l'ariete celeste, e che la sua pelle è
il famoso vello d'oro cagione della celebre spedizione degli
Argonauti, uopo è convenire che l'ariete addetto a Mer-

1 Lib. 1, p. 14.

2 Visconti, Op., cl. 1, Vol. IV, p.
49. not. (2).

3 Vid. Creuzer, l. cit., p. 24.

4 Visconti, l. cit., p. 48.

5 Carli, Dissert. due, p. 33, e seg.

6 Pausan., Corinth., cap. III, p. 117.

7 Ivi.

8 Visconti, l. cit., p. 311.

9 Pitture, T. III, tav. IV, p. 21, not (8).

curio sia la costellazione zodiacale di questo nome. E siccome le deità unitamente ai loro attributi altro non erano
che i fenomeni della natura dei quali trattavasi occultamen-
te nei misteri, come ho sovente ripetuto, così a buona ragione Pausania nega di palesar questo, che nei misteri soltanto si sarà probabilmente manifestato. Altri importanti
indizi fan sospettare di ciò che tacquero gli scrittori; il vedere per esempio gli Elei tanto devoti di Giove Ammone
prestare un culto particolare anche a Paramno ch'era il
Mercurio Libico, cioè il famoso Perseo situato sull'ariete
celeste; egualmente che il Giove Ammone in Arcadia con
le corna d'ariete confuso col Mercurio degli Elei [1], ed in
sostanza rappresentato con quegli attributi del segno equinoziale di primavera [2]; sopra di che mi sarà utile il far
nuovi esami in altre occasioni.

Ora si abbia come stabilito che l'ariete del manubrio
spettante al monumento della Tav. O sia quello della costellazione equinoziale. Dopo di che portando lo stesso esame sopra lo specchio mistico di questa tavola VII, dalla
quale ci dipartimmo, e ravvisandovi la stessa nuda figura
che alzando le mani sostiene in un quasi simile atteggiamento l'ariete, come nell'altro monumento si vede, e di
più vedendola ornata il capo di spire quasi fosse munita di
corna simili a quelle d'ariete, ci rammentiamo per esso lo
anzidetto Mercurio Paramno degli Elei portante l'ariete
della celeste costellazione.

Accordo al già lodato Winckelmann che sotto al ventre

1 Pausan., Eliac. prior, cap. xv, p.   2 Lucian, de Astrologia, Tom. ii,
416, et Arcad., cap. xvi, p. 632,   p. 364.
et seq.

di quegli animali siavi duplicatamente rappresentato Ulisse; per quanto nell' aver fedelmente copiato il prototipo di questo Disco non vi abbia ravvisato quel berretto che Winckelmann gli attribuisce, e per quanto la picciolezza del metallo ci potrebbe far giudicare nella raddoppiata figura i due figli di Nefele che vogliono salvarsi sotto la condotta di quell' ariete, e per quanto le altre due teste che vedonsi al disopra degli arieti mostrino alle ritorte corna di figurar Giove Ammone, che nessuna relazione ha con la fuga di Ulisse, ma ben si connette con Mercurio Libico, per tutto quello che ho esposto. D' altronde le corde che chiaramente si vedono legar con gli arieti le sottoposte figure, stanno perfettamente d' accordo con la narrazione d' Omero che in simil guisa descrive la maniera di salvarsi e d' Ulisse e de' suoi compagni [1], e in conseguenza potrà esservi espresso questo eroe d' Omero e non altri soggetti. Nondimeno io potrò sospettare che in quel manubrio siasi

[1] *Eran nel gregge del feroce mostro*
  Molti grassi monton di folta lana,
  Di colore assai vago, alti e gagliardi:
  Questi tacitamente insieme unimmo
  Con le ritorte funi onde 'l Ciclope,
  Empio mostro e crudel, si facea letto.
  Tre legandone insieme, e quel del mezzo
  Sotto 'l ventre havea un huom legato, e i due
  Da i lati il difendeano, andando al pari;
  Sì ch'ogni tre portaro un mio compagno.
  Et io preso un monton, che sovra gli altri
  D'egregia forma e di grandezza avanza,
  Per le spalle il tenea giacendo sotto
  All'irto ventre e gli abbracciava 'l dorso,
  Con man forte stringendo 'l folto vello. Odiss. trad. dal Baccelli, lib. IX, p. 263.

S. II.   20

voluta fare allusione al montone di Mercurio spettante alla
costellazione dell'equinozio di primavera, e quindi da Pausania taciuta per essere allusione misteriosa: ed aggiungo
di più la supposizione, non senza un qualche fondamento,
(come andrò sviluppando all'occasione) che la fuga di
Ulisse inventata da Omero possa essere una favola siderea,
come varie altre che rammento sparsamente in quest'opera [1]; e perciò possa aver luogo in questo manubrio, come
potrebbe averlo anche Frisso in egual senso, mentre vado
scuoprendo nei mistici Specchi frequenti allusioni all'equinozio di primavera.

Ho detto altrove che il sole giungendo al punto equinoziale di primavera segnato dall'ariete, trionfa dei suoi nemici, quasi che uscisse dalle tenebre che prevalendo nella
stagione d'inverno, il tenevano angustiato ed inerte. Per
tale allusione Frisso scampa dal minacciato sacrifizio a cui
doveva servir di vittima, tostochè si unisce all'ariete [2]: così Giasone si sottrae dalle macchinate trame di Aete subi-
tochè s'impossessa della famosa pelle di quest'ariete [3]: così
i seguaci di Bacco afflitti da cruda sete si ristorano ad un
fonte loro additato da un ariete, ed ivi stabiliscono un tempio dedicato a Giove Ammone [4]; talchè Nigidio raccontan-
done il fatto [5] nomina quest'ariete l'indicatore della sorgente immortale che dissetò Bacco e l'armata che lo segui-

1 Ved. la mia Dissert. di Filottete
riportata dal Ch. Barone di Zack,
Correspondence astronom., Vol.
II, p. 142.
2 Ovid. Fast., lib. III, v. 851, 875.
3 Ved. la spiegazione della tav. XII,

nella ser. V, di questi monum.
4 Isidor., Orig., lib. III, cap. LXX, p.
911.
5 German. Caes. in Arat. Phaenom.
Comment., v. 223, p. 60, et seq.

va: così Giove sotto le sembianze d'ariete col nome di Giove Ammone spiega la sua forza allusiva parimente agli ardori del sole che prendon vigore all'abbreviare delle notturne tenebre, dopo aver passato il punto equinoziale di primavera [1]. E non potremo noi vedere siffatta allusione in Ulisse che stando chiuso nell'antro oscuro di Polifemo, e minacciato d'esserne divorato, scampa finalmente da tal pericolo unendosi all'ariete, colla quale già narrata astuzia riacquistata la libertà, riprende il corso de' suoi viaggi dopo aver trionfato dello smisurato Gigante?

L'impugnare l'entità dell'assedio di Troja, e tutte le storie che ne dipendono ridurre a favole puramente allegoriche inventate da Omero e da altri, e da quello tessute in forma di poemi, non è facile impresa; poichè gli antichi scrittori non lo palesano, e Dion Grisostomo non trova fede [2] in confronto dei marmi di Paros e di altre autorevoli cronache, ove si legge l'epoca precisa dell'avvenimento e che hanno per titolo = Verità della guerra di Troja. [3] Se d'altronde peraltro i monumenti mi danno continuati sospetti che queste narrazioni d'Omero non abbiano uno storico fondamento, ma siano studiatamente accomodate a spiegare i fenomeni della natura, e quindi velate in modo e confuse talmente con estranei episodj ed aggiunti da non esser compresi che dai consapevoli del segreto; io non debbo in modo alcuno tacerlo, tostochè mi son fatto di questi monumenti l'interpetre. Circa seicento ch'io ne sottopongo

---

1 Euseb., praep. evang., lib. iii, cap. xii, p. 70.

2 Oraz. detta, L'Italica. Ved. Cesarotti. Op. Vol. x, par. i, p. 1.

3 Ved. Ferrario, Costume ant. e moderno di tutti i popoli, par. iii, dell'Europa, Vol. i, fasc. ii, distrib. xxi, p. 85.

all'esame in quest'opera mi dispensano dall'intrudermi in siffatte questioni, nè sia poco s'io mi occupo ad esaminare ciò che vi si volle mostrare. Così lascio ai dotti la cura di conciliare l'apparente contradizione fra l'antichità scritta e la figurata, postochè si ammetta che nell'esame di questa ultima io non vada errato.

Prolungherei più del dovere questa mia spiegazione se volessi dar conto del mostro che vedesi ai piedi dell'ormai dichiarato Mercurio. La Tav. IX di questa serie di Specchi mistici ne ha uno simile. Spiegando quello per un mostro infernale, potrò ratificare come tale anche questo; e intanto dichiarare come il nume qui tien le mani presso l'ariete ch'è posto in cielo, ed i piedi sopra un demone dell'inferno con cui si viene meravigliosamente a indicare l'ufizio di Mercurio negoziatore dei numi fra 'l cielo e la terra, e fra la terra e l'inferno [1]. Verranno altri monumenti ad esame, ove si vedrà chiaro che la tazza, sia nelle mani di Mercurio o di altre deità, come anche la libazione, son figure di quel benefico amore che nell'equinozio di primavera si unisce coi raggi invigoriti del sole in congiunzione dell'asterismo d'Ariete per cooperare allo sviluppo della generazione, mediante la quale son rivestite le anime d'umana spoglia. Ecco ciò che, a mio credere, si deve intendere non solo per Mercurio Crioforo in varie guise introdotto nella qualità di patere libatorie qui esaminate, come anche in alcuni mistici specchi; ma eziandio per Mercurio che porta la tazza sopra la quale è una testa d'ariete, quale ho mostrato [2], e per altri Mercurj ove si vede offesa la verecondia.

1 Ved. ser. I, p. 64.   2 Ved. ser. VI, tav. M, num. '

TAVOLA OTTAVA.

Prima di cercare il significato della figura che vedesi nel rovescio dell'antecedente antico monumento in questa Tav. VIII espresso, mi occorre di sottomettere all'osservazione di chi legge, un b. ril. che troverà alla Tav. S
num. 1 dei monumenti di corredo che formano la Serie
VI di quest'opera. Il Begero che lo prese ad illustrare, dichiarò esservi rappresentata la nascita di Pittagora [1]. Vi si
vedono tre donne in piedi spettatrici della lustrazione del
bambino, che facevasi nel quinto giorno dopo la nascita.
Ei le nomina i Fati nell'indicare, che una di esse ha un
radio ed un volume, l'altra un libro, la terza uno scettro,
e dietro di se una ruota. Corrobora la sua congettura che
le indicate donne esser debbano i Fati, con allegare altri
esempi di simili figure con scettri e volumi in antichi monumenti, spiegate per Fati dallo Spanemio e dal Pichio, ch
invero fanno, per la dottrina loro, autorità non spregevole. Ma quel che dà maggior peso all'asserto del Begero è
il trovarsi in alcuni sarcofagi una figura del tutto simile a
quella che vedesi in questo b. ril. con la ruota vicina ai
piedi [2], la quale porta la iscrizione seguente, *Tribus Fa-*
tis; e intanto gli attributi loro son quelli della Fortuna. È
accordata la ruota per simbolo anche alla Nemesi [3], la qua-

1 Beger. , Spicileg. Antiq., § III. In-
cunabula Pythagorae, p. 136.
2 Gruter. Inscript., Tom. 1, p. 304,
num. 9., Zoega b. ril. antichi di

Roma, Tom. xv, p. 61.
3 Claudian., de Bello Getico circa
fin., Ammian., lib. xiv, cap. xi, p.
33.

le è d'altronde confusa da Platone col Fato [1]. I sarcofagi Romani non ci presentano una figura particolare allegorica del Fato, ma per lo più ce lo hanno espresso colle insegne della Fortuna; talchè sentiamo da Virgilio confondere le due personificazioni:

Fortuna omnipotens, et ineluctabile fatum [2].

E quando si ammette, secondo l'insegnamento di Ausonio [3], che Fati si nominavano anche le Parche, troveremo coerente al nostro supposto circa la fortuna, che Pausania sull'autorità di Pindaro [4] indichi la Fortuna come una delle Parche, la quale supera in potere le altre sorelle. Ciò non ostante io mi do a credere che la figura indicata con la ruota ai piedi fra queste tre donne rappresenti nel caso nostro piuttosto la Morte, che la Fortuna. Quando ciò fosse, ne avverrebbe tuttavia di potersi riconoscere in esse le Parche, o i tre Fati. Eccone le pruove.

La prima che le altre precede, ha sulla fronte due penne; ornamento che si dà alle Muse, come in più monumenti antichi si vede [5]. I poeti ce le additano come rappresentative di quel fregio che ne fecero alla loro fronte le Muse stesse, quando nel conflitto del canto con le Pieridi, spennarono quei pseudovolatili [6], sebbene la mistica religione avrà dato a quelle altro significato. Il radio che essa tiene in atto di segnare alcuna cosa nell'alto, ed il pilastro che dopo breve spazio gli vien sottoposto, fan credere che in

---

1 Plat. in Tim. Locr., p. 104.

2 Aeneid., lib. VIII, v. 334.

3 Eidyll. XI, p. 340.

4 Achaic., p. 533.

5 Visconti, Op., Mus. P. Clem., Vol.

I, tav. XXV, p. 162, Gori, Inscription. ant. quae extant in Etrur. Urb., Pars III, tab. 33.

6 Ovid. Metamorphos., lib. V, Fab. V, v. 1.

antico fossevi anche un globo, non già scolpito e rilevato nello stesso massello del blocco, ma soprammesso al pilastro, forse perchè l'artista lo avrà voluto tornire a parte, come spesso vedesi fatto e de'vasi e di altri non pochi oggetti eseguiti staccatamente dal corpo del b. ril. Infatti se così non fosse, a che quel pilastro? a che quella mano indicante col radio nel puro campo? a che quel vuoto nel campo medesimo?

Produco in rame un altro esempio di un soggetto parimente genetliaco [1], il quale fa parte di un bel sarcofago spettante al Museo Panfili [2]. Ivi è il globo tuttavia sul pilastro, e si vede come la donna tiene alzata la mano per indicarvi alcuna cosa. Queste medesime donne son dette le Muse dal Lanzi quando ha spiegato un cassone cinerario della R. Galleria di Firenze, dove esse additano alcuna cosa nel globo che vedesi riportato sul pilastro [3], com'io diceva. Dunque anche la donna del b. ril. che esamino [4] si dee tenere per la musa Urania mediante l'acconciatura di testa, il globo che ha dovuto avere necessariamente, ed il radio, perpetui suoi simboli [5]. Passo a dir brevemente che Urania, l'ottava musa secondo Esiodo [6], trae 'l nome da Urano ch'è il cielo. È dessa infatti che presiede al cielo de'fissi superiore alle sette sfere planetarie, e perciò Apollo in qualità d'Intelligenza salutare o Genio di quel-

1 Ved. ser. vi, tav. G 2, num. 3.
2 Vid. Sanct. Bartoli, Admiranda Urb. Romae, tab. 80.
3 Guattani, Monum. ant. ined. per l'anno 1784. Tom. 1, tav. 1, 2,

p. 47.
4 Ved. ser. vi, tav. S, num. 1.
5 Millin, exposé de Cours Mytholog., p. 42.
6 Theogon., v. 78.

l' astro essendo giudicato nel centro dell'armonia e del sistema planetario, prende sovente il titolo di capo delle Muse o Musagete, come ognun sa, e le Muse stesse diconsi
inventrici della celeste armonia [1]. Queste son le Muse di
Esiodo [2] che rallegrano col canto gli Dei, e che, come i
pianeti, annunziano all'universo i decreti del destino [3]. Ora
siccome insegnò Platone che Iddio distribuì un numero di
anime pari a quello degli astri, governandole con leggi fatali [4]; così è conveniente che una Musa, e in special modo
Urania, sia di questo astrifero fato la interpetre. In questa
guisa è espresso il superstizioso rito d'indagare fin dalla
nascita l'indole e la fortuna di ognuno [5]. Riguardavasi ac-
curatamente il globo celeste notando il segno sotto cui ciascuno era nato, e i gradi delle distanze tra il sole e la luna, e certe altre minute cose spettanti all'oroscopo che Ma-
nilio, quasi misteri della scienza astronomica, ha cantate
nel suo poema [6], e che lo Scaligero con pazientissima diligenza e con varie tavole ha spiegato nel commentarlo [7].
L'ordine col quale son disposte le tre figure femminili del
monumento sembra che, oltre alle indicate cose, ci riporti
all'idea delle tre Parche dominanti la nascita, la vita, e la
morte dell'uomo. Intendiamo da Igino [8] che Omero non
attribuì ad Urania l'invenzione dell'astronomia, come già
dissi avere accennato Orfeo, ma sibbene a Venere, da cui
l'apprese Mercurio. I dotti Ercolanesi raccolgono dagli an-

---

1 Orph., Hymn. ap. Natal. Com., Mytholog., lib. vii, cap. xv, p. 257.
2 Theog., v. 36.
3 Ibid., v. 75.
4 Plat. in Tim. Locr., p. 99.

5 Casaub. in Pers., Sat. v, p. 385.
6 Manil., lib. iv, sparsim.
7 V. Lanzi ap. Guattani, l. cit.
8 Astronom. Poet., lib. ii, Fab. 42,
   p. 498.

tichi scritti [1] che Venere Celeste, o Venere Urania, sia la stessa che l'Urania Musa. [2]

È poi anco da sapersi che Venere Celeste è detta la più antica delle Parche in una iscrizione di antichissima data, descritta da Pausania [3]; lo che assai combinerebbe coll'espressione del b. ril. che pone Urania come la prima delle altre due Dee, e spettante alla nascita dell'uomo, ch'è quanto dire alla più antica delle tre indicate epoche sue. Vediamo ancora che siccome Urania prendeasi cura di spiegare il fortunato destino del nato bambino, così Venere Genitrice presedeva alla di lui vegetazione vitale [4]; ed ognun sa che tutto ciò che nasceva nella natura, era sotto la di lei protezione [5]. Anche la divinazione come ad Urania, spettò pure a Venere [6]; talchè non è improprio il prendere quella prima figura muliebre del b. ril. per la prima delle tre Parche qual fu Venere Urania. È chiaro a questo proposito l'antico trattato del Mondo [7], e concorda con altri autorevoli scritti ove dicesi che le tre Parche sono un'allegoria della divisione del tempo, in passato, in presente ed in futuro; talchè se l'Urania che qui si confonde colla Parca riguarda poi ancora il natale del neonato infante del monumento, sapremo che le altre due spettano alle cose presenti di quel personaggio, ed anche alle future, fra le quali è la morte. Ammesso pertanto l'ordine e la disposizione delle figure qui espresse, coerente all'ordine de'tempi addi-

---

1 Pitture d'Ercolano, Tom. II, p. 50, not. 1.

2 V. Argoli, ad Panvin. de Lud. Circen., lib. II, cap. XIX, v. 12, p. 120.

3 Attic., cap. XIX, p. 44.

4 V. Bartol., Antiq. vet. Puerperii synops., p. 8.

5 Lucret., de nat. rer., v. 23.

6 Herod., Melpom., p. 378.

7 Aristot., de Mundo, p. 616.

tato dal supposto Aristotele, dovremo considerar l'ultima
di esse come indicante l'ultimo dei destini dell'uomo qual
è la morte, o sia il termine del periodo del tempo futuro.
È incerto il significato di quella ruota, poichè più allegorie
vi si possono intendere. Quando la Parca vi pone sopra il
piede, come vedesi in più monumenti [1], è chiaro ch'ella
ne arresta il corso calcandola. Qui potrebbesi con pari allusione spiegar quei versi d'Anacreonte che in italiano suo-
nan così:

> *Perchè qual ruota lieve*
> *La vita ognor si volve,*
> *E tutti in tempo breve*
> *Saremo poca polve* [2].

A questo proposito cito una gemma del Museo Borioni [3]
dove chiari si vedono i simboli della vita umana, e nel
mezzo è uno scheletro sedente sopra d'una fiala cineraria,
il quale tiene sotto i piedi una ruota. Par dunque che la
ruota spetti a quella Parca la quale regola il termine del-
l'umana vita. La bacchetta è propria di chi accenna in cielo il destino che ci sovrasta; quindi è che gli Auguri eran
decorati di tale insegna che lituo ancora si nomina o bacchetta divinatoria. C'istruisce anche la tradizione verbale
per i racconti che ci divertono nella nostra infanzia, che
le Fate (e son le Parche come già dissi) hanno la bacchetta fatata cui nulla è impossibile. E non è questa immagine pari alla misera massima di Erodoto [4], il quale af-

---

1 Grut. Inscript., p. 304.
2 Trad. di Regnier, Od. iv.
3 Collectanea antiq. Rom. a Rod. Venuti illust. et a Borioni exhib., tab.
80.
4 Herod. in Clio, p. 43.

ferma che la sentenza pronunziata dal Fato non può evi-
tarsi neppur da Dio?

. Ora che ho provato esser le Parche quelle due figure prima ed ultima del gruppo di donne in esame, qual dubbio
resterà che la terza non per anco da me esaminata, e che
sta fra loro in mezzo, non sia una Parca ancor essa? Tre
di fatti, come già ho accennato, ne assegnaron gli antichi poeti e filosofi [1]. Non son ovvj i suoi distintivi, ma
non repugnano al carattere d'una Parca. Ha in mano un
libro, sul quale dissertò eruditamente il Begero nell'illu-
strar questo monumento [2], e provò coll'autorità di antichi
scrittori che sta in mano di lei per indicare che i destini
registrati in esso divengono impermutabili; motivo per cui
da Marziano furon nominate *scribas ac librarias superum*:
e questa è pur la ragione per cui la prima di quelle tiene parimente nella mano un volume [3]. Torno di nuovo
all'esame delle due figure che fan parte del sarcofago Panfilio esibito da Santi Bartoli nell'*Admiranda* [4], ed osservo
che immediatamente dopo l'Urania, che ivi tien luogo di
Parca, ne segue una femmina avente in mano la conocchia e 'l fuso in atto di filare. Ecco pertanto il fatale stame il quale mentre sta saldo nell'aggirarsi attorno al gran
fuso [5], misura l'esistenza dell'individuo pel quale inco-
minciò la Parca a filare [6]. L'ufizio di volgere il fuso era
assegnato, secondo Platone, indistintamente alle tre Sorel-

1 Natal. Comit., Mytol., lib. III,
cap. VI, p. 64.

2 Spicil., Antiq., p. 136.

3 Auson., Parentalia, de Emil. Magn.
Arbor., v. 22.

4 Ved. ser. VI, tav. G 2, num. 2 3.

5 Virg., Aeneid., lib. x, v. 815.

6 Martial., lib. IV. epigram. 54, v.
9–10.

le [1]; e per tale poetica allegoria intendevasi dai filosofi non
altro che il giro delle celesti rivoluzioni degli astri, la cui
coincidenza perfetta produce la misura perfetta del tempo.
Di ciò se ne mostra informato lo scultore del sarcofago
Panfilio [2], mentre ha segnate le Parche con gli astri, che
vedonsi presso le loro teste. Ma poichè positivo loro significato è la misura del tempo, così, cred'io, non sempre si
dette loro dagli artisti il fuso; giacchè elleno e non il fuso
erano il significato del tempo. Or le tre figure del b. ril.
indicano il tempo passato, presente, e futuro, perchè rappresentan le Parche, ancorchè non abbiano il fuso.

Ma si venga ormai all'oggetto per cui mi son occupato
a spiegar questa porzione del sarcofago Begeriano, qual è
appunto il costume di quella Parca che sta in mezzo alle
altre. Ha in testa certo berretto alla frigia insolito a vedersi nelle figure muliebri. Non è però questa la sola Parca
munita di siffatto pileo. Eccone una [3] che io copio da un
antichissimo codice manoscritto esibito dal Bartolini [4], riconoscibile al fuso che tiene appeso alla conocchia. L'essere ancor questa come quella presso un bambino, mi fa vedere che ambedue vi sono espresse per uno stesso significato. Par dunque indubitato che rappresentino entrambi
una stessa Parca; e che quel berretto di cui son coperte,
sia un suo simbolo particolare. La conseguenza di tutto

---

1 Plat. de Repub., lib. x, p. 617.
2 Ved. ser. vi, tav. G 2, num. 2 e 3.
3 Ved. ser. vi, tav. G 2, num. 2.
4 *Refero elegantissimam Tabulam
antiquissimi Codicis manuscri-
pti Geneseos, apud Lambecium*
*Comment. Biblioth. Caesar., lib.
III. Ex quo Codice fragmen-
tum cap.* 39. *Geneseos deline-
at ita Lambecius.* Thom. Bar-
tholinus, de Puerperio Veterum,
p. 105.

il finquì esposto si è che la figura muliebre posta in mezzo del Disco di questa Tav. VIII, ancorchè non abbia verun altro simbolo che il berretto pari a quello delle altre due già esposte, possa credersi una Parca ancor essa.
Dicemmo in oltre che Nemesi fu riguardata per una di esse, e più estesamente sarò per provarlo in seguito.

Il non aver questa Dea verun attributo, mentre le tre
altre a lei simiglianti e da me giudicate Parche ne vanno
distinte, sembrami essere una espressione dell'artista, con
cui volle mostrare che nella persona di lei comprender si
debbono i fati particolari, essendo essa la Parca dell' universo, cioè la Fatalità personificata. In fatti poichè dissi
che le tre Parche, o Fati del già esaminato b. ril. Panfilio
indicavano il divino arbitrio sopra i tre tempi, cioè passato, presente e futuro, qui ne faccio l'applicazione a questa
sola figura del Fato, e con Cicerone la dichiaro: *causa ae-
terna cur et ea quae praeterierunt facta sunt, et quae instant
fiant, et quae sequuntur futura sint* [1]. Al che, se aggiungesi
la definizione che del Fato ci ha lasciata Crisippo [2] simile
alla ripetuta da Cicerone, avremo il resultamento rappresentativo di un Essere supremo creatore e dispotico del-
l' universo, vale a dire il simbolo della Divinità in tutti i
suoi attributi. E non dissi altra volta che tal figura mulie-

---

[1] Cic., de Divinat., lib. 1, p. 122.
[2] *Fatum est mundi ratio, vel lex
eorum, quae in mundo provi-
dentia constituuntur, aut ratio
ad quam rationem omnia quae
fuerunt, facta, quaeque sunt,
fiunt, fientque, quae futura sunt.*

Crisippo citato dal Caruso. Discorso accademico sopra il Fato
e la Fortuna. Ved. Calogerà, Raccolta d'opuscoli scient. e filolo-
gici, Tom. xxiii, anno 1741, p.
457.

bre in questi dischi rappresentava la Divinità in qualche modo personificata? [1]

Posso frattanto notare altri indizj: il libro per esempio che tiene in mano la donna che nel notato gruppo Panfilio è simile a questa della Tav. VIII, indica il libro dei destini che lo stesso Dio, secondo i gentili, non poteva cambiare [2]; vale a dire ch' è indizio della provvidenza divina, la quale avendo tutto prestabilito infallibilmente, non ha bisogno di cangiamento. Ma quale idea ebbero i Greci di questa Divinità? I monumenti, oltre quanto scrissero i filosofi, ne scuoprono l'errore. Credettero fra gli altri gli Stoici, che essendo la materia del mondo puramente passiva, muovere, attuare e vivificar si dovesse da un *Movente* o sia principio universale che intimamente con essa unendosi l'animasse, e le desse diverse forme; errore che sparse pure nei suoi versi il Poeta

> . . . . . . *totamque infusa per artus*
> *Mens agitat molem* [3].

Questo gran Movente, o sia anima del mondo diffusa per tutta la materia movente passiva, è quella cagione certa e violenta la quale fu creduta iu noi e partirsi da noi, e che movendo tutte le altre cagioni da lei formate e vivificate, costituisce il Fato [4]. Sebbene gli antichi si accordino ad ammettere che sia il Fato una inflessibile necessità che sovranamente regola e governa tutti gli ordini della natura, non tutti però egualmente la definiscono. Le varie

---

1 Ved. p. 7.

2 *Ipse ille omnium conditor ac rector scripsit quidem fata, sed sequitur, semper paret, semel jus-* sit. Senec., De Provid., cap. v, p. 5o1.

3 Virg., Aeneid., lib. 1, v. 266.

4 Ved. Caruso, l. cit., p. 456.

opinioni son dottamente raccolte da un rispettabile Ecclesiastico di Palermo, dalle quali una principalmente io ne
traggo, la più coerente ai monumenti che spiego. Essa è
di Eraclito il quale dichiara essere il Fato una intelligenza
che si frammischia dappertutto, e questa non esser altro se
non il corpo spiritoso etereo, anima e seme della generazione dell'universo [1]. Questa intelligenza, e questo spiritoso corpo si rappresentano, cred'io, dalla femmina alata del
nostro Disco. Noi vedremo in altri monumenti quest'Ente
personificato dall'arte in varie guise, a seconda peraltro delle varie definizioni che gli si vollero dare dai sapienti del
paganesimo.

Qui frattanto si osservi che l'atto di genuflettere nel quale si mostra la nostra figura, e per cui comprende ed occupa insieme con le ali tutto lo spazio del circolo dov'è
incisa, corrisponde all'espressione del citato filosofo, il quale pensa che questa intelligenza si trovi inerente ad ogni
spazio della natura, mentre si frammischia dappertutto.
Iside, che io credo una variata rappresentanza di questo
ente medesimo, si vede in più monumenti dell'arte d'E-
gitto non sempre in piedi, ma genuflessa talvolta, con le
ali e le braccia stese, occupando sempre un considerabile
spazio [2]. In simil positura si vede Ercole ingenicolo fra le
costellazioni, ma non ne trovo sodisfaciente spiegazione in
veruno autore. Io peraltro rifletto che siccome egli fissava
col suo tramontare il solstizio estivo in cui il sole giunge-
va al leone, ch'è quanto dire alla sua maggior forza, così

[1] Ivi, p. 457.
[2] Montfauc., Supplem. au livre de l'antiq. expl., Tom. 11, p. 142, Planc. après la 37.

quella positura, pare a me, che esprimesse colle membra
sparse per varie parti, la forza solare che fassi sentire dappertutto, come nella nostra figura muliebre si voleva forse
indicare l'universale potenza dell'anima del mondo, che i
Gentili erroneamente tenevano per la divina onnipotenza.

Nelle antiche monete di Camerino comparisce una figura, or seminuda, ora affatto spogliata, ma sempre in una
positura simile nei ginocchi a quella della donna che esamino in questa Tav. VIII. I numismatici non tardarono a
convenire esser quella donna una Nemesi non ostante che
per lo innanzi tenute avessero di tale immagine diverse o-
pinioni [1], e molto più dell'ultima opinione furono convinti
allorchè si avvidero che la figura talvolta circolare e tal altra ellittica posata sul ventre di lei non poteva esser che
l'uovo cosmogonico generato da Giove convertito in cigno [2], di che potrà il lettore meglio erudirsi vedendo la
medaglia stessa ch'io riporto alla Tav. M, num. 1, e 3. Un
paragone sì evidente mi accerta dell'analogia da me supposta tra la figura di questo Disco, e la Nemesi degli antichi. Le ali ancora compariscono in quello egualmente che
nelle citate monete. Altrove sarà più estesamente trattato
questo argomento.

La Gorgone (che per tale io ravviso quella testa di rilievo ai piedi della già illustrata figura) ancorchè da me indicata come sostegno al riposo del convesso Disco allorchè
posa in piano, potrebbe non essere scevra di allegorico significato. In quella situazione denotando essere al basso,
può esprimere l'inferno, regione sottoposta a quella abitata

---

1 V. Eckhel, Doctr. Num. vet., Pars
1, Tom. 1, p. 199, et seq.

2 Hygin. Poet. astron., lib. 11, cap.
viii, p. 441.

dai numi, quale sarebbe il piccolo Disco entro cui si comprende la Nemesi. Questa mostruosa larva non dirado presso gli antichi rammentò le regioni infernali; poichè, secondo le osservazioni degli astronomi, si presenta nel cielo coll'Idra infuocata e col cane Sirio che accompagna la Nave d'Iside, ossia la barca in cui fu immaginato che passassero le anime all'inferno [1]. Difatti noi troviamo questa larva situata da Omero [2] e da Virgilio [3] tra i mostri spaventevoli di quell'orrido soggiorno. Ma la felice combinazione che gli antichi solevano trovare per esprimere un aggregato non breve d'idee con pochi cenni dell'arte, mi fa sospettare che quella testa, unitamente alla figura superiore combinata nella parte del Disco opposta a quella che occupa la tavola antecedente, nasconda qualche altra misteriosa allegoria.

Fra le moltiplici antiche narrazioni della supposta Medusa notasi quella che il Sole aveva una figlia chiamata Ega o Capra, d'uno splendore abbagliante e d'uno spaventevole aspetto. Essa fu in seguito la nutrice di Giove. Questo immaginario Dio divenuto adulto, dovè intraprendere la guerra contro i Titani, e consultato come soleasi l'oracolo, gli fu suggerito che se voleva trionfare, dovea combatterli armato della testa di Medusa, e della pelle della Capra Amaltea o Egea [4]. A questa finzione si dà la spiegazione seguente. Si possono considerare i Titani come i Genj delle tenebre, dichiarati nemici del principio di luce ch'è Giove, o altrimenti la divinità. Si avverta qui che i Giganti, secon-

---

1 Lenoir, La Franche-Maçonnerie rendue a sa veritable origine, p. 147.

2 Odyss., lib. xi, v. 633.
3 Aeneid., lib. vi, v. 289.
4 Eratost., cap. xiii, p. 11.

do quello che dissi nella passata interpetrazione della Tav. VII, compariscono della natura medesima dei Titani qui mentovati. Ho detto altresì che il dio della luce trionfa sopra i suoi nemici, cioè sulle tenebre allorchè i giorni si fanno più lunghi delle notti [1]. Ciò accade soltanto dopo l'equinozio di primavera, vale a dire in quel tempo nel quale il sole domina il segno dell'Ariete sopra cui sono le costellazioni ove si fingono Medusa e la Capra. Dunque il complesso della rappresentanza di questa parte del Disco indica la potenza divina che spiega le sue facoltà; mentre l'opposta parte simboleggia la potenza diabolica nemica di questa ed in contrasto entrambe fra loro, e perciò, cred'io, rappresentate in questo Disco medesimo l'una opposta all'altra. Noi vedremo spesso nel giro di questi monumenti i due Genj, uno buono, e l'altro cattivo in più guise rappresentati, ma sempre in un modo variato, enigmatico e misterioso. Qui basti quanto ne ho detto.

TAVOLA NONA.

Espongo in rame il presente Disco che un tempo appartenne al Museo Andreini, come asserisce il Buonarroti, [2] ed ora alla I. e R. Galleria di Firenze; e lo espongo nella precisa grandezza dell'originale e così fedelmente, quasichè ogni tratto fosse calcato sul bronzo antico, siccome già feci per ottenerne il disegno. Do così una chiara

---

[1] Ved. p. 111 della ser. 1.   § XVI, p. 21.
[2] Ad Dempst., Expl. et Conject.,

idea della grandezza media che sogliono avere questi sacri specchi, e del carattere particolare che ha il disegno lineare delle figure intagliate in questi bronzi, non molto comune con altri monumenti. Nell'Inventario del Gabinetto dei bronzi della suddetta Galleria scritto dal Lanzi che ne fu l'Antiquario, lo trovo notato coi seguenti termini « *Patera con Circe in atto di presentare una tazza di liquore incantato ad Ulisse, da cui egli rimane illeso per virtù dell'erba* moli *figurata ivi appresso. La sponda della Patera è ripiena di varie fiere: non vi ha caratteri.* » Così il Lanzi [1]. Ma quando lo scrisse non avendo per anche pubblicato il suo Saggio di lingua etrusca, forse non avrà neppure avuta occasione di esaminare quei Dischi con fondamenti pari alle sue cognizioni. Per questa ragione sembra che egli si riporti a quanto ne avea già scritto il Gori illustrandolo nel pubblicarlo: nè presentossi al Lanzi altra occasione di trattarne in veruna delle sue opere. Suppongo ciò nell'osservare ch'egli cita il Gori, e non il Buonarroti, che prima di lui avea data a quel Disco la medesima spiegazione, in prova che gli Etruschi trattaron le storie dei Greci [2]. Ma su tali ricerche più non cade questione fra gli Antiquarj de'nostri giorni; onde conviene osservare questi monumenti sotto altro aspetto.

Trovo dunque difatto il presente Disco indicato nelle opere del Gori [3], ove da esso affermasi che vi si vede effigiata la storia d'Ulisse e Circe ristretta in un contorno

1 Inventario MS. nella libreria privata della I. e R. Galleria di Fir., XIII.–45.

2 Buonarroti, ad op. Dempster. Explicationes et Conject., § XVI, p. 21.

3 Inscriptiones ant. in Etruriae urb. ext., Vol. 1, tab. XVI, num. III, p. LXXIX.

di variati animali che indicano i compagni di quell' Eroe abbrutiti per incantesimo. La donna in piedi è considerata dal Gori per una delle ancelle di Circe. Conclude poi che nel manubrio debba riconoscersi la Dea Tempesta, che spezza colle mani la sua corona. Per quali ragioni questo Antiquario vedesse la Tempesta in quella figura piuttosto che altr' allegoria, non ci è stato da lui palesato; talchè è da dubitare che la sua interpetrazione fosse totalmente arbitraria. Questo medesimo Disco fu da lui preparato in diverso rame per riprodursi in altra sua opera, e forse con più persuadente interpetrazione.

In seguito anche il Ch. Professore Schiassi ha avuta occasione di trattarne esponendo al Pubblico quanto il Biancani avea detto sulle Patere degli antichi. Ammette pertanto come il Gori che vi sia espressa la storia d' Ulisse e di Circe, e crede che la donna in piedi sia Angizia sorella di lei. Confessa che fu ignota al Biancani la significazione dei pesci e del mostro che vedonsi al basso del Disco, sebben ei non dubiti che non possano riferirsi a Circe [1].

Se ancor io debbo giudicar del soggetto che vi si racchiude, premetto che gli antichi non operarono a caso nel comporre la rappresentazione d' un qualsivoglia racconto. Che se alcuni furono inesperti nel saperlo esporre secondo veniva narrato, vi supplivano imitando gli artisti che godevano reputazione di dotti, quando rae adempita ogni prescrizione de' sacerdoti e de' gerofanti in ciò che spettasse alla parte liturgica [2]. Un tal sistema facilitava e tuttora

1 Schiassi, de Pateris antiq. ex schedis Biancani, p. 77.

2 V. quanto ne ho scritto nelle mie Osservazioni sopra i Monum. an-

facilita l'intelligenza de' monumenti anche i più rozzi. Scendasi ora all' applicazione della massima al nostro Disco. Mostra il disegno e la composizione di esso che non ne fu Apelle, nè Policleto, nè certamente persona di simil grido l'autore, ma un assai mediocre artista; il quale se avesse dovuto rappresentare Ulisse e Circe, avrebbe sicuramente cercato nelle opere dei migliori maestri dell' arte con quali caratteri si dovevano esprimere quei personaggi, e per quali contrassegni dovevan essere riconosciuti dagli spettatori. Diversamente facendo, e immaginando un Ulisse a capriccio, e ponendo in capo a Circe un berretto frigio, come potea mai sperare che la sua opera giungesse all'intelligenza di chi la vedeva? Io pertanto raramente vidi fra i monumenti antichi Ulisse privo di barba, nè mai senza il suo consueto berretto viatorio. E quando egli non sia nudo all' eroica, il vestiario ancora ha qualche cosa di suo proprio carattere. Tali contrassegni, ben noti a chi ha pratica di monumenti, non si ravvisano in quel giovine che nel Disco pretendesi Ulisse. Raro è veder Circe nell' opere d'arte: peraltro in un b. ril. esposto con belle dottrine dall' Ab. Ridolfino Venuti [1], la vi si vede rappresentata in un modo assai differente dalla presunta in questo mistico Specchio. Anche l'Ulisse del b. ril. è simile ai consueti, ma dissimile dal supposto in questa Tav. IX. I di lui seguaci nei b. ril. non compariscono assolute fiere che a vicenda si divorano, quali vediamo nel Disco; ma come

tichi dell'Opera intit., L'Italia avanti il dominio de' Romani, p. 44.

1 Bassorilievo del Museo Rondani-

ni. V. Guattani, Monum. ant. inediti, Scult., tav. III, Bassorilievo con favola di Circe, p. XI.

uomini che han cangiata la lor sembianza, e quindi la testa soltanto è ferina, ed umano il resto del corpo. Così vedonsi nelle urne etrusche di Volterra, come nella prima serie de' miei monumenti si fa palese [1].

Se la donna in piedi è ancella di Circe come vuole il Gori, o sorella come crede il Biancani, per quanto riferisce il Ch. Schiassi, perchè è vestita in un modo sì differente da quella? E quel posarsi delle figure sull' acqua indicata chiaramente dai pesci, qual relazione avrà mai colla favola di Circe scritta in forma di storico avvenimento? Quando nelle produzioni dell' arte trovo tanta varietà di costumi e stranezza di composizione, io vi giudico piuttosto un' allegoria, che una storia.

Quindi è che dissento dal parere dei citati scrittori, ed in luogo di Circe vi ravviso Cibele o Rea o la Madre Terra ed anche Opi, oppur Cerere: una divinità insomma di sesso muliebre che somministrò gran copia di allegorie. Ha tunica munita di doppia manica lunga fino al pericarpio all' uso degli orientali: costume dai Greci chiamato barbaro, perchè non praticato fra loro [2]. Nelle urne di Volterra Paride, quando non sia coperto di sola clamide, è sempre distinto da tal foggia di vestiario, come pure ogni Frigio in quelle scolpito [3], ancorchè in tal genere di sculture non sempre il vestiario si trovi perfettamente analogo al soggetto. Nel nostro Disco non sembra mancare siffatta analogia fra il vestiario e 'l soggetto rappresentato; perchè altre due figure, una d'uomo, l'altra di donna che stanno allato a

1 Ved. anche Guarnacci, Origini Ital.,
Tom, 1, tav. 11, p. 347.
2 Millin, Vas. peint., Tom. 1, p.
25, et seq.
3 Ved. la serie 1, in varj soggetti.

quella sedente, sono ammantate diversamente. Il berretto
di lei vedesi ripetuto in testa delle Amazzoni [1] ed in figure Indiane, Persiane, Egiziane ed in altre Orientali [2].

Considerandola come una Cibele, si trova rappresentata
nel Disco egualmente che indicata negli scrittori. Se questa
è sedente, quella descritta da Lucrezio è così concepita:

Affermando oltr' a ciò che pende in aria
La gran macchina sua, nè può la terra
Fermarsi in terra. [3]

Cosicchè intendiamo che nel bronzo si fa seduta per mostrare che non posa sulla terra, essendo la terra ella stessa;
ma sulla sedia per cui s'intende l'aria. La Cibele difatti si
rappresenta nei monumenti quasi sempre sedente. [4] Il sup-
pedaneo ch'è inciso nel Disco esprime anch'esso che la Dea
non posa i piedi in terra.

L'abito e'l berretto alla foggia orientale, principal caratteristica dei popoli della Frigia, si addice alla Dea che nel
monte Ida ebbe culto speciale; talchè scrisse Lucrezio:

.... Ella da genti varie
Per antico costume è nominata
Ne' sacrificj la gran Madre Idea.
Le aggiungon poscia le Trojane [5] turbe
Per sue fide seguaci ...., [6]

1 Millingen, Peintures des Vases
Grecs, pl. xxxvii.

2 Abbildungen, zu Creuzers Symbolik und Mythologie der alten
Völker., tab. xx, xxi, xxviii, xxix.

3 De Nat. Rer., lib. ii, v. 602, 603.
Trad. del Marchetti, p. 96.

4 Ved. ser. vi, tav. R, num. 4.

5 Leggesi nel testo latino « *Phry-
giasque catervas Dant comites*»
alle quali parole non sembrami
corrispondere con esattezza la versione del Marchetti.

6 L. cit., v. 610, et seq., Trad. del
Marchetti, p. 97.

favola che ha un fondo allegorico; poichè si tenne dagli
antichi filosofi che la terra di cui fu simbolo Rea o sia Cibele, ci avesse tramandata dall' Oriente la primitiva generazione, come conferma lo stesso poeta ove così prosegue
a cantare:

.... *essendo fama*
Che pria da que' confini incominciasse
A generarsi e propagarsi il grano [1].

L' indicato elemento dove nuotano i pesci allude probabilmente alla sottintesa forza dell' umore pel quale erano
credute generarsi le cose nell' universo, al cui proposito segue lo stesso:

Pria la terra contiene i corpi primi,
Onde con moto assiduo il mare immenso
Si rinnuovi da' fonti, i quai sossopra
Volgono i fiumi .... [2]

Qui peraltro può intendersi anco per quella parte di superficie che costituisce la sfera terrestre, giacchè la terra,
ossia la parte solida e vegetante del nostro globo è signifi-
cata per la Cibele che sta sedente al di sopra delle acque.
I pesci che vi si vedono sono pure suscettibili di più sensi;
mentre nelle Urne [3] ed in altri monumenti vi sono appo-
sti per indicare le acque del mare. Qui possono inoltre dinotare il regno degli animali aquatici sottoposti ancor essi
ad Opi o Cibele, o a quella Divinità qualunque ella sia o di

[1] Anche la presente espressione sembra un poco troppo lontana dal-
l' originale di Lucrezio che dice:
« *fruges coepisse creari* » l. cit.,

v. 613. March., pag. 97.
2 Ibi, *v.* 589. March. p. 96.
3 Ved. la spieg. della ser. 1, tav. xl.

qualunque nome che presiede alla natura in generale, di che abbiamo contezza dal medesimo Lucrezio:

Ond' ella sol fu degli Dei gran madre
Detta, e madre de' bruti e genitrice
De' nostri corpi [1].

Nè per esser questa Dea Opi dinotata col nome di Madre Terra si volle escludere dal dominio delle acque; poichè la vediamo in varie monete coll' aggiunto di un fiume [2] o di acque marittime o di nave [3]. È singolare fra queste una moneta di Alessandria dal Zoega illustrata [4], ove la Dea (che ivi è Iside) cammina sul mare con vela spiegata e retta dalle sue mani, stando vicina al Faro: al cui proposito è degna di esser qui ripetuta con lode la osservazione del culto Creuzero, il quale nota che nella più antica religione egiziana si attribuiva il dominio del mare a Tifone demone malefico in Egitto; ma in tempi meno antichi si pose il mare sotto la protezione d'Iside dagli Alessandrini, l'esistenza de' quali dipendeva in parte dal commercio marittimo [5]. Adunque l'aggregato di molti attributi in questo nostro monumento ci debbe dare indizio di antichità non molto remota.

Quindi riflette lo stesso dotto Scrittore che all' idea di Iside furono a mano a mano aggregate quelle della Neith Saitica e di altre, per modo che sotto questa deità s' intese

1 Ibi, *v.* 598, et seq. March., p. 96.
2 Ved. il rovescio di una moneta in argento di Geta, ove è Opi corrente sopra un leone, sotto i cui piedi scaturisce un fiume. Choul, p. 83.

3 Zoega, Num. Aegypt. Imp., tab. VII, num. 12, p. 135.
4 L. cit., num. 16.
5 Creuzer, Symbolik und Mythologie der alten Völker, Tom. 1, p. 290.

in fine il principio femminino di tutti gli enti, e l'universale natura terrestre [1]. Un altro moderno Scrittore da lui
citato conferma esser questa Dea il complesso dei nomi di
ogni altra divinità, vale a dire la pienezza sufficiente a tutte le cose e soprabbondante. Ond'è che anche i di lei simulacri espressi in busti dall'arte, ce la rappresentano mul-
timammia, e talvolta circondata dai quattro elementi sotto
le specie di quattro animali; cioè dalla salamandra pel fuoco, dall'aquila per l'aria, dal delfino per l'acqua, dalla li-
onessa per la terra, come si vede in una gemma del Museo Romano [2] già dal Causeo pubblicata, e dal prelodato
Creuzero nuovamente prodotta [3]. La Dea del nostro mistico Specchio è anch'essa circondata da varj animali nella
periferia del Disco, ma non li credo espressi all'oggetto
medesimo di alludere ai quattro elementi, giacchè si mostrano con un ordine diverso. Credo peraltro che nella citata gemma abbiano gli animali un doppio significato, parte di cui si ritrovi anco nel nostro Disco. Perocchè ho replicatamente accennato essere stata creduta madre dei bruti la Dea che in questi monumenti sotto varie forme, non
però assai fra loro dissimili, si esprime; quindi è che si vedevano in Siria nutriti nel cortile avanti al vestibolo del
tempio della Dea [4], ed in Efeso scolpiti attorno all'abito che cinge Diana in qualità di Opi [5]; mentre la voce
ὦπις pretendesi derivata da *apia*, e spiegata per *madre* [6].

---

1 Ivi.

2 Causei, Mus. Roman., Tom. 1,
. tab. xxxiv, p. 23.

3 Creuzer., l. cit., Tom. 1, tab. 1,
num. 3

4 Lucian., de Dea Syria, Tom. iii,

p. 483.

5 Callimach., Hymn. in Del., v. 292.

6 V. Hancarville, Recherch. sur l'o-
rigine et le progrès des Arts de
la Grece, Tom. 1, livr. 1, chap.
iii, p. 237.

Di che non disputo, nè mi vi arresto, richiedendosi lunga discussione e non facile; ma confesso esser persuaso di ciò che assai dottamente ne scrive Hancarville che può esser consultato da chi vuole istruirsene [1].

Non ammette meco il Visconti che sotto varie figure poco tra loro dissimili si debba riconoscere nei monumenti una sola Dea [2]; mentre approva che a ragione il Gronovio siasi lagnato degli antiquarj, che avendo accozzati insieme diversi numi, ora in Cerere, ora in Iside, ora in Cibele, abbiano trasformata la Dea degli Efesii [3], la quale serve anche a me di scorta per guidarmi alla spiegazione del mio monumento, dove propriamente non è effigiata la Diana d'Efeso. Peraltro il modo mio di vedere non comporta che nella iconologia degli antichi trovi molte deità come si è finora creduto, ma soltanto molte forme e maniere nel rappresentarle, sempre variate a seconda delle circostanze, piuttostochè a seconda degli individui che vi si vollero finora distinguere. Un passo di S. Girolamo addotto dal prelodato Visconti scuopre che la Diana Efesina era considerata quasi simbolo della natura, com'egli osserva nelle seguenti autografe parole: *Dianam multimammiam colebant Ephesii, non hanc venatricem, quae arcum tenet, atque succincta est, sed illam multimammiam quam graeci* πολύμαστον *vocant, ut scilicet ex ipsa quoque effigie mentirentur, omnium eam bestiarum, et viventium esse nutricem* [4]. Di qui argomenta sa-

---

1 Ivi, Tom. 1, livr. 1, chap. III, p. 232.

2 Visconti, Mus. P. Clem., Tom. 1, Statue, tav. XXXI, p. 198.

3 V. il Gronovio nella prefazione al VII tomo del Tesoro delle antichità greche, p. 18.

4 Sanct. Hieronym. in Epist. B. Paul. Apost. ad Ephesios., VII, p. 541.

viamente il Visconti potersi riguardare la Diana d'Efeso come l'immagine mistica della natura, o della terra medesima confusa colla natura stessa per essere la nudrice di quanto quaggiù vediamo [1]. Io soggiungo pertanto, che si ergevano e si veneravano questi simulacri per adorare non già la terra o la natura, ma la divinità che alla terra ed alla natura si stimava inerente. Di questa massima non mancano esempj. Chiaramente lo dice Seneca in queste sue parole: *quid enim aliud est natura, quam Deus et divina ratio, toti mundo et partibus ejus inserta* [2]? Il Menetrejo che si annovera tra gli antiquarj che pensarono esser Iside la Diana Efesina ed altre simiglianti femminili deità referibili ad uno stesso divino attributo, non fu sistematico, ma soltanto storico delle moltiplici opinioni scritte dagli antichi a questo proposito, riportando il parere di Macrobio, di Lattanzio, di Epicuro, di Seneca e di altri, e concluse che « la natura delle cose, come anche la terra, furon prese per simbolo della divinità non solo presso gli Efesii, dei quali tratta, ma da molti altri popoli » [3]. Eccomi autorizzato a cercare nelle interpetrazioni degli antichi circa gli animali effigiati nella Diana Efesina la ragione di quei che si trovano all'intorno del mio Disco, il quale contenendo nel mezzo l'immagine di Opi o Cibele, presenta in sostanza come la Diana d'Efeso la divinità della natura personificata in una femmina, come nello spiegare il primo Disco di questa serie accennai di passaggio [4].

1 Visconti, l. cit., p. 199.
2 Seneca, de Benefic., lib. IV, cap. VII, p. 66.
3 Menetreii, Symbolica Dianae E-phesinae statua, ap. Gronov. Thesaur. Graec. Antiq., Tom. VII, p. 388.
4 Ved. p. 7.

Per non abbandonare il primo concetto sulla pluralità dei significati di questi animali, ancorchè non rappresentino gli elementi come nella citata gemma del Causeo, vi trovo che oltre l'intender da essi che la terra si fa madre e nudrice degli esseri viventi, giusta la dottrina poc'anzi indicata di S. Girolamo, rammentano ancora colla grafica loro posizione che questi in natura si succedono continuamente; talchè vive l'uno al morir dell'altro, e quindi la morte non altera mai la conservazione delle specie. Vediamo difatti che essi mordonsi reciprocamente, quasichè si volesse indicare che la morte degli uni alimenta la vita degli altri.

E chi sa che ad oggetto di rammentare la vicendevole vita e morte degli oggetti vitali nella natura non sieno espresse tante cacce, e tante lotte nei sarcofagi, e negl'Ipogei, e sieno stati aggregati ai funerali anche i gladiatorj combattimenti e le cacce? Il Millin che prende ad illustrare le Tombe di Pompei, dove appunto effigiate si vedono le cacce e le lotte, ci vuole istruire che gli antichi cercavano di rendere i funerali più sontuosi e magnifici coll'addizione di quegli spettacoli chiamati *Venationes* [1], ch'erano cacce nelle quali si facevano perseguitare ordinariamente varj animali timidi da altri che ne fanno preda, come anche combatter degli uomini contro le bestie feroci [2]; a schiarimento di che adduce soltanto non poche testimonianze di scrittori, e di lapidi per attestare della passione che mostrarono vivamente i Pompeiani per simili esercizj [3]. Ma s'io noto che le urne etrusche di Volterra [4], gl'ipogei Corneta-

---

1 Cic., Epist. fam., lib. viii, p. 95.

2 Millin, Descript. des Tombeaux de Pompeï, p. 57.

3 Ivi, p. 64.

4 Ved. ser. 1, p. 32 ed altrove.

ni [1], i sarcofagi antichi conservati nel Camposanto di Pisa [2], e i bronzi di Perugia [3] e molti altri monumenti greci e romani, e specialmente gli antichi vasi dipinti contengono tali contrasti e di animali e di uomini, potremo noi attribuirne il significato alla passione pei giuochi dal Millin additata? Il tema della questione si rende interessante perchè finora agitato e non risoluto; e perchè, sciolto con i dovuti fondamenti di critica, servirà a spiegare una gran quantità di antichi monumenti. Io non mi cimento a trattarne finchè il lettore non abbia vedute più tavole di monumenti di quest'opera. Un altro Specchio mistico parimente figurato e poco fà dal Ch. Sig. Vescovali illustrato [4], ha in giro le figure di animali come il presente. Io che lo debbo ammettere in questa seconda serie di monumenti, avrò luogo di tornare sul tema stesso, e trattarlo più estesamente.

Nella figura femminile che vedesi allato alla sedente, comparisce che l'artista volle condurla con quella grazia del portamento del corpo, che soleva in antico accompagnare le statue di buon modello: ma quanto vi si vede eseguito non sembra corrispondere a tale intenzione; dal che arguisco che l'arte già nota quando il monumento fu fatto, cadeva in depravazione per essere nelle mani di troppi. E chi non vede che il gusto è degenerato in una soverchia e malintesa ricercatezza di meccanismo? Avrò dun-

---

1 Micali, Antichi monum. per l'opera intit. l'Italia av. il dominio dei Romani, tav. LIII.

2 Ved. Ciampi, due Urne sepolcrali illustrate.

3 Vermiglioli, Bronzi etr. trovati nell'agro Perugino, tav. I, II, p. 95.

4 Ved. Giorn. Arcad., Vol. XXV, del Gennajo 1821, p. 91.

que ragione di ammettere nella interpetrazione del monumento che illustro, quelle dottrine che fiorivano al decadere, e non al sorgere delle belle arti. Il giovine ch' è dicontro annunzia nel modo stesso l' arte decadente. I tratti che indicano l' anatomica dichiarazione dei muscoli, vi son posti con profusione, ma senza intelligenza, senza consultare il vero, senza voler risolvere in un bello effetto, e soltanto perchè ormai sapevasi che vi dovevano essere. Così coll' insieme della persona è trascurato ogni accordo delle membra, alle quali nulla manca per esser compite in ogni lor parte: difetti costantemente caratteristici dei monumenti eseguiti nei bassi tempi. Sul medesimo gusto son condotti gli animali, i quali sebbene alterati nei muscoli, in generale peraltro conservano nei contorni quella idea di sveltezza ed agilità che è propria del far dei Greci nei buoni tempi dell' arte. Mediante questa guida io so che debbo spiegare il monumento con dottrine che fiorirono sul cadere del paganesimo, fra le quali molto brillò il platonismo.

La donna in piedi non è facile a decifrarsi, perchè mancante di quegli attributi che solevansi porre ad intelligenza del soggetto. Il vistoso diadema che tiene in testa potrebbe indicarla per una Giunone, mentre la sua nudità, ed i femminili ornamenti, e di vezzi e di armille, possono dichiararla una Venere. Il manto che le cuopre parte del corpo, apparisce non dirado nelle figure etrusche di altri dischi e di cinerarj che rappresentano Venere, le quali hanno, e manto, e diadema ed ornamenti preziosi. Se questa è Venere, potrei anche dar conto del motivo per cui si effigiò appoggiata ad Opi, come pure perchè qui come altrove negli Specchi mistici si mostra sempre coperta nei piedi:

ma di tutto ciò si ragioni all' opportunità di sostenere le mie congetture col confronto di altri monumenti.

Il giovine in piedi con ristretto pallio sul dorso e con tazza in mano, può sempre spiegarsi per un Bacco; e qui non mi sembra fuori di luogo in compagnia d' Opi e di Venere. Ho già provato che Opi, o Cibele o Rea che dir si debba, non può stare sulla terra, mentre è la Terra ella stessa; ed aggiungo, guidato da Apulejo, che gli Egiziani figuravano la Iside loro coi piedi sull'acqua, e non sulla terra [1]. Qui vediamo anche Venere sullo stesso elemento, non però fuori del consueto; mentre la Venere figlia di Urano, o Cielo si fa nata dalla spuma del mare come ne avverte il nome stesso, Ἀφροδίτη datole dai Greci, che vale: *nata dalla spuma*. Così fra i miei monumenti di corredo la vediamo assisa entro una conchiglia marina [2], scolpita in un elegante utensile da toeletta d' argento [3]. In seguito darò conto come Venere presso gli Etruschi si distingua col nome di figlia di Urano. Era poi necessario che anche Bacco per essere in compagnia delle Dee, si trovasse come quelle sulle acque; il che non discorda dalle allegoriche dottrine spettanti a questo nume, come per vari esempi raccolti dal Ch. Zannoni si prova. Egli dà conto di una gemma della R. Galleria di Firenze, ove Bacco espresso con figura di bove e testa umana, portante una Baccante sul dorso cammina sulle acque del mare [4]. A tal proposito adduce

1 Apul. Metamorph., lib. xi, p. 241.
2 Ved. ser. vi, tav. C 2, num. 3.
3 Agincourt, Histoir. de l'art par le monuments., Sculpture, pl. ix. Ved. anche, Lettera di E. Q. Vi-

sconti su d'un'antica argenteria scoperta in Roma.
4 Zan., Descriz. della R. Galleria di Firenze, Cammei ed Intagli, Ser. 1, tav. ix, n. 2, p. 72.

in esempio che nei Dionisiaci di Nonno corre Pane sulle acque, nuotano le Baccanti, i Sileni ed i Satiri [1], e Bacco stesso invita Ampelo a gareggiar seco nel nuoto [2]. Di ciò potrei rendere quella ragione, che il prelodato Antiquario tralasciò per volere esser conciso; ma ne riserbo anch'io lo sviluppo a migliore occasione che incontrerò in quest'opera. Basti per ora ch'io provi, almeno con esempi d'antichi scritti e monumenti figurati, che Bacco, Opi, Venere han più rapporto coll'acque sottoposte a quelle figure del nostro mistico Specchio, che non ne hanno Ulisse, Circe, e la sorella o l'ancella di lei.

Ma si torni alla figura virile ch'è presso a Cibele supposta già essere Ulisse, e che io tengo esser Bacco. Della relazione di questi due numi fra loro abbiamo chiara testimonianza dalle Orgie, ove rendevasi un culto promiscuo ad entrambi. Il Lami [3] coll'autorità di Demostene e di Strabone, e Millin [4] con la scorta di molti altri antichi ed autorevoli scrittori lo provano in modo da sodisfare il curioso lettore, ed a quelli io lo rimando per questo punto di erudizione. A miglior dichiarazione di questo mistico Specchio solo aggiungerò, che Bacco era l'assistente di Cerere nelle antiche religioni indicate negl'inni orfici [5], ove Cerere Eleusinia è detta la partecipatrice dell'altare di Bacco. La tazza che tiene il Nume, ed alla quale stende la mano anche la Dea, può alludere all'accennata partecipazione alle libazioni che loro si offrivano su gli altari. Consideran-

---

1 Non. Dionys, lib. x, v. 159, et seq.
2 Ibi, lib. xi, v. 10, et seq.
3 Dissert. Accad. di Cortona, Tom. i, Part. i, Diss. v, p. 70, et seq.

4 Peint. des Vases, Tom. i, Pl. xl, p. 100.
5 Orph. Hymn. in Cerer. Eleus., v. 10.

do la nostra Diva col nome di Buona Dea, e Bacco nel numero degli Dei Buoni, come soleasi [1], può all'una [2] ed all'altro convenire il cratere in rapporto di simbolo delle cose buone e gioconde della vita da quelli concesse; sopra di che dottamente fu scritto dal Ch.^{mo} Creuzero [3], avvertendo, che gli antichi ritengon tracce di ciò anche in Cerere; poichè si legge in Ateneo che questa Dea era venerata in Acaja portando tazze, come osserva anche Winckelmann [4]. Di qui la ragione perchè nello stesso inno orfico da me citato, si prega la Dea di concedere la ricchezza consolatoria, e la regina della vita, cioè la salute [5].

Due dotti scrittori moderni hanno affermato che la tazza di Bacco fu anche simbolo dell'anima, la quale per la memoria e sollecitazione del piacere contrae un'umida gravità, per cui scende aggravata in terra [6]: così legarono in un medesimo simbolo l'idea di giocondità e piacere, con quella di umidità. Quindi nasce ancora la giustificazione di un mio principio sparso qua e là per questa mia opera, cioè che la maggior parte dei monumenti figurati che si trovano chiusi negl'ipogei o nei sepolcri, o le rappresentanze dell'arte che ornano i sepolcri medesimi, abbiano qualche rapporto colle teologiche dottrine del paganesimo circa le anime umane. Nè perciò resta escluso il resultato dell'altra mia osservazione, che molte favole e molte rappresentanze dell'arte riconoscono la origine loro dalle combinazioni e dagli aspetti del corso degli astri. Ricercatane l'al-

---

1 Ved. p. 86.
2 Juvenal., Sat. II, v. 86.
3 Dionys., p. 215.
4 Monum. ined., p. 16.

5 Orph. Hymn. cit., v. 20.
6 Creuzer, Dionys, p. 296. Heyne, ad Virgil.. excurs. XIII ad lib. VI, v. 740, p. 809.

lusione a questo Disco, si trova che la Dea sedente si approssima alla tazza di Bacco, appunto come la costellazione della celeste Cerere o sia della Vergine [1], sorge sull' orizzonte insieme con la Coppa celeste [2], la quale viene da alcuni scrittori particolarmente distinta col nome di coppa di Bacco [3] Dio della vendemmia, mentre il sorgere eliaco di questa costellazione precede la vendemmia di pochi giorni; e frattanto da altri scrittori vien legato un tal simbolo alle religiose finzioni dei misteri, ed alla teoria segreta sul viaggio delle anime attraverso agli astri [4] ed alla stagione autunnale in cui celebravasene la commemorazione [5]: di che molto scrisse Platone [6] seguito poi dai suoi settatori [7]; ond' è che Plutarco [8] citando Pindaro ci avverte che i Greci crederono Bacco inventore e preside non solo del vino, ma anche di tutta l'umida natura. Leggasi Atenagora [9] e Damascio [10], ed anche più antichi autori, Omero, Esiodo, gli Orfici e quanti aduna il dotto Kanne cosmogonici scrittori [11], e troveremo ammessa costantemente l'acqua come il principio di tutte le cose che insieme col calore del sole tutto vivifica, tutto alimenta; nè v'è chi ignori essere il sole simboleggiato dallo stesso Bacco nominato perciò negl' inni Orfici πυρίσπορος [12]. Nuova giustificazione si trae di questa massima dall' esser Bacco ed unitamente le altre due divinità di questo Specchio posanti sull' acqua, quasi-

1 Ved. ser. vi, tav. V, num. 6.

a Ivi, num. 11.

3 Hygin., lib. ii, cap. xli, p. 494.

4 Macrob, Somn. Scip., lib. 1, cap. xii, p. 31, et seq.

5 Ved. ser. 1, p. 95.

6 In Phaed. sparsim.

7 Vid. Heyne, l. cit.

8 De Isid. et Osir., p. 365.

9 Legat. pro Christ., cap. xv, p. 68.

10 περί ἀρχῶν, p. 252.

11 Ved. Kanne, Fab. Cosmogon.

12 Hymn. in Dionys., v. 1.

chè rappresentino l' Oceano, dal quale diceasi avere avuto principio tutte le cose della natura, ' ed in mezzo a cui stesse il firmamento prima che le sue parti prendessero forma nella creazione. Comunque si abbia da intendere, a parlar propriamente io debbo attenermi all'espressione dell'artista del monumento che esamino, e giustificarmi con quelle degli scrittori che han professata la di lui religione. Il Banier, che studiate le poche dottrine di Beroso presso Sincello rapporto alle opinioni dei Caldei, le confronta con quelle di Talete Milesio e d' Omero, conclude che per le anzidette ragioni quest' ultimo chiamò l' Oceano il padre degli Dei², vale a dire di tutte le cose che costituiscono il mondo, ³ inerente al quale fu creduta la divinità dagli antichi.

Se nell'esaminare il mio monumento volgo il pensiero alle libazioni ove usavansi tazze quasi simili a quella che ha in mano il giovane Bacco e che patere si nominavano ⁴, non mi credo lontano dal verosimile; tantopiù che la donna coll'atto della mano e del corpo mostra gradirne l'offerta. Aggiungo poi che Macrobio ci attesta di avere appreso da un antico per nome Filocoro che le prime libazioni ed offerte dei popoli nella Grecia furono, per insegnamento di Cecrope, dedicate a Saturno e ad Opi, ch'è quanto dire, secondo Macrobio stesso, al Cielo e alla Terra. ⁵ Se l'etimologia delle voci talvolta corrobora le conget-

---

1 Servius ad Virg. Georg., lib. IV, v. 366.

2 Banier, Mythol., Tom. II, lib. II, cap. VI, p. 318.

3 Marc. Aurel., De rebus suis, lib.

IV, p. 52.

4 Ved. p. 22.

5 Macrob., Saturn., lib. I, cap. X, p. 52, et seq.

ture, propongo l'esame del verbo *libare* per far libazione che in latino dicesi *libo*, accusandosi proveniente dal greco λιιβω che vuol dire non già piovere, ma stillare, cioè versare a gocce, per cui lo stesso verbo stillare fu poi anche sinonimo di versar lacrime e piangere; significati che racchiudonsi nel solo greco verbo λιιβω, ed osservazione da me ripetuta alla stessa occasione di esaminare l'atto della libazione [1]. Al greco λιιβω corrispondono altresì il *fluere* latino e l'italiano *fluire*, donde deriva *fluido*; col qual giro di voci tornasi al fluido contenuto nella tazza di Bacco di sopra indicato. Se giusto è il mio raziocinio, avremo la ragione perchè Cecrope istituì la libazione alla Terra ed al Cielo, significando con essa, cred'io, quell'umore benefico, il quale dal cielo scendendo in terra dà vita e vegetazione ad ogni essere vivente, in quella guisa che le piante prendono quotidiano alimento dalla rugiada: e ben di questa doveva intender Cecrope nel portar in Grecia religiosi istituiti dall'Egitto, ove la rugiada tien luogo di pioggia.

Frattanto con questi dati meglio si comprenderà l'enigmatico discorso di quel Persiano Dschemo da me altrove riportato, che facea vedere i portenti degli Dei e quanto si genera sulla terra, (cioè spiegava i fenomeni della natura) per mezzo della tazza medesima con la quale anco libava [2]. Così pure si potrà intendere come gli Specchi mistici da me presi ad illustrare, ritengono qualche somiglianza con le patere da libare agli Dei, nel tempo stesso che le figurate hanno dei soggetti allusivi ai fenomeni della natura. [3] Quello stesso che abbiamo in esame attualmente,

1 Ved. p. 33.
2 Ved. p. 88.

3 Ved. la spieg. della tav. VII in fine, p. 156.

non ce ne dà un esempio assai luminoso? Ma più opportuno luogo di giudicare s'io do nel segno sarà dove sia per compirsi tutta quest'opera.

In tal guisa spiegando il presente Disco, non mi resta oscuro neppure l'albero che presso a Bacco si vede; quello io dico già creduto e dal Lanzi e dagli altri rammentati commentatori di questo monumento, l'erba *moli* di Ulisse, [1] mentovata nella favola delle di lui avventure con Circe. Fra le ispezioni di Bacco dagli antichi affidategli, vi fu ancora la tutela degli alberi e d'ogni specie di piante. L'Eckhel [2] e il Creuzer [3] ebbero opportunità di conoscere colla lettura di vari classici, che quel nume fu talvolta nominato *Dendrite*, vale a dire tutore degli alberi, come fra gli altri lo mostra Pindaro citato a tal proposito da Plutarco [4]. Se dunque nel Disco vedesi un albero presso a Bacco, si può supporre che l'incisore vi abbia voluto esprimere Bacco Dendrite qual veneravasi nei misteri, ove appunto il suo culto restava confuso con quel di Cerere o sia Cibele, come c'insegna Strabone, cioè che Bacco nominato ancora Iacco, è principio dei misteri e Genio di Cerere; tantochè i rami, i cori e i sacrifizi son comuni ad entrambi questi Dei [5]: nuovo argomento per dimostrare quanto convenevolmente siano essi uniti nel nostro Disco.

Anche i fiori sparsi nel campo possono avere un significato allusivo a quel nume, che reputato fecondatore degli alberi dandocene i frutti, veniva invocato come protettore

---

1 Ved. la spieg. di questa tav. ix in principio.
2 Syllog. numor. varior., tab. 1, num. 7, p. 6.
3 Dionys, p. 246.
4 De Isid. et Osir., p. 365, et seq.
5 Strab., lib. x, p. 717.

di tutte generalmente le piante, ed amante sopra ogni altra cosa dei fiori, φιλοστέφανος [1]. Una medaglia di Metaponto riportata dall'Eckhel [2] ha nel diritto un giovine nudo con lungo ramo in mano che potria tenersi per indizio di un albero, mentré nel rovescio ha una spiga di grano [3]. I due lodati antiquari Eckhel e Creuzer suppongono che il giovane possa esser Bacco Dendrite che nella medaglia dimostra la fecondità delle campagne di Metaponto. La spiegazione potea restar dubbia finora, perchè ivi esso non ha verun altro indizio di quel nume, se non il ramo dell'albero; come può vedersi nelle mie tavole di corredo [4]: ma il Disco può citarsi in conferma della moneta, perchè in quello Bacco è manifesto per la tazza che tiene in mano, [5] mentre dimostra che anticamente si rappresentò Bacco Dendrite, indicato dall'albero in questi due monumenti, o Bacco detto Padre Libero, cioè padre della natura vegetante e principalmente di quanto fa d'uopo al nostro mantenimento significato da Cerere o Cibele nel Disco, e dalla spiga di grano nella soprindicata moneta.

Allorchè si ammette che gli antichi spesso confondessero i nomi di Cerere, di Opi, d'Iside e di altre deità femminili, di che pur troppo son costretto a convincermi a misura che più m'inoltro nelle ricerche delle antichità dei Pagani [6], ritrovo che Cerere, egualmentechè la nostra donna del Disco, stanno unite per attendere in particolar mo-

---

1 Vid. Creuz., l. cit., p. 246.

2 Eckhel, l. cit., tab. 1, num. 7.

3 Ved. anche Creuzer, Abbildungen zu Symbolik und Mytol. der alten Völker, tab. III, num. 9.

4 Ved. ser. VI, tav. N, num. 1.

5 Ved. p. 188.

6 Vedasi il discorso che Apulejo pone in bocca d'Iside, Metam. lib. XI, p. 240, et seq.

do dai coltivatori un culto comune. Essi invocano l'una col nome di Anesidora, e nell'altro vedono il Dio che fa fruttificare gli alberi, ed arricchisce l'autunno di frutti [1]; ove aggiunge Teone che gli antichi unirono questo culto di Bacco e Cerere per consacrare con tale unione enigmatica la facoltà fecondatrice del principio umido [2]; su di che quanto accordo sia fra gli scrittori e il monumento, ben lo attesta la già esaminata tazza nelle mani di esso, come anche l'albero ed i fiori che ha intorno, alla cui presidenza essendo stato deputato dai Greci, sacrificavano ad esso col titolo di Bacco Floo [3].

Una rappresentanza che può meglio servire di sviluppo all'unione di Bacco e delle mentovate deità femminili, si trova in un bel vaso dipinto e dottamente illustrato da Millin. Egli che la descrive ci avverte che vi si vede una donna la cui testa è turrita, ed ha un tirso ornato di nastro, nell'atto di presentare una tazza ad un giovine che sta davanti a lei ornato di corona radiata. Questi alza con una mano il suo pallio, mentre coll'altra tiene una corona: v'è pure un'altra donna che tiene un vaso. Svolazza fra loro un giovinetto alato con una benda in mano, indicato dal Millin col nome di Genio de' misteri. Questo valente archeologo pretende che una tal pittura debba esser intesa soltanto dagl'iniziati ai misteri di Bacco; e in conseguenza dichiara l'impossibilità di comprenderne intieramente il senso. Soggiunge peraltro esser facile il riconoscervi Cibele e Bacco, mentre le torri che coronano la Dea non lasciano alcun dubbio sopra questo punto. La don-

---

1 Plutar. in Symp., lib. ix, p. 745.   3 Plutar. l. cit., lib. v, p. 683.
2 Theon, p. 317.

na sedente nel mio Specchio mistico può esser parimente giudicata una Cibele, ancorchè abbia un berretto in luogo di corona turrita; giacchè l' antichità ci somministra esempi ove questa Dea (indubitatamente Cibele, come attestano altri suoi simboli e specialmente i leoni) ha un apice in testa in vece di tal corona [1]. Entrando così in materia il mentovato scrittore prosiegue a dire esser già noto, che nei misteri vi erano delle grandi relazioni fra queste due divinità, Bacco e Cibele. Riflette quindi che i Greci dopo aver ricevuto il culto della gran Madre Dea dai Fenici, lo mischiarono con quello di Rea loro divinità parziale, che divenne ancor Terra e Cerere che nutrisce i mortali; ma siccome questa riunione recava della confusione, così non fu più conservata che nei misteri [2]. L' opinione che Bacco e Cibele fossero in quelli uniti proviene da vari passaggi di antichi scrittori, fra i quali egli molto opportunamente cita a tal uopo il seguente: « Felice quegli che istruito nei misteri sacri ha purificata la sua vita e iniziata la sua anima nelle tiasi divine, dandosi sulle montagne al culto di Bacco con delle cerimonie sacre, e che praticando le Orgie della gran madre Cibele, agitando il tirso e coronato di ellera, onora il Dio di Nisa » [3].

I misteri del paganesimo son dunque un evidente nesso, che lega i vasi antichi dipinti in terra cotta, gli Specchi mistici, e i bassirilievi delle urne sepolcrali sotto un medesimo punto di vista: dal che si fa chiaro perchè noi troviamo questi tre oggetti diversi nei sepolcreti medesimi, e quindi ancora ci dobbiamo viemaggiormente convincere che

[1] Ved. ser. vi, tav. R, num. 4.
[2] Millin, Peint. de Vas., Tom. 1, pl. xl, p. 100.
[3] Euripid., Bacch., v. 73, et seq.

l' allusione di tutto ciò miri or più, ora meno alla dottrina circa lo stato delle anime dopo la morte, i cui dogmi certamente si trattavano in segreto dagl'iniziati [1].

Anche Venere, quale io credo esser colei che stassene in piedi presso la sedente Opi di già accennata, non vi si trova senza una dimostrabile connessione. A questa son dati pertanto presso a poco i medesimi attributi che a quella. Se Opi è conosciuta col nome di *Magna-Mater* [2] perchè tutto produce, ed alimenta; Venere ha quello di *Alma-Venus* [3], da *alo* che parimente indica alimento, sostegno. Fiancheggia questa mia opinione l'autorità del dotto Heyne, il quale interpetrando la Venere-Omerica scrive, significare essa or la natura delle cose; or la terra, madre feconda degli esseri tutti; or la potenza che sviluppa i germi, e risveglia al tornar di primavera le assopite forze della natura; ora la fertilità della terra; sovente ancora la tendenza ai sensuali piaceri ed altre somiglianti cose. [4] Euripide così la descrive in quei versi:

. . . . *vanne questa Dea Ciprigna,*
E su per l' aere, e in mezzo all' onde salse
Ha nido: tutto da costei già nacque.
Questa è colei, ch' amor sparge e produce,
Del quale amor su questa terra noi
Siam tutti figli [5].

---

1 Vid. Sainte-Croix, Recherc. sur les Mystères, Tom. II, Sect. VIII, Art. II, p. 138.

2 *Quare Magna Deûm Mater, Materq. ferarum.* Lucret., De rer. nat., lib. II, v. 98.

3 Ibid., lib. I, v. 2.

4 Heyne, De l' orig. des fables d' Homere: dans le Conservatoire des Scien. et Art., p. 157.

5 Hippol. Coron., v. 448, et seq. Trad. del Carmeli, p. 75.

Quindi nei seguenti anche Lucrezio:

> .... *al primo arrivo*
> *Tuo svaniscon le nubi: a te germoglia*
> *Erbe e fiori odorosi il suolo industre:*
> *Tu rassereni i giorni foschi e rendi*
> *Col dolce sguardo il mar chiaro e tranquillo* [1].

Ed Omero:

> *E degli uomin mortal domò le razze,*
> *Gli augei volanti in ciel, le fiere tutte,*
> *Quelle che il suol molte nutrisce, e 'l mare.* [2]

Tornando al genere de' fiori, giudico essere il vero loto, o *ninfea* [3] quel che si vede superiormente alla testa di Bacco, la cui forma è simile a quella che spesso sostiene la Divinità dell' Egitto, come comparisce nelle tavole aderenti ad un'opera d'un naturalista. [4] Esso è propriamente la çapsula entro cui stanno le nocciuole che servivan di cibo. Tal frutto fu detto dai Greci κιβώριον, dal quale furono imitate alcune tazze e vasi che ritennero il medesimo nome, e si destinarono al servizio del culto. [5] Simbolo dunque di vegetazione e della virtù alimentatrice dell' acqua è quivi il loto, ed analogo a Bacco nel quale, come dissi altrove [6], vien figurato il Sole, che vivifica la natura coll' attività del suo calore.

Anche la Venere del nostro Specchio interposta fra l'acqua e l'aria ha intorno a se diversi fiori, come cento vol-

---

1 De nat. rer., lib. 1, v. 7–8. Trad. del March., p. 1.

2 Hymn. in Venerem, v. 3 5. Trad. del Salvini, p. 449.

3 Targion., Istituz. Botan., Tom. II,

p. 468, num. 176.

4 Pluche, Stor. del Cielo, Tom. 1, tav. II, num. 1, e tav. III, num. 3.

5 Vid. Hernesti Lexicon.

6 Ved. ser. v, p. 56.

te ci vien descritta da' poeti, fra' quali il citato Lucrezio, che così canto di essa:

> *Torna la vaga primavera, e seco*
> *Venere torna, e messaggier di Venere*
> *Zeffiro alato, e l' orme sue precorre,*
> *Cui la madre de' fior tutta cosperge*
> *La strada innanzi di color novelli*
> *Bianchi, gialli, vermigli, azzurri e misti,*
> *E di soavi odor l' aere riempie* [1].

Qui peraltro l'artista ha voluto estendere l'espressione del poeta, poichè oltre i fiori aggiunse alla Dea la più seducente venustà del corpo, il quale scoperto per l'alzar del manto, ornato comparisce in varie parti di vezzi, di monili, e di diadema; alludendosi così alla bella stagione di primavera, in cui mercè lo sviluppo della natura, dischiude la terra l'ampio seno, e spuntar fa dalle piante vaghissimi fiori.

Ecco pertanto ristretta nei citati pochi esempi la ragione delle figure, dei fiori, e dei pesci che nel Disco si vedono, a Venere non che ad Opi addicevoli per le ragioni medesime. Osservo parimente che se il Disco rappresenta, com'io suppongo, il mondo creato, Venere o qualche segno del di lei culto vi dee comparire. Difatti gli Orfici attribuirono ad essa una considerabile possanza nel mondo, per cui si trovano negl'Inni Orfici i versi seguenti:

> *Omnia iunxisti: per te stant pondera mundi,*
> *Imperasque tribus Parcis, atque omnia gignis*
> *Quae mare, quae caelum late, terramque pererrant.* [2]

---

[1] De nat. rer., lib. v, v. 736–749.   [2] Hymn. in Venerem. v. 4 7.
Trad. del Marchetti, p. 315.

La stessa nudità sua non tanto mostra lascivia, quanto i reconditi arcani della natura in lei svelati; al che può riferirsi quanto dice Arnobio di Venere Dionea, cioè che ella mostrava con indecenza gl'intestini [1].

Quanto ho detto di questa femminile figura basti a provare che potrà giudicarsi piuttosto una Dea che la sorella di Circe; poichè questa vi sarebbe inattiva, insignificante ed inutile, ancorchè vi fossero Circe ed Ulisse come è stato supposto. Ma potremo noi con eguale ragionevolezza assicurare esser quella una Venere, piuttostochè una Giunone come il di lei diadema fa sospettare? E posto ancora che questo non debba essere un distintivo sufficiente a dichiararla tale, fa d'uopo riflettere che siccome Cibele o Rea divide con Venere molti dei suoi attributi, come ho accennato qualche verso di sopra, per cui fu detta ἐγρανία (*suscitatrice*) [2], così ha con Giunone tanta comunanza di significati, che Luciano esaminata l'indole del culto e degli attributi allegorici della Dea Siria, scrisse che corrispondeva in assai cose alla Giunone dei Greci [3]. All'incontro gli stessi Frigj ebbero un tempio sotto l'invocazione di Venere Cibele [4]. La sola astronomia, per quanto sembrami, può darci qualche ragione di questo intreccio, che in tutt'altro aspetto resta inconseguente. Stabilirono pertanto gli astrologi, che il pianeta Venere fosse l'astro d'Iside, di Giunone e della Madre degli Dei [5], e che intanto si registrasse nel numero delle stelle benefiche [6]; il che ben corrisponde allusivamen-

1 Arnob., lib. 1, p. 52.

2 Orph. Hymn. ad Naturam, v. 2.

3 Lucian, de Dea Syr., p. 478.

4 Nonn., Dionys., lib. xlviii, v. 654.

5 Plin., Hist. Nat., lib. 11, cap. viii, p. 75.

6 Sext. Empir. adv. Astrolog., lib. v, p. 343.

te alla **Dea Buona**, ch'è quanto dire ai benefizi ehe dalla divina provvidenza ottiene il genere umano. Ora se i benefici effetti della Divinità si fan sentire a noi mortali in più modi, e si son voluti personificare dagli antichi, quale incongruenza potremo accusare nella moltiplicità delle persone che nei monumenti gli rappresentano? Non è egli forse abbastanza chiaro Cicerone al nostro proposito? Io non ripeto qui ciò che ne dissi in addietro, ma si legga [1], e si troverà che realmente le apparenti deità non sono in questi monumenti che oggetti materiali cosmogonici o conseguenze di quelli; vale a dire le cose del mondo, come Cicerone le nomina [2], sostituite al loro motore.

Portiamo attualmente la nostra considerazione sulla figura che resta al basso del Disco, dove ebbe principio il manubrio. È alata: mostra femminili sembianze: ha veste succinta: termina in figura d'uccello: stringe tra le mani due serpi. Io la creilo un mostro infernale. Chi vede le Urne sepolcrali di Volterra in questa mia opera, sa che l'etrusca nazione sfoggiò nell'immaginare una variatissima quantità di siffatti mostri [3]. Qui il mostro ha sembianza d'Arpia quale fu descritta da Virgilio con forme di Furia, e di uccello [4]; giacchè le Furie si figuravano donne con ali alle spalle, con abito succinto, con serpi alla mano, tanto presso gli Etruschi, quanto ancora presso i Greci e i Romani. Ma qual relazione aver può mai un mostro d'Averno [5], con

---

1 Ved. p. 117.

2 De nat. Deor., lib. 1, § 42, p. 25.

3 Ved. le mie Osserv. sopra i monum. ant. uniti all'op. intitolata,

l'Italia av. il dominio de' Romani, p. 58.

4 Virg. Aeneid., lib. iii, v. 253, 263.

5 V. Serv. ad Aenid., lib. iii, v. 211.

Cerere o Cibele, con Bacco e con Giunone o Venere? Nessuna, io dico, se si riguardano separatamente; ma se riassumesi il già indicato mio supposto che tutto insieme il Disco rappresenti il mondo creato, comparirà che l'un soggetto non sia disgiunto dall'altro, e si troveranno con ragione combinati insieme.

Abbiamo da Macrobio che, considerato l'orbe terraqueo come diviso in due parti, Venere significò l'emisfero superiore, e l'inferiore fu da Proserpina simboleggiato. [1] Quindi ne avvenne che per esprimere il benefizio del sole tolto alla superficie della terra nella stagione iemale, fu immaginato, secondo narra lo stesso autore, che Venere perdesse Adone ritenuto da Proserpina con una quasi temporaria morte, di che la Dea del piacere facevasi trista, come trista è la natura tutta nell'inverno; e che poscia risorto Adone, allora la Dea ne gioiva. Ecco in pochi tratti di quella favola inviluppato il sistema generale della natura, ed ecco i personaggi contenuti nel Disco. Qui Venere mostrasi gioconda, perchè il sole sotto la figura di Bacco feconda coi suoi benefizi la terra. E chi non sa che Adone e Bacco furono un soggetto medesimo, [2] e che quest'ultimo fu simbolo del sole apportatore di benefizi [3]? Ma per indicare il Tartaro dove Proserpina, rapito Adone, faceva la sua dimora secondo la narrata favola, come ancora per dimostrare fisicamente che il Tartaro era dagli antichi filosofi compreso nel sistema del mondo, se ne diede, cred'io, un accenno qui dall'artefice del monumento con quel mostro infer-

[1] Macrob., Saturn., lib. 1, cap. x, p. 52, et seq.
[2] Vid. Orph. Hymn. in Adon.
[3] Macrob., Saturn., lib. 1, cap. xxii, p. 116.

nale. L'esser questo situato sotto al circolo del Disco da me tenuto per simbolo del cielo, come ho voluto antecedentemente provare [1], non meno chè sotto la donna sedente, in cui è figurata la terra, può dinotare implicitamente l'opinione degli antichi filosofi i quali affermano che il Tartaro trovasi al disotto del cielo e della terra; di che do una testimonianza da Apollodoro somministratami, ove parlasi di certa incudine che dal cielo fu balzata in terra, e dalla terra nel Tartaro. Per quanto gli Etruschi abbiano dato alle Furie la face per simbolo, pure a questa figura si vedono i sèrpi, onde si comprenda (forse) che il Tartaro è luogo di oscurità e di tormenti. Nel resto non differisce dal consueto.

Ma qual fu in sostanza l'oggetto degli antichi pagani nel far questo mistico specchio effigiandovi la surriferita cosmogonica allegoria che io interpetro nelle figure, tra le quali Rea o la Terra si distingue? Torno a ratificare la mia opinione che in questi Dischi venerandosi i simboli della divinità, si dicessero sacri per questo motivo. Ripeto ancora che nelle dottrine sacre di costoro confusasi la divinità con la natura del mondo [2] che n'è soltanto un prodotto, si tenne poi la natura mondiale per la divinità stessa [3]. Quindi è che si volle venerare in Rea la divinità della terra; in Venere quella delle cose create; in Bacco quella del sole

---

1 Ved. p. 97.

2 *Epicurus ille, qui Deos aut o-tiosos fingit aut nullos, naturam tamen superponit.* M. Minucii, Fel. Octav., p. 347.

3 *Natura . . . haec mihi praestat.*

Non intelligis te, cum hoc dieis, mutare nomen Deo? Quid enim aliud est natura, quam Deus et divina ratio toti mundo et partibus ejus inserta? Senec., De benefic., lib. IV, § VII, p. 66.

benefico sotto le sembianze del protogono o generatore della natura; negli ornati l'ordine meraviglioso della continua
produzione, distruzione e riproduzione degli esseri vegeta-
bili e viventi in essa, e finalmente nell'indizio del Tartaro si volle probabilmente ridurre a memoria la dottrina
del destino delle anime dopo la morte del corpo, alla cui
commemorazione dovette prestarsi anche tutto insieme l'arnese mistico per essere in sembianza di Specchio, come ho
già spiegato altrove [1], ed a cui suppongo essere più particolarmente intenta la contemplazione di quei devoti che nei
vasi dipinti si vedono, con questi sacri utensili avanti agli
occhi, star presso le are, i tempj, i sepolcri, venerando la
divinità e considerando la unione loro futura con essa nel
passaggio da questa all'altra vita [2]: motivi che in qualche
modo giustificano il religioso rito di porre questa sorta di
Specchi nei sepolcri dei morti.

    Sembrerà forse a taluno che con soverchia diceria di sup-
posti abbia trattato il presente argomento. Adduco a mia
giustificazione, che alcuni di quei già lodati antiquari i quali vollero al pari di me interpretare il presente monumento, vedendovi peraltro la storia d'Ulisse e di Circe, confes-
sarono, come dissi, di non intendere la ragione dei pesci
e della figura alata, e secondo le mie congetture neppure
intesero il principal soggetto della rappresentanza. D'altronde il celebre Heyne trae dalla rozzezza e dal poco buon
gusto degli Etruschi o anche de' greci antichissimi artefici
la cagione di quella folla di piccoli emblemi che ingombra-

---

[1] Ved. la spieg. della tav. v di questa serie.   [2] Ved. p. 90.

no sovente il campo delle composizioni sì nei vasi, che nelle patere, come egli dice [1]; al che aggiunge anche il Visconti che il volere interpetrare siffatti emblemi sarebbe ingrato e malagevole lavoro [2]. Mi son dunque trattenuto sopra questi particolari e piccoli emblemi più del consueto per provare contro l'altrui sentenza, che ove non ne intendiamo il significato, si può forse attribuire piuttosto a mancanza di cognizione in noi dell'etrusche dottrine, che a rozzezza ed a poco buon gusto degli Etruschi nelle loro opere di sacra liturgia.

TAVOLA X.

Il primo antico Disco in bronzo manubriato, e figurato, del qual si trovi fatta menzione dagli scrittori, è quello che espongo nella presente Tav. X. conosciuto attualmente col nome di Patera Cospiana, poichè lungamente appartenne al museo di quel nome. Fu trovato in Arezzo circa l'anno 1630 sopra un vaso di bronzo ripieno di ceneri, dentro del quale v'era un anello d'oro che in luogo di gemma aveva una scatoletta che racchiudeva della cenere. Acquistato da Francesco Maria degli Azzi, fu da esso inviato al Cav.[r] Castiglioni, e da questi ceduto al March.[e] Cospi di Bologna unitamente alla lettera dell'Azzi con data del 1644; e il vaso ove era stato trovato si vede ora nel museo Barberini in Roma [3]. Nel 1743 questo prezioso monumento passò col-

---

1 Heyne, presso il Visconti, Mus. P. Clem., Tom. vi, p. 48.
2 Visconti, l. cit.

3 Legati, Mus. Cospiano, lib. iii, cap. xxx, p. 322.

la raccolta Cospiana ad ornare il museo del Marsiliano Istituto di Bologna, da dove negli ultimi Italici disastri del-
l'anno 1796 fu trasportato in Parigi [1]. Ciò che ne avvenne lo intesi in parte dal Ch.^{mo} Sig. Canonico Prof. Schiassi,
il quale così me ne scrisse. « *Ho poi tardato a risponde-*
re alla sua ultima lettera per aver notizia della sorte della
nostra Patera Cospiana, della quale vengo accertato che fu
da Parigi spedita per via di mare fin dal principio di que-
st' anno 1816 con altre anticaglie da restituirsi al nostro
museo. Finora però non è qui arrivata, nè so che ne sia.
Di essa abbiamo nel Museo una stampa formata sulla Pa-
tera stessa la quale stampa è in tutto simile all' originale
del Gori Tom. I, Tav. 120; se non che l'incisione del Gori
corrisponde perfettamente all' originale anche in quanto alla
situazione delle figure, laddove la nostra carta, ch'è stata
calcata sulla Patera, ha le figure in situazione inversa, co-
me è pure in quelle del Dempstero, Foggini, Lanzi ec. »
Memore questo mio pregiatissimo amico delle premure da
me fattegli per essere informato del destino di sì prezioso
monumento, pubblicò nel 1818 una lettera latina a me diretta, ove mi significa il piacere di aver veduto nuovamente
riposto nell' anzidetto Museo Bolognese il Disco Cospiano
dopo ventidue anni di assenza; aggiungendo che essendo
stato restituito da Parigi a Roma, universale ne è stato il
gradimento dei dotti e degli intendenti di antichità. Ma
oltremodo contento egli si dimostra per porgersegli l' occasione di mandarmi un rame esprimente quel Disco esattamente inciso dall' abile bulino del Rosaspina. Mi significa

---

1 Philippi Schiassi, *de Patera Cospiana*, epistola, p. 4, not. (1).

ancora essere stato eseguito il lavoro così accurato e com-
pleto, che non solo rappresenta i delineamenti della parte
già nota colle figure, ma anche quelli della opposta, che o
non sono stati fin qui considerati o, per quanto sappiasi,
almen finora inediti [1]. Lo spettatore vede tutto ciò fedelmente trasportato in questa Tav. X.

Siccome il Disco Cospiano figurato è de' più grandi che
si conoscano, mentre gli altri da me già esposti son della
più piccola dimensione fra questi monumenti, così potrà il
mio lettore, col paragone di queste due estreme grandezze, farsi un'idea della misura media e consueta dei Dischi
che nella continua sua variazione non oltrepassa questi
due limiti. È anche singolare questo che espongo, perchè a differenza degli altri che vedonsi in profilo alla Tav.
quinta corredati di leggero labro all'intorno, questo es-
sendone privo si ritrova esser piano del tutto; lo che secondo accennai sta in opposizione coll'opinione di quei che
dissero, questi Dischi esser patere sacrificiali.

Il Ciatti, che il primo a mia notizia scrisse di questi
Dischi ebbe occasione di citare il presente appellandolo un
coperchio d'urna colle seguenti parole: « *Nel qual coperchio è delineato il parto di Giove, dal capo parturien-
te Minerva, con la presenza di Giunone, appunto così dipinto come Lucano* [2] *lo descrisse: ed affinchè le persone ivi
espresse maggiormente si riconoscano, ciascuna appresso di
sè con lettere Etrusche ha il proprio nome intagliato; tra
quali con il modo da me trovato per combinare le lettere*

[1] Lettera ms. del Ch. Sig. Prof.
Canonico Schiassi a me diretta
nel 1816.

[2] Lucian., Dialog. Deor., in Dial.
VIII, p. 225.

Etrusche io combinai DIAS *che è il nome di Giove stesso.* [1] »
Ecco i primi passi alla cognizione della lingua Etrusca col
soccorso di questi Dischi, non meno che col paragone del
più antico greco alfabeto; mentre il Lanzi e il Visconti poco diversamente lessero quella voce, come vedremo. Dalla
descrizione del Ciatti non comparisce qual sia fra le due
donne del Disco la di lui supposta Giunone, come pure
trovo male indicato che Lucano (e volea dir Luciano) abbia posta Giunone presente al parto di Giove.

Il Montalbani espose al pubblico questo insigne monumento inciso e spiegato col seguente titolo. « *Manubriati
antiquissimi Etrusci Disci. Hoc est emblematicae aeneae laminae vetus sacrificialis interpretatio.* [2] » Comparisce da
questo titolo ch' egli sia stato il primo a sospettare che i
Dischi manubriati fossero ad uso di sacrifizi presso gli antichi. Egli vide in esso una pianta di melograno, e lo credè allusivo al parto di Giove; poichè i grani di quel frutto,
che hanno membrane, epidermide, osso, ed un rosso umore a foggia di sangue, li rassomglìò ad un feto. Frattanto
da un più minuto esame fatto su quella rappresentanza non
resulta che gli antichi vi ponessero il melograno per tale
allusione, ma piuttosto per individuar con esso un qualche
Nume; giacchè molti di loro avevano un vegetabile a lor
consecrato, come osserva Cesare Ripa [3], dietro l'autorità
degli antichl, e questi eran dagli artisti posti nei monumenti presso le Deità per farle distinguer fra loro. L'osservazione dei Dischi che son per esporre mi fa vedere che in
essi è conservato costantemente questo sistema.

---

1 Ciatti, Perug. Etr., lib. iv, p. 122.
a Ulyssis Aldrovandi Dendrologia,
lib. ii. cap. v, p. 601.
3 Iconologia, Tom. 1, p. 16, e seg.

Fu opinione del Montalbani che il volatile posto dall'artefice sull'arboscello del melograno fosse una colomba; nè sarebbe improbabile, qualora altre circostanze dell'intiera composizione combinassero in quel sospetto. Credè Venere la figura femminile presso la colomba. Disse esser Giove il nume scettrifero e fulminigero sedente sulle nuvole, ma il sedile di Giove comparisce formato di rozze pietre piuttosto che di nubi per la rigidezza marcata delle linee che lo compongono. Convenne ancor egli che la piccola Pallade era in atto di nascere dalla testa del padre. Credè parimente che avanti a Giove fosse Giunone Lucina, che in qualità di ostetrice ricevesse fra le braccia il feto di Giove, opinione modernamente impugnata: e credè rinnovato a' suoi piedi il melograno; lo che io non ammetto, per la differenza espressa nel Disco fra quelle due piante. Suppose infine esser Mercurio il giovine presso di lei, ed un istrumento ginnastico quella evidente bipenne manubriata che ha in mano; al che si oppongono con ragioni giustissime tutti quei che di questo Disco scrissero dopo di lui. Congetturò che le voci etrusche presso le figure ci facessero sapere i nomi di quelle in lingua etrusca, e modestamente confessò non conoscer la lingua per leggerle o pronunziarle; ma pur tuttavia lesse come pura supposizione *Anlao* per Venere, *Anil* per Giove, *Danao* per Giunone, *Mnaloes* per Mercurio. Fa torto alla vasta dottrina di quell'uomo il vederla occupata in ricerche di strane ed inconcludenti etimologie, per provare che gli Etruschi potettero valersi di quelle voci per indicar le accennate Deità.

Il P. Atanasio Kirker reputatissimo Antiquario ebbe in animo di produrre al pubblico una grande opera sulle antichità etrusche, nella quale si era proposto di esporre il Disco Cospiano, ed approvare la spiegazione già datane dal Montalbani [1]; ma quell'opera non fu sottomessa ai torchi.

Lorenzo Legati nell'esporre il Museo Cospiano molto si diffuse nell'illustrare questo Disco, citandolo *per la più pregiata gioja dell'antichità che vantasse quel Museo*. [2]; e datolo con stampa in legno, come già il Montalbani avea fatto, vi riconobbe *il misterioso nascimento di Minerva da Giove*. Fra le cose più interessanti che c'invita ad osservare, io trascrivo in compendio ch'egli notò Minerva spuntar dal capo fesso di Giove colla celata in testa, e nel rimanente tutta armata ed in atto di crollar l'asta che ha nella destra, sollevando rotondo scudo colla sinistra quasi vibrandolo, (e perciò da Quinto Calabro chiamata σακίσπαλος, *cioè Scutum vibrans*) non altrimenti che se contro di alcuno fosse adirata, come la rappresentò Luciano nel Dialogo che scrisse di questo avvenimento [3]. Adattatamente al parto ivi espresso credè presenti due Dee Giunone e Venere figurate dalle due donne che vi si vedono, supponendo Giunone come celeste ostetrice detta Lucina quella che raccoglie la neonata, e Venere quella che sostenendo Giove ha presso di se la colomba, com'egli dice; ed intanto giudicò Mirto l'una e l'altra pianta che vedonsi presso le Dee, ma pure non impugnò al Montalbani da lui citato, che potesse esser tenuta ciascuna per Melogranato. Quei che scrissero del Disco dopo di lui tennero sopra di ciò opinioni diverse e più ragionate, come vedremo. Riprende il Montalbani che credè Mercurio il giovine astante, mentre Vulcano e non

---

1 Legati, Mus. Cospiano, lib. III, cap. XXX, p. 321, e seg.

2 Ivi, p. 312.

3 Lucian pres. Legati, l. cit., p. 314.

Mercurio vuol che fosse presente a quel parto, anzi vi coo-
perasse, com'ei dice, spalancando a Pallade l'uscita dal capo di Giove col fenderglielo con un gran colpo della ta-
gliente sua scure di diamante, come Giove stesso gli avea
comandato; di che sì chiaramente scrisse Luciano: questione che verrà decisa dal nome appostovi; mentre, come vedrassi, l'uno e l'altro furon supposti cooperatori di quel
parto. Molto ingegnosa è poi la spiegazione del motivo perchè Vulcano sia qui rappresentato sì giovane. Che se Minerva, egli dice, nascente dal cerebro del Padre significa
l'Industria figliuola dell'applicazione mentale, che inventò
tutte le arti utili all'uomo; così Vulcano, che pure è figli-
uolo di Giove, espresso giovine e destro, simboleggia il
fuoco, ch'è il più agile di tutti gli elementi, e cagione della perfezione di molte arti, e perciò Fornuto disse che le
arti erano attribuite a Minerva ed a Vulcano: a Minerva
per la prudenza ed industria; a Vulcano pel fuoco col quale molte arti si perfezionano [1]. Ond'è che il cooperar di
Vulcano al nascimento di Minerva esprime l'ajuto che le
arti tra di loro si danno, e molte esser nate per opera di
altre. Sull'esame che fa il Legati e delle lettere del Disco,
e di quanto di esse ne scrisse il Ciatti ed il Montalbani,
nulla impariamo; giacchè tutto è congetturale e incoerente
con gli attuali nostri sistemi, di che n'è chiara prova la ri-
prensione ch'egli fa al Ciatti d'aver preso ajuto dalla lingua greca per interpetrare l'etrusco nome di Giove, mentre che il Lanzi molto ripete dal greco. Circa l'uso di questo Disco, scrive il Legati che dal Montalbani fu creduto

---

[1] Phurnut., de nat. Deor., p. 40.

servir di Patera ne'sacrifizi degli antichi Toscani, il che e-
gli vorrebbe concedere quando s'intendesse de'sacrifizi mortuali, presone il motivo dal suo ritrovamento: discussione
da me agitata sparsamente in questo mio scritto [1].

Tommaso Coke nel pubblicare l'opera *De Etruria regali* dello Svedese Professor di Pisa Tommaso Dempstero, vi
inserì vari rami di etruschi monumenti, che dal Buonarroti e dal Passeri sono stati dottamente illustrati. Fra questi
è il primo quello che rappresenta il Disco Cospiano [2] col
quale il Buonarroti dimostra che gli Etruschi adoraron Giove,
esibendolo, com'ei dice, la Patera Cospiana. Ma siccome
egli non dà conto del perchè *Patera* e non *disco* nomini
quel monumento, così io credo doverlo nominar disco, non
ostante l'opposizione a sì dotto uomo. Crede egli che il giovine colla bipenne sia Mercurio, perchè ammesso dalle favole greche presente al nascere di Minerva, lo che dottamente controvertono il Gori [3] e il Foggini [4]. Crede che i
caratteri possano essere d'antico greco, come d'etrusco idio-
ma; onde non già per essi attribuir si possa agli Etruschi
un tal monumento, ma sivvero perchè molti di tali Dischi
hanno parole alienissime da greca derivazione: affermativa,
secondo me, troppo franca in quei tempi ne'quali non si
era fatta una sì minuta analisi della lingua etrusca, come
ora abbiamo dal Lanzi. Si trovano difatti non pochi di essi Dischi a Chiusi in Toscana: ed ecco una prova incontrastabile di loro provenienza. In fine egli dichiara che i Greci non dettero a Giove, ed a Bacco il fulmine formato nel-

1 Legati, l. cit., p. 322.
2 Tom. 1, p. 78.
3 Mus. etr, Tom. 11, p. 241.

4 Foggini, Saggio di dissert. accad.,
   Tom. 11, p. 91.

la guisa che si vede nei Dischi [1]: osservazione che io credo fallace.

Molto posteriormente al Buonarroti scrisse di tal Disco il Passeri [2] nell'esporre i monumenti medesimi del Dempstero; e notando vari di quei che prima di lui ne avean ragionato, par persuaso che il giovane portante la bipenne per le loro dottrine si dovesse tenere per Vulcano. Quindi passa ad argomentare che siccome nessuno scrittore fra gli antichi ammette la presenza di donne alla nascita di Pallade, così i soli nomi di esse scritti nel Disco ce le possono far conoscere. Crede il nome *TINA* spettare a Minerva quasi ΛΘΗΝΑ de'Greci, e non a Giove come altri pensarono: questione che debb'essere sciolta dal solo consenso de'dotti che vi scrissero in seguito, come vedremo. La voce *THALNA* segnata presso la donna che vedesi alle spalle di Giove, la ricerca nella greca ΘΑΛΕΙΑ *pubescens* colla facile permutazione della N etrusca in ΕΙ. Sotto questa denominazione trovasi, com'egli osserva, e la Musa Talia e Giunone, ricavandolo da Pausania in più luoghi [3] e da Pindaro [4]; onde a Giunone attribuisce e la figura e 'l nome che l'indica. Due simboli egli osserva nel Disco spettanti a Giunone che favoriscono la sua opinione; l'albero del Melograno, ed il Cuculo che vi è sopra. Io non dubito del

---

1 Buonarroti, ad Monument. etr. Dempster., explic. et conject., § II, p. 9.

2 In Dempster., lib. de etr. Reg. Paralipom., in tab. 1, p. 18.

3 » *Templi Numen Telean, idest adultam Iunonem vocant.* Pausan. in Bœot., cap. II, p. 715.

Iunonem Jovi nuptam τέλιαν *vocasse.* Id. in Arcadic., cap. XXII, p. 640.

4 *Pindarus quoque (Nem. X) hoc eodem nomine Iunonem Hebes matrem nuncupat, est enim a* Θαλιω *pubesco.* Passeri, l. cit., p. 21.

primo, giacchè anche il Montalbani per tale lo giudica, e il monumento par che chiaro lo mostri ed incontrastabile: nè controverto il secondo, mentre quella forma di animale a molti volatili può attribuirsi. Adduce Pausania in prova che a Giunone era dedicato quel frutto; e per vero dire anche varie medaglie si potrebbero citare che attestan lo stesso [1]. La ragione di tal dedica non si cerchi, perchè lo stesso Pausania ce la dà per arcana [2]. L'emblema poi del Cuculo allude alla nota favola di Giove che trasformato in esso potè essere accettato nel grembo della verginella Giunone, e così restar da esso ingannata: favola che indicata da Pausania è addotta dal Passeri per chiarir quanto trova nel Disco. La voce presso l'altra Dea si legge da questi *TH A N A*, e si spiega per significato di *Dea*, *padrona*, *signora*, prendendo radice dalla lingua greca; ma egli non dichiara qual Dea particolarmente vi si accenni. Io non riporto le varie sue congetture, mentre in altri scrittori trovasi di che meglio appagare la curiosità dell'erudito. Nè più felice si mostra per la interpetrazione del nome che spetta a Vulcano.

Il Fabretti inserì fra le sue iscrizioni la figura incisa scorrettamente in legno di questo Disco unicamente per dimostrare che Minerva simboleggia il consiglio, e perciò favoleggiavasi nata dal cerebro di Giove [3].

Il Causeo che parimente lo riproduce inserito fra i sacrificiali strumenti, poichè già invalsa era l'opinione che tali

[1] Paus. in Corinth., cap. XVII, p. 148.

[2] *Quae de malo punico arcanis consignata sunt sacris, silentio* *praetereo.* Pausan., l. cit.

[3] Fabretti, Inscription. antiq. domest., cap. VII, num. 387, p. 538.

Dischi fosser Patere etrusche, si diffonde in particolar modo sul significato dell'intiero soggetto che vi si contiene [1], non dà veruna interpetrazione alle donne che assiston Giove, ma le chiama soltanto ostetrici. Ammette esser Vulcano il giovine bipennato, perchè fu quegli che aprì il capo di Giove d'onde Pallade venisse a luce [2]. Coll' autorità di Fornuto prova [3] che Minerva è propriamente l'intelletto di Giove o la di lui provvidenza, talchè in onor di Minerva furono inalzati tempj alla Provvidenza. Adduce quindi Porfirio presso Eusebio [4] e Giorgio Codino [5] per ispiegar che Giove sta sedente a denotar la stabilità e la fermezza di sua potestà; che è nudo nella superior parte del corpo perchè apertamente fa mostra di se agli spiriti intelligenti e celesti, ma che ha coperte le parti del corpo inferiori, perchè Dio è nella sua essenza nascosto ai mortali che abitano in questa bassa terra. Giudica lo scettro indizio di potestà, e in fine quell' uccello che egli tien per un' aquila, crede indicar l'imperio di Giove sugli spiriti aerei. La mia pratica de'monumenti vi si oppone, perchè vidi l'aquila sempre aderente a Giove, e non posata su d'un alberetto, che scemerebbe la dignità di sì fastoso animale. Nella Raccolta d' antichità romane, ove è stato riportato l' interessante di lui trattato degli strumenti atti ai sacrifici, trovasi ripetuto anche il Disco in rame [6] simile a quello ch'è nel Museo

1 Causei, Mus. Rom., Tom. II, Sect. III, Instrum. Sacrif. apta, tab. 23.

2 Lucian., Dialog. Deor., Dial. VIII, p. 224.

3 Phurnut., de N. Deor., p. 43.

4 Lib. III, Praep. Evang., cap. III, p. 89.

5 De Orig. Constantinop., Extat in Oper. Meurs., Tom. VII, p. 605.

6 Graev., Antiq. Rom., Tom. V, p. 320.

romano, unitamente alla ripetuta interpetrazione, che per vero dire può ammettersi ancorchè breve fra le più sodisfacenti che sieno state date al Disco, del quale io tratto.

Il P. Montfaucon, che fra gl'innumerabili monumenti da lui pubblicati non trascurò il Cospiano, accennò soltanto che il soggetto espressovi è Minerva dalla testa di Giove nascente per opera di Vulcano, e coll'assistenza di due femmine. Ma siccome trova diversità fra il rame che ne dà il Causeo il qual ne trasse il disegno dalle carte di Santi Bartoli, e quello del Fabretti che lo copiò da altro disegno esistente nella Galleria di Firenze, così nel sospetto che fossero stati in originale due Dischi diversi, ne dà due incisioni, [1] mentre in sostanza non si conosce che quel solo Disco nominato il Cospiano attenente al museo di Bologna, espresso in questa Tav. X.

Il Proposto Gori che ha dato alle stampe un intiero Museo di numerosi etruschi monumenti, non ha trascurato il Cospiano [2], emendando lo sbaglio di alcuni che antecedentemente lo avean espresso in senso contrario, esibendo a destra ciò che nell'originale è a sinistra, e così viceversa. Corregge pure il Fabretti [3], che lo espose come esistente nel museo Mediceo di Firenze, ove non fù mai; bensì vi se ne conserva un antico disegno [4] che io credo sorgente di quell'equivoco. Espone il metodo da lui tenuto per riportare con fedeltà dall'originale la stampa del monumen-

1 Montfaucon, Antiq. expliq., Tom. ii, p. 144, pl. LXII, num. 1, e 2.
2 Gori, Mus. etr., Tom. 1, tab. cxx, et Tom. ii, p. 329.
3 Inscript. antiq., cap. vii, num. 387, p. 538.
4 Vedasi alla Galleria di Firenze il libro di disegni intitolato Museo al num. 239 nella stanza detta del Frate.

to, qual è quello di servirsi del calco o impressione tratta dall' originale medesimo già inciso a foggia di un rame da stampare; metodo il più sicuro, che uso anch' io quando abbia alle mani li originali, perchè ognuno conosca precisamente il vero carattere dell' antico disegno dei Dischi.

In quanto alla favola espressavi crede il Gori, che le varietà che passano fra il racconto fattone da Luciano e da altri scrittori Greci e Latini, e l'espressione del monumento, derivino dall' aver gli Etruschi favole altrimenti narrate da quelle dei Greci; ed io penso che l'autore del Disco non già per seguir le favole etrusche, le quali per lo più trovo esser le stesse che quelle de'Greci, ma per esprimere che in quell'azione si rappresenta un parto, fu costretto a porvi l'intervento di due levatrici, sebben taciute dai mitologi greci e latini, come dimostrerò a miglior luogo. Anche le piccole accidentali variazioncelle d'esecuzione son pel Gori argomento di differenza fra nazione e nazione: così nota il fulmine nelle mani di Giove d'una forma non comune, e perciò particolarmente etrusca, com'egli dice; e intanto non osserva che tale è variatissimo in molti Dischi sebbene egualmente etruschi. Lo scettro di Giove è pel nostro Antiquario altro segno di etruscismo nel disco, e ciò deriva dalla casualità di picciol frego che nella sommità del bastone si vede nel disegno prodotto dal Gori, e che io non ho posto nel mio, perchè lo trovo tralasciato negli altri disegni fatti in Bologna coll'originale alla mano [1]; forse perchè ogni altro disegnatore giudicò quel minuto segnuccio fattovi per puro caso dall'ingiuria del tem-

---

[1] Ved. i disegni da me citati del Montalbani, del Fabretti e del Legati.

po, e non già dalla mano dell' artefice di tutto il graffito,
nè tampoco ad oggetto di distinzione fra gli scettri etruschi e i non etruschi. Le Urne etrusche di Volterra, che
hanno spessissimo nei loro bassirilievi insegne tali d'impero, non ce le mostrano diverse da quelle d'altre nazioni.

Entro all'uopo in sì minute discussioni sperando far cosa grata al culto pubblico nel determinare in che consista
positivamente e solidamente il tanto ricercato etruscismo
dei monumenti che io prendo in esame. Osserva il Gori
(oltre il già notato da altri) che Pallade manca del capo
della Gorgone non per anco troncato da Perseo per di lei
virtù. Crede poi Giunone la donna che stende le braccia
verso Minerva, unicamente perchè porta sulla fronte un
diadema più amplo e più ornato dell'altra: ma ciò non basta a distinguer Giunone, poichè vediamo nelle urne etrusche diademi magnifici in capo ad ogni qualità di donne
che non per questo si reputano tutte Giunoni. Giudica il
ramo d'erba od albero, che si vede a' di lei piedi, essere a-
nalogo alla massima de' poeti che ove passeggian gli Dei
nascano piante di fiori odorosi: interpetrazione, della quale
egli stesso non si mostra pienamente appagato, ed alla quale
spero sostituirne una più persuadente. Considera l'altra figura per Venere posta a soccorrer Giove nel parto qual'altra ostetrice unitamente a Giunone; lo che ammetterei se
altri esempi di antichità figurata o scritta mi facessero certo
che Venere sia stata per alcuna volta occupata propriamente a simile ufizio. Quanto al volatile creduto anche dal Gori una colomba, ch'è motivo per lui di suppor Venere la
donna predetta, essendo suscettibile di varie interpetrazioni,
io preferisco per esso le opinioni già esposte del Passeri che

mi paion le più ragionate [1]. Suppone poi che l'etrusco artista abbia espresso Vulcano con piede sopra uno scoglio per indicarlo zoppo; al che oppongo avere osservato che simile atteggiamento è frequente in gemme ed in altri monumenti greci e romani ove non sempre s'incontra Vulcano. Ne faccia fede per tutti il vaso Mediceo che ha due principali eroi della Grecia spettatori del sacrifizio d'Ifigenia, ed in simile positura, che per lo più è propria di quei che stando in piedi in atto di riposo ragionan con altri; [2] così appunto trovasi in altro Disco Mercurio che ragiona con Paride. [3] Nè può accordarsi al Gori che l'etrusco artefice abbia posto nel Disco il pomo granato per avere nella sommità una quasi corona radiata come simbolo della suprema potestà di Giove; poichè nelle mitologiche o in altre antiche rappresentanze la potestà suprema o regia non si esprime con la corona radiata, mentre le corone reali presso gli antichi eran di forma molto diversa da quella a-dombrata nella sommità del pomo granato. Molto meno può ammettersi che per esser nati i due gemelli Diana ed Apollo presso un albero in Delo, si debba intendere che fra gli alberi si convenga la nascita d'ogni nume; con che vuole il Gori spiegar la ragione degli alberi espressi nel Disco.

Passando egli all'esame delle lettere che vi sono, suppone che gli Etruschi indicassero i loro Dei con un cognome loro, piuttosto che col nome proprio; lo che quanto abbia poco fondamento, potrò farlo manifesto coll'esame dei molti nomi di Dei che si trovano sparsi nei Dischi. Leg-

---

1 Ved. p. 211.   num. 556.
2 Millin, Galerie Mytholog., pl. LCV,   3 Id., pl. CLI, num. 535.

ge pertanto il Gori la voce TINA, e la spiega per *tonans*, ma con qual fondamento? Minerva, com'egli dice, non ha nome scritto, perchè non avealo per anche ricevuto da Giove. Prosegue il Gori leggendo THANA che trova simile al Greco θεά, *Dia, Diva, Dea*, e rigetta il parer del Bourghet che vi lesse *audax, magnanima*. Per la voce THALNA che spetta alla da lui creduta Venere, ammette l'interpetrazione del Bourghet che spiegò *refocillatrix*. Presso a Vulcano legge GETHLANM, e gratuitamente suppone significare *Ignis Deus*. L'approvazione delle interpetrazioni ragionate dei dotti moderni che io son per esporre, relativamente ai nomi scritti in questo Disco, sarà la più spedita censura che si possa fare agli antecedenti da me accennati. Circa la favola espressa nel Disco, ammette anche il Gori che possa alludere alle arti, per la presenza di Minerva e di Vulcano, ed alla provvidenza divina per la stessa Minerva emanata dal capo di Giove.

Il Foggini [1] che ad istanza degli Accademici Etruschi tessè una lunga dissertazione sul Disco Cospiano, prova con essa in primo luogo l'incertezza degli antichi sul vero significato allegorico della favola in esso contenuta, e riportandoci il rame ov'è il Disco in senso contrario come altri fecero, l'esamina minutamente, e si getta dal parer di coloro che dicon Venere la donna che sostien Giove, e per il suo modo di vestire, che a parer mio nulla decide in questo caso, perchè nulla ha di particolare che solo a Venere spetti, e per la colomba che già dissi poter essere anche tutt'altro volatile, e per la sua influenza sulla generazione; e

---

[1] Dissert. dell'Accademia Etrusca di Cortona, Tom. II, Diss. v, p. 93.

intanto non riflette il nostro Autore che qui si tratta in special modo di parto piuttosto che di generazione. Reputa poi Giunone l'altra e pel diadema, cosa già da me combattuta, e per la di lei presidenza ai parti, e intanto non rammenta che anche Diana ebbe lo stesso incarico. Giudica Vulcano e non Mercurio il Nume bipennato e per la capellatura, che io non so adottar come valevole conferma di sua sentenza, e per esser nominato dai favoleggiatori presente al natale di Minerva, lo che ha forza di pruova, e per la differenza del nome appostovi *sethlan*, mentre in altri Dischi il vero Mercurio vien detto TURMS: pruove che appagano ogni buon critico. Nè so perchè non si aggiunga esser qui riconosciuto Vulcano per la scure, suo proprio simbolo usato sovente nelle arti antiche [1]. E per le di lui dotte ricerche se realmente quel giovine sia Vulcano o Mercurio o Prometeo, giacchè tutti e tre, com'egli prova, furon detti ritrovatori del fuoco, e tutti e tre sono stati da diversi Scrittori favoleggiati come ostetricatori di Giove, pare a me chiaro che la favola voglia esprimere principalmente che le arti meccaniche quasi tutte figlie del fuoco han dato ajuto al nascimento delle scienze per Minerva significate. Dà quindi plausibil ragione della semplicità dello scettro che ha in mano Giove, quale antico pastore e insieme re, che con semplice verga guida il suo gregge e governa il suo popolo. Non sto a ripetere che il Foggini come altri che scrissero su questo Disco, si diffusero nell'esaminare a qual sorta di sacrifizi servisse quell'utensile, credendolo già una patera sacrificiale; di che ho ragionato ab-

1 V. Millin, Vas. Peint., Tom. 1, pl. IX, p. 22.

bastanza in contrario. Osservi il mio lettore come cosa singolare, che il Foggini ed altri Antiquarj attribuirono a particolare per noi recondita dottrina degli Etruschi ciò che non poterono spiegare nei monumenti. Eccone le di lui precise parole. « In quanto poi al luogo, ove gli Etruschi credessero che Minerva nascesse, le piante, che quivi nella nostra Patera si veggono espresse, questo solo ci additano, aver eglino creduto non esser ciò seguito in cielo, ma in terra. » Io vedo per altro che questa dottrina Etrusca ha vita solo finchè da altri autori non si trova la vera ragione di quelle piante. Dunque gli Etruschi ebbero o non ebbero dottrine particolari e differenti da quelle de' Romani e de' Greci? La moltiplicità dei monumenti, che mi propongo produrre in quest'opera, recheranno gran luce a discutere questa questione. Chiude il Foggini la sua dotta dissertazione colla ricerca della interpetrazione dei nomi scritti nel monumento, in che non si è mostrato più felice di quei che ne scrissero nell'età sua.

In fatti il Passeri perspicace investigatore di lingua etrusca notò nelle sue lettere Roncagliesi [1], che per quanto chiarissimi uomini avesser parlato di questo Disco, poco era stato detto fin allora di verisimile intorno ai nomi in quello segnati; e nell'esame ch'egli ne fa, crede che *talna* dipenda da θηλὺ che val *nudrice*, epiteto ch'ei suppone tratto dall'uffizio nel quale la donna cui appartiene è occupata; e ne inferisce per questa come per altre osservazioni, che gli Etruschi non ci trasmisero già i nomi dei loro Dei,

---

[1] Raccolta d'Opuscoli Scientif. e Filolog., Tom. xxiii. Lettera ix al Sig. Annibale degli Abati Olivier., p. 308, e seg.

ma gl'indicaron solo per varj epiteti; questi metodi peraltro non reggono alla costante osservazione della molteplicità de' monumenti che io aduno espressamente per appagarne i curiosi indagatori. Ed infatti poco appagato egli stesso delle etimologiche sue ricerche, n'esibisce varie d'uno stesso nome, nè sa qual sarà la più accetta. È perplesso pur anco se il nome *Tina* spetti a Pallade o a Giove, giacchè prima di lui altri l'ascrissero a questo, ed egli vuol provare con lunga serie d'etimologie quanto più a quella convenga; ma riportandone in seguito il parer del Lanzi, guiderò con maggior sicurezza il mio lettore a scegliere il più plausibil partito fra le varie esibite opinioni.

Allora quando il Lanzi ebbe in animo di darci un saggio di lingua etrusca, vide la necessità di prevalersi dei Dischi in bronzo manubriati, ove molte voci etrusche sono scolpite, e adunatine un discreto numero dei più genuini, ne inserì diciotto incisi in tre tavole in quella celebratissima sua opera; e di quelli scrisse tanto quanto era necessario all'intelligenza delle voci che vi si contengono; e dato principio al trattato di essi (che intitola Patere Etrusche) dal Disco Cospiano [1] come altri avean fatto, lo descrive non senza qualche leggerissimo equivoco di pertinenza dei nomi alle figure. Fra le spiegazioni che fino a lui erano state date alla favola del Disco, approva quella che Mons. Foggini trae da Stesicoro il quale la inventò per insegnare che la sapienza non è opera umana, ma dono della Provvidenza.

Al parer di coloro che crederon *Tina* il nome di Palla-

---

[1] Lanzi, Saggio di ling. etr., Tom. II, p. 192, tav. VI, num. 1.

de, oppone l'autorevole esempio di altri Dischi ove questa
Dea è detta espressamente Minerva, onde è che il nome
Tina si dovrà credere l'etrusco sicuramente attinente a
Giove; ed a chi ne chiede ragione la rende il dotto autore, osservando che a lui può competer quel nome assai
naturalmente supponendolo derivato dal dorico ζὰν [1] o Δὴν,
onde l'antica Etruria che mancò delle prime lettere, sostituendo l'affine formò Tina. Non attende il Lanzi l'ultima
lettera in quella lingua nella quale esperimenta queste sì va-
ghe e sì ridondanti. Vuol poi che Thalna si legga con ausiliare *Thalina*, e derivata dal greco θάλινα si spieghi *marina*, che è la Venere πελαγία d'Artemidoro [2]. Propone quindi
potersi leggere anche θάλλινα da θάλλω *orior, germino*, aggiun-
tavi una desinenza simile a *rumina* dall'antico *ruma*. Osservo io per altro che tali interpetrazioni provengono in
parte da una precedente persuasione che la donna a cui appartiene quella voce sia Venere, indicata anche dalla pianta ch'ei crede un mirto, e dal volatile che tiene per una
colomba, come egli accenna descrivendo il Disco: cose tutte che ho già revocate in dubbio nelle pagine indietro. La
voce Thana ch'egli crede provenir da θάνασσα la spiega per
Diana o altra Dea, che invocavasi ne' parti sotto nome di
Lucina. Più anche naturalmente credè derivar da θεὺς che
dovean dire in luogo di ζεὺς. E quivi aggiunge che i Latini da *Divus*, che fu nome di Giove [3], formarono *Diviana* [4]
ed accorciatamente Diana: gli Etruschi da θεὸς fecero *The-
ana*, e accorciatamente *Thana*. La finale, secondo il Lanzi,

---

[1] Eustat. in Hom., p. 1387.
[2] Lanzi, l. cit., p. 193.
[3] *Sub Iove agere, e sub Divo a-*gere son modi sinonimi. Lanzi, l. cit., p. 194, not. 1.
[4] Varr., lib. IV, cap. X, p. 13.

spesso indica filiazione; ond'è che crede probabilmente derivarsi dalla madre ꝏ che gli antichi scrivevano ꝏ. Considera per ultimo il nome di Vulcano, *Sethlans*, che supplisce coll'ausiliare *Sethlanes*, voce che tanto ha esercitata la curiosità degli antiquari; ascrivendo, com'egli dice, più patrie a questo vocabolo che non si ascrivono a Omero. Suppone pertanto con Varrone, che dalla forza e violenza del fuoco sia derivato il nome di Vulcano, e trova giusta l'etimologia di una deità a cui tutto cede, e a cui, giusta Omero, niun nume può resistere [1]. Gli antichi Greci disser ὅκα per *vis*. Da questo vocabolo ei dimostra provenir ὁλκανές *validus*, *violens*. Ma siccome gli antichi alle aspirazioni sostituivano or la Γ or la S, e gli stessi popoli di Axo in medaglie segnavano Γαξίων [2], così egli trova che i Latini fecero *Volcanos*; e i Tirreni che non avean ogni vocale fecero *Selcanes*, e poi con picciola alterazione *Sethlanes*. Crede pertanto quel grand'autore di non dovere impiegare molta opera a persuadere ogni lettore sulla verisimiglianza di tali etimologie, dopo avere a lungo nella sua bell'opera considerato le alterazioni che soffre una voce stessa fra nazioni diverse.

Illustrando il Visconti un suo celebre Disco, prese occasione di esaminare anche il Cospiano rappresentante i natali di Minerva [3]. Ivi ammette che *Tina* o *Dina*, com'egli legge, sia lo stesso che Δια Giove, dottamente osservando che l'epentesi della ν nella voce Διτα è molto conforme a'dialetti della greca lingua costumati in Italia, che amarono in-

---

1 Iliad., xxii, v. 357.
2 Lanzi, l. cit., p. 195.

3 Visconti, Mus. P. Clem., Tom. iv, p. 99, e seg.

terrompere coll'*n* le terminazioni pure di quella favella, facendo così da Αητω Αητοος *Latonam,* da Διδω Διδοος *Didonem*; epentesi analoga ancora al genio del prevalente in Italia dialetto Dorico, secondo il quale, come i grammatici avvertono, anche le terminazioni pure de'verbi s'interrompono coll'*n*, dicendosi τιην in vece di τιω, ὁρόυη in vece di ὁρόω. In quanto poi alla parola *THALNA* propone che in vece di spiegarsi per Venere come fece il Lanzi, s'interpetri per θάλλα o *TALLONA* mentovata da Pausania [1], da Igino [2] e da altri come una delle Ore, Dee del tempo e delle stagioni, che tutte portano a compimento, secondo le antiche allegorie, le produzioni dell'universo. Quivi crede il Visconti che l'Ora abbia maturato nel cervello di Giove la divina fanciulla da Metide concepita, e trova che l'esser seminuda ne caratterizza la qualità, mentre così rappresentansi ordinariamente e le Grazie e le Ore loro compagne. In quanto al volatile che a lei sta vicino, confessa il Ch. A. non vedere nell'arte di siffatti monumenti, come determinarlo, se piuttosto per la colomba della pretesa Venere, che per l'aquila astante a Giove. Che se per colomba si voglia, sarà com'ei dice una delle Dodonee a Giove sacre, o di quelle che Giove stesso nudrirono, come pensò il Sig. Heeren [3]. Tenne anche opinione il Ch. Visconti che l'altra donna accompagnata dall'epigrafe *THANA* potendo leggersi anche *HANA,* sia *Anna Perenna,* secondo le italiche tradizioni la nudrice di Giove, l'amica, e la confidente della guerriera fanciulla [4]. Tante varietà d'opinioni mi fan credere che quei due no-

[1] Boeot., cap. xxxv, p. 780.
[2] Fab. cxxxviii.
[3] Expositio Fragment. Musei Bor-

giani, Romae 1786, p. 9, not. (c).
[4] Ovid., Fast., lib. iii, v. 659, 667, et seq.

mi e quelle figure femminili sien suscettibili di varia interpetrazione. Ma prima d'entrare in siffatta ricerca sentiamo
completamente quanto tutti ne han detto, per aderire al
più persuadente partito, o per sostituir nuove opinioni ove
potessero aver luogo.

Lettosi dall'Ab. Lanzi quanto il Visconti avea pubblicato
in opposizione alle sue interpetrazioni, scrisse di nuovo per
cedere in parte a migliore opinione, e in parte sostenere
quanto credè aver detto con ben fondate ragioni; ma quello scritto non vide la pubblica luce ai suoi giorni, e restato
in deposito per Sovrana clemenza nella R. Galleria di Firenze, mi è stato permesso poterne estrarre le seguenti notizie.

Giudica egli in questo suo manoscritto [1], primeriamente
essere stata celebre la Dea *THALNA* fra i Tirreni, perchè in
due diversi Dischi la trova indicata. Parlando pertanto della prima che nel Disco del Museo Cospi ha nome di *THA-
NA*, dimostra che i Latini non bisognosi di mutare il *s* in
,, dall'antico *AIS* Iupiter, a somiglianza de'patronimici, fecer
Diana; e qui si termina ogni questione sul significato di
quella Dea e sulla voce che l'accompagna. Ma egli prosegue il suo nuovo esame sull'altra Dea col nome di *THAL-
NA*, che in questo Disco stando alla sinistra di Giove quasi
fosse una seconda ostetrice, lo tiene abbracciato e fermo in
quell'atto, e rammentando il volatile presso di lei, lo giudica sempre una colomba; con aggiunger che per un tale
indizio da più scrittori si tenne esser Venere, opponendo alla opinione dell'Heeren e del Visconti che giudicaronla co-

---

[1] Lanzi, ms. di Galler., n. 4. *Lapides Antiqui, Numismata, Pondera, Vasa ec.*

lomba Dodonea spettante a Giove, che più verisimile sarebbe ove quel Nume comparisse fanciullo, mentre in quella età ebbe nudrimento dalle colombe; ma come la capra nodrice di lui più celebre spesso dagli antichi si appone a Giove bambino, nè mai forse a lui adulto, crede lo stesso essersi fatto della colomba: così stabilisce che l'aquila è il perpetuo simbolo di Giove, e la colomba il simbolo di lui bensì, ma nella sua infanzia. « Che se anche la colomba della Patera (mi servo delle sue stesse parole) si dovesse accordare a Giove, non è facil consentire al Sig.ʳ Heeren, che la *Thalna* ivi espressa sia la Lucina degli Etruschi, perchè trovandosi in questa Patera Cospiana chiaramente Diana che equivale a Lucina, l'altra ostetrice debb' esser diversa Dea. » Qui non posso astenermi dal dire che se i mentovati rispettabili scrittori, in luogo di occuparsi nell'indagine della Lucina Etrusca si rammentavano che due Lucine son chiare nella Mitologia degli antichi, come avrò luogo d'esporre, la spiegazione di questo Disco e delle voci che l'accompagnano sarebbe stata in poche righe sbrigata. All'opinione del Ch. Visconti, che vuol quella donna riconoscer per Tallo o Tallona una delle Ore, oppone rispettosamente che il di lei nome era sì poco noto in Italia, da non supporsi frequente nei monumenti, essendo le Ore universalmente conosciute dagli antichi sotto i nomi di Dice, Irene ed Eurinome [1]; nè altrimenti nominaronle il così detto Orfeo, e Museo, e Pindaro, e Diodoro, e Apollodoro, e Fornuto. Conviene il Lanzi che più tardi si pensò a farne or dieci or dodici, una delle quali fu Tallo o Tallona;

[1] Hesiod., Theog., *v.* 903.

S. II.   29

ma osserva altresì avere aggiunto Pausania, che in Atene
ove ella era venerata, non si seguiva il parer comune circa le Ore, ma una particolar tradizione della città; e perciò forse Clemente Alessandrino nomina Tallo espressamente come Dea degli Ateniesi. Ecco in qual modo ne inferisce il Lanzi che una Dea sì poco nota, o almen tardi fuori d'Atene, e che non ha lasciate tracce del suo nome in
Roma, non potesse poi esser sì celebre in Etruria da vedersi collocata ne'monumenti come ostetrice di Giove. Queste ragioni unite al simbolo sempre pel nostro scrittore di
una colomba, lo fanno opinare che la Thalna non sia che
Venere, a cui gli antichi dettero per simbolo un fiore non
bene aperto, come vedesi nella celebre Ara Capitolina, [1]
detto da Greci θάλλος e *Thallus* dai Latini. Soggiunge in fine che se altre opinioni avesse a proporre sulla persona e
nome di *THALNA*, vi sospetterebbe una di quelle Ninfe celebri di Dodona, che avendo nudrito Giove in Creta bambino, ebber poi da lui in consegna il piccol Bacco e lo nudrirono in Nisa, e furono in ultimo cangiate nella costellazione delle Iadi [2]; e soggiunge molto adattamente al-
l'uopo presente, che la principale di esse nudrici di Giove
è detta da alcuni Amaltea, ma da Igino Altea; e con lui
consentono in questo nome gl'interpeti. Crede pertanto
che questa *Altahea* fra gli Etruschi soliti ad alterare i nomi con metatesi e con epentesi facilmente divenisse *Thalena*, o *Thalna*.

Il Millin fra gli ultimi scrittori di questo Disco esibendolo anche in rame [3], fa eco soltanto a coloro che dissero

[1] Winckelm., Monum. Ined., tav.
95.

[2] Homer., Iliad., lib. xviii, v. 486.
[3] Galerie Mythol., pl. 37, num. 126.

esservi Minerva armata che esce dal capo di Giove, al quale Vulcano ha aperto il cranio colla scure; che Diana Lucina trae la fanciulla dalla testa del Padre sostenuto da Venere, caratterizzata da una colomba posta sopra un albero
dietro di essa; che nel fondo vi si rappresentan le nuvole
dell'Olimpo, e che i nomi scritti notano l'espressevi Deità.

Terminata la narrazione in compendio di quanto è stato
scritto sul Disco Cospiano, avanzo anch'io le mie opinioni
sopra 'l monumento e sopra quanto n'è stato pensato. Avrei
desiderato primieramente maggiore esattezza nell'analogia,
che dai sopprallodati rispettabili scrittori si è ricercata fra 'l
monumento ed i classici che a spiegarlo sono stati citati;
come, per via d'esempio, se ammettiamo che l'uccello posto sull'albero espresso nel Disco sia la colomba Dodonea,
dovrebbe confrontarne la specie dell'albero; or mentre sappiamo che l'albero delle colombe Dodonee fu una famosis-
sima querce [1], vediamo nel Disco essere un piccol melograno, come già ho notato nelle pagine indietro. Debbo
dichiarare peraltro, che il piccol frutto contenente il seme
nelle piante di mirto ha una forma che molto si assomiglia ad un piccolissimo pomo granato; tanto che contro di
coloro, che dissero mirto quella pianta nel Disco, sta soltanto, che la non si espresse mai nei monumenti per mezzo del suo frutticello, ma soltanto delle allungate sue foglie. A differenza il melograno che fu celebrato per i suoi
frutti, coi frutti stessi si fa distinguere nelle opere delle arti. È ardimentoso il pronunziare ove uomini sì gravi e per

---

[1] *Vocalemque sua terram Dodo-
nida quercu.* Ovid., Metam., lib.
XIII, v. 716. Vid. Delrii, Syntagm.

trag. Senecae, Tom. II, Comment
in Medeam., p. 42,

autorità e per dottrina disputarono con ogni loro sapere: non ostante, senza spregiare le opinioni loro avanzo le mie, perchè, secondo che io ne penso unitamente al Lanzi [1], l'Antiquaria Etrusca non essendo per anche adulta, i dubbj che si muovono circa ad essa, ove sien ragionevoli, rischiarati da nuovi lumi posson talora passare in certezza. Qui mi è d'uopo esaminare il soggetto del Disco, quasichè io fossi pratico artista piuttosto che letterato Antiquario, e per conseguenza sospendo per ora ogni indagine sulle epigrafi apposte alle figure. È evidente che vi si tratta del parto di Giove emanante Pallade dal cervello. La invenzione della favola non fu dell'artefice, ma di Stesicoro come dicemmo, che la descrisse, e con parole potè facilmente spiegarci che l'uscir di Pallade dal capo di Giove fu un parto di questo Dio: non così l'artefice, ch'essendo privo di verbi nel suo modo d'esprimersi dovette cercar soccorso da altre circostanze, giacchè il vedere una donna armata soprapposta al capo di un uomo tranquillamente sedente, non avrebbe se non dopo lunga meditazione presentata alla memoria dello spettatore l'idea d'un parto, e quindi del parto di Giove. Ad oggetto dunque di prontamente esprimersi, (come ad esperto artista appartiene) diè il fumine al provetto sedente, ed ecco un Giove, pose intorno a lui due ostetrici, ed ecco un parto. Ammettasi per similitudine, che l'artista medesimo avesse dovuto esprimere l'atto di Vulcano che per comando di Giove fende con un gran colpo di scure la testa di Giove stesso, affinchè ne nasca Minerva, secondo la descrizione di Luciano. Chi non avrebbe ravvisato nella rap-

---

[1] MS. esistente nella Galleria di Firenze.

presentanza di questo semplice fatto piuttosto un deicidio, che un' operazione ostetricia? Dichiarata pertanto con tali esempi la convenienza nell'artista di ricorrere ad episodj ed accessorj per esprimere intelligibilmente il soggetto che l'autore descrive, vengo ad aver provata la necessaria, o almeno la plausibile aggiunta .delle due ostetrici nella nascita di Pallade, omesse dagli scrittori. Or quali individui poteva l'artista sceglier meglio a tal' uopo, che le due Dee dichiarate celesti ostetrici Giunone e Diana? destinate ad un medesimo incarico e perciò di uno stesso nome, l'una di Giunone Lucina, e di Diana Lucina l'altra [1]. Ma ciò non basta: dovea l'artista indicare con espressivi simboli il nome delle due dive, come difatto par che siano indicate nel Disco.

La donna che fra le braccia riceve la nascente Minerva ha vicino ai suoi piedi un umile arboscello, ma sufficiente per indicare esser Diana che sovente si diletta fra gli alberi ad inseguir le fiere dei boschi, e perciò da Orazio è detta *Nemorumque Virgo* [2]. Vedremo in altro Disco Diana parimente indicata con siffatto simbolo. Presso l'altra è un monticello sul quale parimente è l'alberetto, che dalle foglie e dai frutti par distinto per un pomo granato piuttostochè per un mirto: nè quel pomo che strettamente uniti tiene i suoi grani è estraneo alla Dea, che presiede alla conservazione della unione dei popoli, come apprendiamo dalle medaglie di Mammea, ove si legge *Iuno Conservatrix* [3]. Più verosimile ancora sarà il congetturare che il pomo granato vi sia come mistico simbolo, di che som-

---

1 Callimac., Hymn. in Delum., *v.* 60, 61, et Spanhem. in eumdem, Tom. II, p. 421.

2 Carmin., lib. III, Od. XXII, *v.* 1.

3 Ved. Ces. Ripa, Iconolog., Tom. I, p. 18.

ministra qualche cenno Pausania nel descrivere la Giunone Argiva, che da una mano tenea lo scettro, e dall'altra il pomo granato; su di che egli protesta di astenersi dal renderne ragione [1], come uomo che religiosamente rispetta i segreti de'misteri, nelle cui mistiche ciste anche tal frutto ebbe luogo [2], forse per qualche allusione allo Inferno, d'onde Proserpina gustato quel pomo non potè più uscire [3].

Fra gli uccelli che son consacrati a Giunone parmi più verisimile d'ogn'altro quivi espresso il Cuculo. Giove, come ognun sa, trasformossi in quest'uccello per ingannar la sorella Giunone, la quale trovandosi incinta di lui, ebbe in risarcimento d'onore e la destra del Tonante e la presidenza ai parti col nome di Lucina a *lucendo*, perchè pone a luce i nascenti bambini [4]. Il Sig.ᵣ Quatre-Mere de Quincy che dalla lettura di vari antichi e dalla osservazione de'monumenti congettura la rappresentanza della indicata Giunone Argiva, le pone in mano il melogranato e sullo scettro il Cuculo [5]. Si potrebbe anche dire, che il monticello sul quale si erge l'albero del pomo granato, rammenti il monte Tauro sul quale Giunone fu da Giove sorpresa ancor fanciulla: e lo suppongo perchè vedo in piana terra l'altro albero attenente a Diana. Io non starò ad esaminare se Giunone realmente convien che si veda presente al parto di Giove prestandogli soccorso, mentre sappiamo d'altronde che essa fu nemica di quella dotta prole; ma sia che l'ar-

---

1 Pausan., Corinth., lib. II, cap. XVII, p. 148.

2 Id., l. cit.

3 Ved. Maffei, Osserv. Letterarie, Tom. III, p. 247.

4 Callimac., Hymn. in Delum., l. cit.

5 Le Jupiter Olympien ou l'art de la sculpture antique, pl. XX, p. 328.

tista di questo Disco non si mostrasse erudito abbastanza,
sia che tali favole in mille guise narrate dagli antichi non
lasciarono orma sicura per tesserne la rappresentanza; sia
che le dottrine dei misteri, come questi Specchi c'insegna-
no, non ammettesser le favole tali quali si trovano presso
il popolo e presso i poeti, certo è che in questa par che
l'artista abbia voluto coi predetti segni indicare l'espressa
voce di Giunone preferibilmente a quelle già supposte di
Venere, di Tallona, delle Ore e di altre credute Deità.

Ora si passi all'esame delle voci scritte nel Disco. *TANA*,
per consenso anche del Lanzi che più degli altri analizza
quel nome, è interpetrato per Diana, come accennai. Fra
questo e l'altro nome *TALNA* vi passa picciola differenza,
come non molta tra 'l nome antico latino di Diana, e quel
di Giunone. Sentiamo Nigidio appresso Macrobio che dice
Apollinem Ianum esse, Dianamque Ianam, apposita D lit-
tera quae saepe I literae causa decoris apponitur; ut re-
ditur, redhibetur, redintegratur et similia [1]. Vi fu dunque
un tempo che in Italia tra' Latini si dissero le due Dee *Ia-*
na, e *Iuno*. Nè la pronunzia dovè porre tra quei due nomi gran differenza, giacchè in antico, forse per simile affinità di pronunzie, si confusero due nomi *Ianus* ed *Ion* in
un sol personaggio, sebbene il primo sia il Giano antico
d'Italia, e il secondo sia Jone figlio di Xuto che regnò in
Atene ed all'altro assai posteriore [2]. Presso gli antichi Orientali par che non si facesse differenza di nomi fra queste due
Dee, giacchè *Iuno* e *Iana* come si ricava dai lessici Ebrei

1 Nigid. ap. Macrob., Saturn., lib.   2 Ved. ser. III, p. 81,
  I, cap. IX, p. 112.

van sotto un medesimo nome, ond' è che poi conservossi, come io ne penso, l'opinione che avessero un comune incarico di levatrici, allorchè forse d'una sola divinità si fecer più Dee. Vedansi a questo proposito i due variati rovesci delle stesse medaglie degli Ascaloniti [1], ove la Dea Siria che in Oriente significò egualmente Diana e Giunone, si vede in questi rappresentata or come Diana perchè ha la luna in testa, or come Giunone perchè ha la corona turrita [2], e il volatile presso di se come appunto è nel Disco. È a proposito il rammentare un insigne passo di Luciano, dal quale apprendiamo che nel tempio della Dea Siria in Oriente eravi anche la statua di Giunone, la quale partecipava alquanto di Nemesi, di Venere, di Minerva, delle Parche e di Diana [3]. Noi troveremo una Dea ripetuta nei Dischi sotto questi diversi aspetti, lo che mi fa credere che quivi ancora possa esser la stessa. Ora mi limito a rammentare che nella famosa corona di Giunone, descrittaci da Marziano Capella [4], fra le dodici pietre preziose che rappresentavano i dodici mesi dell' anno, quella che maggiormente splendeva per grandezza e per luce era la *Lychnis* [5] altrimenti detta Selenite o Lunaria, perchè fu notato che il suo lume cresceva e diminuiva secondo le fasi lunari [6]. Tanto bastò perchè se ne facesse il principale ornamento della Giunone Assiria, che secondo Luciano a-

---

1 Ved. ser. vi, tav. Q, num. 4, e 6. Le medaglie furono pubbl. dal Cardin. Noris. Op. omnia, Tom. ii, Diss. v, de Epochis Syromaced., cap. iv, § 1, p. 533, et 538.
2 Lucian., De Dea Syr., p. 478.

3 Ibid.
4 Lib. v, cap. v, p. 24.
5 Lucian., l. cit.
6 Anonym. in Dionys. Perieg., v. 316.

vea molti caratteri che gli eran comuni con la Luna e con Diana. Siffatti esempi rischiarano i motivi dei simboli di queste due Dee nei rovesci delle medaglie degli Ascaloniti.

Ma comunque ciò sia, io son d'opinione che un artista possa indicare per mezzo di simboli, di accessorj, di emblemi, di attributi e di episodj la persona che rappresenta, come appunto nelle levatrici di Giove ha preteso di fare con indizi di selva, di melograno, e del cuculo l'inventore di questo disegno. Quel nome *TALNA* ancorchè fosse privo di evidenti affinità etimologiche col latino o col greco, potrebbe nonostante esprimere Giunone in etrusco, giacchè la lingua, per esser diversa dalla greca e dalla latina può avere e voci e modi e frasi e nomi diversi da quelli delle altre due, di che ne abbiamo continuamente sotto gli occhi gli esempi [1]. Quanto ho supposto rapporto alla creduta Giunone, secondando l'opinione del Passeri, può incontrare qualche difficoltà nell'osservare un altro Disco, dove una femmina che assiste Giove partoriente Bacco porta lo stesso nome *TALNA*, che dovrebbe tenersi per altra Giunone parimente assistente al parto di Giove in qualità di levatrice e Lucina, se Giunone è quella del Disco Cospiano. E d'altronde non par credibile che Giunone, la quale fingeasi dai poeti aver cooperato alla morte di Bacco bambino e di sua madre Semele, ne favorisse la nascita col suo soccorso. Ma riflettiamo che le favole antiche Orientali ed Orfiche soleànsi narrare, com'io dissi, diversamente dalle Greche poetiche e più recenti, e che trattate nei Misteri, ancorchè gre-

[1] V. Lanzi, Saggio di ling. etr., Tom. II, p. 218, ed altrove spar-   samente nell'opera.

camente, conservavan per altro qualche tratto di Orientalismo. Non dico ciò a puro azzardo, ma giornalmente lo
scuopro nelle indagini che faccio nei più antichi vasi dipinti spettanti ai Misteri (come ognuno in oggi si persuade [1]) ed in esempi, che sarò per citare in più opportuna
occasione. Sotto questo aspetto può l'artefice avere avute
delle particolari ed occulte ragioni di porre Giunone ove
a noi non par conveniente. Io pertanto sospetto che la Giunone del Disco sia quel Nume che in Egitto ebbe culto
particolare, e di cui i Greci ce ne trasmisero le notizie nominandolo αταρ, e Αθυρ ed anche Αθωρ, voce che interpetra-
rono per Giunone e per Venere, come per molti esempi
osserva il dotto Iablonski [2]: non però quella Giunone, della
quale i Greci e i Latini inventarono stranissime gelosie pel
marito suo Giove, mentre questa si dice chiaramente da
Erodoto essere stata ignota in Egitto [3]; nè quella Venere celebrata da' Poeti figlia della spuma del mare, moglie
di Vulcano ed ausiliatrice d'illeciti amori, poichè ancor
questa fu straniera a tutto l'Oriente non che in Egitto [4];
ma quella deità che per Giunone e per Venere celeste, secondo che accenna Plutarco, fu dagli Orientali col nome di
Dea Siria venerata, come Dea madre della natura tutta, e
della generazione, e della germinazione, e della prosperità
delle creature viventi [5]. Nè questa al dir di Macrobio fu
ignota agli Etruschi, ma fu loro propria; mentre secondo le

---

1 V. Lanzi, Vasi antichi dipinti,
Diss. II, § II, p. 135.
2 Pantheon Aegyptiorum, lib. I, cap.
I, p. 5, e seq.
3 Herodot, Histor., lib. II, cap. L,

p. 180.
4 Vid. Iablonski, Pantheon Aegypt.,
l. cit.
5 Plutarc. in vita Crass., p. 553.

ste parole *Lunam ac Iunonem eamdem putantes* [1], lo che
perfettamente consuona colla prossimità dei due nomi po-
c' anzi osservati nell' Etrusco *TANA, e TALNA*. Potrebbe essermi opposto che gli Etruschi nominaron *Cupra* la Dea
Giunone, come insegna Strabone [2]. A mia difesa mi valgo
delle osservazioni del Lanzi, che trovò alle Deità vari nomi, secondo i diversi tempi e le diverse città e popoli [3]. Ed
in vero i monumenti e le monete d' Etruria ci presentano
i nomi di non pochi soggetti diversi da quei dei soggetti
medesimi lasciatici dagli autori, che dell' Etrusco ci vollero
dare qualche contezza [4]. Se bramiamo dunque indagar la
derivazione più antica di quel volatile, potremmo dire che
la citata Dea polinomia alla quale appartiene, fu da vari
Latini rammentata con antico nome di *Dione* o *Dionea* [5]
che dal nome Giunone non si scosta gran fatto, qualor si
sciolga in *Dea Iuno* pretto latino, o di *Iona* latino più
antico, per le ragioni da me allegate parlando altrove di
Diana [6]. Sostiene il Bianchini sommo filologo, che la voce
Dione in linguaggio degli Orientali vale lo stesso che Dea
Colomba composta da *Di* nome indicante la divinità, e *Iona* che si rende colomba [7]. I Greci che tutto alteravano
per le loro etimologie, dissero colombe, per tal ragione
cred'io, quelle donne che dall'Asia (donde proviene anche
l'idolo Dioneo) vennero in Dodona, e fondarono il famoso

1 Macrob. Saturn., lib. 1, cap. xv,
  p. 130.
2 Lib. v, p. 369.
3 Lanzi, Sagg. di ling. etr., Tom.
  11, p. 199.
4 Vedasi su di ciò tutta l'opera del

Lanzi sul Saggio di ling. etr.
5 Virg. Aeneid., lib. iii, v. 19.
  Ovid. Fast., lib. 11, v. 461.
6 Ved. p. 221.
7 Bianchini, Stor. univers., p. 261.

oracolo Dodoneo antichissimo; lo che sappiamo specialmente da Erodoto [1]. È dunque da supporsi che per la stessa
ragione gli antichissimi popoli, e quindi anche i Greci se-
gnassero Giunone per mezzo di una colomba, come nelle
già citate medaglie degli Ascaloniti [2] si vede la Dea con-
trassegnata da questo animale, che ivi porta il nome *ATHR*
o *ATHOR* [3]. Quivi propriamente saria Semiramide, che in
antico fu confusa con la Dea Siria ed *ATHOR* come si disse,
e questa con Giunone e con Venere, come ho parimente dimostrato. Mi persuade il già lodato Bianchini che quest'I-
dolo semipanteo fosse introdotto da' Cureti dall'Asia in Cipro, [4] ove più volentieri col nome di Venere celeste fu venerato, e par che conservasse quivi ancora l'emblema della colomba, sul qual volatile sacro a Venere tanto favoleggiarono i poeti, cangiandone per altro affatto la vera derivazione. Simil volatile spettò dunque egualmente a Giunone, e forse l'ebbero gli antichissimi monumenti dell'arte
che han dato occasione ai poeti di tesser favole variatissime [5]; nè sarebbe improbabile che interpetrato da qualche
antico per un cuculo piuttosto che per una colomba, come
esser doveva il volatile spettante a Giunone, se ne sia quindi formata la favola che superiormente narrai.

I sacri Specchi che illustro ritengon per ordinario gran
parte delle più antiche dottrine del paganesimo, miste però con i meno antichi favolosi racconti; tanto che resta incerto se il volatile espresso nel Disco Cospiano sia una co-

---

1 Hist., lib. 1, p. 19.
2 Ved. ser. VI, tav. Q, num. 4, e 5.
3 Bianchini, p. 263.
4 Id., l. cit., p. 260.

5 Chi vorrà istruirsene ampiamente
  potrà scorrere la dotta Opera del
  Ch. Creuzer, dei Dionisiaci.

lomba, come quelli indicarono, attenente a Giunone, o un
Cuculo come questi più modernamente favoleggiarono. Nè
disapproverei dirsi Venere quella donna presso il volatile,
come il Lanzi suppose, se in più Dischi Venere non avesse
altro nome in Etrusco. È poi da supporre che l'accennata
colossale statua di Giunone Argiva eseguita da Policleto ed
esistita fino ai tempi di Pausania, che ce la descrive, dovesse servir di norma agli artisti per apporre alla Dea i convenienti suoi simboli: or questi furono un cuculo, ed un
pomo granato, come appunto si vedono indicati nel Disco[1],
qualora il volatile si voglia interpetrare per un tale animale. Si concluda pertanto che il finquì detto lungi dal portare uno schiarimento sul vero significato di quella figura,
che nella composizione sostien le parti di levatrice di Giove, rende anzi più incerte le interpetrazioni finora datele,
ma non distrugge l'ipotesi che sotto l'aspetto anche pre-
sunto di Venere, non possa in realtà significar Giunone,
come par che lo accennino gl'indicati segni del volatile e
di melograno, simboli che soli fanno ostacolo alla dotta i-
potesi del Visconti, cioè che quella possa esser una delle
Ore che portano a maturazione il parto di Giove, come
anche ad ammettere coll'Heeren che possa essere una delle
Dodonee nutrici di Giove, dai poeti spesso introdotte nelle
loro composizioni[2]; e che a questa si competa la colomba
come simbolo dell'oracolo Dodoneo, perchè in tal caso il
melograno resta senza interpetrazione. Dunque la sola Giunone degli Orientali, come già dissi, può conciliarsi colla

1 Ved. p. 210, e seg.   412, v. 168.
2 Vid. Sophocl. Trachiniae, pag.

nascita di Pallade ed anche di Bacco, cogli uffizi di levatrice, col melograno, colla colomba o cuculo che vogliamo interpetrare quel volatile, e in fine colla convenienza della composizione espressa dall'artefice del Disco: il quale par che abbia voluto introdurre nel parto di Giove le due levatrici o Lucine, Diana e Giunone, ancorchè di esse non si trovi fatta menzione in simil circostanza dagli scrittori.

Dirò di più che Giunone, o Venere che dir si voglia, come Dea della germinazione è addattatamente simboleggiata nei Dischi, che han l'indicato scopo [1] di rappresentare siffatte materie; come pure l'intiero soggetto della divina mente di Giove, che emana la sapienza espressa per Pallade, è coerente alla iscrizione esplicativa dei sacri Specchi ove ho letto *misteri della divina mente*, di che ho già trattato molto nella Tavola VI. Questa Dea polinomia sembra che coincida colle qualità del pianeta Venere, che secondo Plinio fu l'astro di Giunone e d'Iside o sia di Diana [2]. Se la osserviamo in cielo essa non si discosta gran fatto nel suo epiciclo dall'astro supremo ch'è il sole, onde appare che or lo preceda or lo segua, ma sempre in poca distanza ed a seconda delle sue celesti posizioni rispetto al sole, prendendo nomi diversi, or di Fosforo o di Lucifero, ed ora d'Espero [3]; nomi che la dichiarano perpetua compagna della luce o fuoco celeste, che gli Orientali dissero Mitra, ed a cui gli stranieri sostituirono Giove; ed al quale nei misteri par che si desse astronomicamente per compagna quella Venere stessa, che si disse anche Giunone, e che secondo

1 Ved. la spieg. della tav. IX.   3 Cic. de Nat. Deor,. lib. II. p. 72.
2 Plin., lib. II, cap. VIII, p. 75.

Erodoto fu detta Mitra ancor essa [1]; mentre si trovan legate fra loro diverse favole, come in certi dati tempi si legan fra loro gli aspetti degli emblemi astronomici.

Qui darò termine con proporre, che si cerchi fra le costellazioni l'altra ragione dell'apparente confusione fra le nominate Dee Diana, Venere e Giunone, e vi si troverà che il sole è in congiunzione col segno dei Pesci, luogo vicino all'Aquario e sede affetta a Giunone nella distribuzione delle dodici maggiori Deità fra i segni del Zodiaco [2], allorchè nella parte opposta del cielo, quando il plenilunio (che è Diana) trovasi nel segno della Vergine luogo di esaltazione di Venere. Queste apparenze simultanee del cielo han servito di fondamento a delle unioni in apparenza mostruose ed inconciliabili. Per le stesse ragioni vediamo nella esibita moneta di Ascalona unite le forme di un pesce ad una Vergine, sottoposta ad altra che porta le insegne di Diana.

Altri Autori, che fecero speciale menzione di questo Disco e ne riportaron stampata la copia, fra gli ultimi dei quali annoverare debbo con lode il cultissimo Creuzer [3], avendo aderito nella interpetrazione loro a quelle già trascritte da chi gli ha preceduti, e dei quali ho già compendiato il senso, dunque non ne faccio ulteriore menzione.

Non così del bel Trattato circa questo Disco, che nella lettera latina a me diretta ed altrove accennata pubblicò

---

[1] V. il Baron Silvestro de Sacy nel lib. intit. Recherches sur les Mysteres du Paganisme par le Baron de Saint—Croix, Tom. II, p. 121, not. 1.

[2] Hygin, Poet. Astron., lib. III, cap. XL, p. 543.

[3] Abildungen, zu Symbolik und Mythologie der alten Völker, tab. XXXIX, num. 5.

il Ch. Sig. Schiassi [1], posteriormente a quanto ne aveva io preparato nei miei MS. per sottoporre alla stampa, e di cui per tal motivo ne aggiungo qui come appendice il compendio; tralasciando secondo il mio consueto stile ogni articolo già discusso da altri, e sul quale non cade novità o questione veruna.

Converrebbe in primo luogo ch'io dessi conto di quella testa muliebre, che accompagnata dai due volatili emana da un fiore, ornando in questa guisa la posterior parte del Disco, dove per le cure del prelodato editore vedesi espressa; ma poichè queste emblematiche facce son frequenti nei monumenti che illustro, così troverà il lettore spiegato il senso di questa, dove qualunque altro siasi monumento che ne riporti una simile, debba esser da me interpetrato.

Il già lodato Schiassi ha voluto portar la sua diligenza fino a mostrarci in un piccolo ondeggiante listello quell'ornato che chiude la periferia dello specchio opposto alla incisa parte di questo Disco; lo che mi serve sempre più di conferma che gli ornamenti di fusoria si ponevano dagli antichi nella parte speculare di questi Dischi, e che a parer mio la principale si reputava.

In aumento a quanto sopra questo Disco scrisse il Visconti soggiunge, che *Thalna* è detta perchè, aggiunta a tal voce la doppia *ll* e l'ausiliare *i*, se ne forma *Thallina*, quasi venisse da τάλλω *orior germino;* lo che più adequatamente al presente soggetto si addice che *Thalina* da τάλινα *marina*, o πιλάγια [2] e principalmente perchè, come avvertì il Ch. Sig. Prof. Orioli, dal greco τάλλω i latini, e gl'itali anti-

---

1 Ved. p. 204, not. 1.   2 Lanzi, Sag. di Ling. etr., p. 139.

chi dedussero *thalla, thallus, talia, talea, hirquitalli, hirqui-*
tallire, taleare e altri simili [1]; talchè sembragli niente esser
di più verosimile che dagli Etruschi fosse chiamata *Thallina*
cioè *germinante*, o ancora *Talena*: nome probabilmente derivato da' Talenati popoli dell' Umbria [2]. Ed osserva che difatti *Thalna* è chiamata la Venere della così detta patera
Borgiana, vedendovisi egualmente occupata presso di Giove
partoriente Bacco dal femore, mentre ove non si rappresentano tali soggetti ella è chiamata con altro nome. Ci rammenta altresì l'erudito scrittore, che il Visconti trascura di
far menzione del melograno, seguendo forse il parere del-
l'Heyne [3], che pensa doversi negligentare siffatti emblemi,
dagli Etruschi improntati tanto in'vasi che in patere, per
sola ignoranza d'artefici o per arbitrio; sopra di che altrove ho creduto di dover fare alcune mie opposizioni [4]. Per
la stessa ragione crede che il Visconti abbia trascurato ogni
attenzione sull'arboscello che nasce presso i piedi di Vulcano, che dall'Avercampo fu creduto un olivo, ed altro da
altri. Ciò basta per esso a far chiaro che sia da rifiutarsi la
sentenza dell'Avercampo, il quale dall'albero di melograno
e dal cuculo argomentò esservi rappresentata Proserpina.

Da siffatte indagini egli deduce che sia parimente da rifiutarsi la sentenza del Passeri, che ivi crede introdotta Giunone; poichè sia pure il melograno che alla Giunone stessa debbasi riferire, non però ad essa giudica referibile la
colomba, nè ammette che si possa credere piuttosto un cuculo; di che a far chiaro il lettore gioverà quanto ne ho

1 Vossii, Etymolog. L. L. Epist., p. 10.
2 Lanzi, l. cit., p. 198. 4 Ved. p. 201, e 202.
3 Schiassi, de Patera Cospiana,

scritto ancor io poche pagine indietro. Quindi ancora dottamente sostiene, che non già *Thalna* ma *Cupra* dagli Etruschi fu detta, secondo che insegna Strabone [1]; voce forse derivata da Cipro, che presso gl'Itali antichi ebbe significato di *buono*, come insegna Varrone stesso [2] riscontrato dal Lanzi [3]; tantochè suppone potersi dire che Giunone presso gli Etruschi fosse con la Dea Bona dei Latini una cosa medesima. Ma la nudità della presente figura è pel Ch. scrittore argomento da credere, che Venere e non Giunone vi si debba conoscere.

Chi segue i miei principj non avrà difficoltà di convenire, che mentre le particolari deità de'gentili non eran per essi in sostanza che particolari attributi dell'Ente supremo, erroneamente in seguito divinizzati in un modo speciale e staccato dall'esser primario, ove non sieno stati simboli della Natura o delle sue parti, o fisici effetti; così non è difficile che una stessa divinità fosse divisata con un tal nome respettivamente ad alcuno attributo divino, e con nome diverso rispetto a un diverso attributo: per cui non di rado si vede confusa Diana con Ecate e Proserpina, o Iside talvolta celeste, tal'altra terrestre. Non è dunque da potersi asseverantemente sostenere che ove Giunone si veda rappresentata, escluder ne dobbiamo qualunque idea di Venere, della Dea Bona, e d'altre femminili divinità [4].

Passa quindi a ragionare dell'altra figura che accoglie Minerva stendendo a quella le braccia. Riproduce in succinto quanto della figura e del nome appostovi dissertarono il

---

1 Lib. v, ap. Lanzi, Sagg. di Ling. etr., Tom. II, p. 199, 647.
2 Lib. IV, cap. XXXII.
3 Lanzi, l. cit., p. 809.
4 Ved p. 237.

Gori, il Passeri, il Visconti e il Lanzi, aggiungendo in fine che con questo nome *Thana* o *Tanat*, come sappiamo dal dotto Akerblad, viene chiamata Diana in un'iscrizione Fenicia trovata in Atene. Ciò confermerebbe la già esposta mia supposizione che in quella figura e in quel nome non altro intender si dovesse che Diana Lucina [1].

Vuole intanto l'erudito Schiassi che si ponga mente alla notata iscrizione, dalla quale, per esser Fenicia come viene attestato dall'Akerblad, se ne può argomentare qualche verità istorica a favor di coloro, che dichiarano gli Etruschi derivati dai Lidii, usando lingua e costumi Orientali [2]. Ma saggiamente pone avanti un dubbio, già promosso a questo proposito da un illuminato moderno [3]: dubbio che non confonde altri dotti i quali continuamente riproducono congetture novelle, per mostrare che negli antichi tempi fu dai Fenici praticata l'Italia [4]. E poichè altrove ebbi occasione di dire che in molti Specchi mistici trovasi effigiata una figura tale, che si può divisare per Nemesi, così lo Schiassi ne trae il seguente argomento. «*Voi stesso, o Inghirami, giudicate espressa Nemesi anche nelle Patere, e ci insegnate essere stata dagli Etruschi trasportata dall'Oriente, onde non crederò che sarete per disapprovare la congettura, che si faccia derivar dai Fenici il nome Thana attribuito a Diana. Nè giudico che ciò possa essere in opposizione al Lanzi, giacchè voi consentite col medesimo sull'origine degli Etruschi* »[5]. Prende poi di qui occasione il prelodato scrittore

---

1 Ved. p. 233. e seg.

2 Lanzi, l. cit., Tom. II, p. 75, 76, 184. 105 171.

3 Sacy, Journal des Savans, Paris, Iuillet, 1817. p. 439.

4 Bruni, degl'Etruschi e della loro favella, cap. II, p. 5.

5 Schiassi, l. cit., p. 12.

di mostrarsi persuaso che in quanto all'uso di questi Dischi
che illustro, secondar si debba il parere del Lanzi, che gli
vuole usati in qualità di patere sacrificiali nei riti bacchici
e funebri, o per ornato nelle sacre pompe; sopra di che
mi riporto a quello che ho già stampato, esaminando il parere del Lanzi medesimo [1]. Fa inoltre il prelodato Schiassi
alcune osservazioni su i Dischi manubriati fin'ora detti patere manubriate, riguardate cioè come differenti da quelle
prive di manico, notandone alcune che vedonsi nelle sculture; sopra di che parimente ho detto altrove abbastanza [2].

Non debbo astenermi dal render conto che anche l'erudito Sig. Ferrario, scrivendo una grandiosa opera sopra i
costumi di tutti i popoli, ha creduto con questo Disco non
solo di ornarla, ma anche di portar luce con esso ai costumi che degli Etruschi si vanno indagando, riguardanti
specialmente il culto religioso di quella illustre Nazione [3]. *Intanto* (egli dice) *passiamo ad esaminare alcuna di tali patere, il quale esame meglio che qualunque raziocinio ci farà conoscere le variazioni accadute all' Etrusca mitologia.*
E qui additando la Tav. XVI num. 1 della di lui bell'O-
pera, dove il Disco ora illustrato si vede impresso, lo accompagna con descrizione o interpetrazione dalle cause da
me descritte non differente, ove peraltro vuol notato che
il Dio principale mostrasi all'usanza greca e latina: e quindi la chiude con queste parole. *Ecco il Giove etrusco gre-
cizzare con questo mostruoso parto, del quale nessunissima*

1 Ved. p. 18, e seg.   Vol. II, Fasc. II, distribuzione
2 Ivi, p. 19, e 99.   LXVII, p. 113, 114.
3 Ferrario, Costumi dell'Europa,

allusione si ha nè nella Storia, nè nei più antichi monumenti nazionali. Ora io domanderei, per quali ragioni si può esiger dagli Etruschi un Giove differente da quello de' Greci? All'occasione di far parola del presente Disco, crede egli doverci avvertire che i Romani abbian tratto il culto di Giunone dagli Etruschi e non già dai Greci, per certe indagini che egli prescrive da farsi circa i tempi antecedenti la fondazione di Roma. Io peraltro non credo che questioni tali sieno da risolversi con poche parole o con asserzioni, ma con lunghe discussioni, seppure ciò basti; nè saprei quale ne fosse l'utile oggetto. Sembrami piuttosto che tal materia sia da rifondersi completamente; lo che potrassi per avventura eseguire con qualche dato meno ipotetico, se lo prendiamo dai monumenti che in questa mia Opera aduno.

TAVOLA XI.

Per quanto semplice sia la figura muliebre, che in questo Disco mi do a spiegare, pure dall'esame d'ogni suo accessorio parmi riconoscervi la Fortuna. Quel simbolo che si vede ai suoi piedi non altro, cred'io, potrà rappresentare che una ruota indicata e dai replicati circoli e dai raggi che legano gli uni con gli altri, come si conviene alla ruota d'un carro; e di tal'indole suol esser quella comunemente attribuita alla Fortuna nei monumenti antichi e moderni. Credo peraltro che quel simbolo abbia in certa guisa più significati, e che l'appendice che vi si vede a foggia di un lungo nastro denoti la fionda, colla quale scagliavasi un certo sasso rotondo, che facendo le veci dell'indicata ruota dal-

la forza scagliato, dove questo fermavasi ivi cadeva la Fortuna. Udiamolo da Pacuvio presso Cicerone in questo paragrafo. *Philosophi Fortunam insanam esse et caecam et bru-
tam perhibent; saxoque illam globoso instare praedicant vo-
lubilem. Ideo quo saxum impulerit fors, cadere eo Fortunam autumant* [1]. Vero è che la ruota della Fortuna ebbe altri significati, che esporremo soltanto ove aiuti l' intelligenza dei monumenti.

Le ali son proprie di questa Dea, conforme da Orazio
le vengono attribuite [2] per dinotarne l' incostanza [3], ma
probabilmente l' A. del Disco poteva avere anche altra intenzione diversa da questa, nell'aggiunger l' ali alla sua figura; di che sarà fatta parola nel seguito dell'esame su questi Dischi, ove molte son le figure di donne alate. Quelli
ornati che se li vedono al collo, sulla fronte e agli orecchi, insoliti in questi monumenti, conciliano colla nostra
figura la descrizione, che da Marziano Capella si ha della
Fortuna come la più garrula e la più sfarzosamente ornata
d'ogn'altra fanciulla [4]. In proposito della sua nudità potrà
dirsi con Lattanzio [5] e con Giovanni Damasceno [6], che gli
antichi tennero per una deità medesima e la Natura e la
Fortuna, e in questo caso l'una e l'altra dovranno esprimersi in un modo medesimo. Si consulti Cesare Ripa [7] sì
pratico delle figure simboliche, e troverassi che la Natura

1 Cicer., Op. ad Herenn., lib. II,
  § 43, p. 48.
2 Horat., lib. III, Od. XXIX, v. 53.
3 Dempster., Paralipom. ad Rosin.
  Antiq. Roman., lib. II, cap. XVI,
  p. 223.
4 Martian Capel, ap Lil. Gyrald.,
  Deor. Syntag., p 458.
5 Lactant. Firm., cap. XXIX, Divin.
  Inst't, Tom. 1, p. 266.
6 Lib. II. Orthod. Fidei, cap. XV.
7 Iconologia, Tom IV, p. 203.

è rappresentata nuda, come ricava da un' antica medaglia d'Adriano, e da alcune massime di Aristotele [1] e da altri autorevoli fonti. Dunque anche la Fortuna potrà nel modo stesso esser nuda. La sua mossa fugace, seppur tale si debba interpetrare, aumenta all'ali l'espressione di celerità, attribuitagli da Orazio in quei versi.

.... *si celeres quatit*
    Pennas, resigno quae dedit [2].

Ora invito l'osservatore a riflettere che la composizione di questa figura in disegno si assomiglia moltissimo a quella da me esibita alla Tav. I di questa serie di monumenti; e si rammenti frattanto che nell'interpetrazione di quella soltanto dissi essere stato il simbolo della divinità presso gli antichi [3]. La presente figura può sviluppare in parte il senso della spiegazione di quella. Esclama Plinio che in ogni luogo, in ogni circostanza e in ogni tempo s'invoca la Fortuna, quasichè non sia stato riconosciuto altro dio [4]. Ed in vero s'incontrano frequenti prove, che se non presso i Greci, almeno appo i Romani sicuramente si venerò la Fortuna con molti nomi, qual primaria loro deità. Se ne ascolti da Macrobio il motivo. Omero, egli dice, che non sembra aver dichiarata con proprio nome qual deità la Fortuna, ne commette il divino potere alla sola divinità che gli antichi riconoscevano col nome di Μοῖραν. Ove all'incontro Virgilio attribuì alla Fortuna tutta quella divinità che è propria d'un dio. Ma i filosofi più moderatamente decisero, che per quanto potente ella fosse, nulla potea peraltro da se stessa arbitrare, onde la vollero amministratrice

[1] Physic., Nat. Auscult., lib II, cap I, et II. p 328, 329.
[2] Horat., l. cit.

[3] Ved. p. 7.
[4] Plin., lib II, cap. VII, § V, p. 73.

e non arbitra della Provvidenza e dei decreti di dio [1]. Quindi è che lo stesso Virgilio confondendo la Fortuna col Fato così si esprime

Fortuna omnipotens, et ineluctabile fatum. [2]

Il monumento che spiego è stato trovato negl' ipogei dell'etrusca Volterra, e si conserva inedito nel Museo etrusco di quella città, ove ebbi agio di trarne l'esattissimo disegno che qui espongo, sebbene in dimensione alquanto più piccola. E chi non sa che i Romani appresero molte dottrine sacre dagli Etruschi [3], e che gli Etruschi tennero il Fato per loro massimo nume? Mi lusingo dunque di non avere errato nel dichiarar la figura quasi simile a questa e nel primo Disco di questa Serie rappresentata, essere stata il simbolo della divinità presso gli antichi; siccome ora mediante la figura presente posso anche aggiungere che questa, essendo allusiva al Fato, ci manifesta l'effigie della divinità presso gli antichi Etruschi, non solo per essere stato il presente Disco ritrovato in Etruria, ma perchè ancora mi è noto che il Fato fu la primaria divinità degli Etruschi, confuso con la Fortuna.

E quand' anche della sola Fortuna si cerchi, se dagli Etruschi sia stata particolarmente venerata, noi ne troviamo l'affermativa in un passaggio insigne di Marziano Capella, sagacemente accennato a tal proposito dal Gori, versatissimo letterato in materie di etrusche antichità. Tratta egli della Dea Norzia, ove aggiunge esser questa colla Fortuna una medesima Dea [4], dicendo, che da varie iscrizioni ri-

---

1 Macrob., Saturn., lib. v, cap. 16.
2 Aeneid., lib. vii, v. 334.
3 Ved. ser. iii, p. 152.

4 Gori, Mus. etr., Tom. ii, Class. i, tav. iv, Nortia Tuscor. Dea, p. 16.

trovate in Etruria, e nominatamente in Volsinio, in Firenze
e in Volterra, come anche da alcuni autori Latini [1], si argomenta che questi Popoli fossero alla Dea Norzia particolarmente devoti, onorandola alcuno di essi col nome speciale di *Magna Dea*, forse perchè, come della Fortuna notò
Cicerone, fu grande in ogni parte la di lei forza, sia nelle
favorevoli o nelle contrarie [2]. Aggiunge poi lo stesso Gori
che un tal nome di Norzia fu dagli antichi applicato alla
sorte ed a Nemesi, e più sovente a *Tiche* cioè alla Fortuna, come dice aver letto in Marziano Capella [3]. Altrove
porterò sopra questo argomento delle importanti osservazioni. Qui noto che la figura della Tav. I di questa Serie
di Monumenti essendo, come io dissi, molto simile alla presente [4], fu in altro mio già pubblicato scritto dichiarata per
una Nemesi, come il culto Prof. Schiassi rammenta nella
sua lettera latina [5]. Tantochè volendo alcuno riconoscere
anche in questa figura una Nemesi pe' i suoi attributi, non
farebbe che seguire Claudiano laddove canta:

> *Sed Dea, quae nimiis obstat Rhamnusia votis*
> *Ingemuit, flexitque rotam* [6].

Ratifico adesso che nei misteri della Fortuna si adopra-
vano particolarmente gli Specchi Mistici [7], mentre in questo
io trovo rappresentata la Fortuna medesima, e frattanto
vengo a provare invariabilmente che a tali utensili altro nome non può competere se non quello di Mistici Specchi.

---

1 Cincius, Alim. ap. Liv., lib. vii,
  cap iii, p. 416.
2 Cic., Op., ad Q. Fratr.. epist. i,
  § 1, p. 2032.
3 Vid. Gori, l. cit.

4 Ved. p. 7.
5 Ved. p. 243.
6 Claudian., Op. de bello Getic.,
  Carm. xxvi, v. 631, p. 445.
7 Ved. p. 83.

Ad un'altra riflessione m'induce l'esame di questo bronzo, di cui finora fu ignoto l'uso, e ch'io predissi essere stato idoneo a qualche sacra considerazione [1]. Si ascolti l'assai culto Geinos il quale ha osservato, che Erodoto avea stabilite certe massime alle quali solea riportare spessissimo la conseguenza morale dei fatti ch'egli narrava; e queste massime sono: che non bisogna lasciarsi abbagliare dallo splendore della potenza e delle ricchezze; che l'uomo il quale gode di una mediocre fortuna è spesso più felice di quegli che si asside sul trono; che non è possibile sottrarsi ai decreti del Fato; che in questo basso mondo tutto è sottoposto ai capricci d'una divinità invidiosa, che si compiace di confondere l'orgoglio della vanità degli uomini e di turbarne la felicità; e che per conseguenza non si può dire che un uomo sia veramente felice, se non quando ha terminata felicemente la vita [2]. E che mai rappresenteranno quelle donne che tanto spesso vedonsi ripetute con lo Specchio in mano, dipinte nei Vasi fittili, se non le anime istrutte nei misteri in atto di considerar queste massime onde ben condursi nel corso della vita [3]? La Fortuna ivi rappresentata avrà dunque per principale oggetto di rammentare, a chi pondera in questo Disco, i varj effetti della sua potenza descritti da Erodoto, e l'uso che se ne dee fare per ben condursi in questo mondo, per cui non solo promettevasi il premio d'un'aurea felicità in vita, ma una vita anche migliore dopo la morte; di che ho una te-

---

[1] Ved. p. 90.
[2] Mem. de l'Acad. des inscr., Tom.

XXXVI, p. 206.
[3] Ved. la tav. XXVII, della ser. V.

stimonianza in Cicerone da me citato, appunto in occasione di trattare dell'uso di questi Mistici Specchi [1].

TAVOLA XII.

Se vi è motivo che giustamente ci faccia esser dolenti della trascuratezza, nella quale sì spesso cadon gli artefici dell'opere Italiche agli Etruschi per lo più attribuite, è certamente giustificato nel Disco frammentato, che nella Tavola XII di questa Ser. prendo in esame. E se per avventura venisse il dubbio allo spettatore, che mal fondate fossero le mie congetture sopra quel tanto che sono per dire, e che deduco dal disegno del monumento medesimo, immaginando egli che potrebbe anche questo disegno non corrispondere al suo originale, si accerti pure ch'io stesso me ne son cautelato. Imperciocchè dopo averlo esattamente copiato dai rami pubblicati dal cultissimo Sig. Prof. Schiassi nella Raccolta di Patere degli Antichi, dal Biancani dottamente spiegate [2], domandai al prelodato Sig. Schiassi se poteva esser certo, che quelle sue copie in rame corrispondessero perfettamente agli originali; su di che egli gentilmente risposemi nel tenore seguente [3], « *E intorno a queste* (Patere del Museo dell'Istituto) *avendole io di nuovo insieme con altri diligentemente confrontate coll'incisioni, le ho trovate tutto affatto affatto corrispondenti* ».

Dai lineamenti del volto di questa, benchè muliebre fi-

1 Ved. p. 123., not. 2.

2 Schiassi, de Pateris antiq. ex schedis Biancani, tab. XI.

3 Lettera del Sig. Prof. Schiassi a me diretta in data di Bologna 18 dicembre 1816.

gura, apparisce chiaramente che sia barbata; ma il Biancani, che prima di me ne ha studiato il significato, non facendo caso di quegl'indizi di barba che manifestamente se
li vedono al mento, pose questa figura fra quelle, che tutte
giudicò rappresentanti la Notte [1].

Paragonata questa figura colle due già esibite alle Tavv.
I e II, vedo che non facendo conto dell'indicata barba, potrebbe dirsi quest'ultima una quasi replica dell'altre due.
E poichè a non equivoci segni credo essermi attenuto per
giudicar la muliebre figura della Tav. XI una Fortuna, così non crederò andare errato dicendo esser la figura della
Tav. XII una Fortuna barbata. Nè a siffatto giudizio potrei
attenermi, se la mitologia degli antichi non me la ram-
mentasse in varie occasioni, di che alcuni esempi ora voglio esibire.

Sappiamo da Plutarco essere stata esposta in Roma alla
pubblica venerazione la Fortuna barbata, posta in un ta-
bernacolo presso il tempio di Venere per comando di Servio Tullo, il quale ebbene un'altra nella propria Regia [2].
Altre ne indicano S. Agostino e Lattanzio [3]. Più questioni
si suscitarono fra i dotti sulla derivazione di quest'immagine; e dove Lattanzio dichiara che i Filosofi ammettevano la Fortuna maschile, sebbene il volgo la considerasse
di opposto sesso, il di lui Comentatore soggiunge non saperne il motivo. Il Mazzocchi trovando in Tertulliano [4] fat-

1 Biancani, ap. Schiassi, l. cit., Epist. III, p. 40.
2 Plutarc., Op. de Fortuna Romanor., Tom. II, p. 323.
3 Lactantii Firm. Op., Tom. I,

p. 266, de falsa sapient. Philos.,
lib. III, cap. XXIX.
4 Tertullian. Op., de Monogam., p.
396.

ta menzione della Fortuna barbata, suppone che la rappresentassero tale perchè non diversificava dal Genio, che pur solea farsi barbato [1]: ma il Biagi gli contrasta in parte questa non spregevole idea [2]. Io peraltro spiego tuttociò in un modo alquanto diverso. Ebbero gli Orfici l'opinione che il Caos eterno, ingenito, infinito, ma informe un tempo, prendesse dipoi ammassato in se stesso la forma di un uovo, e che da questo ne avvenisse una prole dotata dell'uno e dell'altro sesso, che diè principio a tutte le cose, distinse il cielo dalla terra, e fece insomma dell'operazioni che son proprie del vero Dio creatore [3]. In seguito di tal dottrina vediamo presso gli scrittori e gli artisti che a quelli Dei principali, cui si volle dar l'attributo di creatori dell'universo e di primigenii, fu assegnata la qualità di Androgini, partecipanti cioè delle due diverse nature [4]. Di Giove per via di esempio cantò Valerio Sorano

Tu genitor, genitrixque Deum:

di Venere disse Lavinio

Venerem igitur almum adorans [5];

così di Bacco, di Fanete, di Cupido, e di quant'altri numi che si disser protogoni e primigenii [6]. Se ne trovano esempi anche in questa Serie dei sacri Specchi, come infatti vedemmo Giove che partorisce Minerva, mentre il parto spetta naturalmente alle donne [7]. A ciò allude anche la

---

1 Mazzocchi, Spicileg. biblic., Tom. II, p. 258, 283.

2 Monumenta Graeca ex Mus. Nanian. in § XIII, p. 41.

3 Vid. Orph. et Hesio l. in Cosmog. ap. Kanne, Anale. Philolog. p. 56.

4 Ved. ser. III, p. 146.

5 Vid. hi duo ap. Ant. Delrii, Syntagm. tragic., pars II, p. 255.

6 Dempster Paralip. a i Rosin., lib. IV, cap. VIII, p. 177.

7 Ved. questa ser. II, tav. x.

nostra Fortuna coll'avere il suo mento barbato esprimente, cred' io, que'nomi ad essa dati dagli Scrittori di Fortuna virile, Fortuna primigenia [1], Fortuna barbata. E per contrario argomento io dirò, che se per questo mio scritto resta provato che la presente figura sia la Fortuna, ancorchè barbata, potrò più facilmente convincer chi legge che l'altra posta alla Tav. antecedente sia una Fortuna ancor essa, perchè oltre alle addotte ragioni quella vi aggiungo di esser quasi simile alla Fortuna espressa in questa Tav. XII. [2].

TAVOLA XIII.

Una figura quasi simile all'antecedente si mostra nel Disco di questa Tav. XIII, il cui berretto che non posso paragonare all'altro della Tav. ora spiegata per le sofferte franture, ha la forma stessa di quello della donna che è posta alla Tav. I. La mossa della presente figura non eguaglia in tutto quella dell'antecedente, ma se le approssima in parte; e le ali hanno certe appendici che si ripetono nelle due Tavv. I e XII. Ed è perciò che io mi azzardo di qualificare la figura presente del genere medesimo delle due mentovate. Nè faccia ostacolo la diversità del sesso, poichè nella stessa figura vedesi indicato il petto, per modo che manifestamente si volle in esso dall'artefice dichiararlo femmineo. Ciò non parrà incongruente, se qui mi si lasciano

---

1 Cic., de Legib., lib. II, § XI, p. 3356.
2 Questo Disco secondo ne scrive il Biancani e lo Schiassi, de Pateris

Antiquorum, Epistol. III, p 40, appartenne un tempo al Museo Trombelli.

attribuire alla presente figura quegli epiteti, già da me replicati nell'antecedente spiegazione, di Fortuna virile, Fortuna primigenia, Fortuna barbata, che a questo nume si davano dagli antichi. Anche nei Vasi fittili mi si porge occasione di far parola di simil nume, in cui dagli artisti si
confondevano i sessi, onde render manifeste certe idee cosmogoniche fatte sacre nel culto, e perciò in questi monumenti rammentate con queste figure [1]. Potremo dunque in
sequela di tali principj dichiarar questo soggetto per la divinità degli Etruschi, senza che l'accennate varietà ci obbli-
ghino a distinguere in particolar modo questo da quelle.
Ed in vero, che gli Etruschi non assegnassero un'individua-
le figura personificata a rappresentare la Divinità, ce lo insegna Seneca, il quale apertamente ci spiega qual' idea si
facessero gli Etruschi dell'Ente Supremo. Io qui trascrivo
quell'insigne passo ne'suoi precisi termini, sul dubbio d'al-
terarne il senso colla versione. « *Eundem, quem nos Iovem,
intelligunt custodem rectoremque universi, animum, ac spi-
ritum, mundani huius operis dominum et artificem, cui nomen omne convenit. Vis illum Fatum vocare? non errabis. Hic
est, ex quo suspensa sunt omnia, caussa caussárum. Vis
illum Providentiam dicere? recte dices. Est enim, cuius
consilio huic mundo providetur ut inconcussus eat, et actus
suos explicet. Vis illum Naturam vocare? non peccabis. Est
enim ex quo nata sunt omnia, cuius spiritu vivimus. Vis
illum vocare mundum? non falleris. Ipse enim est totum
quod vides, totus suis partibus inditus, et se substinens vi
sua. Idem Etruscis quoque visum est ec* [2] ».

---

[1] Ved. le spiegazioni delle tavv.
xx, xxii, xxiii e seg. nella ser. v.

[2] Senec. L. Ann., Op. Nat. quaest.,
lib. ii, cap. xlv, p. 831.

Quanto sono per dire non devierà dal tema che tratto, ma ci condurrà a mostrare più evidentemente l'idee degli Etruschi relative alla divinità, per quindi più chiaramente venire alla spiegazione della figura che illustro, la quale essendo stata trovata in Chiusi non ammette dubbio che vi si rappresenti cosa spettante a Etrusca mitologia [1]. Leggo in Eliano che nessuno dei barbari (e tali erano gli Orientali rispetto a lui) ha negato l'esistenza degli Dei nè la lor providenza. « Tutti, egli dice, l'Indiano, il Celto, l'Egiziano sono stati persuasi che vi eran degli Dei, e che prendevansi cura di noi [2] ». A costoro vuole un letterato moderno, il Sig. Mignot, che si aggiungano anche i Persiani e i Caldei, i quali egualmente ammettevano il dogma della Providenza [3]. Dunque la massima di una Providenza che tutto regge e governa, e dagli Etruschi adottata, è sicuramente Orientale. Per somiglianza di queste colle massime filosofiche degli Stoici potè dire il Lanzi, che gli Etruschi coltivatori della filosofia sopra ogn'altra facoltà dello spirito, preferirono all'altre la Stoica; ma nel trattare siffatto argomento si trovò astretto a concludere che non fossero Stoici del tutto [4]. E chi ci vieta il supporre che gli Etruschi

[1] Paragrafo di una lettera a me diretta dal Sig. Desiderio Maggi in data del dì 12 Aprile 1817 nei termini seguenti « *Onorato dal di Lei troppo cortese invito mi faccio un dovere corrispondere a tanta di Lei garbatezza inviandole i disegni di due Patere Anepigrafi che esistono presso di me trovate negli scavi di questi Pressi contermini al territorio Chiusino e abitati da una Colonia di Etrusci come vado a dimostrare . . . .*

[2] Aelian., Var. Histor., lib. II, cap. XXXI, p. 147, e seg.

[3] Mignot, Memoire pour les Anciens Philosophes de l'Inde inserè sous les Memoires de l'Acad. des Inscriptions et bell. lettr., Tom. XXXI, p. 263.

[4] Lanzi, Saggio di Ling. etr., Tom. II, part. III, p. 567, 568.

avessero delle massime filosofiche e dei sistemi teologici, già ordinati fino da quando da stranieri paesi pervennero in queste terre? Osserva inoltre il prelodato Mignot che i Persiani parlando di Dio, si servono di un'espressione che sembra distruggere quest'attributo d'Essere sovrano, perchè se crediamo all'asserzione di Teodoro di Mopsuesta [1] essi davano a *Zarouvan* o *Hazarovan* (così nominato da loro il principio di tutte le cose) il nome di Fortuna Τυχη. Il Tollio maravigliato di tale apparente contradizione ha creduto che questo termine si fosse per errore introdotto nel testo di Fozio, il quale ci ha dato l'estratto di quello di Teodoro, e vi ha sostituita la voce interpetrata *luce splendore*, nomi assegnati dai Persiani all'Essere supremo.

Qui riflette ancora il Mignot, non avere osservato quel critico abile, che i più zelanti partigiani della Provvidenza non difficultarono d'impiegare questa espressione, per loro indicante non già un azzardo cieco nè un'insana fortuna, ma l'influsso della Provvidenza sopra tutte le cose contingenti: convinti che nulla succede nel mondo senza l'ordine o la permissione del Sovrano moderatore [2].

Eccoci dunque facilmente condotti per tal digressione dalle dottrine orientali a quelle d'Etruria, dove imparammo già da Seneca essere stata venerata la Provvidenza in modo speciale, e quindi ancora sentiamo come intender si debba la Fortuna per la Provvidenza medesima. Che poi questa Provvidenza si confondesse con Giove e col Fato, lo abbiamo già nel citato passo di Seneca; tantochè facil-

1 Apud. Phot., Bibliotheca Codicum, Cod. 81, p. 750.   2 Mignot, l. cit.

mente potrà intendersi il significato della figura di questo Disco, trasportando a proposito di esso le dottrine già esposte, ove comprendiamo in sostanza, che o col nome di Fato, o con quello di Fortuna, o di Provvidenza rammentavasi la Divinità non tanto agli Orientali quanto agli Etruschi. Ecco dunque il perchè una figura quasi sempre l'istessa, sebbene alternata di sesso, ne rappresenta in questi Dischi l'immagine.

Se del fin qui detto volessi addurre altre prove per convalidarne la massima, ritrovar le potrei nelle dottrine di Pittagora, il quale, attinto molto del suo sapere dagl'Indiani e dai Caldei, predica che la provvidenza di Dio si estende sopra ogni cosa creata; al che anche aggiunse che questo mondo sublunare per quattro cause si regge, Iddio, il Destino, il nostro consiglio e arbitrio, e la Fortuna. Platone insegnava egualmente, che « Dio guidava tutto, e la Fortuna e l'occasione guidavan con lui le cose umane » [1]; ma queste cause si riducevano ad una stessa: esse non eran che nomi differenti, co' quali esprimevasi l'azione dell'Essere sovrano. Or tali cause, io domando, espresse nei nostri Dischi, come io già son persuaso, dovranno elleno portar seco la necessaria distinzione di maschi o di femmine? Se ciò non ha in esse un positivo significato per molti rapporti, avrò dunque spiegato come queste figure rappresentino la cosa medesima, ancorchè disegnata con sesso diverso. Siamo infine avvertiti da Plutarco, che pel nome di Giove intesero talvolta gli antichi l'Ente supremo, talvolta anche la Fortuna, e tal'altra il Destino [2]. Ed io mostrai di

1 Plat., Op., Tom. III, p. 709, de Leg., lib. IV.

2 Plut., Op., Tom. II, p. 23, de audiendis Poetis.

fatti nei Dischi fin qui pubblicati non solo Giove nella X
Tav., ma la Fortuna nell'XI e nella XII, e se vogliamo,
potremo intendere il Destino o Fato che dir si voglia in
questa XIII. A render più sicuro il lettore di quanto io dico posso anche aggiungere, che gli Etruschi nominarono
Iddio colla voce *Aesar* [1], e anche questa spiegata per le
dotte etimologie del Lanzi significa propriamente Fato, [2]
voce che invero ritrovasi nella Teologia degli Stoici, in
gran parte ritenuta anche in Etruria. Non avrò dunque
errato nel dire che in generale questa sorte di figure, ch'io
ritrovo in varie guise rappresentata ne' sacri Specchi, significasse la Divinità dagli Etruschi adorata.

TAVOLA XIV.

La figura muliebre di questa XIV, Tav. somiglia talmente alla già illustrata nella XI, che io non saprei attri-
buirle altro significato se non quello della Fortuna presso
gli Etruschi. Le piccole alterazioni che dall'altra la distinguono, potranno per avventura costringere gli Antiquari a
riguardarla bensì come la Fortuna, ma con un nome che
da quella alcun poco la faccia discernere. Di fatti qui non
trovo la ruota come nell'altro Disco; e ove in quello si
vedono alla figura le mani vuote, in questo a differenza tiene
la donna qualche cosa in mano che sembra una fiala, della
quale mi sia permesso far parola in altre occasioni.

1 Sveton, Op., Tom. 1, p. 368,   2 Lanzi, Sag. di Ling. etr., Tom.
cap. xcvii, de vit. Caes. Aug.   ii, append., p. 794.

L'insigne passo di Seneca da me altrove citato, svelando
l'idea che gli Etruschi si formarono della divinità, mostra
che per tale tennero la Natura egualmente che la Provvidenza [1]. Nè mi è stato difficile il sostenere, che questi Etruschi non facessero gran differenza tra la Fortuna, la Provvidenza, la Natura ed il Fato [2]. Meglio peraltro delle mie
opinioni farà persuaso il lettore un altro passaggio di un
dotto antico scrittore Ecclesiastico, il quale riportando (come da costoro soleasi) le dottrine del paganesimo per com-
batterle, ce ne tramanda la memoria. Nota egli dunque
aver essi pensato, che di tutto il creato fosse autore o Dio,
o la Necessità, o il Fato, o la Natura, o la Fortuna, o il
Caso. Spiega poi che riconoscevasi Dio come autore della
Essenza e della Provvidenza; e quindi attribuivano alla Necessità quelle cose che impreteribilmente debbono esser sempre in un modo medesimo, come il moto degli astri; al
Fato quelle cose erano attribuite che andando così in un
dato modo, non potevano in conto alcuno altrimenti accadere; alla Natura poi quelle cose che spettano alla generazione, all'amplificazione, alla corruzione, alle prosapie ed
ai viventi; alla Fortuna ciò che di rado ed inaspettatamen-
te succede; finalmente al Caso attribuivano quelle contingenze, che vedonsi accadere senza l'intervento della natura o dell'arte [3]. Questo passaggio, che in parte contesta
il già addotto di Seneca [4], più chiaramente ci fa vedere,
che ove gli antichi vollero considerare la divinità e la creazione dell'universo e il di lui andamento, inevitabilmente

---

1 Ved. p. 255.   Orthodoxae Fid., lib. 11, cap. xxv.
2 Ved. la spieg. della tav. xii.   4 Ved. p. 255, not. 2.
3 D. Ioann. Damascen, Op., p. 193.

doverono avere in mira la Provvidenza, la Necessità, il Fato, la Natura, la Fortuna, il Caso. Rimando pertanto il lettore a quelle pagine indietro, dove scrissi che in questi Specchi si contemplava il creatore nelle opere portentose della natura [1]. Ora io spiegando il significato della figura che essi contengono, vengo a mostrare non solo in qual senso essi prendessero questo Creatore rapporto al creato, ma do valore al mio supposto sull' uso di questi Specchi [2], il quale par che si aggiri principalmente sulla meditazione della Divinità e de' suoi attributi. Non sarà dunque fuor di proposito, che in quelle nude figure alate di vario sesso io trovi simboleggiate le varie cause, per le quali questo mondo ebbe principio e sussiste.

Se dunque in questa figura effigiar volesse l'Etrusco artefice (dico Etrusco perchè il monumento è trovato in Volterra) o la Fortuna come in altre vedemmo, o il Fato, o la Provvidenza, o altra delle già dette cause della esistenza del mondo, o la Natura medesima delle cose create, non è facile indovinarlo nè conoscerlo se non per mezzo di paragoni, che avrò luogo di proporre a chi legge, per la doviziosa raccolta de' disegni da me accumulati in questo genere di antichi oggetti. Aggiungo intanto l' osservazione, che se l'artefice avesse voluto esprimere in questo Disco una figura del tutto aliena di significato da quelle già prodotte alle Tavole I, VIII, IX, XI, XII, XIII, non le avrebbe poi date le stesse forme, la mossa medesima, e quasi tutti gli attributi o con poca variazione, volgendola perfino dalla stessa parte di tutte l'altre. Che ci resta dun-

---

1 Ved. p. 201.   2 Ved. p. 82.

que da esaminare in questa figura a differenza delle altre?
Nient'altro che la varietà degli attributi che la distinguono.
Non potendo dire che assolutamente sia la Fortuna, per-
chè manca della ruota che vedemmo a quella della Tav.
XI, siamo altresì da Lattanzio avvertiti, che lo stesso nu-
me ora dicesi la Fortuna or la Natura [1].

Nelle figure di questi Dischi si trova l'analogia medesima
indicata dall'arte, per esser quasi del tutto simili fra loro.
Ma poichè la Fortuna, allorchè suole indicar l'azzardo colla sua ruota, non entra nella categoria delle varie interpetrazioni della Divinità presso Seneca, cioè presso gli Etruschi
de'quali egli spiega i dogmi di religione, ragion vuole che
questa non sia ripetuta sovente in questi mistici Specchi,
apparentemente consacrati alla divinità degli Etruschi. Unica difatti è la figura della Tav. XI in questi Dischi, quasi
fosse un'eccezione alla consuetudine, mentre replicatissima
è quella della presente. Piacemi dunque di nominarla Natura o Provvidenza piuttosto che Fortuna, onde più esattamente seguire la filosofia degli Etruschi. Parla chiaro a tal
proposito anche Cicerone, dove trattando della filosofia naturale asserisce, che le parti del mondo costituenti il mondo medesimo son rette da una forza naturale, senziente, razionale ed eterna, la quale si riconosce per l'anima del
mondo, o la mente o lo spirito di perfezione che dir si voglia, e che si chiama propriamente Iddio, a cui le cose tutte vanno soggette, e da cui provengono le grazie del cielo [2]. In questo passaggio di Cicerone ravvisi il lettore ch'io

---

[1] Lactant., Divin. Instit., Tom. 1,
cap. XXIX, p. 266, e seg.

[2] Cic., Op., Tom. IX, de Nat. Deor.
lib. II, § XI, p. 2969.

non errava ove dissi, che questi Specchi erano il simbolo misterioso della divina mente [1], contenendo rappresentata la divinità sotto varie personificate figure [2], fra le quali entra anche la Natura com'io diceva, o sia quella forza erroneamente dagli antichi creduta naturale, senziente, razionale, ed eterna, nota pure col nome di spirito del mondo e di Dio; sopra di che, ove altri più chiari simboli di essa farò palesi, mi converrà nuovamente di ragionare.

TAVOLA XV.

Reputo a gran ventura per l'antiquaria, che il Disco Mistico in questa XV Tav. espresso capitasse descritto, e quindi anche disegnato nelle mani del celebre Lanzi, e che egli siasene in particolar modo occupato, lasciandocene scritto a stampa ed a penna: memorie, che avendo io diligentemente raccolte, trascrivo ora in compendio, or per esteso, come reputo più conveniente.

Ne dà egli notizia primieramente nel suo Saggio di lingua etrusca [3] per una descrizione comunicatane all'ab. Marini, quando il Disco fu trovato nei contorni di Monte Fiascone, ove in poca distanza era il Ferentino ed il Trossulo degli Etruschi. Eccone la sua descrizione: « Donna sedente con bastone nella sinistra e con la destra distesa verso un'altra che le sta innanzi. Questa è in doppia veste all'uso romano, e distende la destra verso il medesimo

---

1 Ved. la spieg. della tav. ix, di questa ser. ii.

2 Ivi.

3 Tom. ii, part. iii, Patere etr., p. 226.

bastone, appoggiandosi leggermente alla mano di un Genio che le sta a tergo, alquanto coperto di pallio ed alato. Fra la seconda e la prima figura si vede una cista pendente da alto. Ogni oggetto è indicato con etrusche paro'e.

L' iscrizione TVRAN ATVNISAVM, dove il Lanzi legge *Veneris* o *Veneri Adoniarum*, è per esso la chiave di tutto il soggetto. La voce TVRAN è da lui altrove spiegata per Venere, ove si fa menzione anco d'altra voce LARAN,[1] simile a quella che qui leggesi vicino ai piedi del Genio alato, scritta in posizione retrograda, indicante nell'uno e nell'altro monumento simile deità. *Atunisarum*, toltone l'eolicismo come in *Chusais* χοαις, può rendersi variamente, ma in tal contesto trova il Lanzi che assai bene si rende *Adoniarum*. Ravvisa pure qualche orma di tal nome nell' idilio di Teocrito, che ha per titolo Αδωνιαζουσαι [2], o sia le donne che celebrano la memoria di Adone morto da un cignale, e risorto per opera di Venere[3]. Era questa una superstizione suscitata in Assiria[4], celebrata con mistiche orgie non meno che i misteri di Bacco, co'quali era mista o congiunta. Quindi è che Ausonio fa dire al Dio di Nisa:

Bacco son io fra' vivi, Adon fra' morti[5];

e Plutarco afferma che Adone era creduto non diverso da Bacco[6]: opinione che il Lanzi afferma potersi estendere anche ad Osiride e ad Atti[7]. In qual modo tanta varietà di Dei e di favole si riducesse ad unità, crede il Lanzi che sia

---

[1] Lanzi, l. cit., p. 199, e 3o1.

[2] Theocrit., Idil. xv,

[3] Hygin., fab. 251, p. 361.

[4] Lucian., Op., Tom. iii, p. 454, de Dea Syr., § vi.

[5] Auson., Epigram xxix, v. 2, p. 25.

[6] Plutarc. in Symp iv, p. 671.

[7] Macrob. Saturn., lib. xxi, p. 3oo, et seg., e ved. anche Lanzi, l. cit, p. 227.

vano il cercarlo, giacchè tale scienza, come Plutarco soggiunge, confidavasi ai soli iniziati [1]. Io peraltro che ten-
do a superare le difficoltà poste avanti e da Plutarco e
dal Lanzi, mi lusingo avervi in qualche modo sodisfatto
nello scrivere queste mie carte [2]; dalle quali resulta in sostanza, che l'oggetto dell'antico politeismo fu in gran parte l'esposizione della fisica degli antichi, a cui peraltro si
volle unire l'etica, la morale ed anche la politica; di che
si fecero carico gl'istitutori dei sacri misteri, dei quali par
che siasi voluto dar conto in questo Specchio mistico.

Cicerone ancora lo insegna poichè trattando dei misteri delle nazioni anche le più lontane ci avverte, che
ridotti ad una ragionevole interpetrazione, si conosceva per essi più la natura delle cose che degli Dei [3], vale a dire intendevasi di mostrare più la fisica che la storia
del politeismo. Un interpetre di Platone dichiara poi per
qual nesso d'idee passavano gl'iniziati dalla contemplazione
dei numi a quella delle virtù. Scrive pertanto che i quattro famosi regni o governi degli Dei principali nominati
Cielo, Saturno, Giove e Bacco significavano, ancorchè o-
scuramente, quattro differenti gradazioni di virtù, secondo le quali l'animo nostro contiene i simboli di tutte le
virtù teoretiche, catartiche, politiche, ed etiche. « Imperciocchè o rende energico secondo le virtù teoretiche; l'e-
sempio delle quali è il governo di Cielo, perlochè noi
possiamo incominciare dall'alto, e perciò il cielo riceve la
sua denominazione dal guardare in alto: o vive catartica-

1 Plut., l. cit.
2 Ved. ser. v, p. 86.
3 De Nat. Deor., lib. ii, cap. xxiv,
Op. p. 2989.

mente, l'esempio del quale è il regno saturnio, e sotto
questo rapporto Saturno è nominato dall'essere un puro
intelletto che vede da se stesso, e quindi si dice che di-
vora i suoi propri figli, per significare la conversione da se
stesso a se stesso: o rende energico secondo le virtù politiche, e di queste è simbolo il governo di Giove, e quindi
Giove è il demiurgo, così chiamato perchè opera in secondo grado: o rende energico secondo le virtù etiche e fisiche, simbolo delle quali è il regno di Bacco, e sotto questo rapporto si narra che Bacco fosse messo in pezzi dai
Titani, perchè le virtù non si seguono, ma sono separate
l'una dall'altra ». Così Olimpiodoro [1].

Ora è da sapersi che le anzidette osservazioni del Lanzi
relative a questo mistico Specchio furono da esso inserite
nel suo Saggio di lingua etrusca prima ch'egli vedesse del
citato monumento un esatto disegno. Ma poichè lo ebbe,
applicossi a scriverne di nuovo con osservazioni più esatte;
le quali restate manoscritte frà le sue schede, ora io mi
pregio di farle note coi tipi al cortese lettore. « *Descrissi
altrove*, egli dice, *ed interpetrai questa Patera trovata
nel territorio dei Falisci oggi Montefiascone, ma non potei farlo così pienamente, come ora spero di fare dopo che
ella è passata nel mus. Borgia, e per opera di S. Em.
si è incisa. Nè perciò io spero di giungere a quel grado
di certezza, che spesso nelle cose mitologiche si consegui-
sce. Le cose Bacchiche erano anche agli antichi sconosciu-
te ed incerte, trattine a pochi i quali iniziavansi a quei*

---

1 Ms. cit. in una dissert. inse-
rita nel Giorn. Arcadico di Roma,   t. II, 1819, p. 304.

misteri e gli tacevano ai profani [1]. *L'argomento è dichiara-*
to abbastanza dalla cista sospesa in alto e dalla sua epi-
grafe. La cista è reticolata, non istoriata come quelle fin'o-
ra note, nè ha campanelle d'intorno, come la Borgiana,
che è di tutte la più intatta, ove s'inserivano i nastri per
tenerla pensile [2]. *I quattro nastri, dai quali pende, sono qui*
adattati diversamente, e per posare ha, come le altre, ordi-
nariamente tre piedi: vi è annessa la iscrizione TURAN ATU-
NIS. *La prima voce è equivoca. Si trova in due Patere*
per nome proprio di Venere, ma avendo detto Ovidio: Con-
dita si non sunt mysteria cistis [3], *convien qui cercare altra*
sposizione: credo trovarla in τα δρριϛ, δ τα δρρα *cista pensilis,*
che unito l'articolo alla voce e soppressa come vuole il
dialetto etrusco una delle consonanti, divien TURA: *la* N
ridonda forse per togliere la cacofonia seguendo appresso
una vocale. Succede ATUNIS, *che è quanto dire* attinis
pel cangiamento delle due affini v, *ed* i, *nome mistico di*
Bacco siccome vedremo. Le ultime lettere leggonsi ARUM *co-*
me in compimento del vocabolo derivativo e caratteristica
del caso; cosa da noi lungamente trattata altrove. Riunen-
do le due parti, risulta ATTINISARUM *che è quanto* atti-
niarum *o sia* baccanarum *delle donne iniziate ai misteri*
di Bacco.

Abbiamo qui pertanto la cista di Bacco, la quale onde
avesse origine, e come tal superstizione in Toscana si ra-
dicasse, ci è riferito da Clemente Alessandrino [4]. *Dopo che*

---

1 Ved. ser. v, p. 27.
2 Ved. tav. III, fig. infer. e p. 40.
3 Ovid. de art. Amand., lib. II, v.
609.
4 Cohort. ad Gent., p. 2, Op. Vol.
1, p. 16.

i Coribanti e i Cabiri ebbono ucciso Bacco loro fratello,
tuttavia fanciullo, e fattolo in pezzi, Giove fece che Apol-
lo seppellisse nel Parnaso quei brani: il cuore avanzato
allo strazio fu da Minerva recato allo stesso Giove, il qua-
le, soggiunge Igino [1]*, stritolatolo diedelo a Semele in bevan-*
da perchè Bacco nuovamente da lei nascesse. Racconto il
resto con le parole dell' Alessandrino latinizzate: duo isti
fratricidae cistam illam secum deferentes, in qua Bacchi
pudendum inclusum erat in Tusciam detulere . . . .
cistam iis Tuscis veretrum nova religione colendum tradi-
derunt. Atque hanc nonnulli causam esse volunt, quae sa-
ne verisimilitudine non caret, quamobrem Bacchum ipsum
quasi exsectum, Attin nuncupaverint. *L' autore Alessan-*
drino non dà per sicura l'etimologia che adduce, parendo
più verisimile di ripeterla dal frigio Atti amato da Cibele,
i cui misteri furon poi incorporati e confusi con quei di
Bacco. Ma che a questi si dasse dai Baccanti il nome di
Atti non può dubitarsi. In Atene cantavasi ne' suoi onori
Αττις θις Αττις [2]*, e Acrone cantò in teatro una sua favola*
bacchica che intitolò Αττινα η Βαχχας [3]*. Così il testo di Cle-*
mente, unitamente con l'immagine della cista ci guida al-
l'intelligenza della epigrafe cista Baccharum*, e finisce di*
assicurarcene il vestito delle tre figure. É distinto a luo-
go a luogo come quello delle Baccanti simmetricamente con
tre punti [4]*, che figurano le triplici coccole ederacee, ed ha*
inoltre dei segmenti o strisce di pelle di cerbiatto che l'or-
lano, perpetua insegna di Bacco e del suo coro.

---

1 Vid. Muncker., animadvers. in Hygin., Fab. CLXVII, p. 282.

2 Suid. ex Demosth. v. Αττς Σαβοι.

3 Xiphil. in Nerone, cit. dal Lanzi
  nel suo ms.

4 Tischsb., vas., Tom. II, tav. XLIV.

Riconosciuto il soggetto, passiamo a' particolari. Esplo-
riamo in quanto si può la cista, il luogo, il fatto, le per-
sone. Tito Livio ci farà scorta. La storia, che egli ci ha
tramandata intorno a' misteri di Bacco [1], *c' insegna che*
questi eran da prima celebrati dalle sole matrone in Italia
che di giorno tre volte l' anno vi si iniziavano una l'altra.
Paculam Miniam Campanam, sacerdotem omnia tamquam
Deum monitu immutasse, *iniziando entro il loro sacra-*
rio anche uomini, e ciò di notte, e cinque volte ogni mese.
Tal costume introdotto da un Greco in Etruria si propagò
presto per tutta Italia ed in Roma stessa, ove le matrone
in abito di Baccanti, e gli iniziati si adunavano a fare le
loro orgie in luco Similae *che i critici leggon* Semelae [2] :
lezione che può stabilirsi con l' autorità di molti latini che
questa Dea chiaman Semele. Il nuovo sistema di Pacula
produsse poi un vero sconvolgimento. Sotto pretesto di re-
ligione si veniva introducendo nella gioventù un libertinag-
gio nefando. Impudicizie, uccisioni occulte, avvelenamenti,
falsificazioni di caratteri, di testamenti, di sigilli erano
gli esercizi di quella tenebrosa palestra; onde sarebbe al fi-
ne la Repubblica stessa caduta e spenta, se scoperto l' ar-
cano nel 567 *di Roma non fossero stati vietati per tutta I-*
talia i baccanali e i sacerdoti della setta, processati i com-
plici, e puniti qual più qual meno severamente. Furono
molte migliaia, e molti dovettero essere tra' Falisci da che
fra i quattro capi scoperti in Roma, che Livio chiama ma-
ximos sacerdotes conditoresque eius sacri, *tra' quali* omnia

1 Liv., Histor.. Op. Tom. ɪɪɪ, lib. xxxɪx, cap. xɪɪɪ. et sq., p. 432.

2 Vid. Doujat, et Crevier, sicut in notis ad Liv., Tom. ᴠ, lib. xxxɪx cap. xɪɪ, p. 317.

facinora et flagitia orta, *nomina* Faliscum *l'*Opiternium. *Un altro era* Minius Campanus *figlio di* Pacula*, gli altri due Romani.*

La Patera Borgiana non dee credersi posteriore al 567*, se non vuol supporsi che una superstizione sì odiata, e un sacerdozio sì perseguitato dal governo volesse a suo dispetto mantenersi in tanta vicinanza di Roma. Nè anche vi è ragione di crederla intagliata nel tempo della maggior corruttela, non vedendosi qui uomini in consorzio di donne, come in un coperchio della cista* [1]*, che esistente nel Kirkeriano descrissi già nel Saggio di lingua etrusca, e lo ascrissi a' più liberi tempi del bacchico fanatismo* [2]*. Vicinissimo però a tali tempi ce lo palesa, oltre il disegno, qualche circostanza espressa in Livio, specialmente quella che i baccanali in Italia erano da gran tempo; ma in paesi minori non potean godere quella impunità di misfatti che poi sortirono in Roma. Par che il male si preparasse fuori gradatamente, e sboccasse poi furiosamente nella capitale.*

Comunque fosse veggiam qui il sacrario delle iniziate riconoscibile a quella pensile cista e a quel seggio, e a quel bacchico e libero vestiario di Actia*, e a quel bastone o scettro, che anche i Greci mettevano in mano, come si legge in Eschilo* [3]*, alle loro sacerdotesse.* Actia *è nome di gente assai propagata in Etruria e nella vicina Umbria. Di questa donna nulla dice la storia, e sarìa temerità volere spacciarla per la Pacula della Toscana, ancorchè la*

---

1 Ved· tav. iv, p. 53 e seg.   Tom. ii, p. 249.
2 Lanzi, Sagg. di Lingua etr. ,   3 Agamen., v. 1288.

Patera ce la presenti in colloquio colli Dei, come la Pacula Campana. Probabilmente avea mentita essa pure qualche loro apparizione, e qualche cosa operata tamquam Deorum monitu. *Le folte tenebre che avvolsero questi misteri e li resero impenetrabili per la maggior parte, fa che io disperi di render conto di tal colloquio, e del ramoscello che ad Azia porge la Dea, e della rissa fra due animali espressi nel manico. A chi volesse proporne congetture non mancheranno, ma desidero che sian solide.*

Il nome di LASA SITMITA *è in parte dichiarato dalla Patera* LASA FECU [1], *che io spiegai per* Lara Victoria, *altri per* Lara Vici, *ma in ogni modo non è una Dea di prim' ordine, ma delle inferiori. Tale anche par questa* Simmita, *che assai somiglia nel nome la* Simila *di Livio a cui era sacro il bosco delle Baccanti. Che gli Etruschi guastassero il nome nel mezzo e nel fine non è da stupirne; così per* Amphiaraus *nella gemma Stosciana leggiamo* Amphiale, *così nella Patera Oddiana* Meleager *si muta in* Melieth, *così in altra del museo Borgia* Talmenus *in* Talmite. *Che poi* Simila, *che a parer dei commentatori è quanto dir* Semele, *possa qui aver luogo come una minor Deità, cel persuade l' esser ella stata madre di Bacco, e da lui sottratta alla regione dei morti e condotta in Cielo [2], e soprattutto l' essere invocata negl' inni delle iniziate nei misteri di Bacco [3]. Nè discredo lei essere quella femminile figura, che nel coperchio sopra indicato si presenta maestosa a due Baccanti, che tenendo faci s' inchinan de-*

---

1 Sagg. di Lingua etrus., Tom. II, p. 203.

2 Apollod., Bibl., lib. III, cap. V,

p. 266.

3 Orph., Hymn. XLIII, in Semel., v. 11.

vote verso di lei; e può anche ivi sospettarsi una mentita apparizion di Semele o di alcuna delle nutrici di Bacco, giacchè niuna antica superstizione vanta sì gran numero di Dei presenti, quanti la bacchica. Le pitture de' Vasi il dimostrano in quel popolo, per così dirlo, di alate figure, in sembianza or di maschi or di femmine, che gli antiquari appellano Genie. E Genio per ultimo è anche in questa Patera Borgiana quello che in certo modo corteggia Semele, ed ha in mano un bastone come i Mistagoghi in più vasi antichi.

La soscrizione è LAAN, che leggerei Laran, come espressamente sta scritto in una Patera etrusca [1], e voce, come ivi dissi, del Lazio, dove ogni Genio era tenuto figlio di Lara, e spiegata perciò in un glossario μήτηρ Δαιμόνων, onde qualunque Genio potea dirsi Laranus. Avanzan due lettere; la grande A presso il capo del giovane, ed un 7 vicino all'orlo del manto. Se questi è del coro bacchico al pari di Acrato posson le due lettere essere iniziali di Ampelo satirisco amato da Bacco, e mortogli nella prima età, che egli poi non altramente che Semele elevò al cielo: amissum liber in astra vehit [2]. AMPLE sarebbe il suo nome etrusco; ma le sincopi son troppo ovvie nei nomi propri di questa lingua, per non sospettare che si pronunziasse e si scrivesse anche AMPLE. » Così il Lanzi nel suo manoscritto [3].

Ma la interpetrazione di questo disco dall'Autore mede-

1 Sagg. di Ling. etrus., Tom. ii, p. 299.

2 Ovid., Fast. iii, v. 414.

3 Ms. autografo esistente nell'Arch. priv. della R. Galleria di Firenze.

simo già pubblicata ci avverte che Azia quivi sedente e
scoperta dal fianco insù stiasene con bastone in mano,
quasi che iniziasse l'altra matrona che sta in atto di udir-
la; poichè secondo Livio, le matrone iniziavansi scambievolmente in quel sacerdozio fin da principio del rito bacchico [1]. Ignoro pertanto con quanta certezza debbasi una
tal figura tenere per femminile, sì per le forme del corpo, sì pel costume del manto che brevemente le avvolge le membra, sì per l'epigrafe, a mio parere, non dichiarata con sicurezza. Ma i promossi dubbi non mi distolgono dal trovare in questo Specchio una rappresentanza spettante ai misteri di Bacco o di Atti, e per conseguenza non solo prendo motivo dal confermare, che tali
arnesi non si usassero a versar liquidi pei sacrifizi [2], ma
che in essi cercar si dovessero soggetti relativi ai misteri del paganesimo [3], e sono perplesso nell'ammettere o no, che cessato il furore dei baccanali per le accennate depravazioni, si desistesse assolutamente, come crede il Lanzi [4], dal fregiare questi sacri arnesi, che ripone-
vano entro i sepolcri, con soggetti allusivi a Bacco ed ai
suoi misteri, quasi amuleti di occulte significazioni spettanti alle anime separate dai corpi, ed al nume che loro
assegnavasi.

Infatti risalgasi per un momento alle primitive idee della religione pagana, le quali pare che abbiano avuta cu-
na in Egitto, e troveremo in qual modo furono le anime
vigilate e guidate da Bacco. Il Creuzero, che più d'ogni altro

---

1 Liv. l. cit.
2 Ved. p. 44 e seg.

3 Ved. p. 76.
4 Ved. p. 270.

scrittore ha fin ora studiate le dottrine a quel nume spettanti, desume dai classici che Osiride presso gli Egiziani è lo stesso che il sole, il quale allorchè percorreva la parte estiva dello zodiaco lo dicevano re delle cose superiori, e quando aggiravasi attorno al solstizio iemale, era dichiarato re dell'emisfero inferiore e delle cose sotterranee, e quindi anche qual giudice infernale e dei morti [1]. Nota frattanto che Erodoto nominando Cerere in luogo d'Iside, e Bacco in luogo di Osiride così scrive: « dicono gli Egiziani che Cerere e Bacco preseggono alle cose sotterranee » [2]; e combina colla sentenza che da Eraclito trae Plutarco [3], cioè che Bacco sia stato reputato lo stesso che Osiride e Serapide [4], giudici dei morti.

Non mi occorre di più per dimostrare in qual modo questi Specchi mistici spettanti al culto di Bacco si potessero eseguire e porre nelle tombe ferali, anche indipendentemente dai baccanali proibiti un tempo in Roma ed in altre parti d'Italia, giacchè il culto che prestavasi al nume non fu vietato; ma furono anzi rispettati i suoi altari, conservate le sue memorie, e poste sotto una regola soltanto quelle abusive ed indisciplinate sue orgie [5].

Non è difficile indovinare il perchè le donne piuttosto che gli uomini compariscono in questo Specchio mistico nei sacri riti di Bacco occupate: giacchè può spiegarsi anche per i sopra indicati principj. Scrive Diodoro [6] che

---

1 Creuzer, Dionys., p. 204.

2 Herodot., lib. II, p. 123, Op. Tom. I, p. 408, Diodor. Sic., lib. I, p. 60, in fin., Op. Tom. I, p. 107.

3 Plutar., de Isid., p. 482.

4 Creuzer, l. cit., p. 239.

5 Liv., histor., lib XXXIX, cap. 13 e seg., Op. Tom. III.

6 Lib. III, cap. CXXXIX, p. 232, Op. t. II.

dagli Artisti rappresentavasi Bacco armato in fronte con le corna di bove [1], mentre di Osiride altrove narra la cosa medesima [2]. Dunque Osiride in più sensi confondesi con Bacco; e poichè sappiamo che Osiride avea le corna di toro allusive alla costellazione di questo nome, così è duopo il credere che Bacco egualmente fosse una immagine del Toro celeste, come anche del sole allor quando passa per questa costellazione: di che altrove do varie prove [3]. Si aggiugne ancora che le Pleiadi e le Iadi, talora distinte, talor confuse fra loro fan parte essenziale nella zodiacale costellazione del Toro celeste, osservate sì dagli astronomi come dagli agricoltori, fino da remotissimi tempi, e riguardate anche talvolta come indizi dell'equinozio di primavera, o come i segni che dividevano l'anno rurale in due parti [4].

Sembra pertanto che nella costellazione del Toro fosse immaginato un nume benefico, sì per la vegetazione che restituisce alla terra all'apparire di primavera [5], sì ancora per l'utile che dal bove ritrae la coltivazione, per cui si favoleggiò che Bacco inventasse l'aratro ed il modo di aggiungerlo ai bovi [6]. Quindi ancora dalla costellazione delle Iadi che il Toro porta sopra la fronte, e da quella delle Pleiadi che trovasi sul suo dorso, e che formano i due gruppi di stelle i più famosi per il rapporto loro colle operazioni agricole, come si trae da Esiodo, da

1 Ved. ser. III, tav. VI.

2 Diod., lib. I, cap. IX, p. 18, cap. X, p. 19. 20, cap. XIII, p. 25.

3 Ved. ser. III, Ragionam. II, cap. II, p. 122, e seg.

4 Ved. ser. III, p. 126.

5 Ved. ser. III, p. 132.

6 Diod. Sic., lib. III, c. LXIV., Op. tom. I., p. 232. 233.

Teone [1] e da altri antichi scrittori che hanno trattato di astronomia rurale, i teologi della pagana mistagogia ne formarono altrettante ninfe or nutrici, or seguaci, or compagne di Bacco, col nome ora di Najadi, ora Dodonee, ora Baccanti, ora Tiadi, ora Menadi [2], ora con altri nomi diversi da scrittori diversi accennate [3]. Furono esse cui ascrivesi l'onore di avere educato Bacco negli antri di Nisa in Arabia [4], di averlo accompagnato ne'suoi viaggi, e di avere insegnato agli uomini l'uso del vino [5]. Che le Najadi o Nisee le prime insegnassero gli onori di Bacco, lo canta il creduto Orfeo che invocale anche a suoi giorni, come accenna in particolar modo il Lanzi, con aggiungere che da alcuni scrittori antichi furon credute cangiarsi nella costellazione delle Iadi [6].

Non è dunque fuori del verosimile il mio supposto che le costellazioni aderenti al Toro celeste col nome di Ninfe sieno state rappresentate nei monumenti come aderenti a Bacco, or formando il suo coro quali Baccanti, ora occupate nei sacri riti quali sacerdotesse che iniziano altre in quel culto come si crede in questo Specchio mistico particolarmente rappresentato.

Gli Egiziani, i Greci, i Romani ed altri popoli ancora associarono per questo rapporto le donne ai Misteri, e gli artisti e i poeti se ne servirono validamente per decorare le composizioni del genio, ma non per questo è da creder-

---

1 Ved. Lanzi nella versione italiana dei Lavori e giornate d'Esiodo v. 383, not. (a) p. 107.

2 Creuzer, Symbol., Tom. III, p. 205.

3 Strab, l. x, p. 468, Op. t. II, p. 717.

4 Apollodor., Bibl., lib, III, cap. 4, p. 259.

5 Vid. Schol. in Homer. Iliad., lib. XVIII, v. 486.

6 Lanzi, Vasi ant., Dissert, II, p. 133,

si che tali donne fossero tutte, nè in tutto ammesse al segreto del sacerdozio. Anche in questo mistico Specchio che ho preso a dichiarare si vede una figura femminile, per quanto sembra almeno all'acconciatura del capo, la quale avendo il bastone in mano mostra di ammonire con precetti, come ripeto altrove [1], ma la foggia del vestire, ed il Genio alato che sta dopo l'altra figura mostra che non vi si è voluto rappresentare in tutto una funzione di quelle che spettavano ai baccanali proibiti in Roma nell'anno 567, e ricordati dal Lanzi a tenore della vera storia.

Dei due animali che vicino al manubrio vedonsi far battaglia fra loro ne terrò proposito altrove: ora terminando col dire che attualmente questo sacro Specchio della grandezza medesima che si trova inciso in questa tavola XV, e perfettamente imitatovi, esiste nel museo del Re di Napoli dove dal museo Borgia è passato con moltissimi altri monumenti di questo genere.

TAVOLA XVI.

È già noto e pei tipi e pei rami agli studiosi Archeologi il monumento ch'espongo in questa tavola XVI. Prima d'ogni altro fu sollecito a darne una ben ragionata relazione il cultissimo Bremense Heeren che viddelo già situato nel museo Borgia, passato ora in possesso di S. M. il Re di Napoli, dal cui ricchissimo Museo trassi con accurata diligenza il disegno che qui esibisco. Il pre-

[1] Ved. ser. v, p. 30.

lodato Archeologo scrisse di avervi riconosciuta la nascita
favolosa di Bacco. Tralascio di compendiarne la sua descrizione, sì perchè il rame supplisce, sì perchè mi occorre darne conto unitamente alle illustrazioni di altri scrittori. Sul capo di Giove legge ma non interpetra la iscrizione *tinia*, e solo rammenta altra voce quasi simile in
dischi Toscanici presso il Dempstero [1]. Su quel della donna che riceve il piccolo Bacco emanante dalla coscia di
Giove legge *thalna*, e dice essere interpetrata comunemente per Venere degli Etruschi, citando a tal proposito
la figura che sostien Giove nel disco da me esposto alla
Tav. X, cui sta vicino lo stesso nome [2]. Crede peraltro che
più convenientemente sarebbe interpetrata per Giunone Lucina, di che ho detto anch'io qualche cosa [3]; e poichè in
quella è un uccello che altri crederono colomba di Venere, vi si oppone il dotto scrittore, giudicando l'invenzione di aver data a Venere la colomba per simbolo di una
epoca troppo recente per non potersi trovare in un sì antico monumento, qual egli crede il già da me dichiarato alla Tav. X. Con qual fondamento poi giudicasse egli
dell'epoca di quel monumento io l'ignoro; e quindi che
sospettasse esser quella piuttosto la colomba dodonea, lo
dissi altrove [4].

Dopo la Talna vede Apollo col nome aggiuntovi *apulu*, giudicandovelo quale ozioso spettatore; e in ultimo luogo nota la femmina alata, che avendo in mano una guai-

[1] De Etr. Regali., Tom. 1, Tab.
1, et iii, Ved. tav. x, e p. 221.
di questa ser.

[2] Ved. p. 224.
[3] Ved. p. 225, 237.
[4] Ved. p. 224-225.

na o altra cosa che sia, scrive con uno stilo. È unito ad essa il nome *m.. na* che egli crede *Musa* o altro che lascia in disputa ai dotti. Dietro di essa vede nascosta la culla di Bacco bambino.

Nel manico ravvisa delle figure, che non giudica spettanti al resto della composizione. Nell' anterior parte una ei ne vede alata e cinta da un diadema, cui è aggiunta l'iscrizione *th ... thilusi ... aneal*, tutta mutilata dal tempo. Trova l' opposta parte del manico segnata da due figure, una vestita, nuda l'altra; ma di tutto ciò non dà conto, perchè si è proposto di esibire piuttosto una notizia di questo monumento, che una spiegazione ˻ compita.

Il Lanzi decorò di questo bel monumento, il suo libro sulle antiche lingue d' Etruria e di altre provincie italiane, dove raccolse ogni antichità che avesse lettere italiche antiche, al cui proposito, oltre l' interpetrazione delle parole che vi si trovano, discifra anche la favola dalle figure additata. Ivi si mostra persuaso che Bacco estratto dall' utero della morta Semele e chiuso in una coscia di Giove finchè divenisse maturo ad uscire in luce, sia un'allegoria di quel liquore che prima chiuso nell' uva è di là trasferito in vasi, ove ritiensi serrato finchè sia maturamente atto all'uso delle mense [2]. Ma siamo certi che sia tale il solo enimma che racchiuse la favola? Frattanto egli desume da ciò, che sia questa una rappresentanza di apoteosi del vino, immaginata dalla fantasia di un poeta

[1] Heeren, Expositio Fragmenti Tab. marmor. mus. Borgiani Velitr., p. 9, not. (c). et sq.

[2] Lanzi, saggio di Lingua etr., Tom. II, Part. III, p. 296.

riscaldato dalla stima e dall' amore di questo suo idolo [1].

Io però non ne son persuaso: scrissi altrove che Bacco è propriamente il nume protettore dell' umida natura [2], dico adesso di più che i poeti gli attribuirono le cure del vino come il più grato degli umidi ed il più consolante, egualmente che delle bevande di grato sapore [3] estratte dai frutti [4]. Ora da quel poco fin qui esaminato in questi Specchi mistici, come dal più che saremo per esaminare, troveremo che più alti concetti si ascondono a parer mio in queste rappresentanze. Un insigne marmo espone il Visconti, dove si vede l' istessa rappresentanza ch' è in questo disco [5]; e vogliamo credere questi artisti impiegati al solo oggetto di sodisfare la fantasia d' un poeta riscaldato dall' amore del vino? Se opere grandi non si vedon prodotte che per grandi motivi, ho ragione di credere che in questo Disco siavi rappresentata qualche allusione alla teologia degli antichi, o a qualche altra scienza sublime; altrimenti gravi scrittori ed esperti artisti non si sarebbero voluti occupare di siffatti soggetti.

Torno al Lanzi che legge *tinia* ed interpetra per nome di Bacco, perchè tale si mostra anche in altro disco, e crede poter esser guasto da θιότιος ch'Esichio espone θεὸς Διόνυσος quindi θίσνοι le feste in suo onore. Trova ambiguo l' altro nome *musan* con ridondanza finale, come in *meom* per

---

1 Ivi.
2 Ved. p. 187.
3 Diodor., lib. III, c. 61, p. 137, et l. IV, c. 4, p. 149, Op. Tom. I.

4 Id., lib. III, cap. LXIII, p. 139. et lib. IV, c. II, p. 147. Op. tom. I.
5 Visconti, Mus. P. Clem., Vol. IV, tav. XIX.

meo [1], e sospetta potersi legger meglio *Nysan*, supponendo che la prima non sia lettera ma piuttosto nesso; e crede che dalla figura si possa argomentare esser quella una nutrice di Bacco, giacchè Igino, fra le Naiadi che lo allevarono rammenta *Nysan* [2] o *Nisana*, presa la denominazione dal monte Niso, di cui quelle ninfe si credevano abitatrici o figliuole. Pensa che Apollo introdotto sia qui come il più amico de' fratelli di Bacco ed il più simile per la perpetua giovinezza che soli godevano [3].

Legge poi le voci sottoposte al piano della composizione così: *larthia lysia . . . . . anniae, o annaeae nata;* giudicandovi un nome del possessore o dell' offerente di questo monumento, quasi fosse votivo. Reputa in fine quella figura un Genio bacchico, simile al quale nel velame della mano è un busto di alato faunetto che si conserva tra i bronzi del museo Reale di Firenze [4].

Quasi contemporaneamente al Lanzi s' illustrò dal Visconti questo avanzo delle arti antiche italiche, poichè ambedue le illustrazioni si citano quali opere non per anco note al pubblico [5]. Come il Lanzi aveane dato un piccolissimo saggio in disegno [6], così il Visconti lo ripetè in grande quanto l'originale [7], prevenendo il pubblico della esattezza e fedeltà di tale esecuzione [8]. Io peraltro posso vantarmi di una maggiore accuratezza, poichè l'osservatore

1 Lanzi, Saggio di Ling. Etr., Tom. ii, part. iii, p. 196, e seg.

2 Hygin., Fab. clxxix, p. 298, et Fab. clxxxii, p. 301.

3 Tibull., lib. 1, Eleg. iv, v. 34.

4 Lanzi, l. cit., Tom. ii, part. iii,

p. 198.

5 Visconti, Mus. P. Clem., Vol. iv, p. 314.

6 Ivi, tav. vi, num. 2.

7 Ivi, tav. bi.

8 Ivi, p. 314.

troverà che ove sia guasto il bronzo, non ho azzardato supplire, e molto meno abbellire le forme del disegno; di che ho sospetto in quello dato in rame dal Visconti. Trova egli per tanto che la corona di fiori, la fisonomia, le chiome di Giove lo fan simile all' Eleuterio impresso nelle monete di Siracusa. Quindi egli vede dalla destra coscia svilupparsi l'infante Bacco; e come Pallade che surse armata dal cervello di Giove [1], così ancor qui Bacco sembra avere già in una mano un grappolo d'uva appeso a una ferula, onde il titolo trasse di Ναρθηκοφόρος, e levar l'altra in atto di esclamare *evoè*. Una Dea ornata il capo della sfendone, il collo della bulla par che ne sia levatrice, e che adatti al nascente bambino un serto attraverso al collo ed al petto: Apollo è simboleggiato dall'alloro: la donna alata pare che scriva col radio alcuna cosa nel cielo, sostenendo colla sinistra un'ampolla: presso di essa è un gran paniere destinato all'infante per culla.

Le epigrafi che accompagnano le varie figure sono in parte dichiarate dalle figure medesime. Sopra il gruppo di Giove legge anch'egli TINIA come pure *dinia*, per la mancanza osservata già negli antichi del D negli alfabeti italici, onde *Tusculum* si disse quasi Δυσκολον per testimonianza di Festo [2]. Nel Disco già esposto alla Tav. X si legge *dina* e *dinia*, come anche in altro del museo Kircheriano sulla figura di Bacco. Se dunque altrove *dina* è lo stesso che Δια Giove [3], qui *dinia* sarà il medesimo che Διονυσος il figlio di Giove, *Bacco*, una specie di patronimico.

---

1 Ved. la spieg. della tav. x, p. 207, e seg.

2 In voce *Tusci*, lib. xviii, p. 600.
3 Ved. tav. x.

Prosegue egli ad erudirci, come l' epentesi della N nella
voce Δινα è assai conforme ai dialetti della greca lingua costumati in Italia, che amarono d' interrompere coll' N le
terminazioni pure di quella favella, facendo così da Αμτὸ
Αμτόος, *Latonam* ec: epentesi analoga ancora al genio del
prevalente in Italia dialetto dorico. Legge *MU .. AN* l' e-
pigrafe che spetta alla donna alata, e supplisce riducendo
la lezione a *muran* o Μοιραν la Parca, poichè questa Dea
presiede al nascimento d' ogni vivente [1], e perciò non diversa da Lucina o *Ilithya*, Dea del parto [2]. Oltredichè
le Parche si preser cura del nascimento di Bacco, secondo
Euripide [3], nè si discostano mai dal fianco di Giove. Trova convenienti alla Parca le ali [4], l' ornamento reticola-
to del capo [5] ed il radio, per indicare gli oroscopi e i segni genetliaci del cielo, come si ravvisa in più marmi [6].

È interessante conoscere il parere de' vari scrittori circa
l' ampolla che ha in mano la Parca, mentre comparisce sovente in altri Dischi di questa Serie. Congettura il Visconti che a quella Dea convenga per più motivi, o per ap-
prestare i lavacri natalizi all' infante, o piuttosto come nota simbolica del destino di Bacco: ond' è che Aristotele nella Poetica, ad illustrare la metafora, nomina per analogia scudo di Bacco la fiala, e fiala di Marte il suo scudo [7].

Ora prego l' osservatore a voler dare un' occhiata alle
Tavv. I e XIV, dove ancorchè Bacco non comparisca,

---

1 Ved. p. 158 - 160.

2 D' Arnaud, De Diis Assessor.,
  Comm., cap. xxii, extat in Polen.,
  Thesaur. Antiq. Roman. et Grae-
  car. Suppl., vol. ii, p. 802, et 803.

3 In Bacc., v. 99.

4 Homer., Hymn. in Mercur., v. 550.

5 Pindar., Olymp., Od. vii, v. 119.

6 Ved. ser. vi, tav. S, num. 1, e
  tav. G2, num. 3

7 Visconti, l. cit., p. 318.

pure la donna par che abbia in mano la fiala medesima: dunque la fiala è relativa piuttosto alla donna che a Bacco; nè sì piccolo recipiente può indicare il lavacro del neonato. Propone il Visconti anco l'opinione che possa dirsi esser quella stessa fiala dell'acqua di Stige, per cui giuravano in cielo, e che recavasi a compire il rito de' giuramenti divini [1]. Le Parche in pegno della veracità loro soleano accompagnare col gran giuramento degli Dei tutto ciò che svelavano de' fati venturi [2]. Il suo nome è scritto col ν nel secondo luogo invece de' dittonghi οι, οε, coerentemente all'etimologie latine, ove da φοινικος fecesi derivare *punicus*, da ωνος *unus*.

Anche la figura che si vede sottoposta al piano delle altre è giudicata una Parca dal Visconti, e precisamente quella della morte, πάρεδρα assistente ancor essa al trono di Giove, ma che in questa storia sta depressa e nascosta, come non avente parte ai destini di un bambino immortale. Adduce gli esempi onde mostrare che le Parche anticamente erano due, uno de' quali si ravvisa nel tempio Delfico, dove le Parche eran due ἀγάλματα Μοιρῶν δύο, poichè Apollo e Giove Μοιραγέτης condottieri dei fati tenean luogo della terza [3]. Difatti trova il Visconti ancora qui Giove, e questi partoriente, ed Apollo che riconosce dall'epigrafe *APULU* e dal ramo d'alloro, pianta a Bacco sacra e diletta quanto propria d'Apollo: nume rettore del tempo e preside de' fati e delle generazioni: assistente al natale del suo germano, col quale ebbe templi comuni e

1 Hesiod., Theog., v. 787.
2 Pindar., Olymp., Od. vii, v. 64.
3 Pausan., Phoc., siv. lib. x, cap. xxiv, p. 858.

soggiorno, ed aspetto e studi conformi. Tal comunanza
dal Visconti notata si fa palese ancora pel monumento
che stiamo osservando: ma qual ne fia l'origine?

Frattanto esamina il Visconti qual Dea sarà quella che ha
sovrascritta l'epigrafe *THALNA*, del cui nome approva con
lode le due ingegnose interpetrazioni date dal Lanzi, referibili entrambe alla Venere genitrice [1]. « Ma perchè, soggiunge il Visconti, in vece di Venere non ravvisare piuttosto
in *Thalna* θαλλώ cioè la *Tallona* mentovata da Pausania [2],
da Clemente Alesandrino, da Igino [3] come una delle Ore,
Dee del tempo e delle stagioni che tutte portano a compimento, secondo le antiche allegorie, le produzioni dell'universo? Esse riconducono i misteri d'Adone [4]: esse guidano
le olimpiadi [5]: esse finalmente portano a compimento nel femore di Giove il feto di Semele, e nato appena d'un serto
d'edera lo ricingono, qual è il soggetto appunto della rappresentanza qui espressa. Il pensiero è di Nonno nelle Dio-
nisiache, a lui comune con anteriori poeti, onde il trasse
l'artefice del nostro bronzo [6] ».

Soggiunge quindi l'autore prelodato l'osservazione, che
nel Disco già da me alla Tav. X effigiato col natal di Minerva, si vede una Dea seminuda simile a questa rappresentata quale ostetrice di Giove, che l'epigrafe come in questo
appella *Thalna*. Se là fosse Venere, sarebbe, com' egli argomenta, qui ancora la stessa Dea. Vuole per tanto che
là pure Thalna sia l'Ora che ha maturato nel cervello di

---

1 Ved. p. 221.

2 In Boeot., siv. lib. ix, c. 35, p. 858.

3 Fab. clxxxiii, p. 303.

4 Theocrit., Idyl. xv, v. 103.

5 Pindar., Olymp., Od. iv, v. 1.

6 Nonn., Dionysiac., lib. ix, v. 11, et sq.

Giove la divina fanciulla da Metide concepita, ammettendo indifferentemente che il volatile presso di quella possa
essere l' aquila di Giove , oppure la colomba Dodonea sacra allo stesso nume, o una di quelle che lo nutrirono,
come pensa l' Heeren: opinioni che ho accennate anche
altrove spiegando la Tav. X [1].

Le lettere della inferiore figura, alquanto detrite, son lette dal Visconti così :

VA∃HA ... I3JⴀIO

quindi supplite, lette ed interpetrate anche dal Lanzi così:

VA3NA ... I⟨VJIⵙ⊙9AJ

larthia lysia annae, vel annaeae nata.

Giudica in fine il dotto Visconti un ornamento del bronzo la maschera barbata che egli crede silenica, segnata
nel più alto del Disco , portando in bocca un nastro . Chiude in fine la sua dottissima illustrazione con riflessioni analoghe alle arti degli antichi, ed a quelle che si fanno palesi [2] nel monumento che abbiamo sott' occhio .

Passato questo pregevole bronzo dalla Viscontina domestica nella vasta collezione Borgiana , procurò l' illustre cardinale possessore di farla incidere nel suo diametro e disegno eguale . Io che n' ebbi un esemplare sott' occhio, lo
trovai preferibile a quello fatto incidere dal Visconti, ma
non perfetto quanto io voleva, e perciò ne ho rinnovata

---

1 Ved. p. 225.   2 Visconti, l. cit., p. 323.

una copia la meno infedele che mi sia stato possibile. Il card. Borgia invionne alcuni esemplari al Lanzi, perchè unitamente ad altri Specchi mistici da esso raccolti fossero dal dotto interpetre illustrati; al cui lavoro si accinse il Lanzi con animo e non con agio di poterlo compire, poichè l' età avanzata e cagionosa non gliel permise. Pure fui fortunato abbastanza nel trovar di questo, come di altri pochi Dischi, la spiegazione da esso lasciata manoscritta, per poterne far uso in quest' Opera. Intenderemo quivi per tanto come le varie opinioni di chi spiegò il monumento si possono infine conciliare. Io do il MS. mutilato soltanto nelle ripetizioni di cose già da me dette di sopra.

« Riproduciamo qui un monumento, egli dice, illustrato già dall' Heeren, quindi più lungamente da noi, e per ultimo dal Visconti. Egli analizzandone le figure e i panni e tutto il gusto del disegno, vi ravvisò tracce del greco stile che già ingentiliva le arti d' Italia, non senza riconoscervi altresì alcun poco della primitiva durezza, che secondo Quintiliano, fa il carattere dello stile etrusco. Nell' aquila posata sullo scettro di Giove trovò un costume proprio de' Romani e dei Toschi. Bacco non ha già una ferula da mano manca, mentre nei vasi dipinti la veggiamo diritta e terminata in più rami fioriti [1], ma piuttosto un curvo bastone donde pende uva, che è quel pedo pastorale con cui figuravansi i fauni, e i satiri, e Bacco stesso in alcune statuette di bronzo [2], ma fanciullo quando non

---

[1] Dempster., De Etr. Reg., Tom. 1, tab. XI.

[2] Nella Galleria Medicea ve ne è chiaro esempio nel gabinetto dei Bronzi, all' armadio IV.

gli conviene ancora il tirso guerriero. Da tale insegna,
che fu anche propria dei comici, Bacco ha l' epiteto di
λαγωβολος. La tracolla altra volta creduta di ellera, è da lui
giudicata una sdriscia co' suoi ornamenti, cioè una colla-
na di panno dal Buonarroti detta *segmentum* [1], che in
Bacco meglio supporrebbesi di pelle cervina sacra ai suoi
riti.

« Simboli spettanti a lui sono pure la maschera e la tenia, che al suo capo in alto sovrastano. L' una dichiara-
lo preside della scena, ed è emblema a un tempo de' suoi
misteri; siccome lo è pure l' altra, legandosi con essa gl' iniziati. Spetta finalmente a Bacco anche quel paniere che
vedesi ritto da man sinistra del bambino per collocarve-
lo; ed è quel *vallus,* come vuol lo Spanemio *vannus, ubi
de more positus esse dicitur postquam ex utero matris edi-
tus* [2]. I Greci lo dicono λικνον; κανουν, come spiega Esichio:
aggiunge Servio che in siffatti panieri si offerivano a Bacco le primizie delle messi, e altrove leggesi che le madri
per buon augurio vi adagiavano i loro parti [3]. Altra cosa
è il vanno mistico di Bacco, rotondo e traforato istrumento col quale si purgano le civaie, che nei misteri si
considerava come simbolo della purgazione dello spirito.
Di questo Suida λικνον κοσκινον. Nei vasi dipinti ovvio è un simile vaglio, siccome pure quel paniere; ma non è di sì
considerabile altezza come in questo bronzo».

« Passando dal principal gruppo alle circostanti figure

---

[1] Buonarroti, Vetri antichi, p. 157.
[2] Serv., in Virg., Georg., lib. 1, ad
     v. 166,

[3] Spanhem., in Callimac., Hymn. in
     Iovem, ad v. 48, p. 19, sq.

Apollo *APULU* con un ramo della diletta sua pianta assiste
alla nascita di un fratello, di cui non ebbe il più somigliante nella beltà, nel privilegio della perpetua gioventù,
nel consorzio delle muse ». Fin qui il Lanzi [1]. Quindi proseguendo approvò l' opinione di chi sopra l' alata Dea legge quella tronca epigrafe *MUSAM*: ma a questa e ad ogni
altra lezione preferì quella del Visconti, che ivi trovò *MU-*
RAN cioè *μοῖραν*, la Parca: se non che veggendosi nel Disco
dopo la prima lettera espressa un' ι, preferì il vocabolo
miran formato dalla soggiuntiva del greco dittongo e dalla *ν* ridondante forse per errore di pronunzia, come nel
greco antico talvolta.

«Era dottrina di Omero che nel dì della nascita ciascuno
avesse dalla Parca un destino, e che quanto ella avea
scritto, come qui vedesi, o filato, come Omero si esprime [2],
fosse un incontrastabil fatto ed una legge irrevocabile, per
cui significare che tien la Parca, e qui e in altri monumenti, un' ampolla dell' acqua di Stige con cui i giuramenti in cielo si sanzionavano [3]. Scrive dunque la Parca le
sorti di Bacco, nel modo che Diana di se racconta averle
assegnata le Parche, nel suo primo nascere, la sorte di soc-
correre le partorienti fra le lor doglie [4] ».

La Dea che dalla coscia di Giove tragge il nume infante si reputa dal prelodato scrittore essere stata celebre fra
gli Etruschi. Nella nascita di Pallade dal cervello di Giove, rappresentata qui alla Tav. X, si vede alla destra di lui

[1] L. cit., p. 197.
[2] Iliad., lib. xx, v. 128.
[3] Hesiod., Theog., v. 785.
[4] Callim., Hymn. in Dian., v. 21,
et sq.

nell'atto di estrarre il parto la Dea *Thana* quasi *Thiana*,
che i Latini non bisognosi di mutare il *i* in *e*, dall'antico ᴬᵘ *Iupiter* a somiglianza de' patronimici fecer Diana
conforme ho detto altrove [1]: «e alla sinistra di lui è un'altra Dea, che quasi una seconda ostetrice lo tiene abbracciato e fermo in quella situazione, seminuda ed avente
a tergo una colomba su d'un arboscello posata. Costei è
nominata *Thalna* come la ostetrice posta in questo Disco alla destra di Giove; ma qui sta senza colomba. Quindi potrà dubitarsi che tal volatile nel monumento Cospi non riguardi la Dea, che per tale indizio dai più si è
creduta Venere; ma piuttosto Giove medesimo a cui son
sacre le colombe fatidiche di Dodona, e che dicesi avere
avuto nell'infanzia nudrimento dalle colombe. Tale opinione sostenuta dall'Heeren e dal Visconti avrebbe più verisimiglianza, ove qui Giove comparisse fanciullo: ma come la capra nudrice di lui più nota e più celebre, spesso dagli antichi si appone a lui bambino, nè mai forse a
lui adulto, così può essersi fatto della colomba. L'aquila è
il perpetuo suo simbolo; la colomba e la capra sono i simboli della sua infanzia». Che se la colomba del Disco si dovesse accordare a Giove, non però il Lanzi consente al-
l'Heeren che la *Thalna* sia la Lucina degli Etruschi, perchè trovandosi nel Disco della Tav. X anche Diana ch'equivale a Lucina, l'altra ostetrice debb'esser diversa Dea secondo che egli ne pensa [2]. Io poi non so come egli dimen-

---

1 Ved p. 224,

2 Lanzi, MS. esistente nella R. Gal-   leria di Firenze.

ticasse che nella mitologia de' Gentili si annoverano due Lucine, l' una Diana, l' altra Giunone [1].

Circa l' opinione del Visconti che quella sia Tallo o Tallona una delle Ore convenientemente presente ai miracolosi parti di Giove, riflette il Lanzi che le Ore note agli antichi sono *Dice, Irene, Eurinome, quae opera matura faciunt mortalibus hominibus* [2]; nè altrimenti le nominarono Orfeo, Museo, Pindaro, Diodoro, Apollodoro e Fornuto. Più tardi si pensò a farne or dieci, or dodici, una delle quali fu Tallo [3]. Ne fa menzione anche Pausania, sotto nome di Tallore, aggiungendo però che in Atene, ove ella era venerata, non seguivasi il parer comune circa le Ore, ma una particolar tradizione della città; e quindi è forse che Clemente Alessandrino appella Tallo espressamente come Dea degli Ateniesi. Or che una Dea, sì poco nota, o almen sì tardi fuori d' Atene; una Dea che in Roma, seguace tanto dell'etrusche superstizioni, non ha lasciata traccia del suo nome, come poteva in Etruria essere stata sì celebre da collocarsi come ostetrice di Giove, non in uno de' suoi favolosi parti, ma in due? E com' ella in questo Disco s' introduce quasi a Giove più familiare di Diana stessa, che pur tutti credevano la preside d' ogni parto?

Queste ragioni unite al simbolo della colomba che nè a Giove adulto può convenire nè a Tallo, fan credere al Lanzi che Talna quasi Thallina non sia che Venere, cui veramente gli antichi dettero un fiore non aperto, come

1 Ved p. 225.
2 Hesiod., Theog., v. 903.

3 Igin., Fab. 183.

vedesi nella celebre ara Capitolina [1], detto θαλλός dai Greci, e *thallus* dai Latini. Essa è la Dea della germinazione: *nec sine ea quidquam dias in luminis oras exoritur* [2]: ella presiede alla natura, e dallo schiuderne ogni parto gli fu in Roma consacrato l'aprile [3], e secondo altri presiede ugualmente a' due istanti del nascere e del morire. Che se il Lanzi dovea proporre altra congettura sulla persona e sul nome di Thalna, confessa che non sarebbe stato alieno dal sospettarci una di quelle ninfe celebri in Dodona, che avendo nudrito Giove in Creta ancor bambino, ebbero poi da lui in consegna il piccol Bacco, e lo nudrirono in Nisa *Hyades quas Pherecydes Athenaeus nutrices Liberi dixit, quae Dodonides nymphae vocantur* [4], anzi lo accompagnarono anco nei suoi viaggi e furono per ultimo cangiate nella costellazione delle Iadi.

Consentono nel chiamarle Dodonee più mitologi. In altre circostanze sono discordantissimi: e il volerli conciliare in tutto tra loro saria lo stesso, come il Lanzi si esprime, che voler fra loro accordare i sogni di cento teste [5]. Crede egli pertanto sufficiente all'uopo attuale il sapere che la principale delle nudrici di Giove sia detta da alcuni Amaltea, ma da Igino Altea; e con lui consente in questo nome l'interpetre Germanico, dove scrive *Iovis infans nutriendus Themidas Althaeae*, ove debbesi emendare *Themiai*

---

[1] Winkelmann, Monument. ined., tav. 25.

[2] Lucret., De rer. nat., lib. 1, v. 23.

[3] Ovid., Fast., lib. 4, v. 89.

[4] Vid. Fragment. Arat. Phoenom.

per Germanicum in Lat. conversa cum comment. nuper in Sicilia reperto. *Taurus*.

[5] Munker., ad Hygin., Fab. 19, p. 319.

ac Althaeae. Or questa fra gli Etruschi soliti ad alterare i nomi, e con metatesi, come in *rauntha* per *arruntia*, e con epentesi della N, come in *anina* per *anna*, quest' *Althaea*, egli dice, facilmente divenne *Thalena* o *Thalna*.

Conosciutane l'origine da Dodona, poterono, distinguendola con la colomba e come familiarissima a Giove, preferirla ad ogni altra ostetrice nel parto di Bacco; ed in questo aderendo a Ferecide farla di lui nudrice e compagna nei viaggi e nelle orgie. Prende valore il sospetto del Lanzi per alcuni etruschi monumenti veduti da esso, come per esempio uno Specchio mistico non pervenuto alla mia raccolta, dove egli ravvisa una donna sedente che ha nella spalliera della seggiola una colomba: tiene fra le braccia un bambino con corona d'edera, mentre essa l'ha d'alloro: due piante che amò Bacco e se ne cinse fin dalla prima età [1]. Vide poi nel museo Corazzi in Cortona i vari bronzi col vocabolo *Lenaphes*, che trovato anche in una statuetta di Proserpina nel museo Obizzi di Padova, lo confermò nel parere che i Lenaij o Lenati siano i cultori di Leneo. Fra que' bronzi è una donna con capelli di Baccante e colomba in mano, che in vigore de' nuovi lumi raccolti, non discrede esser una delle Dodonee venerate e invocate nelle orgie, e specialmente la principale, detta nell' inno di Orfeo *Ippa*, da Servio *Scisa*, e forse *Thalna* in Etruria. Che se vero è ciò che il lodato sig. Heeren afferma, essere cioè la colomba un simbolo di Venere assai recente, si può dubitare se quella statua di Dea con colom-

---

[1] Homer., Hymn. II, in Bacc., v. 9.

ba in mano e con etrusca epigrafe a'piedi, e che da tutti si
è finora creduta Venere in vista della sua antichità, si abbia da reputare piuttosto una Dodonea.

A tali discussioni ventilate da uomini versatissimi nel-
l'antichità figurata nulla saprei aggiungere, dopo tutto ciò
che ne ho scritto spiegando la Tav. X, non volendo insi-
stere ulteriormente sull'osservazione che tanto al cuculo
di Giunone [1] quanto al cignio di Nemesi [2], e alla colomba di Venere si attribuisce il significato di generazione, di
cui Venere stessa è il prototipo [3] col nome di genitrice [4].

Non sembra il Lanzi appieno convinto che la figura su-
bordinata al piano delle altre sia da credersi una Parca, secondo l'opinione del Visconti [5]: di che sarà inutile muover disputa per non potersene riconoscere l'effigie, attesa
la corrosione del metallo.

La iscrizione poi è da riferirsi alla padrona o donatri-
ce *Larchia Qusia*, di famiglia che leggesi in lapida latina
in Arezzo *Papianae filia*; e questa pure secondo il prelodato interpetre è famiglia nota nell'Etruria antica.

L'esattezza del mio disegno fa scoprire allo spettatore
ciò che gli altri disegni a lui presentati meno accurata-
mente eseguiti hanno tolto. Osservi egli pertanto che dietro ad Apollo comparisce un quadrupede non ancora da
altri notato. Le fattezze ancorchè guaste in vari contorni
lo caratterizzano per un daino. Ciò combina con una
mia opinione, che superiormente alla testa di Giove non

1 Ved. ser. ii, p. 230.
2 Ved. ser. vi, tav. M, num. 1, 3.
3 Ved. ser. vi, tav. Q, num. 6.
4 Ved. p. 234.
5 Ved. p. 184.

sia già una maschera, come altri espositori suppongono [1], giacchè alla maschera scenica non si danno le chiome sì scompigliate, ma sì a un leone la cui folta ed irta criniera si assimigliò ai raggi del sole [2]. Nè credo poi con altri che unitamente alla tenia sia qui per ornato una testa di leone perchè accresca bellezza alla composizione, mentre l'artista non si è curato neppure di porla nella media e più alta parte della periferia di questo Disco. Penso pertanto che se quella rabbuffata larva è di leone, ciò che gli passa davanti alla bocca sia un serpe; sì perchè s'incontra in altri Dischi nella forma che qui si vede, ove è Bacco; sì perchè lo ravviso egualmente passar per la bocca del leone in una pietra incisa, dove con emblematiche figure di animali si rappresenta il passaggio del sole pei diversi animali figurati egualmente nello Zodiaco. Vedalo difatti chi vuole nelle mie tavole di corredo [3]. Per simili motivi non so ammettere che Apollo sia spettatore ozioso al nascimento del fratello [4], o che la di lui presenza rammentar debba soltanto esser egli considerato somigliante al germano in beltà, in giovinezza ed in siffatti non valutabili pregi [5]. D'altronde qual relazione può mai avere un daino con Apollo e con i descritti suoi pregi?

Il poema di Nonno Panopolita, dove si narrano le avventure circa i natali di Bacco, spiega, a senso mio, tutto l'enigma. Ivi si canta che Semele invitò Giove suo amante a scender da lei sotto le sembianze del vero Tonan-

[1] Ved. p. 186.
[2] Ved. sec. 1, p. 329.
[3] Ved ser. 11, tav. C2, num. 4.
[4] Ved. p. 181.
[5] Ivi.

te. Alle di lei brame aderì finalmente Giove per cui si generò Bacco, il quale ora vediamo riprodotto alla luce dal padre. Ma prima che Giove si accostasse alla vergine amata, prese diverse forme di animali. fra i quali particolarmente si nominano dal poeta il daino, il leone ed il serpe [1]; che è quanto dire il sole incontratosi con la Vergine dopo gli ardori estivi, per cui quella misera fu incendiata, passa alla stagione di autunno occupata per lungo spazio dal Drago celeste [2], segnato emblematicamente per quel serpe che occupa in frequenti spire la parte superiore del Disco, quale in altri monumenti ho notato [3], e frattanto si appressa alla costellazione del Lupo sottoposto allo Scorpione [4]: quadrupede che altri nominarono pantera [5], altri leopardo, altri fiera, altri semplicemente quadrupede [6]: animali pertanto consacrati a Bacco di cui solennizzavansi nell' autunno le feste [7], unitamente ai misteri. Nè saprei se più felice sviluppo si possa trovare in quell'Apollo che appunto vedesi nel Disco star presso al quadrupede, se non assimigliandolo al nume che trasformossi in daino [8] nei suoi congressi con Semele, per cui ne venne la nascita di Bacco che tien lo scettro di autunno, ed a cui son principalmente dedicati i misteri [9].

Che se vogliamo cercarne l'allusione anco nel corso degli astri, si troverà che l'equinozio autunnale era fissato

1 Nonn., Dionys., lib. vii, v. 322.

2 Ved. p. 167.

3 Ved. ser. vi, tav. E2, num. 1.

4 Ved. ser. vi, tav. L2, num. 2. Lupus.

5 Marzian. Capell., lib. viii, De

Astronom., p. 329,

6 Dupuis, De la sphere et de ses part., Tom. vi, part. ii, p. 473.

7 Ved. ser. i, p. 149.

8 Nonn., Dionys. lib. vii, v. 320, sq.

9 Ved. p. 140.

non solo dal tramontare del Toro, ma anche dal nascere del Serpente, della Pantera, e dal tramontare di Cassiopea, dove si effigiava una cerva. Il leone, come ognun sa, è il solstiziale domicilio del sole e di Bacco, e la pelle di daino o di cavriolo, che forma la nebride di Bacco, rappresentano il cielo stellato [1].

Il Millin che ha riprodotto in piccola forma questo rinomato Specchio mistico, ed insieme con lui altri più moderni mitologi [2], non fanno menzione alcuna del quadrupede ch'è dietro ad Apollo, nè dice il Millin spiegandolo, più di quello che ho accennato di altri [3], soltanto varia nel parere di quella fiala che ha in mano la Parca, da esso creduta un vaso per profumar Giove. Ma le Parche, io domando, ebbero realmente l'incarico di profumare Dei ? Sarei troppo prolisso volendo dire ciò ch' io penso di quella fiala, ma altri Dischi me ne daranno occasione.

Trattai delle due figure segnate nella posterior parte del Disco vale a dire nella speculare di esso, per cui Specchio mistico appellasi. Vedale il mio lettore già ripetute alla Tav. IV, e ne legga la interpetrazione alle pag. 53 e seguenti.

TAVOLA XVII.

A render chiara l'interpetrazione di questo Disco, mi fa duopo il premettere alcune immagini di un antico poe-

---

[1] Millin, Gallerie Mytholog., Tom. I, Pl. LXXI, num. 222.
[2] Ivi, p. 50.
[3] Nonn., Dionys., lib. IX, v. 185.

ma greco spettante a Bacco [1]. Nei più remoti secoli del mondo primitivo l' Amore occupavasi di ripararne le imperfezioni . Nientedimeno l' umana specie trovavasi assorta in troppo rozze abitudini . Il vino che dissipa le mordaci cure degli uomini era loro ignoto; quando Eone o il Tempo, che le generazioni governa e regge [2], portò le sue lagnanze al trono di Giove, perchè agli uomini era destinata una vita troppo breve e penosa. È inutile, diss' egli, che sia stata inventata la musica, poichè i suoi concerti armoniosi non son bastanti per dissipare i dispiaceri della razza umana. Accusò quindi Pandora d' avere aperta la tazza fatale dalla quale emanarono i mali, e rampognò Prometeo che per rimediarvi non pensasse ad impadronirsi del nettare divino, sorgente di riposo, piuttostochè del fuoco sacro da esso rapito, prevedendo che in quel dolce liquore, tostochè agli uomini fosse stato concesso, potevan perdersi i dispiaceri di questo mondo [3].

Lo ascoltò Giove e promessegli un nuovo dio, svelando ad esso la misteriosa futura nascita di Bacco, apportatore agli uomini di un liquore così piacevole come il nettare [4]. Quindi Amore ferisce il Tonante col dardo intrecciato d'ellera e temperato nel nettare, affinchè Bacco faccia crescere il dolce liquore che ci offre l' autunno [5]. Giove scorge in quell' atto la bella Semele che nuota nell' Asopo, e ferito d' amore scende a lei nella notte inosservato, e nascosto

---

1 Nonn., Dionys., lib. vii, in principio .

2 Ibid., v. 17.

3 Ibid., v. 63.

4 Ibid, v. 77.

5 Ibid., v. 199, sq.

sotto mistiche forme di vari animali [1]. Ma la ninfa non contenta dei favori del nume, ambisce al vanto di essere seco lui qual si mostra in cielo a Giunone, cioè fulminige-ro e risplendente [2]. Sodisfatta la sua domanda vuol vede-re e toccare l' avvampante fulmine, e sull'istante la misera ne resta incendiata [3].

Il frutto di tali amori è salvato per le cure del sollecito Mercurio [4]. È poichè quel feto non era maturo, Giove sel pose nel femore per ivi attenderne a tempo debito il par-to [5].

La narrazione di questa favola della quale esaminammo la rappresentanza nella Tav. precedente, ci scuopre il signifi-sato del Disco nella presente XVII Tav. espresso. Giove è già fra le braccia di Semele col fulmine al fianco. Il suo volto ed il serto che ha in testa, lo mostrano simile al già veduto nella Tavola precedente. Il monile che porta sul petto, ram-menta lo splendore nel quale fu desiderato da Semele.

Essa pure si mostra ornata di vezzi, pei quali Giove restò sedotto, e l' amoroso loro congresso si occulta dal manto che dalle spalle pende ad entrambi. Vedesi quindi a lato di Giove un giovine satiretto, voltato in modo come se fosse ignaro di ciò che accade. Egli ha in mano due tibie che riguarda come se le spregiasse; alludendo forse alla già ri-ferita armonìa, resa inutile a sollevare i mali degli uomini, pri-ma che da Bacco fosse loro concesso il vino. Favoleggia il poeta che Semele incinta di Bacco prese gusto per l'ede-

---

[1] Ved. p. 246.
[2] Nonn., Dionys., lib. vIII, v. 322.
[3] Ibid., v. 390.
[4] Ibid., v. 404.
[5] Ibid., lib. IX, v. 2, sq.

ra, di che tessendo corone ornavasene la fronte [1]. Nel Disco vediamo l' edera stessa che fatta ghirlanda l' orna in
giro. Aggiunge il poeta che la ninfa ricevè i favori di Giove in mezzo ai fiori che la terra faceva crescere in quella stagione [2], ed un fiore si vede per tale indizio tra'l satiro e Giove in questo bronzo.

Un altro Disco inedito di tal soggetto esiste nella R. Galleria di Firenze, che io non reco al Pubblico per decenza. Ivi più chiaramente si vede la intenzione di questi a-
manti, ed un manto che più patentemente cuopre le spalle
d' entrambi manifesta che il concepimento di Bacco è mistero che debb' esser velato; sicchè adattatamente si trova
ripetuto in questi sacri Specchi, quali arnesi usati alla contemplazione di essi misteri, e non a versar liquidi nei sacrifizi [3],

La Semele del Disco Mediceo or or descritta non ha le
ali: e difatti non si trovano accennate neppure dai Poeti.
In questa del Disco presente le ha poste cred' io l' artista
per mostrare più scopertamente di che si tratta. Questa è
l' immagine della Vergine celeste che arde pel calore del
sole, quando quest'astro lasciando il segno solstiziale del Leone passa in quel della Vergine, ch' egli assorbisce e rende invisibile agli abitanti della terra per tal posizione [4].
Qualche astronomo ha calcolato il solstizio estivo medesimo al segno della Vergine [5] in tempi antichissimi, ed allora massimamente rappresentavasi la Vergine celeste con

1 Ibid., v. 10.

2 Ibid., lib. vii, v. 351.

3 Ved. la spieg. della tav. v, p.
   92, e 101.

4 Ved. p. 296, spieg. della tav.
   antecedente.

5 Bailly, Histoir de l'Astron. an-
   cien., liv. iii, § xi, p. 75.

le ali alle spalle [1], come tuttora in antichi planisferi si vede [2].

La spiegazione attuale dichiarando la rappresentanza di questo Disco, serve di conferma all' antecedente della Tav. XVI, dove tentai colla favola stessa dar conto della presenza di Apollo al nascimento di Bacco e del daino che gli è accanto, inosservato da altri; mostrando frattanto come queste favole siano realmente fondate sulla rivoluzione annuale degli astri.

Di questo Specchio mistico ebbi fino dal 1819 un esatto calco in gesso dalla gentilezza del dotto e mio pregiatissimo amico sig. cav. Leopoldo Cicognara che allora trovavasi in Inghilterra, il quale mi scrisse di averlo calcato sull' originale in bronzo posseduto dal Sig. Paine Naight, presso del quale si trovano altri mistici Specchi di simil genere unitamente ad una doviziosa e scelta raccolta di bronzi antichi. Non darò conto dei bronzi antichi del prelodato possessore ma sibbene degli Specchi.

TAVOLA XVIII.

Propongo all' esame dei dotti moderni questo mistico Specchio, ancorchè da altri già pubblicato e illustrato. Se nulla imparano da esso, potranno almeno valersene per far paragoni com' io son per proporre in seguito.

Il Gori che fu il primo a farlo noto e pei rami e per

---

1 Nonn., Dionys., lib. II, v. 355.   2 Ved. ser. VI, tav. V, num. 6.

le dotte illustrazioni che a quello aggiunse [1], scrisse che il bronzo allora esistente nel museo Capponi porta le immagini di Castore e Polluce, pileati e vestiti di breve tunica e coperti di clamide. Ai loro piedi è situata un'anatra o un cigno, e superiormente una stella; dalle quali cose egli intende che gli Etruschi, da lui giudicati gli artisti di tali arnesi, credessero questi Dei figli di Giove e di Leda, colla quale il nume convertito in cigno si giacque. Aggiunge ancora essere stato narrato che Giove trasformato in una stella compresse Leda, onde nacquero i gemelli Castore e Polluce. Altri poi narrano anche altre cose e dei nominati numi e di Elena loro sorella [2], come espone eruditamente il Giraldi [3].

Il Contucci che illustrando il museo Kirkeriano ha riprodotto questo disco medesimo, riconosce egli pure i Dioscuri sì dalla stella ch' è in mezzo a loro, come dal cigno e dai berretti. Le altre particolarità se non sono proprie dei Dioscuri, non son poi loro neppure in tutto contrarie. È conforme nel resto al già esposto dal Gori, e solo aggiunge che furono quei numi invocati presidi alla navigazione ed al Foro [4].

Si aggiunge l'osservazione del Gori, che nelle are o nei sepolcri ponevasi Castore e Polluce, come attesta Pausania [5], forse per allusione, com' egli crede, alla ricevuta e fra loro permutata immortalità. Quindi egli vede un di

1 Gori, Mus. Etr., Tom. 1, tab. cxxvi.
2 Id., Tom. 11, Cl. 11, p. 252.
3 Hist. Deorum, Synt. v, p. 184.

4 Contucci, Mus. Kirker, Tom. 1, tab. x, num. 1, p. 41.
5 In Laconic. siv. lib. 111, c. xiii, p. 238, et cap. xx, p. 260.

loro scolpito a piedi nudi, ed un altro calzáto, quasichè far dovesse viaggio all' inferno ·[1]. Io che ai disegni altrui non fidandomi ne rinnovo l' impronta dall'originale, come ho fatto di questo Specchio che ho tolto dal Vaticano, dove passarono i monumenti antichi dell'anzidetto museo Capponi, trovo che non sussiste la differenza dal Gori traveduta, ma che solo differisce qualche poco la calzatura dell' uno da quella dell' altro.

Saranno da me in seguito pubblicati altri monumenti di questo medesimo soggetto, che daranno di quelli non meno che del presente più esteso conto.

TAVOLA XIX.

A maggiore schiarimento di quei giudizi, che dagli espositori dei monumenti antichi figurati si portano sull'arte del disegno per deciderne circa lo stile, l'epoca, l'avanzamento e la decadenza [2], io non credo superfluo produrre il presente di questa XIX Tav., dove sembra che l' artefice abbia per così dire dimenticato che si trattava di rappresentarvi una figura umana, di che a vero dire ne resta appena in questo bronzo l'effigie. A qual'epoca dunque assegneremo noi quello stile, e quel modo sì sconcio di segnare?

È chiaro primieramente che l' artefice nell' eseguirla nulla meditò che spettasse a quel bello, di cui non di rado si ornano le arti, o che almeno aver sogliono tal pretensio-

---

[1] Gori, l. cit.   [2] Ved. p. 186.

ne. Qui pare a me che siasi voluto con questo segno
quasi geroglifico rammentare la divinità, sia questa sotto
la figura del Fato, sia della Nemesi, sia della Parca [1], o
sotto qualunque altra siasi denominazione [2]. Ciò si deduce da una certa somiglianza con le figure di altri Dischi già da me pubblicati nelle Tavole indietro [3].

Ed in vero, se questi mistici Specchi servirono realmente
non già per le pubbliche cerimonie dei sacrifici, dove si e-
sigeva un certo lusso ed una competente decorazione, ma
per le private meditazioni degli iniziati [4], nelle mani dei
quali noi li vediamo dipinti nei vasi [5], stimo superfluo ricercare in essi lo stile del bel disegno, l'accuratezza dei
contorni ed altri pregi dell'arte, giacchè questi soglionsi
porre a solo profitto dei lavori di manifesto e per così dire pubblico apparato, e di lusso. A dì nostri è presso di noi
l'abile intagliatore in pietre e metalli cav. Santarelli, onor
del secolo e dell'arte che esercita. E vedremo per questo
le medaglie attaccate alle corone, e le pietre per anelli
in corniola da spargersi per la provincia eseguite coll'arte
e collo stile da lui praticati?

Meditando pertanto in questi monumenti non verremo
in cognizione del merito e dello stile delle arti presso gli
Etruschi, vigente in quel tempo che furono essi da rozza
mano eseguiti. Molti di tal natura, ch'io non nomino nè
numero, si trovano sparsi per diversi musei, che a mio parere conosciuti una volta che siano, perdono tutto quel pre-

---

1 Ved. p. 7, 164, 165.

2 Ved. p. 245, ed altrove.

3 Ved. tavv. 1, xi, xii, xiii, xiv.

4 Ved. p. 249.

5 Ved. ser v, tav. xxi, e p. 216.

gio che dagli antiquari o dal volgo di essi vuolsi assegnarli.

Traggo il disegno del presente esattamente calcato dal-
l' originale esistente in possesso del cultissimo sig. Priore
Laurenti in Roma. Egli mi ha cortesemente trasmessi altri disegni di simili figure in Dischi di bronzo, dove
comparisce lo stesso metodo di segnare con più o meno celerità o disprezzo. Altre se ne incontrano in vari
musei, delle quali dovendo io ragionare in questa Serie, a-
vrò luogo di riprendere la presente non poco singolar figura in più minuto esame, che meglio può compiersi
col paragone di altri simili.

TAVOLA XX.

Con sufficiente probabilità la presenza dei Dioscuri
viene ammessa nel bronzo della Tav. XVIII pel cigno che
vedesi al basso della composizione; e la stella ch'è in alto
conferma di più il supposto per le già allegate ragioni.
La presente XX Tavola, che prendo a spiegare, ha parimente due giovani con pileo sul capo, con breve tunica e con
un braccio voltato ai reni, standosene di faccia l'un l'altro, e portando i piedi nella positura medesima. In luogo delle due are che faccio osservare alla Tav. XVIII, qui si vedono due liste, come se additassero il piano di una soltanto,
o qualche legame fra loro. Della stella che qui pure si vede
tratterò altrove.

Dietro i due giovani di questo Disco sono manifestamente
incisi due clipei o scudi, quasi timpani di metallo, de' quali altrove tratterò; servendo qui l'accenno per mostrare
che per tali si debbono tenere quegli equivoci segni che ve-

donsi dietro una delle figure della Tav. XVIII, del qual segno non potrei dar conto senza il confronto di questo Disco. In fine la stella che dicemmo caratteristica dei Dioscuri spiegando l'altro bronzo, non meno che le già indicate caratteristiche approssimazioni che fatte abbiamo fra i
giovani di questo sacro Specchio e quei dell'altro, Tav.
XVIII, ci fanno credere dichiarati senza errore per i Dioscuri sì gli uni che gli altri.

Non meno valida conferma della probabilità di quanto suppongo è il parere del Biancani avvalorato dal ch.
Schiassi, il quale conformasi nell'ammettere che *nihil in
his pateris aliud exprimi, quam Dioscuros* [1]. Con tal
sentenza dichiarasi, nell'occasione d'avere illustrato questo
Disco medesimo [2], che io qui riproduco. Egli ne pubblica
due fra loro similissimi in tutto [3], e che esistono nel
museo dell'Istituto di Bologna. Fra questi uno solo n'eleg-
go da riprodurre, perchè l'altro formerebbe inutile ripetizione.

Altre osservazioni fa il Biancani al proposito di questi
due Dischi, de' quali riserbomi a dar contezza sull'esempio di più monumenti relativi a questo soggetto medesimo.

TAVOLA XXI.

Chi mai vide Armonia, la diletta sposa di Cadmo,
indossar le armi da guerra come nella presente XXI Ta-

---

[1] Schiassi, De Pateris antiq. ex
schedis Biancani, epist. ii, p. 35.

[2] Ibid., tab. viii.

[3] Ibid., tab. vii.

vola si vede incisa? Il monumento che la contiene è pregevole per la singolarità del soggetto; nè saprei citarne altri, che guidar mi potessero alla sicura cognizione di questo. Ben la ravviso agl' indizi non equivoci di circostanze che l' accompagnano.

Son famose le nozze di Cadmo con Armonia, delle quali si occuparono gli artisti più antichi della Grecia, poichè vedevasene un b. ril. nel trono d' Amiclea da Pausania descritto, e dall' Heyne dottamente illustrato [1]. Gli Dei concorsero, come sa ognuno, alla festa nuziale, e vi portarono dei doni, come lo esigeva il costume. Il più famoso fra questi fu il monile di Minerva, motivo di sciagure a tutte coloro che lo portarono [2]. Dunque il monile che ha in bocca il cigno fa indovinare il soggetto. Qui si vede pendente dal becco di questo volatile, come vedevasi pure sospeso nel tempio di Adone in Cipro, dove si onorava la Venere Amatunta [3].

I moderni mitologi non altro credono dovere intendere per Armonia, se non che la musica personificata, o l' armonica melodia che da quella dipende [4]. Come dar cenno di tutto ciò con un geroglifico? L' artefice di questo Disco se n' è avvedutamente disimpegnato coll' aggiungere un cigno, animale sacro al dio della musica [5], cui forse soltanto per bizzarria pose nel di lui rostro il monile, piuttosto che in

[1] Heyne, Du Trône d' Amycl., Ved. Conservatoire des scienc. et des arts, Tom. v, p. 47.

[2] Nonn., Dionys., lib. v, v. 125, sq.

[3] Pausan., Boeot., cap. xli. p. 796.

[4] Natal. Com., Mythol., lib. ix, cap. xiv, p. 284.

[5] Cic., Tusc., lib. i, cap. xxx, Op., Tom. viii, p. 2607.

mano di Armonia. In un b. ril. della villa Albani, dove si rappresentano le nozze di questa eroina, essa ha in mano il nominato monile [1], che gli espositori notano come dono di Vulcano [2]. Chi volesse spiegare astronomicamente il significato di quel monile, che Nonno descrive artefatto bensì da Vulcano, ma da Venere dato in dono ad Armonia [3], e formato da pietre preziose che figuravano il sole, e la luna e gli elementi, indicati dai colori respettivi delle pietre analoghi ad essi [4], potrebbe ravvisarvi il zodiaco allorchè riconducendo gli astri suddetti al punto equinoziale di primavera, pone gli elementi in armonico accordo fra loro, per cui si gode il dolce tepore di quella stagione che Venere genitrice arricchisce ed orna di fiori e di piante, e di ogni altra germinazione. Che se così non fosse, a quale oggetto l'artista secondato avrebbe i mitologi antichi nell'accozzamento del monile con Armonia, la moglie di Cadmo? A quale oggetto il poeta dichiarato avrebbe che il sole, la luna e gli elementi formavano il tessuto di quel monile ordito da serpi tra loro intralciati? A chi resta ignoto che i serpi sono stati l'emblema dell'incontro dell'equatore col zodiaco [5]? L'epoca stessa del dono manifesta l'enigma. Fu questa il dì dello sposalizio: così Cadmo, il Serpentario, lo sposo di Armonia tramontava al momento che il sole sorgeva col Toro all'equinozio di primavera: e più volte dimostro in questi miei scritti che il tramontare de-

1 Zoega, B. ril. ant., lib. 1, tav. 2, p. 15.
2 Millin, Gal. Mythol., Tom. 11, p. 9, num. 397.
3 Nonn., l. cit., v. 136.
4 Ved. ser. v, p. 129, 132.
5 Macrob., Saturn., lib. 1, cap. 17, p. 285.

gli astri è simulatamente accennato dai poeti col termine di concubito, o sposalizio dei numi o degli eroi [1].

Si può dar conto altresì della veste in guisa di Amazzone, e dell'elmo e dello scudo che la fanno comparire una donna spettante alla guerra. Ciò allude principalmente alla sua derivazione da Marte nel di lui congresso con Venere [2] nella rete preparata da Vulcano, avendo cantato i poeti che se da quella unione illegittima nacquero il pallore e 'l timore, che furono l'obbrobrio delle armate, venne poi a luce Armonia la sposa di Cadmo che restituì l'onor della prole [3]. Come potea fare il disegnatore meglio che rappresentarla decorata delle armi e del coraggio del padre? Si è detto di più dai poeti, cioè che non figlia, ma sposa di Marte, Armonia divenne madre delle Amazzoni [4]; e difatti qui par che l'artista seguir volesse un siffatto divisamento, poichè diè forme all'elmo di Armonia con apice incurvato avanti, come dalle Amazzoni costumavasi [5]. Dicono anche i mitologi più moderni che Armonia si finse la figlia di Venere e di Marte, non solo perchè la forza della musica ristora gli animi oppressi, ma perchè gli eccita al coraggio della guerra [6]: congetture non spregevoli, ma neppur utili perchè prive di base sull'autorità degli antichi.

Noi vedremo frattanto nei monumenti che seguono, come le Amazzoni spacciate per figlie di Armonia rappresen-

1 Ved. ser. 1, p. 45, 50.

2 Hesiod., Theogon., v. 933, sq.

3 Ibid., v. 937.

4 Apoll. Rod., Argonaut., lib. 11, v. 990.

5 Ved. ser. v, tav. xlvii, e ser. vi, tav. S2, num. 2.

6 Natal. Com., Mytholog.. lib. ix, cap. xiv, p. 384.

tano gli elementi, che pe' i loro tempestosi e quasi marziali contrasti cagionando le calamità dell' inverno, son finalmente superati dalla prevalente estiva forza del Sole, simbolicamente espressa dal grifo [1], che vedemmo [2] affrontare e vincere la debole guerriera in urnetta effigiata per emblema dell'anima, che a similitudine degli elementi unitasi colle spoglie mortali vi si trattiene in contrasto con le vicende del mondo [3], e colle proprie passioni [4]. Dunque non è male a proposito ammesso alle Amazzoni [5], come ad Armonia lor madre l'abito guerriero. Per un' allegoria non da questa totalmente diversa vediamo i Coribanti trattar la musica e l' armonìa con armi da guerra.

Ci dicono poi, ancorchè simulatamente, i mitologi da me esaminati, che a tenore dei pensamenti dei Pittagorici [6] riferivasi la sposa di Cadmo all' armonìa delle sfere celesti. E dalla indicazione che ho data degli elementi componenti il di lei monile, resulta che Armonia figlia di Marte e di Venere, nata dall' intima unione del fuoco e della forza germinatrice è simbolo della potenza invisibile che circola nell' universo. Con Armonia confusa l' armonìa dei principii o sia degli elementi, si trova che da essa dipende la vita di tutti gli esseri, fissando l' equilibrio negli organi dei viventi e dei vegetanti, secondo le dottrine dei già citati Pittagorici. Si legge difatti nel poema di Nonno, come Giove dichiarossi grato a Cadmo sposo di Armonia, per avere ornate con la sua lira le porte dell'Olim-

---

1 Ved. ser. vi, tav. R2, num. 1.

2 Ved. ser. 1, tav. xlii.

3 Ved. ser. 1, p. 350.

4 Ved. la spieg. della tav. li della

ser. 1.

5 Ved. ser. vi, tav. Q2, num. 3, e tav. S2, num. 2.

6 Natal. Comit., l. cit.

po, volendo Giove medesimo accompagnare i canti del suo Imeneo con i concerti della celeste lira [1]. Si legge inoltre nello stesso poema come Cadmo fabbricò Tebe, la quale dovea rappresentare in compendiata similitudine l'armonìa universale del mondo [2]: ed ivi erano sette porte che alludevano, secondo il poeta, alle sette sfere del mondo, ciascuna delle quali consacrata a un pianeta [3]. La porta di mezzo era dedicata al sole [4]. Così in un inno al sole si legge che alla quarta porta, che è media fra sette, sta situata l'armonìa universale [5]. Questi pianeti portarono il nome altresì di Cabiri o grandi Dei, al disopra de' quali era situato il cielo dei fissi, come nell'esame di questi mistici Specchi avrò luogo di ripetere. Ora soltanto mi resta a notare che appunto i Cabiri formano uno dei più frequenti quadri delle sacre rappresentanze di questi bronzi, vale a dire che ivi si tratta dei vari aspetti del cielo, degli effetti che la celeste armonìa, dalla divina provvidenza guidata, opera sulla natura e sul mondo intiero, la qual provvidenza noi vedemmo altrove [6] personificata, come personificata vediamo la celeste armonìa in questo Specchio della Tav. XXI, e come vedemmo i Cabiri a questa relativi nelle Tavv. XVIII e XX, e vedremo nel seguito degli Specchi mistici.

Ivi dunque sempre più mi confermo essere impresse cose spettanti ai misteri del cielo [7] e della provvidenza [8], e

---

[1] Nonn., Dionys., lib. II, v. 663.
[2] Id., lib. v, v. 87.
[3] Ibid., v. 68.
[4] Ibid., v. 84.
[5] Martian. Capella, Hymn. in Sol.,

Ved. Dupuis, Rel. univers., Tom. III, par. I, cap. VI, p. 124.
[6] Ved. p. 257 e seg.
[7] Ved. p. 97 e 200.
[8] Ved. p. 257 e seg.

non già relativi ai sacrifizi ; al cui uso come patere credevasi
che fossero stati adoprati [1]. Le interpetrazioni dei vasi fittili daranno, unitamente con quelle di altri Specchi mistici, maggior luce al presente.

Questo monumento fu trovato a Viterbo, e rimessome-
ne un esatto calco tratto dal bronzo stesso mercè i favori del sig. conte Gentili, che me l'ha inviato così inedito
com' io lo reco al pubblico.

TAVOLA XXII.

Ride probabilmente chi vede sì ridicole e sconce
figure non solo ammesse in questa mia raccolta di antichi
monumenti, ma custodite cautamente nei gabinetti destinati alla conservazione delle opere d'arti antiche e moder-
ne. Non altrimenti ridea Cambise all' aspetto dei numi Pateci che in forma di goffi e panciuti pigmei si adoravano
in Memfi [2]. Se peraltro ammettiamo che gli artisti non
a caso, ma guidati da ragionevole motivo operassero, dovremo conseguentemente pensare, che la deformità di queste indicate figure provenga o da imperizia dell' artefice,
o da infanzia o decadenza dell' arte, o da qualche idea
convenuta che unir si volle a quelle forme; le quali considerate ora come semplici imitazioni del corpo umano, ci
sembrano quali sono realmente strane e deformi. Applicato un tal concetto alla figura di questa XXII Tav., si cer-

---

1 Ved. p. 42.   2 Herod., lib. III, cap. 16, p. 23.

chi per quale degl'indicati motivi si mostra di un disegno
eccessivamente scorretto .

Manca essa delle principali membra nel volto, ęd in
modo, che staccato quel capo dal busto, non si ravviserebbe altrimenti spettante ad umana figura. E qual sarebbe
mai quell'artefice che s'impegnasse a scolpire in bronzo,
come qui si è fatto, senza neppur sapere che al capo u-
mano vanno aggiunte le proprie membra, naso, bocca, occhi ed orecchi? Quella specie d'occhio che tien luogo anche d'orecchio, contiene una linea retta che è fuori d'ogni
imitazione del vero .

La situazione delle gambe in perfetta espressione di attività o piuttosto di celere moto, escludono quello stile dal-
l'attribuirsi ad imperizia d'artefice, come pure ad infanzia
d'arte la qual'arte tardi, secondo il Winkelmann, aggiunse l'imitazione del moto fra le ultime regole immaginate
per dare plausibile esecuzione all'umana figura [1]. Noi vediamo per vari esempi da me riportati, con qual diligenza
e con quanto sapere sono espresse alcune figure etrusche
le quali per esser più accosto all'infanzia che alla maturi-
tà dell'arte, non hanno movimento alcuno indicato nei loro piedi [2]: ciò che più ancora si nota nei monumenti e-
giziani [3]. Manca in somma nella figura che esamino quel
secco, quel semplice e quell'immobile, che secondo avverte
il Cicognara, forma il carattere dell'arte che sorge per di-

[1] Winkelmann, Hist. de l'Art chez
les anciens , liv. 1, chap. 1, Ouv.
Tom. 1, p. 21.

[2] Ved. ser. vi, tav. A, C, D, E,
S. II.

Y , num. 2, Z2.

[3] Ved. ser. vi, tav. Z, num. 2, 4,
B2 , num. 2.

rigersi alla perfezione [1]. Lo stile dominante in questa figura, sebben sia notato da un disegno che pende al goffo e contorto e da una franchezza soverchiamente affettata, che furono i vizi di un'arte che andava a perdersi, pure mantiene una proporzione in tutto l'insieme ben lontana da quello stile che toccava evidentemente il tempo di sua decadenza. Le opere che sono a contatto con l'epoca di tal decadenza, da me riportate in questi rami, più che le mie parole il dimostrano. Espongo un capitello del museo di Volterra [2] giudicato del secolo IX [3] ed un b. ril. esistente in Milano [4], del quale dal prelodato Cicognara abbiamo l'epoca certa per iscrizione del secolo XII [5]. In questi monumenti de bassi tempi fu portata ogni cura dai loro artefici nel delineare le facce e i capelli, non curando verun'altra proporzione in tutto il resto del corpo. Qui all'incontro vediamo la testa più trascurata d'ogni altro membro della figura. Se non v'è diligenza in veruna parte di questo disegno, potremo ciò attribuire alle ragioni medesime, per le quali si vede negletto quello di una testa che feci osservare in un vaso dipinto [6], ed in una figura quasi a questa consimile di un altro Specchio mistico [7]. Restami dunque a dar conto della deformità di questo volto, non proveniente dal difetto d'arte per le ragioni espresse di sopra.

Ha ormai provato assai chiaramente il Visconti che gli

---

[1] Cicognara, Storia della scult., Vol. I, lib. III, cap. I, p. 307.

[2] Ved. ser. VI, tav. B3.

[3] Tempesti, Antiperistasi Pisane, dialog. I, p. 34.

[4] Ved. ser. V, tav. T3, num. 2.

[5] Cicognara, lib. III, cap. II, p. 317.

[6] Ved. ser. V, p. 43.

[7] Ved. tav. XIX, p. 303, seg.

antichi artisti convennero di rappresentar la Nemesi con
un braccio alzato, e lo tennero pel più caratteristico de' suoi
simboli, col quale non solamente la giustezza indicava della retribuzione, ma rammentava ai felici la giusta misura
onde non abusar de' lor beni e del loro potere [1]: avvertenza ch' egli ratifica mediante autorevoli citazioni [2]. Se dunque altrove dissi che questa nuda femminile figura degli
Specchi mistici rappresenta la Nemesi, qui ne trovo maggior conferma nel braccio che tien sollevato, simbolo di
convenuta espressione del cubito, e perciò di una misura
per cui si legge in antico epigramma greco citato dal Visconti:

> *Levo in Nemesi il braccio. A che? dirai:*
> *Uomini, annunzio a voi misura in tutto* [3].

Ora è da cercare se una simile idea siasi voluta esprimere nell'orrore del volto qual altro segno convenzionale
di essa. Apprendiamo da Plinio che Nemesi così propriamente detta, sebben venerata in campidoglio, non avea
poi neppur nome latino [4]: sopra di che dottamente riflette il Visconti che il suo nome greco equivalendo ad *indicazione* se derivato da νεμεσάω, e a *distribuzione* se derivato da νέμω, non poteva trovare nella lingua latina una voce collettiva dei due significati spettanti a quel nume, e
quindi nominata con greco vocabolo [5]. Da questa rifles-

---

1 Visconti, Mus. P. Clem., Vol.
  II, p. 93.

2 Antholog. Graec., lib. IV, cap.
  12, epigr. 73, ap. Visconti, l.
  cit.

3 Ivi, not. 1, ap. Visconti, l. cit.

4 Plin., Nat. Hist, lib. XXVIII, c.
  V, p. 447.

5 Visconti, l. cit., p. 92, not. (2).

sione si fa manifesto che la Dea col suo culto fu greca di origine.

Ora voglio aggiungere, che la Nemesi greca fu da alcuni scrittori considerata la stessa che Bubaste presso gli Egiziani [1]; mentre altri scrissero che volendo grecamente interpetrare il nome *Tithrambo* degli Egiziani trovasi corrispondente ad Ecate [2]: voci che ponderate per le dotte riflessioni dell'Iablonski esprimono *ira e furore* [3]. A questo proposito io rammento aver mostrato altrove, che gli artisti dell'antichità d'Italia rappresentarono l'ira e il furore per mezzo di una figura con faccia larvata, deforme [4] e d'orrido aspetto. Torno agli scrittori per trarne altri più valevoli esempi, somministrandomene uno Apuleio laddove trattando di Ecate così scrive: *sive tu Ceres, seu nocturnis ululatibus horrenda Proserpina, triformi facie, larvales impetus comprimens* [5]. E non son eglino queste espressioni eccitanti spavento? Si aggiunga un antico scoliaste dove commenta che Ecate era formidabile incutendo terrore, e mandando fuori orride larve che si chiamavano Ecatee [6]. Difatti anche Virgilio unisce la notturna Ecate invocata con urli alle Furie ultrici [7], le quali furono anch'esse rappresentate d'orrido aspetto [8].

Tutto ciò mi fa credere che non già per ignoranza, ma

1 Nicomach. Θεολογουμένων ἀριθμητικῶν, ap. Photium, in Biblioth., cod. CLXXXVII, p. 464.

2 Epiphan., advers. Haereses, Tom. II, lib. III, p. 1093.

3 Iablonski, Opusc., Tom. II, § x, p. 37.

4 Ved. p. 122, e ser. 1, p. 73.

5 Apul., Metamorph., lib. XI, post. init., p. 238, sq.

6 Apollon. Rhod., Argonaut., lib. III, v. 860, seg.

7 Virgil., Aeneid., lib. IV, v. 609.

8 Ved. ser. 1, p. 245.

per volontà meditata siasi dall'artefice voluto dare al volto della Nemesi un'orrida e spaventevole deformità corrispondente alle frasi d'ira e di vendetta che sentimmo espresse dagli scrittori; sopra di che tornerò nuovamente a riflettere in seguito.

Traggo il presente Specchio mistico da quei che si conservano nell'Istituto di Bologna pubblicati dal ch. sig. prof. canonico Schiassi, dal quale dichiarasi propriamente una ignota Dea, mancante di simboli per riconoscerla, e solo alata e perciò reputata Dea dal Biancani [1], per esser le ali attribuite solo agli Dei. Annovera il prelodato Schiassi la varietà dei nomi che a simili donne, frequenti nei Dischi, dagli antiquari furono attribuiti, cioè Cloto Libitina, Venere infera, Proserpina, Ecate [2], Parca [3], Morte [4]; alle quali applicazioni di nomi muove alcune opposizioni assai dotte il Biancani, sostituendo a tali appellazioni quella di Notte, che per le grandi ali sembragli più convenientemente adattata alla nostra figura e crede perciò questo bronzo usato già come patera sacrificiale nelle funebri cerimonie [5].

Richiamo qui l'attenzione del mio lettore, affinchè rifletta che se la figura in esame non fu concordemente interpetrata da ognuno con egual significazione, fu peraltro bastante a dar di se un'idea di terrore, come rilevasi dai

---

1 Schiassi, de Pateris Antiquor.,
  ex schedis Biancani, tab. iv, p.
  13, sq.

2 Gori., Mus. Etr., Tom. ii, p.
  186.

3 Id., Tom. iii, Dissert. iii, cap.

xvi, p. 185.

4 Dempster., Paralip. ad Rosin.,
  Antiq. Rom., lib. v, cap. xxx,
  ad calcem, p. 550.

5 Biancani, ap. Schiassi, l. cit.,
  p. 33.

vari numi che gli attribuirono, vedendola sì deforme; tantochè il geroglifico mantenne sino a noi l'espressiva significazione voluta da chi l'ha disegnata ed incisa.

Il braccio alzato è pure un geroglifico, il quale avrebbe forse scoperto il soggetto a chi prima di me se n'è occupato, se vi avesse prestata quell'attenzione medesima che portò nell'esame della deformità del suo volto e nelle grandi ali, delle quali parlerò altrove.

TAVOLA XXIII.

Coloro che le feste misteriose di Cerere hanno descritte, dicono che gli Dei comparivano in esse, ma sotto variate forme [1], che tutto era scoperto nel santuario, e che la divinità intera empiva ogni luogo in quel momento [2]. Se per tanto Apuleio chiama polinomia la Dea dei misteri, fa d'uopo che anche in questi Specchi mistici, dove se ne contiene, come altrove dicemmo, l'effigie [3], si mostri se non sotto nomi diversi, almeno sotto diverse forme e con diversi attributi, or la genitrice del genere umano [4], or la conservatrice e rimuneratrice di esso [5], or la punitrice de' suoi delitti secondo le leggi della divina giustizia [6]; senza di che non avremmo vedute pe' i musei alcune di queste figure pantee come gli attributi riuniti in es-

1 Saint-Croix, Les Misteres du pagan., Tom. 1, Art. iv, p. 379.
2 Tertull., adv. Valent., c. i, Op. Tom. iii, p. 524.
3 Ved. p. 316.
4 Ved. p. 165.
5 Ved. p. 105.
6 Ved. ser. i, p. 104, seg.

se di Cerere, di Nemesi, della Fortuna, della Vittoria, della Speranza [1].

Ciò che la divina giustizia ebbe di più severo, simboleggiavasi frattanto per la Nemesi: nome in certo modo collettivo di Giove ultore, di Parca, di Ate e di altri maligni demoni che si trovano a quello sostituiti in Omero, in Eschilio, in Erodoto quando non usano il nome di Nemesi [2]: nome che ancor meglio equivale a quello di Cerere o di Ecate, quando di queste si vuol esprimere lo sdegno [3], e perfino delle Furie medesime quando si occupano di vendetta [4]: nome in fine proveniente, secondo l'Herder, da *νεμειν* e *νεμεσαειν*, ch'egli allude alla severità della giustizia, volendo che l'idea fondamentale sia *dispiacere e segreto rimprovero* [5] di che ho dato analogo saggio altrove [6]. Difatti nell'inno a Nemesi attribuito ad Orfeo si fa menzione specialmente della di lei severità, come pure della impossibilità nei mortali di sfuggire i giusti di lei rimproveri. Eccone alcuni squarci: « *Alata Nemesi .... Dea d'occhi severi, figlia della Giustizia ... che scacci lungi da te l'atra invidia ... Siei tu la scorta dei passi d'ogni mortale senza esser veduta, facendo umiliare la testa loro superba ... Voglici esser favorevole o divina amministratrice della giustizia, alata Nemesi .... la*

1 Visconti, Mus. P. Clem., Tom. IV, p. 54, not. (2).

2 Böttiger, Prolus. de Nemesi Herodotea, Orat. duorum Iuven. in Acad. discedentium, ann. 1793, p. 4, et 13.

3 Ved. p. 316, not. (5).

4 Ivi not. (3).

5 Herder, Nemesis symbol. moral des anciens, dans le Conservatoir des sciences, et des arts, Tom. VI, p. 350, not. (1).

6 Ved p. 316.

*più grande delle Dee . . . che tutto vedi . . . Divina po-
tenza, a cui i mortali da te colpiti da irrevocabile decreto
intimoriti curvano la fronte sotto il tuo freno, poichè niente può sfuggire alla tua cognizione* [1] ».

Da tutto ciò argomentarono i dotti interpetri dell' antichità, che questa Dea figurar si dovesse in aspetto di
punitrice [2] che anche da lontano ferisce, e che ad evitare i di lei gastighi non vale la fuga, come l'inno accennato rammenta; e ne adducono in prova, che in alcune
fionde antiche si legge *fugitivi peristis* [3]. Tale fu il pensamento del Buonarroti, il quale ne argomentò che Nemesi potesse essere stata rappresentata con la fionda in mano [4]; e ne addusse in prova un medaglione, ove gli sembrò di vedere Nemesi quasi adirata, con la sinistra sul fianco e con la destra alzata, in atto di scagliere la fionda [5].

La Tav. XXIII che illustro ha in quella Nemesi che ci
presenta, qualche cosa di analogo a quanto si espose dal
Buonarroti. Se osserviamo la sua mano sinistra ci vedremo una certa appendice portata in modo che sembra difatti una fionda, il cui laccio si avvolge alla mano. Il di
lei volto serba pure di quell'orrido e severo, che in una
maniera troppo eccedente vedemmo segnato alla Nemesi
della Tav. antecedente. Nel resto conformasi alle altre figure che per Nemesi ho già dichiarate [6].

---

1 Orph., Hymn. LX, Op., p. 259.
2 Ved. p. 317.
3 Vid. Lipsium, lib. IV, Dialog.
III, poliorcet., Op., Tom. II, p.
552.

4 Buonarroti, Medaglioni ant., p.
224.
5 Camps, Mus., Selecta Numismata
in aer. max. mod., p. 109.
6 Ved. tav. 1, VIII, p. 7, 168.

È inedito questo bronzo, da me copiato sull' originale e-
sistente nella R. Galleria di Firenze.

TAVOLA XXIV.

Un solo esempio recato in mezzo a provare che la
Nemesi degli antichi ebbe in mano la fionda, come opinò
il Buonarroti [1], potrebbe lasciar perplesso il lettore sulla
fiducia nella quale vorrei condurlo nell' aderire a quel
grande archeologo, fin dove peraltro non vi si oppongono
altre osservazioni contrarie. Quindi è che a maggiormente convincerlo, produco in questa XXIV Tav. un'altra Nemesi, che sull' esempio dell' antecedente già esposta ha parimente, per quanto a me sembra, una fionda nella mano sinistra, tenendo la destra abbassata; e ripeto a tal
proposito il sentimento del Buonarroti medesimo, che Nemesi tenga per lo più bassa la fionda quando dimostra di
avere in certo modo fermato il corso dei gastighi [2].

Nella Tav. presente si vede propriamente qualche cosa
di figurato nel fondo della parabola, formata dalla corda
della fionda che tiene in mano la nuda figura, lo che si
potrebbe credere il sasso che debbesi con essa gettare. Ma
in sì rozzi monumenti non è facile il determinare la qualità degli oggetti che vi si mostrano. Tuttavia per esser
questo disegno una ripetizione dell' altro, può diminuire
nelle osservazioni qualche incertezza.

[1] Ved. p. 320.
[2] Osserv. sopra alcuni medaglioni ant., p. 224.

S· II.

Ora è altresì da notare che il Winkelmann scrittore assai dotto nella interpetrazione delle allegorie, ammette senza difficoltà che la Nemesi, abbia avuta la fionda per attributo [1]. L'Herder che scrisse un trattato sulla Nemesi, come simbolo morale degli antichi, ripetè che a questa deità fu data la fionda per suo particolar distintivo [2]. Ma i prelodati scrittori hanno contrario il Visconti, il quale avverte sagacemente che gli antichi non parlano mai della fionda di Nemesi, e crede sempre un freno quel simbolo che dalla manca le pende, sì nelle medaglie come in altri monumenti ancora [3]. Di tal sentenza par che siano anche i numismatici più esatti e più generalmente versati nella scienza nummaria, mentre nè il Raske, nè il Sestini, nè il Mionnet, nè l'Eckel, nè altri di tal nome che ho esaminati, ravvisano veruna fionda nelle mani di Nemesi, ma bensì un freno da cavallo. Forse vollero essi seguire il silenzio degli antichi scrittori, forse gli uni aderirono al sentimento degli altri, forse la piccolezza del tipo in medaglie non permise il discernere con precisione ciò che siavi espresso.

Nelle due Tavv. che ora espongo non ha luogo quest'ultimo caso, mentre la grandezza maggiore del tipo rende più visibile l'oggetto che vorremmo conoscere. Forse avverrà che da questo, e da quanto ne insinua il Buonarroti potranno i numismatici trarre altri lumi a favore di una miglior cogni-

---

1 Winkelmann, Essai sur l'allegorie, p. 54.

2 Herder, Nemesis, simbol moral des anciens. Ved. Conservatoire des sciences, et des arts, Tom. VI, p. 376.

3 Visconti, Mus. P. Clem., Tom. II, p. 93, not. (2).

zione delle medaglie, ove esse realmente ne presentino il dubbio. Aggiungo frattanto a maggior lume di questa materia che oltre i due Dischi delle presenti XXIII e XXIV Tavv., che inediti ho tratti dalla R. Galleria di Firenze, un altro ve ne ho notato pure inedito, dove si vede precisamente il medesimo simbolo, che resta in dubbio se freno o fionda si debba credere.

In qualunque modo sembra da tenersi per fermo, che la deità sì frequente in questi Specchi sia quella stessa che da Apuleio fu accennata con molti nomi, fra i quali si annovera Nemesi [1], e qui particolarmente la Nemesi ultrice [2], che non dovea sfuggire alla cognizione ed al culto degl' iniziati, sebbene le dottrine loro prendessero sviluppo nelle celesti ed astrifere allegorie. Imperocchè, secondo Macrobio, per la Nemesi punitrice dell' orgoglio s' intese talvolta la forza solare, che offusca pel suo splendore ogni altro lucid' oggetto, mentre che gli oscuri si mostrano per opera della sua luce [3], ch' è quanto dire doversi abbassar la superbia ed esaltar la modestia: massima che dedotta da una fisica osservazione dovette assai figurare in questi Specchi spettanti ai misteri, dove insegnavansi più fisiche dottrine che religiosi dogmi [4], e dove in sostanza cercavasi d' igentilire il contegno degli uomini [5] colla morale che in quel tempo era staccata dal culto di religione [6].

1 Apul., Metamorph., lib. xi, p. 241.
2 Ved. p. 319, sg.
3 Macrob., Satur., lib. i, cap. xxii, p. 307.
4 Cic., de Nat. Deorum, lib. i, § xlii, p. 25.

5 Ved. Lenoir, La Fr. massonerie rendue a sa verit. orig., p. 23, Ved. ser. v, p. 29.
6 Ved. Cicognara, Storia della scultura, Vol. i, lib. ii, c. i, p. 149.

TAVOLA XXV.

Chi ha pratica de' monumenti antichi ammetterà, cred' io, che questa figura espressa nella presente **XXV** Tavola sì frequente nei Dischi, non si trovi ripetuta altrove sotto le medesime forme. Se ne cerchi dunque il motivo. Credo che di ciò non verremo in piena luce sì facilmente, a meno che non vogliamo ritenere una qualche ipotesi per dato certo. Ci è noto a tal proposito ch'Erodoto narrando le forme che aveano alcune divinità da lui vedute in Egitto, soggiunge queste parole: « la ragione per cui si rappresentavano così non debbo dirla [1] ». Pausania impiega spesso una formula quasi simile per far conoscere, che la religione gli proibisce di parlare dell'origine di alcune deità, di alcune cerimonie segrete, del culto loro, ed anche della forma delle cose ch'erano in alcuni templi [2]. Dal discorso d'Erodoto apparisce per tanto che le forme delle divinità avevano una ragione solo nota a pochi iniziati, e celata al pubblico e specialmente al volgare.

Hanno poi raccolto i moderni scrittori dalle sparse notizie, che vi erano certe statue e certe composizioni dell'arte nei templi ove si adunavano gl'iniziati, che ognuno potea vedere [3]; ma vi erano poi nell'interna parte nascoste altrettante forme degli Dei, che in quasi magiche ap-

---

1 Herodot., Histor., lib. ii, cap. xlvi, Op., Tom. i, p. 230.
2 Pausan., lib. viii, p. 679, lib ix, p. 762.
3 Meurs., cap xxviii, De Myster., p. 536, sq.

parizioni si mostravano soltanto ai graduati della inizia-
zione [1]; poichè l' iniziato finch' era semplice mista restava
nei vestiboli del santuario [2]. Da ciò manifestasi che la figura del Disco presente, come le altre espresse nelle antecedenti Tavole simili a questa [3], possono essere del genere
di quelle che non tanto facevansi vedere ai soli iniziati, ma
le cui forme doveron esser di un modello determinato,
per allusioni e ragioni solo note a pochi di essi, e quindi
spettanti ai misteri.

Chi ci darà conto, per via d' esempio, del perchè siano
tutte queste femminili figure dei nostri Specchi voltate per
una parte medesima? perchè tutte abbiano le scarpe? Nè
giova in ogni caso ricorrere alle descrizioni dei poeti,
mentre la mitologia da loro trattata era nota a tutti quelli che leggevano i poetici copmonimenti: ma siccome in-
tendemmo da Erodoto e da Pausania che di alcune deità, di alcune forme loro era vietato il ragionare con i
profani, così ne avviene che, o non si trovano descritte,
o se ne trova una mentita ragione ed una indiretta interpetrazione. Penso ancora che neppur tutti i poeti, anche
trattando di alcune deità e delle forme loro assegnate, non
poteano saperne il significato, se non erano iniziati ancor
essi ed istruiti in ciò che aveano di mistico e raligioso,
come accenno altrove [4]. Le sole congetture e i confronti fra monumenti e monumenti di più o meno chiarezza ci potranno per avventura dar qualche lume, di che
son io sempre sollecito di ricercare.

1 Procl., in Tim., lib. II.

2 Senec., Quaest. Nat., lib. VII,
  cap. XXXI, Op. Tom. II, p. 712.

3 Ved. tavv. I, VII, XI, XII, XIII,
  XIV, XVII.

4 Ved. ser. V, p. 29.

Se dunque per più ragioni abbiamo luogo di credere che questa figura in particolare appartenga ai misteri, dobbiamo altresì esser convinti che, o sotto un nome si voglia conoscere o sotto un altro qualunque, sia da tenersi per la divinità [1] che nei misteri appunto si pretendeva di far conoscere, col dedicarne le feste a Cerere o a Bacco.

Convengono i dotti che l'apertura del poema di Claudiano sul ratto di Proserpina riferiscasi agli spettacoli che si davano in occasione dei misteri eleusini; le di cui parole son queste:

Iam mihi cernuntur trepidis delubra moveri
Sedibus, et claram dispergere culmina lucem,
Adventum testata Dei [2].

È dunque un dio innominato, cioè la divinità stessa che si voleva far nota. Difatti sappiamo che gl'iniziati pervenuti al grado dell'autopsia, s'introducevano nel dì delle feste elusinie colà dove, calato un velo, mostravasi a nudo la statua della Dea [3], come appunto io trovo mostrarsi la muliebre figura in questi Specchi.

Diamo frattanto uno sguardo all'oggetto principale dei misteri che poneva in venerazione la Dea. Sebben tale oggetto non si trovi apertamente dichiarato dagli scrittori, pure dal complesso delle sparse loro proposizioni a questo riguardo resulta [4], che la giustizia e la religione da inculcarsi agli uomini era lo scopo sommario di essi. Se di-

1 Ved. p. 118.
2 Claudian., De raptu Proserpinae, lib. 1, *v.* 7.
3 Sacy, not. a Saint-Croix, Re-

cherc. sur les Misteres, Tom. 1, art. IV, p. 377.
4 Euripid., Bacch., *v.* 406.

fatti altrove provai che le pene infernali esposte da Virgilio erano dottrine della morale spettante ai misteri [1], qui
lo ripeto con un passaggio assai chiaro che ivi si legge
colla seguente espressione sommaria:

· · · · · · · · · · · · · · · · · *O voi,*
Tutti imparate dall' esempio mio
Ad esser giusti e rispettar gli Dei [2].

Ecco frattanto la necessità di una Dea che abbia indizi
della severità conveniente alla giustizia: dunque una Nemesi di tetro aspetto, qual vediamo in questi Specchi rappresentata [3]; nè d'altro simbolo che di severità gli abbi-
sogna per corrispondere agli epiteti a lei dati nell' inno
che poche pagine indietro ho citato, dove appunto come
Dea della giustizia è invocata [4].

S. Agostino ci fa sapere che i gerofanti insegnavano a-
gl' iniziati esser l'uomo destinato a più vite, e che nella presente nostra calamitosa vengono espiati i delitti
nelle precedenti vite commessi [5]. Abbracciata la fede di
tal palingenesi, ne avveniva, come afferma Proclo, che il
gran voto degli iniziati ai misteri di Bacco e di Cerere,
consisteva nella solenne preghiera alla divinità, di essere
liberati dal circolo delle generazioni alle quali pe' i mentovati delitti le anime loro erano condannate, onde sollecitamente ritornassero al riposo del cielo [6], da dove erano
partite [7]. Leggesi ancora presso altri filosofi, che quelle

1 Ved. ser. 1, p. 24 sg., e p. 106.

2 Virg., Aeneid., lib. vi, v. 620,
Ved. Bondi, Tom. I, p. 287, seg.

3 Ved p. 312.

4 Ved. p. 319.

5 S. August., lib. 1, ad Marcellin.,
cap. xxii, § 31, Op., Tom. x,
p. 17.

6 Procl., in Tim., lib. v, p. 330.

7 Ved. ser. 1, p. 51,

anime le quali trascurarono di stare unite con la divinità,
erano astrette per legge del destino di cominciare un altro genere di vita del tutto contrario al precedente, finchè non fossero pentite dei loro falli [1]. E chi è mai questo imperante personificato destino se non la Nemesi? [2]
Trovo di fatti espressamente confermato da Timeo Locre-
se che il destino di queste anime, unitamente al governo
particolare di questo basso mondo era confidato al sicuro
giudizio della Nemesi ei d altre infernali divinità [3].

Tornando per tanto al mio primo argomento, dove ricerco perchè sia la Nemesi così figurata nei mistici Specchi
esclusivamente da ogni altro monumento, trovo secondo le
indicate avvertenze che per gl' iniziati era in particolar
modo importante la giusta Nemesi, che prese in esame
le azioni loro, decidesse in fine se ad essi spettasse il
destino di una vita migliore dopo la morte nel beato
riposo del cielo. Difatti noi conoscemmo per altri miei
argomenti, che la speranza di una miglior vita dopo questa mortale [4], si credeva retaggio dei soli iniziati ai misteri; ed a maggior conferma di quanto io dico, si osservi
la pittura della Tav. XXI della serie dei vasi fittili, dove si troverà un iniziato, che ponderando il suo ritorno
alle stelle, tiene in mano uno Specchio di quelli ove ordinariamente si ravvisa la Nemesi rappresnetata.

Questo Disco fu gia pubblicato dal ch. sig. professore
Schiassi, al quale servì d' interpetrazione quanto dissi spie-

---

1 Calcid., In Tim. Plat. interpetr.,
Fogl. XLIV, B.
2 Ved. ser. 11, p. 258.
3 Tim. Locr., de Anima mundi et

natura, in fin., Vid. Opusc. Mythol. graec., p. 366.
4 Ved. ser. 1, p. 179.

gando la Tav. XXII, da esso riportata alla Tav. IV della
sua bell' opera *De Pateris Antiquorum ex schedis Biancani sermo et epistolae.*

TAVOLA XXVI.

Chi mi contrasterà che i moderni astronomi, colle
osservazioni loro, siano per darmi dei resultamenti i meno vacillanti ch' io possa recare in mezzo alle spiegazioni di questi monumenti, de' quali io tratto? Ritengono
essi per tanto fuori di dubbio che la prima divisione
del zodiaco sia stata in quattro parti, associando l'opinione loro a quella di antichi scrittori, e confrontandola
con dei fatti certi che perfettamente vi si uniformano [1].
Dicesi poi che per esser troppo estesa una tal divisione,
devennero gli antichi ad una suddivisione in tre parti d'o-
gniuna di quelle, da cui resultò la somma dei dodici segni del nostro zodiaco. Trovarono poi altresì conveniente
che questa divisione seconda incominciar dovesse agli
equinozi oppure ai solstizi, che ne sono l'origine più naturale [2]; mentre, com' io diceva, la partizione in dodici segni non è in fine che quella delle quattro parti, ciascuna delle quali suddivisa in tre segni corrispondenti
ai tre mesi che scorrono da un solstizio ad un equinozio, e da un equinozio ad un solstizio.

Questo principio non tollera che si creda più antico

---

1 Bailly, Hist. de l'Astronom· ancienne, Ecleris., lib. II, § XI,

p. 315.
2 Id., lib. III, § X, p. 73.

di ogni altro noto agli astronomi quel punto equinoziale, che altrove dissi essere stato fissato alle corna del Toro celeste ¹, vale a dire alle ultime stelle di tal pianeta ². Ma siccome la osservazione dovè necessariamente precedere ogni favola come pure ogn'immagine a quella
aderente, così ci troviamo astretti a conoscere che doveva l'equinozio essere stato già notato almeno ai primi gradi dei Gemini, e che allor quando per la processione retrograda passò nel Toro ne fossero inventate le
favole che altrove narro ³. Per esser breve trascrivo la
sola notizia che nella storia dell'astronomia si leggono
registrati più fatti, dai quali resulta che il solstizio d'inverno fu stabilito in antichi tempi al primo grado dei
Pesci, il solstizio d'estate immediatamente avanti al segno
della Vergine, e l'equinozio di primavera al primo grado dei Gemini ⁴. E poichè questi fatti ci vengono presentati dagli antichi sotto l'aspetto di favole relative ai
loro Dei, così non è difficile trovarne altre conferme
nelle immagini loro, effigiate in questi monumenti che
illustro.

Nel mistico Specchio di questa XXVI Tav. compariscono
no due giovani goffamente rappresentati, e senza che gli
accompagni veruno di quegli attributi che solevano gli
antichi aggiungere alle figure, onde caratterizarle come
rappresentanze di determinate deità; conforme appunto nelle due Tavole già esaminate XVIII e XX dicemmo es-

---

1 Ved. ser. iii, p. 123.   3 Ved. ser. i, p. 329.

2 Ved. ser. vi, tav. Ia, num. 3,   4 Bailly, Hist cit., lib. ii, § xi, p.
Taurus.   315.

servi espressi i Dioscuri pel cigno e per la stella che vi
si vedono [1]. Altre caratteristiche speciali di questo disegno richiamandomi al paragone con quelli delle accennate antecedenti Tavv., mi fanno credere anche qui rappresentati i Dioscuri. La positura loro, le fattezze del
corpo, la mossa de' piedi, le braccia voltate indietro, il
pileo ed ogni altro costume di abbigliamento, in fine
l' isolato dualismo, tutto ciò si confronta in questi come
in quei giovani che dissi i Dioscuri, nè altrimenti che
tali furono giudicati dal Biancani, secondo la relazione
che ne abbiamo dal ch. prof. Schiassi, il quale prima
di me ha dato in luce il monumento in bronzo dove sono effigiati, attribuendo a questo il nome di patera nau-
tica [2], proveniente dal museo Ansidei di Perugia.

Scrivo ad altra occasione in quest'Opera che i Dioscuri
espressi nei monumenti sono talvolta l' effige simbolica
della costellazione dei Gemini [3], che in cielo si addita situata presso le corna del Toro, dove gli antichi planisferi nient'altro ammettono che due giovani scambievolmente abbracciati [4]. Qui voglio aggiungere che tale fu
il pensamento degli astronomi, leggendosi nei vari nomi
di questa costellazione *Gemini* e *Ledaei iuvenes Dioscuri* [5], vale a dire i Gemelli che nacquero dall'uovo di
Leda figli di Giove [6], e che si dissero l'uno Castore, l'al-

1 Ved. ser. v, p. 88.

2 Schiassi, De Pateris antiquor.
ex schedis Biancani, epist. iii,
tab. xiii, p. 41.

3 Ved. ser. v, p. 87.

4 Ved. ser. vi, tav. U, num. 2.

5 Bayer, Uranometr., tab. xxiv.

6 Higyn., Fab. lxxvii, p. 151, et
Poeticon Astronom., lib. ii, cap.
xxii, p. 472.

tro Polluce '. Osserva il dotto orientalista Hyde che i
molti nomi co'i quali si trovano questi due giovani astriferi nelle diverse lingue che gli accennarono, corrispondono sempre alla significazione di gemelli ². Questi si vedono per tanto scambievolmente abbracciati ³, ancorchè
indicati da uomini adulti, come nel planisfero egiziano
del cui frammento do copia ⁴, dove trovasi Apollo abbracciato con Ercole ⁵: ma dagli Egiziani stessi variamente effigiati, or con Arpocrate ed Elitomene ⁶, or con due pileati
giovanetti sedenti ⁷, e talvolta in vece di umane figure vi si
vedono due sedenti cinocefali ⁸; sempre peraltro in atto di
porgersi scambievolmente le mani, e coi piedi ravvicinati
gli uni agli altri, come se due legami di mani e di piedi
unissero le due figure, sieno umane, sieno brutali. Quindi è che riconoscesi chiaramente da ciò la derivazione,
che in luogo di esse figure per segno compendiato si usò
di cifrare due asticelle perpendicolari legate da altre due
linee così Ⴖ, quasi che queste fossero le mani ed i piedi
delle indicate figure, e le aste esprimessero le figure medesime ⁹: segno di abbreviazione geroglifica tutt'ora dai
moderni astronomi usata ¹⁰.

Conducasi ora lo sguardo sulla XXVI Tav. che spiego,
e si troveranno qui pure le due figure di giovani, che

---

1 Ved. p. 302.

2 Hyde, Comment. sur Ulugh Bei-
ghi, p. 33, 35.

3 Ved. ser. vi, tavv. U, num. 2,
K2. num. 1, *Gemini*.

4 Ved. ser. vi, tav. T2.

5 Ivi.

6 Kirker, Oedip., Tom 11, par.
11, cap. 111, p. 165.

7 Id., p. 160.

8 Id., p. 165.

9 Ved. ser. vi, tav. R2, num. 2,
Gemelli.

10 Bailly, l. cit., p. 515.

stando in piedi e senza vicendevolmente abbracciarsi, vedonsi però unite insieme con quelle due liste medesime oriz-
zontali, che trovammo nella cifra dei Gemini scambievolmente legare le due aste.

Ecco dunque in qual modo son uso a scrivere che in
questi monumenti si trovano gli aspetti del cielo in certa
guisa geroglificamente rappresentati [1], mostrando il nesso
loro con la religione dei pagani. Che se noi riguardar
volessimo questi disegni come immagini decorative dell'arte, a qual oggetto sapremmo noi riferire quelle doppie
liste che uniscono i nostri giovani? Quale artista si pro-
porrebbe di apporvi ciò che da altri non fosse a prima
vista compreso, come richiede uno de' principali precetti
dell'arte [2]? Se ci troviamo astretti a considerar geroglifici
quei due segni, come c' insinuano gli stessi astronomi
colle seguenti chiare espressioni: *Les caracteres par les*
quels nous désignons aujourd' hui les signes du zodiaque
doivent leur origine aux caracteres hiéroglyphiques, que
l'on a réduits et abrégés autant qu'il a été possible pour
la facilité de l'usage . . . sont les deux gémeaux unis
et accouples [3]; perchè non dovremo noi riconoscere come
enimmatica e geroglifica maniera d'esprimere anche le alterate fattezze di quei due giovani, i quali portano la testa sproporzionatamente più grande di quello che nel re-
stanto del corpo richiederebbesi? Non furono dunque gli
artefici guidati dai precetti dell'arte loro [4] all'esecuzione

---

[1] Ved. p. 296.

[2] Reynolds, sur le Poëme de l'Art
de peindre d'Alphonse du Fre-
snoy, not. VI, p. 107, Oeuvr.,
Tom. II, p. 151.

[3] Bailly, l. cit., Supplem. au liv.
IX, § XLI, p. 514.

[4] Ved. p. 312.

di queste figure, ma da convenzionali indicazioni, dalle quali coloro che li vedevano e che soli erano del segreto partecipi, dovevano intendere. L'oggetto principale, e non altrimenti finora in questi monumenti curato di ciò che in tal segreto contengasi, richiama le mie cure letterarie.

Della deformità di questi giovani tratterò altrove: ora qui soltanto aggiungo l'osservazione d'aver io gia dimostrato, che anche altri monumenti della natura medesima del presente contenevano una simbolica allegoria della stazione del sole al punto equinoziale di primavera [1]. Dunque diremo che ancor qui si è segnato geroglificamente il più antico punto equinoziale di primavera, noto nella mitologia degli antichi sotto il segno dei Gemini.

TAVOLA XXVII.

La moltiplice collezione di monumenti di vario genere che in quest'Opera aduno mi fa luminosa scorta, onde venire in chiaro del motivo per cui sì gran numero ne fu dagli antichi eseguito, e quale n'era l'oggetto. Sembra per tanto che ivi sia presa in mira principalmente la filosofia teoretica onde ridurre gli uomini ad una vita pura e virtuosa. Ma in verità non saprei lodar le maniere colle quali si pretendeva di giungervi. La moltitudine che disprezza ogni delicato e virtuoso contegno di vita, non soffriva che apertamente gli si parlasse di piegar l'animo

---

1 Ved. ser. 1, p. 329.

a soggiogar le passioni, nè a volgere l'incolta mente alle astratte contemplazioni di un Essere divino, che non cadeva materialmente sotto i suoi sensi, nè a nobilitare quell'anima immortale di cui peraltro non sapeva formarsi una compiuta idea. Ma una più illuminata classe di uomini con animo filantropico e con titolo di ginnasiarchi, di filosofi, di gerofanti, davasi premura sottrarre altri alla crassa popolare ignoranza e rozzezza della plebaglia [1], accordando loro il privilegio d'esser ascritti ad una scelta comitiva d'individui col nome di ginnasti, o discepoli, o d'iniziati, ammaestrandoli blandamente in principio or con enimmi come alla scuola dei pittagorici [2], or con simboli come nei santuari d'Egitto [3], e nei particolari arredi sacri degl'iniziati [4], al più scelto numero de' quali se ne comunicava come per ispecial privilegio la interpetrazione [5].

Questi enimmi e questi simboli eran peraltro espressi in una maniera goffa, sensuale e non di rado indecente, onde fosse corrispondente alle materiali fogge di chi doveali udire e vedere. Ad esprimere, per esempio, che l'uomo debb' esser pronto ed attivo in tutte l'ore del giorno. Pittagora diceva: *non uccidete il gallo*; mentre il volgo è familiare con questo volatile e colla sua qualità di vigilanza.

Così avviene dei monumenti simbolici, tra i quali sono da annoverarsi gli Specchi mistici, i vasi fittili, ed altri simili oggetti che sotto il velo di filosofici dommi ci mo-

---

1 Ved. p. 87, seg.
2 Vid. Aurea carmina.
3 Ved. la mia nuova Collezione di opuscoli e notizie di scienze, let-

tere ed arti, Tom. II, p. 356.
4 Apul., Metamorph., lib. XI, p. 146.
5 Ved. ser. V, p. 29.

strano apparenze triviali, e talvolta indecenti ; onde
Eusebio a ben giusta ragione ebbe a dire che nei misteri del paganesimo tutto velavasi, ad eccezione della
impudicizia [1]. Chi mai crederebbe, per esempio, che le due
persone rappresentate nude nello Specchio mistico di questa XXVII Tav. lungi dal prestare idea d'inverecondia e
sozzura immorale, significhino all'incontro virtù e candore?
Ne farà prova quanto son per dire alla spiegazione della
Tav. susseguente, qui solo aggiungendo le notizie del monumento.

Esso è collocato presentemente nel museo Romano che
un tempo appartenne al rinomato Kirker, e di cui fu dato conto al pubblico dal Contucci. Egli che ce ne ha
trasmessa la copia in rame con la spiegazione, crede le
due figure un uomo ed una donna applicati a voler conoscere la propria effigie, guardandosi l'una entro lo specchio, l'altro nell'acqua, come specchio più naturale e più
antico [2]. Ma qual fine potè mai avere l'artista nell'effigiare questi due riguardanti dei propri ritratti? Io spiego tutto ciò in altro modo, e ne do conto nell'interpetrazione
della Tav. susseguente.

Il calco da me nuovamente preso dal bronzo originale, e qui fedelmente copiato, fa conoscere che ivi sono positivamente due donne presso un lavacro, una delle quali
ha in mano lo Specchio.

---

1 Euseb., Praep. Evang., lib. ii, cap.   2 Contucci, Mus. Kirker., tab.
iii, p. 66, sq.   xxiii, num. 1, p. 93.

TAVOLA XXVIII.

Questo mistico Specchio, egualmente che il precedente, ci mostra una fontana d'acqua emanante da una rozza
testa di leone e ricevuta da un cratere per uso di lavacro.
L'origine di tale idea si rintraccia in Egitto, dove all'incontro del Leone col sole avea quella regione il benefizio
dell'acqua per l'escrescenza del Nilo [1]. Vi stanno attorno
più donne del tutto nude, una delle quali prende l'acqua
sulla man destra onde con essa lavarsi, come l'atto naturalmente ci mostra. Un'altra stassene coccoloni accon-
ciandosi il capo: così nella Tav. XXVII un'altra donna
si mira allo specchio. Dunque l'oggetto di queste donne
si è quello di lavarsi e purificarsi da ogni macchia del corpo, ed accomodarsi onde comparir belle. Simile soggetto è
ripetuto anche più ampiamente nei vasi fittili [2], alle cui
spiegazioni, ove tratto di una donna con i capelli sparsi, ne
riporto il costume ai misteri [3]; e quindi procuro di far conoscere che la nudità delle donne, e lo Specchio che portano in mano, e l'atto di lavarsi manifestano un'anima che si
purifica da ogni umano difetto per darsi alla contemplazione di se stessa, e di ciò che riguarda il proprio destino,
coerentemente alla natura dell'universo [4]. E che le anime sien dalle ninfe simboleggiate resulta, a parer mio,

[1] Ved. ser. 1, p 16.
[2] Ved. ser. v, tav. xix, xxiv,
xxv.
[3] Ivi. p. 215.
[4] Ivi, p. 217.

S. II.

chiaramente dall'esame di più monumenti [1], e dall'autorità di più scrittori [2].

Qui mi trattengo sopra la ponderazione che gli Specchi mistici contengono soggetti simili a quei che trovo nei vasi dipinti, e che ambedue questi generi di monumenti furon chiusi nei sepolcri; e di essi come di molti oggetti e dogmi spettanti ai misteri non si trova dichiarata ed aperta memoria presso gli scrittori [3], e di nuovo con diverso velame se ne ravvisa l'analogia colle sculture sepolcrali [4]. Come dunque allontanar mi potrei dall'opinione che i vasi fittili siano stati fatti per oggetto di mistica rappresentanza [5], essendo analoghi agli Specchi mistici, e non per darsi in dono agli atleti [6], o per dipingervi costumanze domestiche [7]?

Lo Specchio tenuto in mano dalla donna ch'è nella Tav. antecedente ci fa vedere l'uso di questi mistici oggetti, relativo a contemplazioni [8] e non a sacrifizi [9], giacchè non trovasi relazione tra l'atto del sacrifizio e 'l candore dell'anima che debbe serbar l'iniziato [10].

Il volatile ch' tiene in mano l'altra donna di questa Tav. XXVIII sembrami relativo anch'esso a purità e candore. Nulla imparo dalla sua forma espressa qui rozza-

---

1 Ved. le spieg. delle tavv. xviii, p 211, xix, p. 217, xxiv, p. 274 xxv. p 281, xxvii, p. 301, seg. della ser. v.

2 Ved. ser. v, p. 218.

3 Ved. p. 117.

4 Ved. ser v, p. 219.

5 Ivi, p. 205.

6 Ivi. p. 30.

7 Zannoni. Illustrazione di due urne etrusche e di alcuni vasi Hamiltoniani, § vii, p 104 Ved. ser. v, spieg. della tav. xxix.

8 Ved. p 91.

9 Ved. p 94.

10 Ved. ser. v, p. 217.

mente, ma dove più distinta si mostra in sembianza di uccello aquatico dico esser simbolo d'acqua e della di lei virtù di purificare [1]. E quand' anche sia stata intenzione dell'artista ch' ella fosse colomba, della quale sembra che il disegno serbi qualche forma, pure ciò non si allontanerebbe gran fatto dal metodo antico di additar purità, proveniente da purificazione prodotta dal mare. Ne abbiamo esempio nella medaglia di Ascalona, dove unitamente alla Dea ch' è sul mare mostrasi anche la colomba [2]. Osserva il Creuzer che in un vaso fittile del Millin [3] una iniziata sta accanto ad una situla d'acqua da un satiro apprestata, e tra costoro sta interposta una colomba [4].

A spiegare il restante della rappresentanza occorre il premettere la provenienza di questo mistico Specchio. Fu in origine della famiglia Ansidei come ricavo dalle MS. memorie del Gori. Dunque il monumento fu probabilmente trovato nel territorio etrusco perugino. Ora è passato nel gran mus. Britannico, da dove unitamente al disegno n'ebbi dalla gentilezza del ch. Cicognara la seguente indicazione. « *Questa patera di rozzo lavoro, ma di leggiadra invenzione dimostra una fontana a cui una donna si lava, un'altra presenta una colomba, una terza accovacchiata si pettina, e in distanza si vedono due satiretti o Priapi. Questa sembra corrispondere all' oggetto della tuelette, ed al significato dello Specchio* [5] ». Tutto ciò sarebbe in

---

1 Ved. ser. v, p. 220.
2 Ved. s·r. vi, tav. Q2, num 6.
3 Pent de Vases ant., Tom. ii, Pl. 52.

4 Creuzer, Symbol. und. Mythol., Tom. ii, p. 552.
5 Cicognara con lettera MS. a me diretta da Londra nel 1819.

contradizione con quanto accennai relativamente al significato di purità e candore che ho creduto di poter dare alla presente composizione, se omettessi ciò che io sono per narrare.

Contavano gli antichi tra i loro misteri quelli ancora della Buona-Dea, che particolarmente onoravano le matrone romane il primo giorno di maggio, al levare della cap'a Amaltea [1], altrimenti riconosciuta simbolica della terra [2]; la cui benefica fecondità si fa sentire a quell'epoca indicata dalla Capra [3] o dall'Auriga Fetonte [4]: tradizioni che si riportano al primo giorno di maggio ed al levare di tali costellazioni che s'incontrano in quell'epoca felice della natura [5], in cui sembra emanare il parto dell'abbondanza e la ricchezza di tutti i beni alla vita necessari e giovevoli; per lo che si additò con epiteto di *sydus flix* [6], mentre nella primavera la terra fa crescere tutte le piante.

Narra pertanto lo storico de'misteri [7], che anteriormente al regno di Numa, i Sabini avevano trasportato a Roma il culto di questa Dea [8]. Le sole donne erano ammesse a quelle notturne assemblee, che ne praticavano il culto nella casa del console, in presenza delle Vestali. La moglie o la madre di un tal magistrato vi presedeva [9]. Il buon

1 Ved. ser. v, p. 169, e 199.

2 Ivi, p. 183.

3 Ved. ser. 1, p. 112.

4 Ivi.

5 Ved. ser. v, p. 168-169.

6 Seden., Synt. 1, Fig. 1, c. 1, p. 3, sq.

7 Recherches historiq. et critiq.

sur les Mysteres du paganisme, Vol. 11, sect. viii, § iv. p. 178.

8 Lactant., Divinar. institut., epitom., cap. xxii, Op., Tom. 11, p. 12.

9 Plut., In vit. Cicer., Op., Tom. 1, p. 870.

costume e la legge sembrano dunque aver vigilato particolarmente sulla decenza di quel culto. L'immagine dipinta io ne ravviso in un vaso che spiego alla Tav. XXV
della respettiva sua serie, ove soltanto le donne vi sono
occupate [1]. Ma da che lo scostumato Clodio ne violò la
decenza, come a buon dritto viene da Cicerone rimpro-
verato [2], vi è luogo di credere che il pudore non vi fosse
così rispettato come per lo innanzi facevasi con rigore.
Si narra difatti che non solo gli uomini erano esclusi, [3]
ma per sino le immagini loro velavansi nella casa [4]. Intanto coll'andar del tempo introdottevisi nuove favole e
nuove tradizioni, somministrarono un pretesto al disordine
che passò ad una intollerabile dissolutezza. Di tanto c'informa Giovenale nel turpe racconto di ciò che in quelle
adunanze passava, allorchè le donne alterate dal vino
e dallo strepito di rumorosi strumenti, lasciati sciolti
i loro capelli ad alta voce invocavano Priapo [5]. Questi
era probabilmente quel Pan o Fauno padre della Dea-Buo-
na che onoravasi colle cr descritte misteriose cerimonie:
quel nume infine che più particolarmente col nome di
Auriga riconoscevano gli astronomi affisso alla costellazione dell'equinozio [6], dove ebbe luogo anche la Capra [7]. Or
chi non sa che in queste cerimonie rappresentative ed i-
mitative dello sviluppo della forza vegetativa della natura [8],
le donne si permettevano ogni sorta di scomposti atteg-

---

1 Ved. ser. v, p. 216.

2 Patercul. Velei, Hist. Rom., lib.
II, cap. xlv, p 155.

3 Tiball., lib. 1, eleg. vi, v. 21,
et 22.

4 Iuvenal., lib II, sat. vi, v. 341.

5 Id., l. cit., v. 314.

6 Ved. ser. v, p. 168.

7 Ivi.

8 Ivi, p. 32.

giamenti? Che vi s'introducevano figure d'una sfacciata
inverecondia '? Non è dunque difficile il persuadersi che
mentre in questo bronzo ch'esamino mostrano le donne
col volatile, con le abluzioni e con gli ornamenti del
corpo i simboli più plausibili di purità, candore e virtù,
a cui erano richiamate le anime dalla semplicità delle più
antiche istituzioni dei misteri; in progresso di tempo
mercè le inseritevi favole or ora accennate vi si veda aggiunto anche un Satiro o Panisco, spiegando la sua ses-
suale energia, relativa allo sviluppo della natura.

Si osservi difatti che secondo l'espressione dell'intelli-
gente Cicognara, la rozza maniera colla quale fu lavorato il bronzo lo manifesta di un tempo che propende
alla decadenza dell'arte. In uno dei rammentati vasi dipinti si esprime la cosa medesima con simbolo più conveniente. Una donna delle ammesse a questi misteri tiene in mano un'ampolla, che io vedo replicata ove trattasi
di vita ' e del nettare ' che bevon gli Dei.

Può frattanto l'osservatore vederne una in mano della
Parca, la quale registra in cielo fra i numi il nascente Bacco ' reputato il dio della vita '. Più opinioni di tale oggetto
furono emesse dai dotti, e da me registrate ', riserbando
la mia dove fosse meglio fiancheggiata da osservazioni costanti nei numerosi monumenti che in quest'opera unisco a confronto '. Qui faccio intanto un utile paragone
tra 'l Priapo di questo Specchio e la fiala del soggetto

1 Ved. ser. v, l. cit.
2 Ivi, tav. xxv, p. 282.
3 Ved ser. 1, p. 339 e 372.
4 Ved. tav. xvi.

5 Ved. ser. v, p. 245.
6 Ved p 283.
7 Ved. ser.,v, p. 282.

espresso nella Tav. XXV de' vasi, che reputo in certo modo
esser la cosa medesima, e m' immagino che provenir debbano i due simboli da una eguale sorgente.

La donna che vedesi nel basso di questo mistico Specchio è, cred' io, da spiegarsi nel modo stesso additato già
alla Tav. IX di questa serie. La pianta dell'erba che orna
in giro lo Specchio avrà l'allusione medesima di altre
piante ch' io noto aderenti alla Buona-Dea.

TAVOLA XXIX.

P roduco al pubblico anche questo inedito Specchio
mistico per provare come i simboli contenutivi a poco a
poco furon dagli artisti diminuiti, o per modo sincopati e
contratti per abbreviazione, che senza pratica di altri più
compiti mal si potrebbe indagarne il significato. Qui
frattanto non comparisce più la testa di leone, come nelle
altre due fontane che già vedemmo [1], e l'acqua che sgor-
gar ne debbe cadendo nel lavacro è soltanto indicata da
tre linee, sopra le quali si vede un panno avvolto, di cui
non comprendo la positiva espressione. Non credo peraltro che sia di primaria importanza per la intelligenza del
soggetto, mentre in alcune pitture dei vasi fittili si trovano
donne soltanto presso un lavacro o cratere simile ai già
espressi in questi Specchi, senza verun altro accessorio [2].

Nel resto essendo il presente monumento del tutto si-

[1] Ved. tavv. xxvii, xxviii.
[2] Millin, Peintur. de vases antiq., Tom. ii, Pl. ix.

mile all'antecedente di num. XXVII, e somigliando in parte anche agli altri del numero XXVIII pure antecedente e
XXX susseguente, così ne argomento per la moltiplicità
di questo ripetuto soggetto in essi contenuto, ch'ei sia u-
no dei principali articoli della pagana religione. Quindi
è che rappresentandosi negli Specchi mistici figuratamente
la pratica delle morali virtù, come ho creduto ricavare da
Plotino [1], alla quale congiuntamente colla contemplazione
dei numi si riducevano in parte i canoni del politeismo [2];
era ben ragionevole che tali oggetti occupassero molti di
questi mistici Specchi eseguiti per un tal fine [3].

La mia opinione si trova discorde talvolta dal parere
di altri scrittori. Vide infatti questo Specchio medesimo
anche il Passeri, e vi notò alcune donne che privatamen-
te bagnavansi per esimersi dal mostrarsi nei pubblici bagni,
ed aggiunse che una tale domestica rappresentanza è ripetuta nei vasi dipinti [4]. Io peraltro insisto nel domandare per quale oggetto si ponessero nei sepolcri le rappre-
sentazioni di fatti del tutto individuali e privati, mentre
si trovano sì nei vasi che negli Specchi? Che se noi con-
cederemo esser questi soggetti allusivi alla condotta morale di un'anima che ne attende nell'altro mondo il suo premio, ed ai misteri che ne insegnavano i dogmi [5], non comparirà strano altrimenti che tali massime simbolicamente
rappresentate, accompagnino l'uomo fino al sepolcro. Sebbene di questo Specchio mistico abbian fatta menzione va-

---

1 Ved. ser. v, p 284 285.
2 Ved. p. 265
3 Ved p. 106.
4 Passeri, Lucernae fictiles, Tom.

iii. Lit. initial. Ep. ded., Vid.
Schiassi, p. 36.
5 Ved. ser. 1, p. 246.

ri scrittori [1] pure comparisce per la prima volta effigiato in questi miei rami, esistendo in originale nel Museo privato del sig. conte Guido della Gherardesca in Firenze.

TAVOLA XXX.

Lo Specchio mistico in questa XXX Tav. esibito, fu dato alle stampe dal ch. sig. prof. canonico Schiassi con la spiegazione che ne avea lasciata il Biancani, la quale si rende interessante perchè aduna il parere di altri scrittori circa a questo avanzo di antichità. Dichiara il prelodato Schiassi che tanto ne resta quanto basti a farci conoscere ivi rappresentate due figure, l'una muliebre, l'altra virile stanti entrambe presso un lavacro. Ma l'osservatore dovrebbe esser cauto nell'ammettere la sessual differenza di quelle figure, istruito già dall'esperienza sulla considerabile inesattezza del disegno che spesso in questi Specchi abbiamo incontrata, e dalla osservazione che attorno ai lavacri vedemmo donne e non uomini.

Prosegue l'autore che dietro alla figura muliebre comparisce uno sgabello, sul quale sta un armadio frequentissimo nelle pitture de' vasi [2], e lo crede un larario; dove i tutelari Dei si conservavano. Determina quindi che il cratere significhi un bagno domestico per uso di quelle donne che dai bagni pubblici si astenevano, e specifica di qual sorta di bagno ivi si tratti. Riferisce l'attestato non solo del Bian-

1 Passeri, l. cit., et Schiassi, De Pateris antiq., epist. II, p. 36.

2 Schiassi, De Pateris antiq. ex Schedis Biancani, ep. II, p. 36, 37.

cani ma del Paciaudi ancora [1], i quali lette molte antiche iscrizioni e riscontrati molti autori antichi, trovarono che le donne avanti le nozze e dopo il puerperio si dovevan lavare, onde rendersi propizi gli Dei [2]. Quindi conclude che fra gli oggetti d'uso femminile si trovano anche i crateri balneari, che lavacri dicevansi, attestandolo Ulpiano [3]; e termina con dire che questi Dischi potettero perciò esser patere nuziali [4]. Io consento col dotto scrittore che le donne in più occasioni lavavansi, ma non trovo ragione perchè i loro costumi nuziali dovessero essere espressi nei mistici Specchi, dove ragion vuole che vi si ravvisino piuttosto rappresentanze simboliche e misteriose, onde l'una stia in qualche accordo con l'altra nel complesso di questi bronzi che tutti insieme in quest'Opera esamino. Che se altrimenti fosse, come si potrebbe spiegare la relazione della nascita di Bacco, della presenza dei Gemini, dell'ammissione ai misteri, della Nemesi, e di tanti altri simbolici e misteriosi argomenti che in essi trovammo espressi, con l'uso speciale delle donne antiche di mantenersi decenti e pulite per mezzo del bagno? Difatti tra le testimonianze dal Biancani addotte si legge quella di Erodoto, che presso i Babilonesi e gli Arabi era costume che i coniugi si lavassero allo spuntar del giorno [5]: usi domestici e familiari di quei popoli che in verun modo si posson credere espressi in utensili cautamente riposti dentro i sepolcri d'Italia. È bensì verosimile che in questo Specchio egualmente che

---

1 Puteus sacer agr. Bononiens., ap. Schiassi, l. cit.

2 Aristoph., in Lysistr., v. 377.

3 Ulpian. Fragm., Vid. Cannegie-

teri observat., cap. xviii, p. 466.

4 Schiassi, l. cit., p. 37.

5 Herodot., lib. 1, num. 188, ap. Schiassi, l. cit.

nei precedenti delle Tavole XXVII, XXVIII e XXIX, sia rappresentata la purificazione del corpo, significativa delle virtù ' catartiche ', le quali fanno assomigliar l' uomo alla divinità che prende a contemplare. Ma dai Dischi susseguenti trarremo lumi più chiari a questo proposito.

Il monumento esiste attualmente nell' Istituto di Bologna [3].

TAVOLA XXXI.

Due donne del tutto nude in assai sconcia maniera tra loro aggruppate, con ferula in mano in atto di sferzarsi scambievolmente, formano il soggetto di un mistico Specchio inedito esistente nel R. museo di Napoli. Sebbene io ne abbia sott' occhio un esatto disegno, pure la decenza non consente ch' io lo esibisca in questa mia raccolta, nè posso trascurarne la memoria perchè utile a ratificare quanto ho già avanzato in proposito dei misteri spiegando le Tavole antecedenti. Ma la figura di una Nemesi che io qui sostituisco, ne fa sufficientemente le veci al mio proposito, come ora sono per dimostrare.

Vedemmo nello Specchio della Tav. XXVIII simbolicamente rappresentata una parte del cerimoniale usato nei misteri della Bona-Dea, riferiti a letificare quella stagione dominata dalla costellazione benefica dell' Auriga celeste [4], vale a dire a far plauso allo sviluppo della germinazione, prima sorgente dei mezzi di nostra esistenza, il quale manifestasi a misura

---

1 Ved. p. 342.   3 Schiassi, l. cit., tab. IX.
2 Ved. p. 265.   4 Ved. p. 340.

che la primavera s' inoltra. Vediamo altresì rappresentata quella felice stagione dall'eliaco levar dell' Auriga sotto diversi favolosi nomi velato, ma sempre tendente e referibile alla cosa medesima [1]; vale a dire a significare che l' uomo riconosce una superiore influenza sulle umane cose, o che ad essa è respinto dall' osservazione fondata su gli effetti degli astri ai quali mostra la sua gratitudine [2], vedendo restituiti quei beni alimentari che offre nella primavera la terra.

L' Auriga celeste fu dunque scelto per rammentare il benefizio ed il tempo nel quale veniva concesso, e furono a tal uopo inventate mille incredibili favole, rammentandone con cerimonie stranissime gli avvenimenti: stranissime, io dico, perchè appunto da chi ascoltava le une e praticava le altre conoscendosi tale stranezza, dovevasi ad altra cosa ragionevole, come anche simbolica, riferire. In questa guisa i Gerofanti dei misteri del paganesimo espressero la sola memoria di cose che tenevano celate [3].

Relativamente all' Auriga del quale io trattava inventarono che la Bona-Dea, detta anche Fauna, era figlia di Fauno, il quale s' innamorò perdutamente di lei. La resistenza della casta figlia fu punita dal padre con la fustigazione [4]. Così raccontano che in Egitto rappresentarono Iside o la luna in atto d' esser frustata da Pan, che a lei presentavasi d' una maniera indecente. In memoria di tale avvenimento usarono in Egitto la religiosa pratica di frustarsi [5]; e v' è tutto il fondamento di credere che una pratica

1 Ved ser. 1, p. 110.

2 Ved. la mia Nuova Collezione di Opusc., Tom. II, p. 365.

3 Ved. p. 82.

4 Macrob., Saturn., lib. I, cap. 12, p. 246.

5 Dupuis, Relig. Univers., Tom. XIII, part. 1, p. 152.

tale si esercitasse anche dalle donne romane festeggiando
la Bona-Dea. In ciò non altro io ravviso che la sferza o
flagello in mano dell' Auriga celeste, che precede il carro
del sole [1], allorquando la Provvidenza risveglia la fecondità della terra, espressa dagli atteggiamenti scomposti di chi
per imitare un tale avvenimento frustavasi.

In un vaso, del quale do conto a suo luogo, noi vediamo
effigiato Pan che ha nella destra il flagello, e nella sinistra
tiene un piccol vasetto [2], simile a quello che frequentemente s'incontra in mano della Nemesi ch'è primario soggetto degli Specchi mistici, intorno alla quale io proposi
delle congetture per provare che poteasi tenere per la Provvidenza personificata.

Io riporto per tanto in questa Tav. XXXI una delle molte
figure di questo genere, perchè credo che rappresenti sostanzialmente la sorgente di tutti i beni necessari alla vita,
la qual vita per più sensi s'incontra manifestata dalla piccola fiala o gutto, o altro recipiente che sia.

Intendiamo per tanto dal qui esposto, che questi mistici
Specchi hanno un senso concorde, qual è quello di venerare la Provvidenza divina da cui ricevono gli uomini ogni
bene in questa vita, ed il premio in una vita migliore dopo la morte [3], qualora mediante le già riferite purificazioni,
mantengansi attivo l'esercizio delle virtù.

La relazione ch'io do in questo scritto dello Specchio
già nominato in principio, conferma la probabilità che gli
altri antecedentemente descritti e pubblicati nelle Tavv.

---

[1] Ved. ser. 1, p. 111. [3] Ved. ser. 1, p. 369.
[2] Ved. la spieg. della tav. XL, ser. V.

XXVII e XXVIII, fossero positivamente attinenti ai misteri della Bona-Dea come accennai [1], mentre il poc'anzi mentovato ne forma il seguito.

Lo Specchio mistico da me sostituito a quello di Napoli esiste inedito presso il signor Laurenti in Roma, ed è della precisa grandezza dell'originale, come son tutti quelli che ho dati nelle Tavole antecedenti. Sulla moltiplicità di essi tratterò in seguito.

TAVOLA XXXII.

Il Disco della Tav. presente XXXII non fu da me originalmente tratto dal monumento antico, ma soltanto copiato da una stampa in rame già edita dal Middleton celebre tra i letterati dell'Inghilterra [2], il quale dopo aver posto in dubbio se patere sacrificiali o altri oggetti d'uso domestico esser potesse questa qualità di utensili [3], scende alla particolare interpetrazione del presente Disco, ravvisandovi una donna da un volatile trasportata mentre ha in mano uno Specchio, e la giudica Leda col cigno, nel quale trasformossi Giove ad oggetto di starsene ignorato nel di lei grembo con tutto l'agio che da un amante si cerca [4]. Nota quindi partitamente l'intérpete inglese, come Leda può esser qui espressa sul cigno con lo Specchio in mano, quasi esultasse della bellezza del proprio volto che seppe innamorare il massimo degli Dei [5].

---

1 Ved. p. 340, sg.

2 Middlet., Antiq. Monum., Tab. xv.

3 Id., l. cit., p. 169, 174.

4 Ved. p. 168.

5 Middlet., l. cit., sect. ii, p. 175.

Alcune mie riflessioni mi ritengono dall' ammettere una
tale interpetrazione. L'esser Leda seduta sul cigno non
corrisponde all'idea della favola che vuol Giove posato nel
di lei grembo, come le statue lo manifestano [1], e non già
sottoposto a lei. Difatti al Creuzer che vide il soggetto di
questo Specchio, egualmente che un altro simile spettante
al museo Britannico [2], parve che piuttosto significasse una
Venere; ma il vedere ambedue le mentovate figure molto
velate sta in opposizione col carattere di Venere che suol mostrarsi nuda in gran parte del corpo. Tali dispute compariscono in nuovo esame alla serie V di quest'Opera [3], dove si mostra il soggetto medesimo che ora vediamo in questo mistico Specchio.

Frattanto giova osservare al proposito nostro, che nella
medaglia di Camerino si trova pure una donna sedente
come qui, sopra un cigno. L'Eckhel concepitane la stessa
idea che n'ebbe il citato interpetre di questo Specchio, no-
tolla per Nemesi equivalente a Leda [4]. Ma fu con ragione
ripreso dal dotto Millingen il quale dichiarando che il cigno è dato come attributo delle Ninfe delle fontane e dei
laghi, ne argomentò che tal figura potesse rappresentare
la ninfa del lago Camerino che diè nome alla città fab-
bricatavi dopo [5]. Nè la congettura si può contrastare avendo un saldo appoggio in antico scrittore [6]. Posto ciò, non

1 Mus. Capitol., Tom. III, tav.
XLI.

2 A Descript. of ancient terracot-
tas in the British Mus., Plate
XXXV, nr. 72,

3 Ved. ser. V, tav. XXXVIII.

4 Eckhel, Doctr. numm. veter.,
Tom. I, p. 200.

5 Millingen, Peintur. de Vas. Grec.,
p. 21, not. (3).

6 Schol. in Pindar. Olymp., Od.
V, v. 4.

mi sarà neppur contrastato che anche qui si rappresenti una ninfa delle acque trasportata da un cigno. Ma poichè dimostro altrove che le ninfe delle acque rappresentavano le anime [1], dico altresì che la ninfa di questo Specchio rappresenti un'anima nell'atto di passare agli Elisi per mezzo della purificazione delle acque [2], dal cigno indicate. L'esser poi così avvolta nel velo che in parte le copre il capo è costume di chi viaggia; ed è perciò ch'io potei mostrare altre ninfe sopra de' mostri aquatici significare il viaggio d'un'anima da questa all'altra vita [3].

Lo Specchio non è soltanto molle utensile di Venere o di visuale beltà, come dai citati interpetri è stato supposto, ma un mistico geroglifico spettante alle proprietà della mente e dell'anima [4], e quindi trasportato nei misteri [5] e nelle dottrine dell'anima stessa [6]; nè qui si vede per la prima volta in mano di ninfe che ai misteri appartengono [7], o che le anime rappresentano [8]. Veda il mio lettore questo medesimo Specchio in mano di una donna recombente sopra la cassa che chiuse le di lei ceneri [9], e che io provai rappresentare il ritratto della defunta o piuttosto la posizione di riposo che la di lei anima godeva in cielo come credevasi [10]. Molti sono i femminili ritratti dei defunti sulle urne cinerarie etrusche di Volterra che hanno lo Specchio [11]: e vorremo crederlo nelle mani loro strumento di

---

1 Ved. ser. 1, p. 141.
2 Ved. ser. v, p. 220.
3 Ved. ser. 1, tav. x, num. 1, p. 107.
4 Ved. p. 76.
5 Ved. p. 109.
6 Ved. p. 112, sg.
7 Ved. scr. v, p. 217.
8 Ivi, p. 49.
9 Ved. ser. vi, tav. H2, num. 1.
10 Ved. ser. 1, spieg. della tav. LI.
11 Ved. p. 100.

lasciva effemminatezza come si giudica nelle mani di Venere?

Per maggiormente consolidare il mio supposto, esibisco un antico bronzo in rilievo dove si vede una ninfa, che avendo uno Specchio in mano cavalca un toro [1], come altra ne vediamo in un vaso fittile ch'io dichiaro una seguace di Bacco, sì pel toro ch'ella cavalca, sì pel vaso che tiene in mano [2]. In quei monumenti non sarà Venere, perchè non appartiene alla Dea di mostrarsi sul toro, ma si dee credere una seguace di Bacco; e quello Specchio spettante per conseguenza ai di lui misteri, come più volte ho mostrato [3]. Per le stesse ragioni sono autorizzato a credere che la donna di questo Specchio mistico non sia Venere, ma una ninfa seguace di Bacco, o piuttosto l'anima d'un iniziato a'di lui misteri, mediante i quali, per opera delle purificazioni che negli antecedenti Specchi praticate vedemmo [4], è trasportata agli Elisi.

La prossimità del soggetto ch'io propongo a supporsi espresso in questo Specchio mistico, paragonato con quelli dei Dischi già esaminati, mi fa credere con maggior probabilità, che qui ancora si tratti della dottrina spettante alle anime.

TAVOLA XXXIII.

È chiarissimo il seguente passo di Proclo: « siccome gli Specchi ricevono le apparenze secondo la loro leviga-

---

1 Ved. ser. vi, tav. B4, num. 1.   3 Ved. p. 51,
2 Ved. ser. v, tav. 11, p. 15, 16.   4 Ved. p. 337, 344.

tezza, così furon presi dai teologi per simbolo adattato ad
esprimere la divina creazione del mondo. Quindi aggiungono che Vulcano fabbricasse uno specchio a Bacco, in cui mirando il nume la propria immagine procedesse alla creazione materiale e divisibile [1]: dal qual passo noi siamo assi-
curati non solo dell'uso mistico degli Specchi, di che ho
ragionato altrove [2], ma della origine e ragione di tal uso.
Questa era dunque la sua levigatezza. Di ciò assicura nuovamente lo stesso Proclo, mentre fa servir di commen-
to il citato passo a queste parole di Platone: « Il Creatore avea fatto il tutto al di fuori liscio, ed in giro [3] ».
Questi particolari esaminati dal dotto Creuzer, più che da
me, ci fanno avvertiti, per le osservazioni di Proclo, che
più volte il filosofo Platone sparge la massima nelle sue
opere, che il grande artefice avea costruito il mondo per
modo che sembrasse levigato al tornio [4]. Da Platone si
trasmise una tale idea ad altri scrittori [5], e da questi
agli artisti [6]. Nè con i soli Specchi, ma con globi ancora,
e con vasi, e con lucerne [7] rappresentavasi l'orbe mondiale, purchè tali oggetti partecipassero della sfericità e della proprietà di tramandare dei raggi di luce, sia diretta, sia
riflessa, sia refratta [8]. Ora è da ripetere con maggior chiarezza, come altrove accennai [9], che siccome Bacco vide nel

---

1 Procl., In Tim. Plat., p. 163.

2 Ved p. 114.

3 Plat., In Tim., Op., Tom. III,
p. 33.

4 Procl., ap. Creuzer, Dionys.,
Comment. 1, p. 39, not (*).

5 Plin., Hist. Nat., lib. II, cap.
II, p. 70, et alii ap. Creuzer,
l. cit.

6 Ved. p. 81.

7 Ved ser. 1, p. 338.

8 Creuzer, Dionys., Comment. 1,
p. 28, sq.

9 Ved. p. 112.

suo Specchio la virtù efficace della generazione del mondo, così in questi Specchi, o lucerne, o globi considerarono i filosofi non solo gli Dei, ma la generazione ancora delle cose create [1].

A tal proposito riportasi dal Creuzero l'esempio di un certo vaso di Nestore dove si vedevano le stelle ivi affisse, come se state fossero altrettanti chiodi fitti nel cielo [2]. Di ciò lo stesso Creuzero trova conferme in Arato, aggiungendo aver tratto da Asclepiade che i primi istitutori della vita culta e sociale si proposero d'imitare nei predetti vasi ed in altri tali oggetti la figura del sole, della luna e dell'universo [3].

Presti ora l'osservatore la sua attenzione sul mistico Specchio da me esibitogli in questa XXXIII Tav., e vi troverà le qualità medesime che qui sopra ho accennate. I due volti sono il sole e la luna, come proverò per l'epigrafe e per gli altri attributi: la sfera che vedesi tra loro è la figura del mondo [4]: il fiore ch'è nel mezzo rammenta insieme col tralcio che lo circonda la virtù prolifica delle piante [5], coerentemente alla già indicata generazione del mondo; la sensibile concavità che ha questo mistico Specchio, a differenza dei consueti, prova l'approssimazione alla figura di recipiente che aver debbono questi arnesi, qualunque sieno destinati a rappresentare la figura mondiale, come da Apuleio si accenna [6], per la di lui circolare

---

1 Creuzer, l. cit., p. 41.
2 Vid. Heyne, observ. ad Homer., Iliad. lib. xi, v. 632, p. 230.
3 Creuzer, l. cit., p. 38.

4 Ved. ser v, tav. iv, num. 3-5.
5 Ved. ser. i, p. 338.
6 Ved. p. 88, 136.

figura degenerando finalmente in quella di una lucerna,
ben dimostra l'intenzione di chi lo fece ad imitazione di
quanto abbiamo sopra accennato.

Che la palla divisa in quattro segmenti sia corrispondente alla parola *mondo*, io lo imparo dalle note astronomiche registrate dagli antichi scrittori, mentre presso di
essa trovasi la voce greca κόσμος [1]. Anche nelle medaglie,
dove in qualche modo si volle rappresentare il mondo, si
trova espresso un circolo traversato da due liste che s'in-
crociano [2]. La moltiplicità di esse in questo circolo potrebbe indicare il mondo materiale e divisibile, del quale ho
fatta menzione superiormente. Di questo in particolar modo si tratta nei monumenti che furon chiusi nei sepolcri
fra i quali sono anche gli Specchi mistici; tanto che non
v'è ragione da non ammetterlo qual simbolo del mondo,
come ho già detto. I vasi antichi dipinti che hanno questo simbolo stesso frequentemente, allorchè sono interpetrati nel senso conveniente, non repugnano ad una tale
allusione [3]. Una importante nota su tal soggetto si legge
nella bell'opera del ch. Millingen dove ci fa avvertiti essersi da uno scrittore moderno supposto che tali oggetti fossero simboli del principio vivificante che anima l'universo,
il quale secondo Proclo fu figurato da una croce posta dentro un circolo [4]; mentre il prelodato Millingen determina
che non ostante le molte spiegazioni contradittorie ed as-
surde che a tal simbolo sono state date, non debba inten-

---

1 Du Cange, Glossar. Mediae Grae-
cit., Tom. II, notarum charact.,
p. 19.

2 Montfaucon, Ant. expl., Tom.

III, part I, Pl. CVII, p. 187.

3 Ved. ser. V, p 277.

4 Millingen, Ancient unedited monum. of grecian art, p. 31, not. 13.

dersi che per la semplice figura di una sfera o palla da giuoco [1]. Ma come potrò convenire che una palla da giuoco sia posta in uno Specchio mistico tra 'l sole e la luna? Come poteva l'artista rappresentarvi differentemente o la terra o l'universo intiero, come Proclo ci addita?

Mi secondi per un istante l'osservatore nell'esame del monumento di Protesilao dal Visconti illustrato, e da me riportato alle Tavole di corredo [2]. Videlo egli forse più rovinato che in altri tempi ne' quali era stato già disegnato dal Bartoli e riportato dal Montfaucon [3], e da me nuovamente riprodotto in parte ove occorrevami [4]. Scrive il Visconti che ai piedi della figura terza ch'è a destra del riguardante si vede un circolare arnese che fu timpano o tamburello bacchico [5], ma intanto accenna una pittura di Filostrato, che negli Eroici parlando a lungo di Protesilao, lo descrive premente col piede un rostro di nave, rammentando anche un disco e non già un tamburello [6]. Ma l'Hancarville, che sebbene diversamente dal Visconti, pure interpetra il monumento medesimo, chiama ruota quel circolo decussato ch'è a piedi dell'indicato eroe, e lo vuole espressivo della vita che corre al suo fine [7], e in questa forma si vede presso i citati autori [8], e per conseguenza molto simile al disco rappresentato in questo Specchio mistico. Io dunque spiegando ancor quella per simbolo

1 Ivi .

2 Ved. ser. vi, tav. H3, num. 1.

3 Ant. expl., Tom. v, part. 1, Pl. cxxv, p. 148.

4 Ved. ser. vi, tav. S, num. 2.

5 Visconti, Mus. P. Clem., Tom.

v, tav. xviii, p. 115.

6 Ivi.

7 Hancarville, Recherch. sur l'origin. des art. de la Grece, Tom. ii, p. 35.

8 Ved. ser. vi, tav. S, num. 2.

del mondo visibile in quattro parti diviso, come si suole, intendo che Protesilao ritiri da quello il piede quasi uscisse dal mondo per passare all'altra vita, mentre al di là di quel simbolo trova Caronte.

Un altro monumento, ch'io sottometto all'esame del mio lettore, è un Ercole che mostrando di aver domato le fiere e quanto di più forte era in quel mondo, che in figura di un disco decussato cacciasi sotto braccio, è poi dominato da un nume più potente di lui [1]. Finalmente la situazione di questo simbolo in mezzo al caos, figurato dal mistico Specchio, fa vedere che rappresentar debbe il mondo materiale fiancheggiato dal sole e dalla luna.

È poi notabile nelle pitture dei vasi, che ove si vede lo Specchio, ivi per ordinario è anche il globo frequentemente segnato con più segmenti [2], mentre che fra i trastulli di Bacco bambino si fa menzione di uno Specchio e di una palla, di che faccio altrove parola [3]. Di ciò più conveniente luogo da doverne trattare mi sembra esser la serie VI, dove altri monumenti son decorati di questo simbolo, sul quale hanno scritto tanti eruditi uomini e variamente.

Credo peraltro dover produrre all'osservazione di chi legge un simile soggetto di altro monumento sepolcrale illustrato dal Begero [4], onde se ne traggano degli utili confronti, e si veda che molto probabilmente quel simbolo centrale esser debbe il mondo materiale. Si osservi difatti tra i mo-

---

1 Ivi, tav. B4, num. 2.

2 Ved. ser. cit., tav. R, num. 1, tav. S, num. 2, e ser. v. tav. XIX, XXI, XXII, XXIV.

3 Ved p. 83-84.

4 Thesaur. antiq. Brandemburg., Tom. III, p. 442, litt. R.

numenti di corredo un'antica lucerna dove sono, come qui, effigiate due teste, sotto alle quali è parimente un Disco attraversato dai segni che lo dividono in quattro parti. Ivi son quattro punti che formano coi quattro segmenti un tal simbolo, dagli astronomi conosciuto per indizio del cielo comprensivo di tutti gli astri, notato nella seguente maniera ✳ αστρα [1], tantochè questo segno compreso nel circolo dee rappresentare tutta la sfera mondiale.

Un'altra favola entra pure nelle nostre avvertenze: questa riguarda Ercole, che dal sole ebbe in dono un vaso, col quale potè varcare l'oceano e portarsi nell'isola d'Eritrea [2]. Quivi osservano i dotti che Ateneo narrandola dimostrala proveniente dagli orientali, che stimando i vasi grati agli Dei, ne accennavano uno attribuito particolarmente al sole, confondendolo quindi con quello d'Ercole [3]. Aggiungon poi che siccome fu immaginato Ercole trasportato per mare in un vaso detto del sole, così gli egiziani artefici specialmente, ed anche i greci rappresentarono il sole e la luna portati in un recipiente in figura di barca [4]. Nè crederei fuori di tal proposito che gli antichi figuli avessero fatto per tale allusione quella gran quantità di vasi che in un tempo medesimo hanno forma di lucerne e di navi o cimbe. Io ne unisco alcuni in una Tavola onde mostrarne la forma [5]. Quello ch'è segnato di num. 1 si trova ripetuto nella seconda raccolta Hamiltoniana, dove il suo interpetre lo di-

---

[1] Du Cange, Glossar. Med. Grae-cit., Tom. II, p. 5, notar. cha-ract.

[2] Athen., Deipnosoph., lib. XI, cap. v, § 38, p. 469, Op., Tom.

IV, p. 237.

[3] Creuzer, l. cit., Comment. 1, p. 35.

[4] Heyne, ad Apollodor., lib. II, cap. v, p. 182.

[5] Ved. ser. VI, tav. E4.

chiara di singolar forma e simile a quella d'una nave, es-
sendovene chiaramente distinte le parti, e lo suppone allusivo alla barca di, Caronte, o a qualche altro favoloso racconto, e lo crede piuttosto lucerna che vaso [1]. Gli altri che io
riporto sono in parte tratti originalmente dalla raccolta di
vasi della R. Galleria di Firenze, perchè più probabilmente
si posson credere spettanti agli Etruschi [2].

È poi singolare il vedere che di egual forma sono alcuni bronzi vuoti al di dentro e con piccola molletta al di
fuori, per cui furon tenuti dagli antiquari ordinariamente
per fibule [3]. In un sepolcro etrusco recentemente scoperto
nei suburbani di Volterra nelle terre del nob. sig. Filippo Salvetti se ne trovarono ventotto [4], unitamente però
ad altri bronzi, quasi fosse un ripostiglio di oggetti di
qualche valore, sebbene aderenti a delle ossa indubitatamente umane, come da una erudita relazione trasmessami dal
prelodato possessore ben si rileva. Certo è peraltro che
tali bronzi si trovan chiusi in molti sepolcri; ciò che fece
sospettare con assai plausibile probabilità al ch. sig. Ales-
sandro Visconti che serviti fossero questi metalli per chiudere il panno che serrava le ceneri dei cadaveri arsi nel
rogo [5]. Noi troviamo di fatti questi bronzi nei più antichi sepolcri finora scoperti [6], ove le ceneri umane furono

1 Fontani , Pitture de' Vasi ant.
   posseduti dal cav. Hamilton, Tom.
   iv, tav. (**) p. viii.
2 Ved. ser. vi, tav. F4, num. 1.
3 Ivi, num. 2.
4 Lettera a me diretta dal sig. Filippo Salvetti di Volterra pos-

sessore di tali antichità, in data
   del Luglio 1823.
5 Visconti, Lettera al sig. Giusep-
   pe Carnevali di Albano sopra alcuni vasi ritrovati nelle vicinanze di Alba-Longa, p. 25.
6 Ved. ser. vi, tav. C4, num. 4.

chiuse. Ma qualunque ne fosse l'uso, potevano ciò non
ostante ritenere un significato simbolico nella lor forma,
come per ordinario ritengono gli oggetti di un qualche uso
sacro. Quello che io riporto dà completa idea di questi
bronzi simili tra loro fuorchè in grandezza [1]. Con questo
principio medesimo spiego un vasetto assai singolare dal
ch. Millingen pubblicato, dove si vede un circolo di com-
battenti sull'orifizio del vaso, e internamente un rango
di navi in giro [2]. Circa tal monumento ci avverte l'espositore esser cosa rarissima il trovar navi dipinte nei vasi [3],
ed aggiungo io che gli Egiziani fregiarono di navi moltissimi de' lor monumenti [4]; che gli Etruschi l'espressero
nei bronzi e nei vasi che ho poc'anzi accennati [5], e che i
Greci italioti ve le dipinsero ancora talvolta, come in questo ch'esibisco anch'io, per diffondere la novità del soggetto [6].

La interpetrazione, che a questa pittura credo di poter
dare, proviene dal corso della umana vita sempre piena di
contrasti nell'intero suo circolo dal nascere al morire [7],
alla quale è poi sostituito un nuovo periodo di placida
carriera fra gli astri che si figuravano in un dolcissimo fluido trasportati placidamente come in una nave, ed a loro
imitazione anche le anime dei trapassati [8]. Noi vedemmo
difatti altrove come le anime partite dal corpo seguono il

---

1 Ved. ser. vi, tav. F4, num. 1.

2 Millingen, Peint. antiq. de vases
Grecs, Pl. lii.

3 Ibid., p. 43.

4 Denon, Viaggio in Egitto, Tom.

ii, Tav. 114.

5 Ved. p. 359.

6 Ved. ser. vi, tav. F4, num. 3.

7 Ved. ser. 1, p. 350.

8 Ivi, p. 360.

corso degli astri [1], e qui ho ripetuto che il sole e la luna
furono immaginati in una nave scorrendo l'etere ch'è il
più sublime de' fluidi.

Dalla pittura che accenno [2] apprendiamo ancora il perchè nei sepolcri si ponevano queste variate fogge di navi
bizzarramente figurate come vasi [3], per accennare cioè che
da coloro che sanno combattere in questa vita si aspetta un
più felice corso di giorni beati fra gli Dei, che pei Gentili
erano gli astri [4]. Il motivo di tutto ciò non sembra lontano da una derivazione verbale, poichè il nome generico
di Dei venendo probabilmente da *correre* [5], ne segue l'approssimazione della parola *tsab* che ha significazione di nave o di carro, oggetti in somma di trasporto e di corso;
dal che sembra derivata la parola *sabei* cioè ammiratori
del corso degli astri.

Noi potremo ammettere con Platone, che le deità in questo Specchio mistico rappresentate siano le prime che a-
vessero i Greci de' più antichi tempi [6]. Lo conferma Eusebio, dove scrive che scossi costoro dallo splendore impo-
nente dei cieli, presero per loro Dei i lumi celesti, e si pro-
strarono avanti a loro, limitandone l'adorazione a ciò che
essi vedevano [7]. Ma i filosofi più speculativi hanno data
estensione maggiore a tale divinità. Posidonio e Zenone
pretendevano che il mondo in generale, ed il cielo in particolare componessero la sostanza della divinità, mentre Bo-

---

1 Ved. ser. 1, p. 220-329, e ser.
   v, p. 203.
2 Ved. ser. vi, tav. E4, F4, num. 1.
3 Ivi, tav. G4.
4 Ved. ser. 1, p. 48.

5 Ivi, p. 57.
6 Plat., In Cratil., p. 397
7 Euseb, Praep. Evang., lib. 1,
   cap. vi, p. 17.

eto la fa risedere nel firmamento e nella sfera dei fissi [1].
Crisippo, il sagace commentatore della dottrina stoica, riconosce pure il mondo qual nume primario, e ne fa risedere
la sostanza nel fuoco etereo, negli astri, nel sole e nella
luna, negli elementi, e finalmente in tutto ciò che noi
chiamiamo la natura e le principali sue parti [2]. Ma più
che altri Cheremone conformasi nei suoi scritti colle opere d'arte de'popoli antichi, e specialmente di quelle che
troviamo attorno ai cadaveri; « Non riconoscevano quei
popoli, com'egli accerta, per loro Dei che i pianeti, gli
astri che compongono il zodiaco e tutti quelli che nel sorgere o tramontare ne indicano speciali divisioni, l'oroscopo e gli astri che vi presiedono, come sono segnati
nei libri d'astrologia, con i prognostici da essi ricavati per
l'avvenire. Gli Egiziani facevano del sole un gran Dio
moderatore del mondo, spiegando la favola d'Osiride, come altre ancora, dal corso diurno ed annuo del sole, dalle fasi lunari, dall'accrescimento e diminuzione del di lei
lume, dalle due divisioni del tempo e del cielo in due parti, spettanti l'una alla notte, l'altra al giorno, finalmente
dalle cause fisiche. Questi sono gli Dei da essi tenuti per
arbitri sovrani della fatalità, ed onorati con immagini e con
offerte di sacrifizi » [3].

Ma l'attributo primario del sole e della luna era l'amministrazione visibile del mondo, e specialmente della generazione. « Il sole, diceva un filosofo, posto al di sopra del-

1 Diogen. Laert., In vit. Zenon.,
lib. VII, p 148, Op., Tom. I,
p. 459.
2 Cic., De nat. Deor., Op., Tom.
IX, lib. I, cap. 15, p. 2902.
3 Iamblic., De myster. Aegypt.,
sect. VII, cap. II, p. 151.

la luna le partecipa i principî della vita e delle qualità fecondanti che essa rovescia sopra la terra, e così agiscono questi due astri concordemente alla grand' opera della generazione universale [1]. Noi vediamo difatti nei mistici Specchi una Dea con ampolla in mano [2], in atto di versarne sulla terra il liquore prezioso [3]. Ad essa ho apposto il nome generico della divinità dagli antichi attribuitogli [4], quindi quello di Nemesi [5]: nomi che si competono alla Iside degli Egiziani, come attestano gli scrittoti [6]: in sostanza alla luna. Gli Egiziani in effetto, secondo Diodoro, ammettevano due grandi Dei che erano il sole e la luna, o siano Osiride ed Iside occupati a governare il mondo come si è detto [7], e regolarne l'amministrazione per la distribuzione delle stagioni [8].

Documenti sì chiari pongono fuori di dubbio la massima venerazione e culto che gli antichi popoli prestarono ai soggetti espressi in questo mistico Specchio. A molti altri contesti, che io potrei addurre, preferisco l'osservazione che questi enti divinizzati si trovano legati colla dottrina relativa alle anime degli estinti.

I recipienti coi quali versavasi latte su i depositi sepolcrali perchè le anime ne fosser nutrite [9], avean figura di quelle barche dette *cimbe* menzionate poc'anzi [10], onde rammentare, cred'io, che le anime tornavano in esse a varca-

1 Procl., in Tim., lib. iv, p. 257.

2 Ved. p. 283, 342.

3 Ved. tav. i, e xiv.

4 Ved. p. 7.

5 Ved. p. 165.

6 Apul., Metamorph., lib. ii, Op.,
Tom. i, p. 364, sq.

7 Ved. p. 363.

8 Diod. Sicul., lib. i, cap. xi, p. 14, 15.

9 Ved. ser. i, p. 267.

10 Virgil., Georg., lib. iv, v. 506.

re i cieli fra gli astri secondando il corso del sole, da dove eran partite quando scesero a cibarsene venendo sulla
terra a vestirsi di corpi umani [1]. Nè il nostro bronzo sembra del tutto alieno dalla forma di navicella..

Trattasi assai diffusamente nel Timeo di Platone della
sferica figura del mondo, e di un'anima razionale che nel
suo seno contiene, ed intorno a cui la materia si avvolge
in quattro elementi distinta [2], come in quattro parti è diviso il globo che in questo Specchio esaminiamo. Ivi anche si tratta di un intelletto, che fisso ed immobile nel
mondo stesso, serve a muovere e governare il moto della
grande sfera mondiale [3]. I Platonici che prendono a trattare più diffusamente quel tema, si estendono nella dottrina del moto, sebbene in una maniera oscurissima.
Plotino per via d'esempio ripete il detto da Platone che
l'intelletto mondano si muove, ma insieme sta fermo perchè si riflette in se stesso, vale a dire si muove circolar-
mente [4]; e frattanto aggiunge altre riflessioni comparative
tra 'l moto del mondo e quello dell'uomo rapporto alle loro anime, ove in sostanza stabilisce che « l'anima umana ragionevole colla considerazione di se stessa si conver-
te in se, misura l'ordine universale, e l'oltrepassa rivol-
gendo i suoi sguardi alla causa dell'universo [5]. Spesso portasi ove la trae la natura del tutto, o si eriga in meglio o
precipiti in peggio. Ciò che è presso degli uomini, o sia
corpo o vita propria del corpo, è sempre parte del corpo

1 Ved. ser. cit., p. 134.
2 Ficin., in Platon. Tim., compend.,
  cap. xxvi, p. 294.
3 Ibid.

4 Plotin, Ennead. ii, lib. ii, cap.
  iii, p. 58.
5 Ved. p. 337.

mondano e della vita del mondo, perciò seguita il moto
dell' universo. Esistendo la potenza dell' anima nel centro
del mondo, come nell' animale esiste nel cuore, così questo mondo si aggira intorno al centro richiamatovi dall'a-
nima. E portandosi attorno al centro per mezzo di alcune linee sembra che per esse tocchi da per tutto il suo centro, dal quale nasce l' estensione della mole e la propagazione della vita [1]. Non è dunque senza un qualche scopo
che fu posto quel simbolo nel centro dello Specchio mistico, se riferir debbesi alle indicate dottrine.

Dicon poi gl' istessi Platonici, che siccome nel mondo è
un mezzo da cui le altre cose dipendono, così è nell' anima, da cui dipende ogni virtù e la vita. E come avvolge-
si per conseguenza il corpo intorno all' anima, così l' anima intorno a Dio [2]: e tale avvolgimento fassi per un certo costante naturale istinto a noi occulto, come per amore e studio di meditazione. Con tal circuito la ragionevole natura si avvolge in se stessa circa le forme non solo, ma da se portasi al suo intelletto, e per mezzo di questo all' intelligenza divina, e per questa a Dio. Imperciac-
chè Iddio risiede come centro di tutte le cose, e quasi con un suo cibo [3] alletta ed invita le menti e le anime
che si rivolgono a lui. Nè la cognizione soltanto, ma l' a-
more o sia desiderio, o affetto [4] è il principio di questo moto, poichè quella sembra immaginaria, questo sostanzia-
le, quella riposa in se stessa, questo vien trasportato ad

1 Ficin. in Plotin., Argument. in
Ennead. 11, lib. 11, cap. 1, p. 56.
2 Id., l. cit., cap. 11, p. 56.

3 Ved. ser. v, spieg. della tav. xxxvi.
4 Ved. ser. v, l. cit., e p. 299.

altro oggetto; e di nuovo in mille guise vogliono i platonici argomentare e provare, che siccome l'anima va aggi-
randosi intorno a Dio, così ogni globo astrifero e mondiale si aggira attorno alla propria anima [1]. E dove dicono con Platone che l'anima godendo Iddio esulta per al-
legrezza [2], vogliono significare che ogni sfera celeste si rivolge non tanto per desiderio dell'anima che per alle-
grezza, come gli animi nostri si dilatano pel gioir dello
spirito, e le membra esultano [3]. Vedremo noi pure, non
solo in questi Specchi ma nei vasi ancora espressi dall'arte questi metafisici sentimenti, or con rappresentanze di
aggruppate figure, or con simboli semplici, come in questo
Specchio vediamo la sfera mondiale, probabilmente inseri-
tavi a rammentare gl'indicati rapporti tra l'anima del con-
templativo o dell'epopte, e l'universo [4].

Feci altrove conoscere il rapporto che le anime aveano col sole, relativamente al transito loro dall'uno all'altro mondo [5]: qui giova sapere ancora che Orfeo, tenuto
dagl'iniziati per loro maestro di sacre dottrine, riguardava questo grand'astro come primaria ed universale intelligenza, dalla quale sono emanate le nostre anime [6], o come
sorgente dell'intelligenza dell'universo: massima allà quale si conformano Cicerone, Macrobio, e i dotti del paganesimo, intitolandolo *mens mundi* [7].

È noto che nei misteri della luce era dagl'iniziati ve-

---

1 Ficin., l. cit.
2 Ved. ser. v, p. 309.
3 Ficin., l. cit., cap. III, p. 57.
4 Ved. ser. v, p. 238.
5 Ved. ser. I, p. 19, 43, 134.

6 Macrob., Saturn., lib. 1, cap.
   XIX, p. 294.
7 Id., in Somn. Scip., lib. 1, cap.
   XIV, p. 75, cap. XX, p. 99, et
   Saturn., lib. 1, cap. XVIII, p. 289.

nerata particolarmente la luna, dove asserivano essere
una cavità destinata a ricevere le anime [1]. Anzi giunsero
persino a credere che la luna fosse l'elemento da cui provengono, e che vi ritornino dopo un viaggio di mille anni per esservi giudicate. Tali dottrine da Platone spacciate [2] trovaron credito sempre maggiore a misura che
da altri filosofi venivano ratificate [3]. Ma delle supposte influenze lunari sull'universo abbastanza ho ragionato in altro mio opuscolo che il lettore può esaminare a suo grado [4]. Credo di non dover trascurare l'osservazione gio-
vevole nelle interpetrazioni seguenti, cioè che la ferace terra,
o piuttosto la germinante natura sia stata riguardata come
una divinità di alta considerazione presso le religioni più antiche. Nè mi sembra che diversamente significar volesse Varrone laddove dichiara che le principali divinità samotraciche, altrimenti dette cabiriche, furono il cielo e la
terra [5], nelle quali in certo modo comprendesi tutto
l'orbe mondiale. Se il lettore si unisce meco nell'esame
di questi Specchi, troverà grand'analogia di significato fra
loro, sebbene espresso con figure molto diverse. La Tav.
IX offre un monumento simile a quello che ora spiego.
Se in uno sta Cibele nel mezzo al Disco rappresentan-
dovi l'intera natura [6], qua vi tien luogo la sfera compren-

1 Plutarc., de Facie in Orbe Lu-
nae, Op., Tom. II, p. 945.

2 Platon., de Rep., lib. x, Op.,
Tom. II, p. 614, 615.

3 Plutarc., l. cit.

4 Inghirami, Ragionamento delle
influenze lunari. Ved. la nuova

Collezione d'opuscoli e notizie di
scienze, lettere ed arti, Tom. 1,
p. 265.

5 Varr., de Ling. Lat., lib. iv, §
10, p. 11.

6 Ved. p. 176, seg.

siva del simbolo di cielo e terra: se là vedemmo Bacco
e Venere quasi assessori al gran nume, qua troviamo il
sole e la luna parimente astanti al globo mondiale: così gli antichi nominarono Cabiri gli Dei che assistono
una divinità superiore [1], come in seguito potrò dimostrare.

Può non esser positivamente indicata una stella sulla
testa di Apollo, ma piuttosto un corpo raggiante di luce.
Per tale potrebbe anche intendersi quel segno astrifero posto fra le due teste che ornano la poco fa menzionata
lucerna fittile, sotto le quali teste è ripetuta una face [2], quasi che si dicesse che fuoco e luce emananti dai gran lu-
minari concorrono al resultamento della natura. Io l'argomento da una memoria di antiche astrologie lasciateci
dagli scrittori, ove si rammentano quattro Geni primieri
che presiedono a tutte le nascite: il buon Genio, la buona
Fortuna, l'Amore, la Necessità [3]. I due primi sono il sole
e la luna, gli agenti principali di tutte le sublunari produzioni, uno dei quali presiede al calore e alla luce, l'altro ai corpi sublunari lasciati in balia delle contingenze
irregolari dei movimenti fortuiti [4]. Ma d'altronde può
credersi quell'asterisco un positivo segno delle sfere celesti considerate come altrettanti numi [5], ai quali credevasi essere il sole superiore, e da essi obbedito [6] e secon-

1 Schelling, Ueber Gotteiten von
Samotrace, p. 38.

2 Ved. ser. vi, tav. F4, num. 4.

3 Macrob., Saturn., lib. 1, cap.
xix, p. 295.

4 Dupuis, Orig. des cult., Tom.

iii, part. ii, ch. xviii, p. 720.

5 In Pimandr. Mer. Trismeg., ap.
Ficin., cap. iii, Op, Tom. ii,
p 1841.

6 Ibi. l. cit., cap. v, p. 1843.

dato per concorrere all'opera della natura onde rinnuova-
re le stagioni [1], e con esse le piante e le generazioni dei
differenti animali; mentre la luna era destinata per organo della natura inferiore, modificandone la materia che
situata sotto di lei subisce mille e mille alterazioni [2]. E
poichè da taluni credevasi che il cielo fosse l'anima della
terra [3], così può accadere che ne sia l'emblema quel globo situato nel mezzo dello Specchio mistico e nella lucerna fittile, ove par che riceva luce e calore da una face, quasi che questa fosse la potenza del sole che le dà
vita. Con più fondamento potremo intenderlo per un segno indicante l'anima del mondo usato dagli Egiziani, come da Porfirio trae Proclo [4]: di che tratterò altrove.

Il perigeo lunare ch'è sulla testa della donna da per se
dichiara essere il simbolo della luna, poichè quel pianeta
si è sempre mostrato particolarmente in tal foggia a differenza degli altri, prima che il telescopio ci facesse scuoprire
le fasi di Venere. Presso alla testa del sole sta scritto
ИVVꟼ𐌀, che può leggersi *Aplun*, o *Aplln*, o *Apuln*, sempre però riferibile ad Apollo, e per conseguenza al sole,
di che oltre quanto ho già detto [5], torno a trattare altrove. L'altro nome è 𐌀V𐌀V *Lala*, resoci noto dai dotti soltanto per qualche osservazione su gli antichi scrittori. *Lara*
e *Larunda* è più noto come appellativo nome di quella ninfa Tiberina, che per aver manifestati a Giunone i furtivi
amori di Giove con Giuturna, fu da lui punita colla priva-

---

1 Ved p. 363, 364, e ser. v, p. 119.
2 In Pimandr., l. cit., cap. xi, p. 1850.
3 Ibid.
4 In Timaeum, l. iii, p. 216.
5 Ved. p. 284.

zione della lingua [1]; ed aggiungono la circostanza ch' essendo stata condannata da Giove a passare all' inferno fu consegnata a Mercurio perchè ve la conducesse, il quale abusatone per via n'ebbe due figli che dal nome di lei furon detti Lari [2]. Dicon poi che non *Lara*, ma *Lala* esser doveva propriamente il nome di lei, da λάλος, *loquace* [3], e v'è chi adduce parecchi esempi di greche voci che mutarono il ᴧ in ᴘ, per cui da *Lala* siasi potuto far *Lara* [4].

Prescindendo da ciò è da notare ancora che i Romani, o piuttosto in prima origine gli Etruschi ebbero in uso la voce *Lar* in Italia, ove fu epiteto di signore, padrone, o principe [5]: in sostanza titolo di particolar distinzione che a' grandi e potenti si compartiva [6]. Come poi con questo titolo fosse indicata la luna è da vedersi con maggior chiarezza, ove di nuovo nei monumenti che seguono s'incontri qualche altro soggetto analogo al presente.

TAVOLA XXXIV.

Lo scudo e l'elmo della presente figura espressa in questa XXXIV Tav. mi fanno rivolgere a Pallade di tali emblemi insignita per cercarne il significato, mentre il marcato petto e la veste prolissa, dimostrano esser questa una donna, e nuovamente quel peplo che in guisa appun-

---

1 Ovid., Fast., lib. ii, v. 599. sq.

2 Lactant. Firm., lib. i, cap. xxi, Op., Tom. i, p. 90.

3 Gesner, Thesaur. ling. Lat., in voc. *Lara*.

4 Vid. Ovid., Fast., lib. ii, v. 599, Tom vi, not. ad p. 135.

5 Ibid., Excurs., Tom. vi, p. 502.

6 Ved. ser. i, p. 53.

to dell'egida di Minerva tien sulle spalle, mi richiama il pensiero a questa Dea [1] che talvolta ebbe altresì le ali [2].

Ma quel suo atteggiamento in sembianza di moto, non meno che la grandezza delle ali stesse ben dimostrano che l'artista non si è voluto scostare gran fatto dalla consueta rappresentanza di quella Dea, che sì spesso abbiamo incontrata in questi mistici Specchi, dando ad essa altresì molti epiteti.

Noto frattanto che gli Egiziani ebbero una divinità sotto nome di Neith simile per diversi rapporti alla Minerva dei Greci [3], la quale come altre molte deità egiziane, riducevasi ad Iside [4]. Sotto quest'aspetto fu adorata in Sais con estrema venerazione, perchè reputata una delle primarie deità, rilevandosi ciò specialmente dalla seguente iscrizione che alcuni letterati greci hanno data per esistente nel tempio di quella città: « *Io sono tutto quello che ha esistito, che esiste, e che esisterà: nessuno ha mai finora scoperto il mio peplo* [5] »; dove altri anche aggiunge: *il sole è frutto da me dato al mondo* [6]. E sebbene la iscrizione sia per qualche critico sospetta volendosi con greco spirito riferire alla Minerva d'Atene, di cui fu sì famoso il peplo nelle panatenee [7]; pure ognuno conviene che sia concepita secondo lo spirito della teologia dell'Egitto [8], per cui

---

1 Ved. ser. v, p. 348.

2 Ivi, p. 51.

3 Plat., in Tim., Op., Tom. iii, p. 21.

4 Plutarc., de Isid., Op., Tom ii, p. 354.

5 Ibi.

6 Procl., in Tim., lib. i, p. 30.

7 Harpocrat., in voc. πέπλος.

8 Iablonski, Pantheon Aegypt., lib. i., cap. iii, § 7, p. 67.

non impropriamente servirà di norma nelle nostre ricerche.

Il Cudwort con molta stima dall' Iablonski citato [1], ravvisa che in un passo di Iamblico si fa menzione di questa medesima divinità, come artefice che penetra tutto il mondo [2]. Una tale avvertenza scopre che questo essere divino è lo stesso che lo spirito del mondo del quale parla anche Orapollo: « *anguis symbolum est spiritus per totum universum se se diffundentis* [3] ». Questa dottrina medesima sembra da Apuleio seguita laddove nomina Iside, che vedemmo confusa con la Neith, *madre di tutte le cose della natura* [4], e che io nuovamente ho rilevata confusa con la Nemesi che suol essere espressa in questi Specchi mistici [5]. Per chi raccoglie notizie onde provare la prossimità dell'etrusche istituzioni colle fenicie, val molto la notizia lasciataci da Giuliano imperatore, che presso i Fenici ancora si conosceva Minerva come artefice dell'universo [6]; al cui proposito debbo affrettarmi a dire che il monumento qui espresso fu trovato in Perugia, e si conserva inedito finora nel museo di quella Università; dunque si considera come opera Umbro-Etrusca. Ciò non ostante conviene discernere questa Dea dalla Minerva propria de' Greci e venerata in Atene, pensando come ora udiremo ad una divinità che si accosta bensì a quella, ma che ritiene alcune qualità che da essa la fanno distinta [7] e l'approssima-

---

1 System. intellect., p. 342, ap. Iablonski, l. cit

2 Iamblic., de Myster. Aegypt., sect. viii, cap v, p 161.

3 Lib i, cap. lxiv, p. 50, Ved. Ed. Pavv.

4 Apul., Metam., lib. xi, p. 259.

5 Ved. p. 177, 364.

6 Iulian. Imperat., Orat. iv, Op., Tom. i, p. 150.

7 Iablonski, l. cit., cap. iii, § 4, p. 58.

no assai d'appresso alla Neith degli Egiziani, come per esempio l'esser dotata dell'uno e dell'altro sesso [1]: qualità che vedemmo inerente alla divinità degli Specchi mistici [2], e non attribuita a Minerva d'Atene, nè gran fatto ad altre deità dei Greci se non che tardi [3], quando nella teologia loro tentarono di ristabilire l'orientalismo [4]. Rapporto alla deità egiziana si manifesta chiaro il motivo di tale attributo; imperciocchè secondo la citata iscrizione rappresentando essa in sostanza la natura, mostravano con tal confusione di sessi che non ci è nota distintamente ogni sua parte, per cui, cred'io, dicevasi che il suo peplo non era stato per anche intieramente da lei rimosso. Rammentiamoci avere io detto che agl'iniziati mostravasi nuda la Dea [5], quando s'istruivano nel sistema della natura.

In questo Specchio mistico è velata la nostra Minerva, indicando che gli arcani della natura non son palesi a tutti. Dissi ancora che tal segreto era scolpito con lettere negli Specchi, allorchè spiegai la parola ΜΓΘΙΝΑ [6], pensando alla divina mente che regge misteriosamente questo universo. Ora chi non sa che presso i Greci onoravasi Minerva come la divina mente e sapienza di Giove [7]? Per lo che non dal concorso di variato sesso, ma dal cervello del nume si finse nata [8]. Rapporto a ciò sul proposito della Neith, sappiamo soltanto da Proclo che mentre la Minerva dei Greci era detta dal volgo la Dea

1 Horapoll., Hyeroglyph., lib. i, cap. xii, p. 19.
2 Ved. p. 249, 253.
3 Ved. ser. v, p. 229.
4 Iablonski, l. cit., § 6, p. 63.

5 Ved. p. 326.
6 Ved. p. 107, 108.
7 Ved. p. 238.
8 Ved. p. 207.

della guerra, l'altra gli era nota come Dea della guerra e
della sapienza [1]. Nè le armi che indossa la nostra muliebre figura la tengono lontana dall'assomigliarsi alla descritta deità dell'Egitto. Starei per dire inclusive che la mancanza in questa delle armi offensive la manifestasse pronta non ad offendere, ma solo a difendere e sostenere la
divina potenza [2] del padre.

Abbiamo pertanto la seguente descrizione antica di questa Dea dell'Egitto. Vi è dunque una Dea operatrice, visibile in parte ed in parte celata; alla quale è affidato il
governo del cielo; e mentre è quella che fa brillare le
generazioni d'ogni specie, così vien considerata principalmente quella virtù che muove il tutto [3]. Nè diversamente sembrò all'Iablonski espressa la descrizione dello spirito del mondo in quei versi di Virgilio che riporto.

Fin da principio il ciel, la terra e il mare,
  La luna, il sole e le titanie stelle
  Vivo spirito informa, anima e mente
  Dell'universo, e per le membra infuso
  Di sì gran corpo, di se l'empie, e tutta
  L'immensa mole ne governa e muove.
  Quindi il principio traggono e la vita
  Uomini e fiere, ed i volanti uccelli,
    E quanti ha mostri nel suo seno il mare [4].
Questo vivo spirito, quest'anima, questa mente del mon-

---

1 Procl., in Tim. Plat., lib. 1,
p. 30.
2 Ved ser. v, p. 362.
3 Procl., l. cit.

4 Virgil., Aeneid., lib. vi, v. 726,
sq, Trad. del Bondi, Tom. 1, p.
293.

do che governa ed agita l'universo dicevasi dai Greci la Minerva, che nascer facevano appunto dal cervello o men- te di Giove [1], i cui misteri occulti o prodigi son registrati negli Specchi mistici [2], e de' quali è simbolo anche la Mi- nerva, o piuttosto la Neith degli Egiziani [3] o degli Orien- tali che voglia dirsi: quella insomma che in questo Spec- chio vediamo espressa, non meno che le altre donne po- ste isolatamente negli Specchi precedenti [4], di che ho da produrre qualche prova, riserbandomi a nuovamente trat- tare di questa Dea, quando si presenterà l'occasione di qual- che altra simile figura in questi Specchi mistici. Cesserà di comparire altresì inverisimile che la deità medesima in va- riate sembianze e sotto aspetti diversi presentisi in que- sti monumenti etruschi, sempre che ci riduciamo a memo- ria quel famoso passo di Seneca da me altrove citato, do- ve si apprende che gli Etruschi davano alla natura divi- nizzata nomi diversi [5], confondendo questa col fato, che in sostanza fù riguardato come la divinità principale pres- so gli Etruschi [6], e presso i Greci ancora [7].

Qui nel nostro Specchio pare in sostanza che siasi vo- luta effigiare la potenza divina che dà vita ai mortali [8]: at- tribuzione che le è data precisamente da Virgilio in quei versi che ho poc'anzi citati.

---

1 Ved. tav. x, p. 208.
2 Ved. p. 114, 208.
3 Procl., l. cit.
4 Ved. tav. x.
5 Ved. p. 55.

6 Ved. p. 260.
7 Ved. la mia Nuova Collezione di opuscoli e notizie di scienze let- tere ed arti, Tom. iii, p. 253.
8 Ved. ser. v, p. 236.

TAVOLA XXXV.

Il Gori che fu uno dei più solleciti a visitare le antichità Etrusche trovate in Volterra, notò con distinzione il Disco di bronzo che io riporto in questa Tav. XXXV, esistente allora nel museo Guarnacci attualmente passato in possesso del Pubblico di quella città [1]; e vi ravvisò un capo di Mercurio coperto del suo petaso ornato di ali, e nell' area del Disco un delfino. Quindi aggiunse non essere ignoto che Mercurio precedesse le anime degli estinti, conducendole alle infernali regioni [2]; il cui transito per l'Oceano prima di pervenire agli Elisi è segnato dall'indicato delfino [3].

Io peraltro non son ben sicuro se quel pesce isolatamente rappresentato alluda forse all' età cadente dell' uomo, nella quale s' incontra inevitabilmente la morte. Noterò a tal proposito che Demofilo citato dal Kirker, nel riportare l'opinione degli astrologi sopra i quattro punti cardinali del cielo, addita particolarmente che l'oroscopo o il levante indica l'età prima o l'infanzia, il mezzo del cielo l'età matura, e l' occidente la vecchiezza [4]. Ora combinasi che nel solstizio estivo, laddove si finse la porta delle anime [5] quando il sole si leva, ha per antagonista l'Aquila che tramonta, ed al suo tramontare il Pesce australe che levasi; tanto che questi sono i due astriferi segni che fissa-

1 Gori, Mus. Etr., Tom. iii, Cl.
iii, tab. xxxi, num. 1.

2 Ibid., Dissert. iii, p. 185.

3 Ved. ser. i, p. 41.

4 Kirker, Oedip., Tom. ii, par. ii,
cap. v, p. 191.

5 Ved. ser. i, p. 134.

no i due termini del giorno, presentandosi l'uno al suo
nascere, l'altro al suo morire. E poichè gli antichi solevano dare ad un sol simbolo varie significazioni, così non
siamo certi che questa non entrasse nel simbolo del pesce
notato nel nostro disco presso a Mercurio.

Abbiamo poi anche una singolar notizia da Eustazio
che un tal pesce detto *Boace* era consacrato a Mercurio,
mentre pel nome, come anche per la sua gran bocca, fu
assomigliato al preconizzatore celeste [1]. In qualunque modo sembra riconosciuto dagli antichi un Mercurio marino,
sì per le statue sì per gli scritti [2].

Anche il cappello che nei monumenti è simbolo di vari
significati [3], può indicar qui una deità infernale o delle
ombre, mentre ci è noto che ebbero uno stesso nome il
cappello e l'ombrello, come anche qualunque coperta
sovrasti alle nostre teste [4]. Di ciò tratto estesamente altrove, perchè i monumenti me ne porgono migliore occasione [5]. Dobbiamo in fine valutar molto, al proposito di questo delfino, i pesci di varie specie e i mostri marini, ravvi-
sati finora nei monumenti spettanti ai sepolcri, e precisamente aderenti a quelle femminili figure che io dissi essere immagini espressive delle anime. Qual connessione
abbian poi le anime stesse con queste aquatiche rappresentanze può leggersi ove io lo noto [6]. Che Mercurio

1 Doni, Inscript. ant. Florent., Vid.
Acta Erudit. Lipsiae, an. 1736,
p. 6.

2 Gori, Mus. Florent., Tom. 1, p.
144.

3 Ved. ser. 111, p. 19, e ser v,

p. 266.

4 Schol. in Theocrit., Idyll. xv,
v. 39.

5 Ved. ser. v, spieg. della tav.
xx111.

6 Ved. ser. 1, p. 41, 341.

sia qui effigiato qual conduttore delle anime non è improbabile, dietro l'osservazione di altri Dischi decorati di simili soggetti animastici [1].

TAVOLA XXXVI.

Riferisco in questa mia spiegazione della Tav. XXXVI
quanto dal Biancani fu scritto per illustrare lo Specchio mistico, dove si trova rappresentato Bellerofonte che uccide
la Chimera [2]. Egli ebbe qual nume divini onori di sacro
bosco e di tempio presso Corinto, come da Pausania si attesta [3]. Ne abbiamo da Omero la favola, in cui si narra
che quest'eroe ricevuto in ospizio da Preto, fu amato dalla moglie di questi per nome Anzia [4], cui Bellerofonte non
volendo acconsentire fu all'incontro da essa accusato al di
lei marito come subornatore. Preto esacerbato dall'azione
indegna del forestiero, nè volendosi d'altronde mostrare
inospitale vendicandosene in casa propria, inviollo con lettera al re di Licia, nella quale si domandava che l'ospite
ingrato si punisse coll'ultimo supplizio. Il re di Licia so-
stituì a questa violenta vendetta il comando di uccidere
l'inespugnabile Chimera, mostro ch'avea capo e petto di
leone, corpo di capra, e coda di drago [5]. Ma l'imputato

1 Ved. tav. xxxii .

2 Schiassi , de Pateris antiq. ex
schedis Biancani, sermo et epist.,
tab. xxx, epist. iv, p. 52.

3 Pausan., Corinth. siv. lib. ii, cap.

ii, p. 115.

4 Fulgent., Mytholog., lib. iii, cap.
1, p. 704.

5 Homer., Iliad., lib. vi, v. 181.

trovò via di trarsi d'impaccio mentre potè cavalcare il Pegaso, e dall'alto trafiggere la Chimera [1].

L'inverosimiglianza sì della mostruosa Chimera, sì del Pegaso cavallo volante, mostrando l'indole della narrazione del tutto favolosa, vollero gli antichi e i moderni rintracciare per quali motivi e per quali allusioni una tal favola fosse stata inventata. Servio la desume dalla storia di Licia dove esiste un Vulcano, ch'egli crede rappresentato dalla Chimera, mentre in vetta del monte stanno i leoni, circa la metà vi son pascoli per le capre, e tutto il monte è ripieno di serpi. Bellerofonte rese praticabile quella montagna, per cui dicevasi, a tenore di Servio, che avesse uccisa la Chimera [2].

Io non controverto che tale fosse la interpetrazione promulgabile al popolo, cui solevasi, come altrove ripeto [3], nascondere il vero senso allegorico delle favole, specialmente astronomiche. Credo peraltro che presso coloro i quali delle mistiche allegorie facevano particolare studio siasi data a tal favola una diversa interpretazione. Difatti se quella fosse provenuta dalla semplice storia di Bellerofonte coltivatore del predetto monte Licio, qual bisogno vi era di farla nota sotto un aspetto misterioso, incredibile e strano? Se Bellerofonte fu soltanto un industre cultore che rese abitabile un monte, per lo innanzi frequentato dai bruti, dovea soltanto per questo aver Tempi e adoratori al pari di un Dio? Fu la Grecia tutta dallo stato agreste ed in-

---

1 Hygin., Fab., cap. LVII, p. 121.   292.

2 Serv., ad Aeneid., lib. VI, v.   3 Ved. ser. V, p. 29.

colto ridotta in antichi tempi abitabile e coltivata [1]. Ma quei primordiali coltivatori furono tutti deificati? Per quanto io sappia, lo furono quelli che a un tal benefizio reso all'uman genere altri ne aggiunsero di non minor conseguenza, nè vi fu bisogno di travisare con favole strane la storia loro, quali furono per esempio Inaco, Egialeo ed altri fondatori anche di regni [2]. Non so poi d'altronde perchè il Biancani scegliesse quanto si dice soltanto da Omero ad illustrare questa rappresentanza di Bellerofonte, e da Servio soltanto ne traesse la interpetrazione, mentre così dell'eroe come del mostro da lui superato parlano molti scrittori, e tutti assai variamente [3]. Questa medesima diversità fa vedere che quanto dicevasi non era che popolar tradizione di varie poetiche immaginazioni e scolastiche interpetrazioni di quelle poesie, senza che siasi manifestato il vero fondamento di questa favola, mentre con esso cessava la varietà delle interpetrazioni.

Si crede che i Greci non avendo neppur saputa trovare l'etimologia del nome Bellerofonte, abbiano coniata la novella che egli avesse ucciso un giovine Corintio per nome Bellero, dal che posto gli fosse il nome di Bellerofonte cioè uccisore di Bellero, quando prima chiamavasi Ippomono. Ma non è verisimile che un eroe così famoso

---

[1] Plat., in Prot., Diod. Sicul., lib. 1, Paus, lib. viii, cap. 1 Macrob, in Somn. Scip., lib. ii, cap. x, ap. Barthelemy Voyage du Ieune Anacharsis, Tom. 1, p. 1.

[2] Ved. ser. iii, p. 73.

[3] Vid. Nat. Comit., Mytholog., lib. ix, cap. iii, p. 269, cap. iv, p. 270.

fosse generalmente denominato dalla sola azione della sua vita, di cui avesse a pentirsi [1].

. Io vi ravviso un significato astronomico, non differente dai consueti finora da me spiegati o che sono per ispiegare. A ciò mi guida principalmente la cavalcatura ch'egli usa, mentre gl'interpetri intendono che fosse il Pegaso cavallo alato [2] delle costellazioni [3]. Se dunque la favola per un lato è siderea, perchè, io dico, non potrà essere per tutto il resto? La circostanza trascurata per brevità dal Biancani, ma pur notata da Omero che la Chimera gettava fuoco per le narici ch'erano di leone [4], ci fa pure accorti che trattasi del Leone sidereo dal quale esala il maggior calore, che facciasi a noi sentire pei raggi estivi del sole nel tempo del solstizio d'estate. L'immagine della Capra tra i segni astriferi di primavera non è nuova nei monumenti dell'arte [5], e molto meno il Serpente sidereo che mostra il tempo di autunno [6].

Io dunque mi attengo al parere di Teone, che vide immaginato Bellerofonte nell'Auriga celeste, il quale ritiene una Capra presso di se [7], come la Chimera mostro formato del Leone solstiziale e dei due principali paranatelloni degli equinozi, la Capra dell'Auriga da una parte, ed il Serpente del Serpentario dall'altra [8]. Egli monta per

1 Cesarotti, Versione letterale dell'Iliad. d'Omer., Tom. iv, lib. vi, p. 24, not. f 2.

2 Ivi, l. cit., p. 31. not. o 2.

3 Ved. ser. vi, tav. X, num. 8, tav. M 2, *Pegasus*.

4 Homer., l. cit., v. 182.

5 Ved. ser. 1, p. 110.

6 Ved. p. 296.

7 Theon, p. 124.

8 Hesiod., Theogon., v. 321, sq.

voler di Minerva sul Pegaso alato [1] ad oggetto d' evitare
il pericolo nel combattere colla Chimera. Così Ercole mentre scorre i segni del Zodiaco accennati nelle dodici di
lui imprese [2], è presidiato sempre da Minerva [3]. A questi
come a Bellerofonte furono pure imposte delle insuperabi-
li imprese da Euristeo. Dunque l' uno e l' altro di questi
eroi rammentano il corso del sole, e con esso quello ancora delle anime che debbon seguirlo [4], superando ogni ostacolo che via facendo loro impone il destino, significato per
la stessa Minerva [5].

Si aggiunge alla favola di Bellerofonte la circostanza, che
nel servirsi del suo cavallo alato tentò d' inalzarsi troppo
verso le stelle, per cui precipitò in terra, mentre il cavallo
fatto libero restò nel cielo, e per voler di Giove servì alla Aurora per aggiungere al di lei carro. Questa favola
in cento guise narrata [6] ci addita peraltro la qualità
siderea di quel cavallo, e frattanto ci mostra come gli eroi
di tali finzioni sideree terminano coll' esser precipitati nel
basso, conforme appunto fanno le stelle che dopo il nascere
salgono sull' orizzonte, allontanandosene quanto loro è destinato dall' ordine armonico della natura, e quindi scendo-
no all' occidente. Così dissi altrove che accadde a Fetonte [7].
Nè solo il diurno, ma l' annuo corso degli astri è accennato con queste favole; tantochè noi sentiamo principiare il
calore estivo quando il sole si trova in mezzo al segno

1 Pausan. , Corinth. , siv. lib. II ,
   cap. IV , p. 119.
2 Ved. ser. V, p. 306.
3 Ivi, p. 161, 370.
4 Ivi, p. 203.

5 Ved. p. 165, 372.
6 Vid. Natal. Comit., Mytholog.,
   l. cit., p. 270.
7 Ved. ser. 1, p. 114.

equinoziale di primavera, talvolta fissato dall' Ariete, allorquando la costellazione dell' Auriga unitamente alla Capra
sorge preceduta dal Pegaso; e quindi nell' autunno si estin-
gue affatto quel calore che sì fortemente avvampava nel
solstizio, correndo il sole in Leone; onde inventarono che
dopo questa catastrofe, cadde dal cavallo alato l' infelice
Bellerofonte. Infatti osserviamo che alla fine di autunno
al celarsi dell'Auriga, quando tramonta il sole tramonta
anche il Pegaso [1]. In fine osservo che se dalla favola
segnasi la morte di Bellerofonte all' epoca dove termina la forza solare, così dagli astronomi si registra la di
lui nascita sotto l' astro dell' Auriga [2]. Dunque in tutta
la favola si dichiarano circostanze sideree, che secondo
io penso, sono le sole che gli dieno un valor positivo e
che ci facciano intendere per qual motivo sia posto un tal
soggetto nei mistici Specchi, e quindi sepolto tra i cadaveri dove sogliono esser trovati unitamente ad altri monumenti, che mostrano con poca alterazione queste cose medesime. La capra manca del tutto in questo Specchio, ma
le altre circostanze non omesse vi costituiscono un geroglifico sufficiente a mostrare il significato. D' altronde vedemmo spesso in questi monumenti evitate le mostruosità
che disgustano lo sguardo e la ragione [3].

Tale Specchio mistico esiste nel museo dell' Istituto di
Bologna, ed è grande un terzo meno del disegno che riporto in questa XXXVI Tavola.

---

[1] Dupuis, de la Sphere et de ses parties, Tom. VII, part. II, p. 396, seg.

[2] Firmic., Tab. Astronom., lib. VIII, cap VI, p. 216.
[3] Ved. ser. I, p. 244.

TAVOLA XXXVII.

Lo Specchio di questa XXXVII Tav. è ridotto in disegno alla metà del suo originale di bronzo, per mostrarne l'una e l'altra superficie più comodamente. Il listello di mezzo presenta l'ornato nella sua natural grandezza che gli gira attorno. È uno dei rari che si vedano con qualche rappresentanza in Sicilia e nel regno di Napoli, dove per altro so che non pochi se ne trovano dentro i sepolcri, ma privi affatto di figure, come quello che ho dato alla Tav. II di questa serie; al cui proposito scrivendo mostrai che questi Specchi erano in certo modo amuleti degli iniziati [1], per mezzo de' quali rammentavasi quel grande assioma stabilito nei misteri che l'anima non moriva col corpo nè con esso nasceva [2], ma seco lui trattenendosi discesa dal cielo, tornava quindi alla morte del corpo da dove era partita [3].

Ho parimente aggiunto di tempo in tempo l'osservazione dell'analogia che passa tra le rappresentanze dipinte nei vasi [4] e quelle scolpite nelle urne [5], co' disegni incisi in questi Specchi [6]. Da ciò resulta chiaramente che ove queste rappresentanze venivano sì abbondantemente dipinte nei vasi, come tuttodì vediamo nella moltiplicità di essi ritrovati nella Magna Grecia e nella Sicilia, non v'era bisogno di ripetere le cose medesime negli Spec-

---

1 Ved. p. 273.
2 Ved. ser. 1, p. 17.
3 Ivi. p. 19.

4 Ved. ser. v, p. 145.
5 Ivi.
6 Ivi.

S. II

chi ancora. Non ostante se ne chiudevano alcuni entro
i sepolcri per amuleti animastici ancorchè lisci, come vi
si ponevano i vasi frequentemente mancanti di pitture [1].
Difatti noi troviamo nel resto d'Italia molti Specchi mistici figurati, e pochissimi vasi dipinti, e gli Specchi trovati nel Prenestino erano chiusi in casse di pietra, circa
alle quali non si parla d'ornati [2].

Ciò sia detto relativamente a quegli Specchi mancanti
affatto d'incisioni che si trovano nell'Italia inferiore, su i
quali il presente forma una leggiera eccezione, perchè ha
nel mezzo una testa di Medusa ed un piccolo arabesco
dalla parte speculare, trovato in Sicilia, dove si conserva
nella biblioteca dei PP. Benedettini di Palermo. Ha una
iscrizione la quale porta soltanto i nomi della persona cui
appartenne, potendosi leggere *Caius Sergius Vacunnus*:
almeno così l'interpetro, perchè troviamo tuttavia praticato il nome di Sergio in Sicilia.

Circa la testa di Medusa che vedesi nel mezzo del disco sarà inutile che io mi estenda con lungo ragionamento, dopo tutto ciò che ne ho detto nello spiegare le Tavv.
XIV e XXXIX delle Urne dove parimente si trova la testa di Medusa. Pure alcuna cosa restami a notare, onde
resulti come le mie opinioni soltanto in apparenza discordi-
no con le dottissime del Zannoni da me ripetute a questo proposito. Accennai che la testa di Medusa, per avviso
dei dotti, non ebbe altr'allegoria che il terrore [3]; ma dissi altresì che vedesi nei celesti planisferi tra le costella-

---

1 Ved. ser. v, p. 359, sg.   p. 245, not. (1).
2 Visconti, Mus. P. Clem., vol. 1,   3 Ved. ser. 1, p. 325.

zioni vicine al punto equinoziale di primavera [1]. Quando mostrai che la pelle della Capra servì d'egida a Giove non solo per difesa, ma come arme possente ad infondere il terrore a chi osava resistere al nume tonante [2], notai parimente che la costellazione di questa Capra addossata all'Auriga è nella medesima posizione del cielo, cioè compagna del sole nell'equinozio di primavera [3]. Ora chi non sa che quest'egida fu uno dei principali attributi di Pallade [4]? A lei fu concessa da Giove [5], come sappiamo da Omero che ne fa la descrizione seguente: «Minerva si vestì della corazza del padre suo Giove adunatore delle nubi, accingendosi coll'arme alla lacrimosa guerra. Ella si pose intorno agli omeri l'egida ricca di fiocchi, orribile, a cui d'intorno faceva corona il terrore. Ivi era la contesa, ivi la spaventevole strepitosa caccia, ivi la testa Gorgonea dell'orribil mostro, cruda, formidabile, portento dell'egitenente Giove [6] ». Dunque Omero pretese di accrescere la forza dello spavento che incuter doveva quella formidabile corazza, mentre vi aggiunse la testa della Medusa cui diè gli epiteti di orribil mostro, cruda, formidabile.

Ma d'altronde pare che tal concetto provenga da più solido fondamento, del quale Omero mirabilmente si serve per abbellire il poema; giacchè se la testa di Medusa dovea significare unicamente spavento, non sarebbesi poi alternativamente rappresentata con volto anche leggiadro e sereno [7], come in questo Specchio si vede.

1 Ivi, p. 328.
2 Ved. ser. iii, p. 165.
3 Ivi, p 167.
4 Ved. ser. v, p. 347, sg.

5 Ved. ser. iii, p. 164.
6 Homer., Iliad., lib. v, v. 738, sq.
7 Ved. ser. i, p. 325, sg.

So che Minerva ha in tutela il segno dell'Ariete [1], per cui nel zodiaco Borghesiano vedesi la civetta star presso all'Ariete [2] che segna l'equinozio di primavera: tempo di guerra [3], in cui si accosta il sole a Perseo [4] ed alla testa di Medusa che ha in mano, come anche all'Auriga [5] su cui è situata la Capra celeste, e della quale si favoleggiò essere stata formata l'egida [6] spaventevole al pari della testa di Medusa [7], e de' quali oggetti servissi Giove per debellare i suoi nemici Titani [8], cioè i cattivi Geni che nell'inverno prevalgono a rendere trista quella stagione, ma nella primavera son dissipati dalla pelle della capra Amaltea ridotta ad egida [9], descritta per altro da Omero con frange d'oro intorno a lei, ed incorrotta [10]. Or chi non vede in questa narrazione il sole all'equinozio di primavera situato vicino alla Capra ch'è nelle costellazioni, mentre le frange d'oro altro non sono che i raggi del sole, da Omero descritte di gran prezzo, poichè realmente essi raggi dopo l'equinozio di primavera son molto pregevoli ed utili. Incorrotta poi è quella pelle, perchè deriva da una costellazione che non va soggetta a corruttela nè a cangiamento veruno. Dicasi dunque che il concorso di Giove cioè del sole, di Minerva vale a dire della divinità tutelare, e le costellazioni della Capra e di Perseo che tiene la testa di Medusa stan-

---

1 Manil., lib. ii, v. 439.
2 Ved. ser. vi, tav, F2, n. 1, 4.
3 Ved. ser. v, p. 409.
4 Ved. ser. vi, tav. T, num. 4.
5 Ved. ser. iii, p. 168.
6 Ivi, p. 164.

7 Ivi.
8 Ivi.
9 Ved. p. 169.
10 Homer., Iliad., lib. ii, v. 447, 448.

no setto il velo delle belle narrazioni de' poeti per indicare la primavera [1]: tempo in cui, come dicemmo, il
sole par che rechi spavento ai Geni cattivi e li ponga
in fuga, mediante la Capra e la testa di Medusa, con-
correndo entrambe a formare la sua egida [2].

Ecco dunque in qual modo si finse che questa testa
arrecasse spavento comparendo sì formidabile ai nemici,
mentre a lei sta vicino il sole nel tempo in cui fuggono
i nemici della bella stagione che rende lieti gli uomini e
gli animali, e non già per la sua bruttezza. Quindi se ne
trasse argomento che fosse efficace a fugare ogni incantesimo ed ogni avversità, come un dotto moderno scrittore
trae dal Filopatride attribuito a Luciano [3]. Da ciò avvenne che i superstiziosi imperatori romani affidati su questa chimerica credenza si providero di tale antidoto contro ogni sorta di avversità [4]. Da ciò si devenne ad attribuire a tale amuleto mille altre chimeriche virtù [5], per cui
si trova in più monumenti [6], e specialmente in questo
della presente Tav. XXXVII. È dunque giustamente fondata la massima del dotto Zannoni, che la testa di Medusa stia nei monumenti per simbolo di terrore [7], purchè
per altro s'intenda esser questo limitato ai Geni malefici.
E chi sà che la moltiplicità di tali emblemi, specialmente
nei sepolcri, non provenga dall'idea di tenergli lontani
dalle ceneri chiusevi?

1 Ved. ser. 1, spiegazione della tav.
LVI, in fine.
2 Ved. ser. III, p 164.
3 Ved Venuti, Saggio di dissertazioni dell'Accademia Etrusca di
Cortona sopra l'egide degli Antichi, dissert. 1, Tom. VIII, p. 10.
4 Buonarroti, tab. VI, num. 1.
5 Serv., ad Aeneid. Virgil., lib.
VIII, v. 438.
6 Ved. ser. 1, tavv. XXXIX, XLV.
7 Ivi, p. 326.

TAVOLA XXXVIII.

Il dottissimo prelato cortonese Filippo Venuti trattando dell'egide degli antichi, declama contro le stravaganze ed i sogni che incontransi nella narrazione favolosa di Perseo e della sua famosa impresa contro Medusa, per cui protesta non poter trovare di tal favola il bandolo [1]. Nasce per altro, a parer mio, la difficoltà perchè vorrebbonsi ridurre le favole a modo di storie, il che però sarebbe lo stesso che distruggere l'indole della favola la quale debb'essere manifestamente diversa dalla storia di fatti accaduti. Me ne somministra un esempio il Venuti medesimo dove biasima il pensamento del Banier, il quale volendo ridurre questa della Medusa ad una credibile narrazione, immagina una nuova favola con i colori di storia, pensando che Minerva uccidesse qualche assassino di strada, e della pelle di costui formasse l'egida [2]; al cui proposito esclama lo stesso Venuti: «Or vedete se si può mai immaginare che l'Egida fosse la sudicia pelle di quel mal trovato malandrino [3]!»

Lo Specchio mistico di questa XXXVIII Tavola mi porge occasione di entrare nell'esame della indicata favola, per cui primieramente fa duopo accertarsi della qualità dei soggetti che vi si trovano espressi, come pure informarsi degli altrui pensamenti a questo riguardo.

---

1 Venuti, sopra l'egide degli Antichi, ved. Saggi di dissertazioni accademiche di Cortona, Tomo VIII, dissert. 1, p. 9,

2 Banier, Mythol., Tom. IV, p. 30.

3 Venuti, l. cit., p. 5.

Il Fabretti fu assai diligente nel dare al pubblico nel 1699 una copia fedele dello Specchio mistico di questa Tavola, esistente nella Real Galleria di Firenze fin da quei tempi come tuttora si trova, della grandezza che presenta questa medesima Tav. E poichè l'oggetto per cui lo fece incidere fu di mostrarne la iscrizione ed interpetrarla, così vi lesse MENEREA, ed interpetrò Medea stando davanti al figlio Medo scrittovi MEDME, quale ebbe da Egeo re di Atene [1]. Il Passeri ch'esaminò l'iscrizione e il soggetto, nel dar conto dei monumenti etruschi inseriti dal Koke nell'opera del Dempstero [2] dov'è ancor questo [3], scrisse dipoi che nè Medo nè Medea si doveva leggere in quella iscrizione, come avea notato anche il Buonarroti nella dissertazione IV relativa alle opere Dempsteriane [4], ma vi si dovea riconoscere Minerva in atto di prestar soccorso a Perseo per uccidere la Gorgone. Tuttavia per altro sembrò al Passeri che spiegato il monumento in tal guisa, s'incontrasse maggior coerenza con gli scrittori che colla iscrizione del monumento medesimo, dove non Perseo giudicò doversi leggere ma piuttosto Erme.

Dette anche una presunta ragione perchè lesse in tal guisa, mentre avendo Mercurio prestato soccorso a Perseo in questa impresa per avervelo accompagnato, e datagli la spada adamantina colla quale potesse troncare al mostro la testa [5], così credè che l'artefice etrusco avesse voluto direttamente attribuire a Mercurio quella uccisione

---

1 Fabretti, Inscr. domestic., p. 542.
2 Ved. ser. 1, p. 4.
3 Dempster., de Etruria regali, Tom. 1, tab. v.

4 Buonarroti, Ad monum. Etrusca Op. Dempsteriano addita expl. et coniectur., Tom. 11, § IV, p. 11.
5 Lucan., in Phars., lib. IX, v. 668.

che altri attribuirono per di lui soccorso a Perseo [1]. In
Apollodoro trova egli l' apparato col quale, sia Perseo
sia Mercurio, preparossi una tale uccisione, consistente nel
berretto di Vulcano, nella sacca dove si dovea metter la
testa recisa, nei talari e nell' arpe [2]: e frattanto ravvisa
nel monumento la corrispondenza di tali oggetti [3]. Io però
che tal monumento ritrassi con gran diligenza dal suo originale, non vi seppi trovare i talari.

Il Buonarroti non si estese molto a trattare di questo disco, del quale per altro ragionò all' occasione di voler mostrare il culto di Minerva presso gli Etruschi, e vi trovò
difatti rappresentata Minerva in atto di prestar soccorso a
Perseo nella uccisione della Gorgone, e notò che l'eroe ha
il cappello in capo e la pera o sacca nella mano sinistra,
portando nella destra un gladio curvato in arco, chiamato
arpe. Qui osserva al proposito degli Etruschi, essere tuttavia in costume degli Orientali la spada di questa forma [4], e noi sappiamo quanto pendesse il Buonarroti a ravvisare negli Etruschi l'orientalismo [5]. Il Bourguet lesse CHER-
ME quella voce ch' è presso all'eroe, spiegandola Perseo [6].

Il Montfaucon che ha dato anch' esso il monumento
medesimo sotto il nome di patera sacrificiale, come fecero
tutti quelli che ne trattarono, lo cava dal Fabretti e ripete con esso che vi è Medea nell' atto di esercitare un in-

1 Apollodor., Bibl. Historic., lib.
   II, c. IV, § 8, p. 140.
2 Ibid., § 6, p. 138.
3 Passeri, Paralip. in Dempster.,
   lib. de Etr. regal., tab. V, p. 27.
4 Buonarroti, l. cit., Tom. II, §

IV, p. 11.
5 Pignotti, Storia di Toscana, lib.
   I, cap. I, Op., Tom. I, p. 2.
6 Bourguet, Saggi di dissert. di
   Cortona, Tom. I, dissert. I, p. 9.

cantesimo, e a lei davanti è Medo suo figlio che ha in mano un vaso ed impugna la spada [1]. Poco diversamente ne scrisse il Causeo all'occasione di mostrare gli utensili sacrificiali, asserendo che Medea vi si vede portare l'asta, colla quale percuote un capo umano con lingua fuori, che tagliato da Medo suo figlio è recato alla madre perchè se ne serva pei di lei incantesimi. Aggiunge ancora che il figlio tiene un gladio nella sinistra, e nella destra un sacchetto, nel quale era contenuto quel capo che ha dato alla madre [2]. Ma non pensarono i prelodati scrittori che non era proprio di Medea il portar l'elmo in testa e su gli omeri l'egida: distintivi non equivoci di Minerva.

Il Lanzi come il più esperto nei pochi lumi che abbiamo della lingua etrusca, riportando ancor esso questo mistico Specchio tra le patere etrusche ad oggetto di notarne la iscrizione, lessevi ƎMᏧƎⵁ interpetrando *Perseo*, che dopo la sua impresa tiene l'arpe nella destra, e la cibisi nella sinistra, ed è coperto della galea che lo rendeva invisibile [3]. Minerva gli è a lato, e preme coll'asta il reciso capo della Gorgone: monumento esistente nel museo R. di Firenze. « Il primo nome, egli prosegue, anche dal Passeri e dall'Amaduzzi si è letto HERME, e quella figura si è ascritta a Mercurio. I monumenti editi fino a quel tempo eran pochi, per fissare il valore della prima lettera e della terza [4] ». In fine decide per gli esempi da lui

---

1 Montfaucon, Antiq. expl., Tom. ıı, Pl. LXII, p. 144.

2 Causei, Mus. Roman., Tom. ıı, tab. XXV, Sect. ııı, Instrumenta sacrific. apta, p. 18.

3 Hygin., Poetic. Astronom., lib. ıı, cap. XII, p. 445.

4 Lanzi, Saggio di Ling. Etr., Tom. ıı, part. ııı, p. 212.

adunati che vi si debba leggere PHERSE [1]. Passa in silenzio ogni altra circostanza della favola per averne trattato altrove [2], non meno che della iscrizione segnata presso a Minerva che dee leggersi MENERFA.

È dunque da convenire che Perseo e Minerva siano i soggetti di questa rappresentanza, mentre l'azione loro è l'uccisione della Gorgone. Un etrusco Scarabeo ch'io produco, chiaramente manifesta, che il nome dell'eroe, posto in dubbio anteriormente al Lanzi, è Perseo, poichè trovandosi nella gemma ripetuto quasi del tutto simile, mostra poi la figura esser quella di Perseo, perchè ha il sacco, la spada falcata e la testa di Medusa per simboli [3].

Il Millin scrive egli pure nell'occasione di riportare questo Disco [4], che Perseo qui espresso ha uccisa la Gorgone, mentre Minerva presso di lui tocca quella schifosa testa con la sua lancia [5]. Anche il Visconti ne fa menzione, ove dice che « in una patera riportata dal Fabretti e dal Dempstero v'è grafita questa favola co' nomi scritti, e Perseo ha una piccola sporta per riporvi la Gorgone [6] ». Il Gori soltanto approva che in questo Disco siavi espressa la morte della Gorgone [7].

La Favola che si esamina è riguardata dai mitologi e dagli antiquari come una delle più celebri che siano state trattate dall'arti, come anco dalle lettere costituenti la Perseide [8];

[1] Lanzi, l. cit., Tom. I, part. II, p. 213.

[2] Ivi, Tom. II, par. III, § V, n. V, VI, p. 145.

[3] Ved. ser. VI, tav. Z4, num. 1.

[4] Galerie Mytholog., Tom. II, Pl. XCVI, num. 386.

[5] Millin, Galer. Mythol., l. cit., p. 5.

[6] Visconti, Mus. P. Clem., Tom. II, p. 207, not. (1).

[7] Gori, Mus. Etr., Tom. II, Cl. II, p. 277.

[8] Millin, Galerie Mytholog., Tom. II, p. 142.

di che reputo esser questo il miglior luogo da esporne alcuni tratti, acciocchè servano di luce anche ad altri monumenti di questo soggetto medesimo.

Da Omero fu riguardato Perseo come il più illustre di
tutti gli uomini [1], ma egli non si estese a narrarne la favola: questa si ha con qualche circostanza da Esiodo, ed è
quegli ch'io seguo particolarmente, come il più antico,
ed il primo a trattarla in vari luoghi della sua opera.
« Sullo scudo d'Ercole, dice egli, è rappresentato il bellicoso
Perseo figlio di Danae. Non è attaccato allo scudo, ma
neppure staccato e reggendosi sopra di se. Meraviglia incredibile! [2] » Qui sembra chiaro che il poeta descriva un
dio massimo, che si sostiene da se indipendentemente da
ogni altr'oggetto. Altrove lo stesso autore così c'informa della Gorgone: « Forci figlio del Ponto e della Terra,
e primo figlio del Caos ebbe da Ceto sua sorella e sua moglie due figlie dette Gree, perchè avevano i capelli bianchi,
abitatrici al di là dell'oceano dalla parte più tenebrosa, dove appunto stavano l'Esperidi [3] ». A questo proposito dico altrove che il soggiorno dell'Esperidi indicava l'estremità del soggiorno degli uomini, o piuttosto il passaggio
ad un altro [4], e quindi ancora confuse l'Esperidi con le
Iadi eran poste a contatto con quel punto del cielo che dava principio non solo all'anno [5], ma anche alla creazione
del mondo [6]. Forci, secondo il citato Esiodo, è figlio del
Ponto, cioè dell'acqua e della terra, e primo figlio del
Caos. Difatti ho già detto altrove che l'acqua mista col-

1 Homer., Iliad., lib. xiv, v. 320.
2 Hesiod., Hercul. Scut., v. 217, sq.
3 Id., Deorum generat., v. 270, sq.
4 Ved. ser. v, p. 167, 176, 195.
5 Ved. ser. iii, p. 125, sg.
6 Ivi, p. 128.

la terra in guisa di limo o fango dette origine al tutto proveniente dal Caos [1]. Dunque la favola è cosmogonica.

La sorella e moglie di Forci si chiama Ceto cioè mostro marino o delle acque [2]; ed infatti anche le figlie sono additate da Esiodo quali abitatrici della parte più tenebrosa dell'oceano, cioè, com'io intendo, erano gli esseri primi che emanarono dal caos tenebroso quando non era che una gran massa tumultuosa di acque, prima che fosse visibile la divisione del cielo dalla terra per mezzo della luce [3]. Narra poi Esiodo che Forci ebbe da Ceto anche le Gorgoni abitatrici dello stesso soggiorno, i cui nomi sono Steno, Euriale e Medusa. Questa era mortale, mentre quelle non erano soggette nè a vecchiaia nè a morte. Perseo difatti uccise Medusa tagliandole la testa, e dal suo grondante sangue nacquero il cavallo Pegaso ed il gigante colossale Crisaor, che unitosi con Calliroe figlia dell'Oceano, n'ebbe pure il gigante a tre teste Gerione [4]. Qui Esiodo fa terminare in parte la razza di questi mostri, giacchè Pegaso volò al cielo [5]. Non però ebbe termine quella di Gerione, di che ora è inutile far parola.

Si desume per tanto da questa favola, che un dio possente sotto le sembianze di Perseo distrugge un cattivo Genio qual'è Medusa tra le Gorgoni, mentre le altre due sorelle sono indestruttibili, e perciò dette immortali; ma la distruzione non è totale, e resta in Gerione un rampollo di quella razza malnata che non ha relazione co-

---

1 Ved. ser. III, p. 127.   p. 228.
2 Ved. ser. I, p. 154.   4 Hesiod., l. cit., v. 281, sq.
3 Ved. ser. III, p. 142, e ser. V,   5 Ibi, v. 284.

gli Dei nè cogli uomini [1], come si esprimevano i poeti nell'accennare i Geni nocivi [2], dando loro l'epiteto di aborriti dai numi [3]. Fermiamoci qui perora a farne l'applicazione, per quanto è possibile, alla rappresentanza dello Specchio di questa Tavola.

A ciò mi fa strada una bellissima osservazione di un dotto moderno scrittore [4] sopra un passo di Beroso lasciatoci da Sincello. « Vi fu un tempo in cui tutto era tenebre ed acqua, donde nacquero esseri animati di mostruose forme, cioè uomini a doppi visi, a doppie ali ec., e questi erano sotto il comando di una donna chiamata Omorca, cioè mare. Allora Belo tagliando Omorca in due parti formò dell'una il cielo, dell'altra la terra, facendo perire tutti gli animali a questa donna aderenti. Era tutto ciò, soggiunge Beroso, un'allegoria fisica, indicando che quanto esisteva al principio essendo una sostanza umida e tenebrosa, ove gli animali mostruosi or descritti si erano formati, Belo tagliate le tenebre separò così la terra dal cielo, ed ordinò il mondo; quindi gli animali mostruosi non potendo sopportare la luce, perirono [5] ».

L'osservatore di quanto scrive qui Beroso fa un giusto confronto con la favola di Perseo che taglia la testa di Medusa, come Belo tagliò nel mezzo Omorca; quindi succede il gran distrigamento del caos in quella testa personificato, come nella regina di orridi mostri che si disse aver nome Omorca relativo a Medusa, che lo stesso

1 Hesiod., v. 295.

2 Aeschyl., Eumen., v. 68, 69, et 403.

3 Ibid., v. 185, 631, 648.

4 Parquoy, Ved. le Blond, Descript. de pierres grav. du Duc d'Orleans, p. 296.

5 Syncell., Polhistor., p. 28.

scrittore etimologicamente ravvisa per greco in *quella che comanda*, vale a dire nell'umido caos ch'era principio di tutto [1].

È facile il far d'entrambe le favole una molto approssimativa applicazione allo Specchio mistico in esame. Perseo figurando qui il gran motore dell'universo ha in mano il gladio che divide il cielo dalla terra, il giorno dalla notte, il fluido dal solido, per cui si ritirano le acque e le tenebre al posto loro, nè più ingombrano il mondo intiero, ma danno luogo alla luce ed alla natura. Il gran capo della Gorgone reciso dal busto giace per terra privo del suo dominio e della vita. Dunque il caos disordinato, come lo simboleggiano i rabbuffati e viperei suoi crini, è già sparito, anzi i crini stessi son ristretti al cranio; il tetro di lei aspetto, e lo spaventevole atto della lingua tirata fuori [2], presentando l'idea del terrore delle tenebre, cessano con essa d'esser dominanti nel mondo caotico [3].

A spiegare il restante, premetto che non a torto i poeti rappresentarono il sole sotto le sembianze di Perseo [4], mentre quest'astro è la causa primaria della divisione tra il giorno e la notte, cioè tra la luce e le tenebre. Udiamo quanto Esiodo prosegue a scrivere di questo eroe:

> . . . . *Ei qual pensier volava:*
> *E tutto il dorso avea del mostro orrendo*
> *Gorgon la testa, e intorno ricorreagli*
> *Lo zaino, miracolo a vedere,*

---

1 Ved. ser. III, p. 127.

2 Ved. Boettig, les Furies, not. v, p. 99.

3 Ved. p. 388, sg.

4 Tzetzes, Comment. ad Lycoph. Chassand., v. 17.

D' argento, e fiocchi lucidi pendeano
D' oro: e del re alle tempia la terribile
Di Plutone celata si giacea
Che di notte la grave ombra tenea [1].

Da ciò intendiamo il significato di quella sacchetta che ha in mano, detta pera o cibisi [2], immancabile alle rappresentanze di Perseo presso la Gorgone. Esiodo la descrive d' argento con frange d' oro: questa è il sole senza altro che ha di color chiaro il disco e quasi argenteo, mentre i suoi raggi col nome di fiocchi più somigliano all' oro [3]. Ivi egli deposita la testa di Medusa, e così nascosta se la pone dietro le spalle. Dunque Medusa figlia delle tenebre e del caos, e mostro tenebroso è la notte o l' inverno, che il sole lascia dietro di se nel suo veloce cammino, e copre colla sua luminosa cibisi, cioè col disco solare, giacchè non si vede la notte dove comparisce la luce del sole, nè ha forza l' inverno quando prevale quella de' suoi raggi.

Ha in testa, come qui nello Specchio mistico, la celata di Plutone, mentre egli stesso si è fatto padrone della notte al suo tramontare. Il piede che tiene sollevato lo credo significativo del suo poggiare liberamente in alto, dopo aver dissipate le tenebre che prevalgono nell' inverno [4], o quelle del primitivo caos. Così vediamo in una medaglia di Commodo da me riportata [5], la quadriga del sole incamminata verso una montagna, per simbolo del principio di una felice stagione [6].

---

1 Hesiod., Hercul. Scut. v. 220, sq.
2 Ved. p. 393.
3 Ved p. 388, e ser. 1, p. 167.

4 Ved. p. 398.
5 Ved. ser. vi, tav. D2, num. 4.
6 Ved. ser. v, p. 118.

Uccisi gli orridi mostri aquatici unitamente a Medusa, come dicemmo, vale a dire le acque ritiratesi in più angusti confini per l'ordinazione del caos, ne avviene immediatamente che la terra permette un libero corso alla vegetante natura, e le piante germogliano. Questa idea cosmogonica non sfuggì all'artefice del nostro disco, il quale avvedutamente mise varie pianticelle attorno alla estinta Medusa, e così ci additò che cessata la confusione del caos ebbero vita le creature del mondo, e la terra mostrò la sua faccia fino allora ingombrata e confusa colle acque significate dai mostri dissipati da Perseo, mentre qui la terra stessa è accennata da quelle variate linee, presso le quali sorgono le pianticelle tutt'ora piccole, o nate appena.

Sebbene Omero a cui tal favola, com'io dissi, era nota, descrivesse Perseo come il più illustre degli uomini, ciò non basta a caratterizzarlo capace di agire nell'opera prodigiosa della ordinazione del mondo. E chi lo suppose lo stesso che il sole dovè pensare egualmente, poichè a quest'astro fu attribuito immenso potere, ma sempre dipendente da una potestà superiore [1], qual'era la divina mente personificata nella Dea Minerva [2], che in questo disco vedesi cooperare alla grand'opera della distruzione di un mostro disordinato, il quale poneva un ostacolo al sistema ordinato dalla natura. Essa difatti comparisce sempre, dove si tratti di reprimere gli ostacoli che si presentano al corso libero della onnipotenza di Dio [3]; di che

1 Ved. ser III, p. 141, 142.   3 Ved. p. 388, 389.
2 Ved. p. 238.

daranno idea le successive rappresentanze. Frattanto cito a tal' uopo un esempio di questo mio concetto nella oppressione dei Giganti che vedesi nelle tre pietre incise, da me esibite nelle Tavole di corredo [1]. Ivi non solo Giove fulmina quei mostri [2], ma anche Marte [3] e Minerva colla loro lancia gli opprimono [4].

Or questi Giganti, che vedemmo già nella razza gorgonide, tornano sempre in iscena, quando nella mitologia si tratti della Provvidenza divina, occupata a reprimere il male della natura, onde il bene prevalga [5]. Il soggetto è per così dire sempre lo stesso: i Geni di due opposte nature, buona e cattiva, tra se combattono, come insegna estesamente Plutarco, ammettendo che i casi relativi ad Iside, a Osiride ed a Tifone, i contrasti dei Giganti o Titani, le crudeli azioni di Crono, le gare di Pitone con Apollo, le fughe di Bacco, gli errori di Cerere, ed altre cose velate nei sacri misteri e nelle iniziazioni provenivano da una sorgente medesima [6].

Noi abbiamo un ampio racconto d' una di tali avventure, cioè della guerra famosa tra Giove e Tifeo unito ad altri Giganti di lui compagni che osarono attaccar tutto il cielo: favola spettante in particolare alla mitologia cosmogonica dei Greci. Nonno Panopolita che ce la tramanda nel suo poema sulle avventure di Bacco, incomincia col dirci che Giove allora prese aveva le forme di toro per sedurre la bella Europa, e dopo situò questo animale nel

---

1 Ved. ser. vi, tavv. L4, num. 1, Z4, num. 3, 4.
2 Ivi, tav. L4, num. 1.
3 Ivi, tav. Z4, num. 4.
4 Ivi, num. 3.
5 Ved. ser. 1, p. 442.
6 Plutarch., de Isid. et Osirid., Op., Tom. ii, p. 360.

cielo, dove brillar doveva presso all'Auriga e ad altre costellazioni vicine al punto equinoziale di primavera [1].

Mentre Giove trasformato in toro si occupa de' suoi a-
mori colla figlia di Cadmo [2], allorchè la terra preparasi
anch'essa a dar corso alla sua fecondità, ed il sole tocca
i segni della primavera, il gigante Tifeo impadronitosi del
fulmine, minaccia di detronizzare il nume che regge e
governa l'intiera natura [3]. Sembra che tutto il cielo sia il
campo della tremenda battaglia, e il nemico di Giove si
accosti là dove brillano le costellazioni dell'Auriga, della
Capra e dell'Ariete [4], situate verso quel punto in cui le
notti sono della misura stessa dei giorni, e che l'ardito
mostro seco tragga al suo partito la grande Orca del mare [5], il Drago e la spaventevole Gorgone; poichè queste costellazioni stanno situate attorno all'Ariete [6]. Ma Giove
in fine riacquistato il suo fulmine [7], lo scaglia contro il nemico del bene [8], e l'eco del monte Tauro fa sentire alla
terra tutta la voce della vittoria già riportata contro Tifeo [9]. L'effetto di questo trionfo si fu la restituzione della
serenità al cielo, dell'ordine e della pace all'Olimpo e la
ristabilita armonia della natura [10].

È molto chiaro che Giove il fulminatore [11], trasformato
in toro, e dal monte Tauro trionfando di un Genio tenebroso che infesta la natura, la quale si rianima, debellato

1 Nonn., Dionys., lib. I, v. 355, sq.

2 Id., l. cit., v. 356.

3 Id., l. cit., v. 149, sq.

4 Id., l. cit., v. 181, sq.

5 Ibid., v. 179, sq.

6 Ved. p. 121, e ser. v, p. 350.

7 Nonn., lib. II, v. 5.

8 Id., l. cit., v. 520, e ser. vi,
tav. L{, num. 1.

9 Id., l. cit., v. 631, sq.

10 Ibid., v. 652, sq.

11 Ved. ser. I, p. 112.

il nemico, altro significato non debbe avere se non che quello del sole, il quale giunto al punto dell'equinozio di primavera, che un tempo era affisso al segno del Toro, trionfa de rigori dell'inverno, e lascia libero il corso alla fecondità della terra ed alla serenità della stagione, come appunto nella prima organizzazione dell'universo allorchè fu superato il disordine del caos, comparsa la luce del sole, la natura prese il suo corso. Quindi è che gli antichi pensarono che il mondo avesse principio verso l'equinozio di primavera [1], e quindi ancora confusero il principio cosmogonico di quella bella stagione coll'annuale di lei rinnovellamento [2]. Noi troviamo difatti affissa la Gorgone in mano di Perseo tra le costellazioni estrazodiacali, che più si avvicinano a quel punto del cielo o di poco lo avanzano [3]; e dalla favola siamo istruiti, come credo aver dimostrato, ch'ella forma il soggetto allegorico della costituzione regolata di tutta la natura, non senza qualche indizio allusivo al preaccennato rinnovamento delle stagioni dopo l'inverno [4], lo che proverebbe quanto sieno limitati i temi della mitologia spettanti ai misteri, e quanto variate le maniere onde furono dagli artisti e dai poeti questi temi trattati. Plutarco ci assicura che tutti costoro danno nel segno, sempre che mostrino l'esistenza di due principii, buono e malvagio [5], mentre a molti ed ai più saggi degli uomini piace di pensare che vi siano due Dei, quasi contrari artefici, l'uno autore dei beni, l'altro dei mali; aggiungendo egli per sentimento di Zoroastro, che

---

1 Ved. ser. III, p. 128.
2 Ved. p. 395.
3 Ved. p. 386, seg., e ser. VI, tav.

T, num. 4.
4 Ved. p. 398.
5 Plutarch., l. cit, p. 369.

il primo tra le cose sensibili si rassomiglia moltissimo alla luce, l'altro per lo contrario alle tenebre ed alla ignoranza; ed in più luoghi di questo mio scritto io pure dovei far menzione di tenebre, dove ho trattato di questi Giganti o spiriti perversi e contrari alla luce, ed a chi se ne faceva l'autore [1]; anzi dissi che perirono all'apparire di quella [2], ma non restarono dispersi del tutto [3], mentre molti beni e molti mali si confondono insieme nella vita del mondo, se non in tutto, in quello almeno certamente verso la terra e di sotto la luna, irregolare e vario, e di tutte le mutazioni capace [4]; tra le quali mutazioni certamente più sensibile reputar si debbe quella dell'inverno, in cui prevalgono le tenebre e la depressione della natura, mancando insieme quei beni che ci arreca la opposta brillante stagione.

La grandezza del Disco in bronzo è precisamente simile alla mia stampa, ed è perfettamente piano, e con un semplice orlettino che appena vedesi rilevato all'intorno; su di che ho portate altrove le mie osservazioni [5].

TAVOLA XXXIX.

È la terza volta che il Pubblico vede comparire alle stampe il Disco della presente XXXIX Tavola, oltre quanto senza di esso fu detto delle figure che l'accompagnano.

[1] Ved. p. 397.
[2] Ivi.
[3] Ved. p. 396.
[4] Plutarch., l. cit.
[5] Ved. p. 78.

Il Lanzi semplicemente lo espose, ma non lo inserì inciso tra le così dette patere Etrusche; oltre di che mancando a lui il disegno sott'occhio lo descrisse scorrettamente. Nel notarne le figure dovea dire uomo barbato stante, e non sedente come si spiega, con arco nella sinistra e con bastone nella destra [1] : circostanza parimente omessa da lui, ma pure non trascurabile a miglior cognizione del soggetto, come dimostrerò. Tiene un piede alzato: innanzi a lui sta un altro individuo vestito con pallio, in atto di curare il piede che dicemmo alzato : figura molto guasta dal tempo, egualmente che le iscrizioni etrusche.

Il chiarissimo sig. prof. Schiassi che il primo ha dato alla luce questo Disco grande al naturale e doppio di questo, aggiunge ancora esser una dei più belli del Museo dell'Istituto bolognese, e non già inciso come la maggior parte di essi, ma bensì di rilievo bassissimo. Nota il serpe ai piedi dell'uomo barbato, nota il vaso o altro minut'oggetto posto sopra una sedia o piccola mensa, nota i delfini che circondano l'estremo lembo del Disco, nota in fine quegli ornati a volute sotto di essi [2], che in altri monumenti io riconosco perpetuo segno del mare [3]; e ci narra che il Biancani nell'imprendere l'esame del monumento qui esposto, credè in principio esservi espresso Filottete, che afflitto nel destro piede da piaga quasi insanabile, trovò finalmente nell'opera di Macaone la sua salute [4]. Concorse a persuaderne il Biancani riportato dal

---

1 Lanzi, Saggio di Lingua Etr., Tom. II, part. III, p. 221.

2 Schiassi, de Pateris Antiq., tab. I, p. 23, sq.

3 Ved. ser. I, p. 41.

4 Ovid., Trist., lib. v, Eleg. IV, v. 12.

prelodato Schiassi quel serpe, che secondo qualche scrittore [1], morde l'Eroe per voler di Giunone, in pena di a-
ver ardito alzar la pira nella quale Ercole restò brucia-
to [2]. Nè altrimenti comparve al Lanzi quel barbato eroe,
dichiarando che se avesse a giudicarsi dalle figure, quegli
si riconoscerebbe per Filottete [3].

Ma l'epigrafe che attorno si legge fece tenere a questi
dotti espositori opinione diversa. Due sono le lettere di
sicura leggenda che hanno dato a supporre sì all'uno che
all'altro esser Telefo l'eroe del soggetto, e non Filottete.
Sono esse le prime che si scorgono presso l'uomo barbato, mentre le altre restano equivoche perchè forse mal
conservate, eccetto l'ultima che peraltro convenir potrebbe ad entrambi i nominati eroi.

Il Biancani che analizza più del Lanzi quella epigrafe,
osserva che la prima lettera può essere presa per *PH*, come
per *TH*. La seconda è sicuramente un'*E* e non una *I*, come
a di lui giudizio esser dovrebbe anche in lingua etrusca
per potervisi leggere Filottete [4]. E qui soggiunge il prelodato sig. prof. Schiassi, che le altre lettere, ancorchè cor-
rose, non parvero al Biancani potersi adattare al nome
di Filottete se non per forza: onde seco stesso pensando qual ne fosse il soggetto, venneli in mente che Telefo
piuttosto che Filottete vi potesse essere espresso, nell'atto di essere sanato da Macaone. La cura d'una ferita
in un piede si manifesta, com'egli diceva, per lo scambievo-
le uffizio di quegli eroi: quel vaso deve indicare il con-

---

1 Cic., de Fato, cap. xvi, Op. Tom.
ix, p. 3282.
2 Propert., lib. ii, Eleg. 1, v. 59.

3 Lanzi, l. cit., p. 222.
4 Biancani ap. Schiassi, l. cit., p. 25

tenutovi medicamento, ed il serpente può riferirsi ad E-
sculapio padre della medicina. E siccome secondo Plinio
molti animali sono utili ad estrarsene medicamenti, così la
cenere ed il grasso del delfino, che da Plinio stesso si accennano per medicamento [1], possono essere stati usati, come supponeva il Biancani, per curare la piaga di Telefo;
perciò nulla ostar poteva, secondo lui, a congetturar Telefo e Macaone espressi nel Disco.

Io pure mi attengo all' esame delle figure, prima di con-
siderarne l' epigrafe, e trovo ingegnosa bensì la congettura del Biancani, ma non applicabile al fatto di Telefo,
del quale essendo noto l' andamento, non è permesso
l' indagarlo altrimenti con supposizioni ed immagini diverse da quelle, che ne scrissero e ne rappresentarono gli
antichi. Io prendo quella stessa parte di favola che il
ch. sig. Schiassi esibisce, tratta dagli scritti del Biancani
medesimo che pur l' estrae da Igino [2].

Telefo da Chirone ferito domandò ad Apollo quale ne
poteva essere il rimedio; al che rispose l' oracolo, che
nessuno avrebbelo medicato se non quell' asta medesima
che lo ferì [3]: ed infatti si narra che limata l' asta sulla
piaga per consiglio d' Ulisse, restò sanata. Coerentemente
al soggetto descritto si vede anche figurato in due monumenti di Telefo indicato dal Lanzi, ed eccone le di lui
precise parole a questo proposito. « In un b. ril. etrusco del
museo, ed in altro di lavoro greco presso Winckelmann [4],

1 Plin., Nat. Hist., lib. xxxii, cap.
x, Op. Tom. ii, p. 588.
2 Fab. ci, p. 189.
3 Schiassi, de Pateris antiq. ex sche-

dis Biancani, tab. i, p. 26.
4 Monum. Ined., tav. 122, ap. Lanzi, l. cit., p. 222.

veggonsi alcuni guerrieri, in atto di applicar quell'arme alla ferita o di raderla sopra di essa », così il Lanzi [1]. Or domando io, se il Biancani ed il Lanzi trovarono questo soggetto descritto ed espresso in un modo stesso, perchè qui lo vogliono diversificato? Aggiungo altre osservazioni: si tratta in vari libri di questo Telefo, come in vari monumenti si effigia; e dove se ne indica minutamente il fatto in questione, trovasi, come raccoglie il dotto Millin, ferito in un fianco o in una coscia da Achille, e dalla lancia di quello guarito [2]; e in una coscia curato dai guerrieri vedesi parimente espresso nei monumenti citati dal Lanzi. Si descrive qual prode guerriero combattente col forte Achille; e per tale si rappresenta nei monumenti, giovane, loricato, armato di lancia.

Come dunque si può confondere con un vecchio barbato, nudo, offeso in un piede, con bastone in mano e con arco, qual cacciatore? Aggiungo che i monumenti Etruschi di Volterra offrono Filottete sempre barbato, con bastone in mano, sempre offeso in un piede, sempre con vaso accanto a lui, quando è medicato da Macaone, sempre con l'arco e le frecce d'Ercole al fianco. Più ancora: la stazione locale di Filottete suol essere espressa con navi al lido del mare, nell'isola di Lemno. Parmi dunque essere Filottete e non Telefo l'eroe del Disco, perchè quivi effigiato come nelle urne di Volterra, barbato, ferito nel piede, con bastone in mano, con l'arco famoso d'Ercole nella destra, col vaso dei preparati unguenti che il medico gli appresta per sanare la piaga, attorniato dai del-

1 L. cit.   2 Millin, Dizionario delle Fav., art. Telefo.

fini, e da quel tale meandro che rappresenta l'onde, come dicemmo[1].

Ora se costui fosse Telefo, a qual'oggetto gli avrebbero
posto in mano quell'arco? A che il bastone e la barba,
caratteristiche di avanzata età, se nei monumenti anco
Etruschi ove indubitatamente si ravvisa esso Telefo, è sempre in età giovanile? A che il vaso di liquidi medicamenti, se fu sanato dall'asta di Achille, o dall'arida limatura di quella? A che il serpe, se non ha relazione alcuna
con la storia di questo eroe? A che quei segni di onde
marine, se le di lui avventure accaddero in terra ferma,
nel campo dei Greci sotto le mura di Troia: circostanza
nella quale mai si vide aggiungere indizio di mare nei
monumenti che rappresentano fatti di quell'assedio? Molto meno il mare e i delfini potranno indicar la specie del
medicamento che sanò la piaga di Telefo, quando sappiamo che l'asta d'Achille, e non il grasso del pesce operò
quel prodigio. Anzi la rappresentanza sta nel prodigio dall'
oracolo predetto e quindi avverato, mentre colla lancia o
limatura di essa restò sanata la piaga; talchè dove non
comparisce lancia, non credo poter esser esposto il fatto
della guarigione di Telefo, e frattanto vedo che nel Disco
non ve n'è apparenza.

Che osta dunque a riconoscervi Filottete? L'epigrafe,
mi si dirà, che sola fece mutar pensiero al Biancani ed al
Lanzi; mentre sebbene a sentimento dei due prelodati antiquari essa contenga intatte le sole due prime lettere e forse la terza e l'ultima, pure e dall'intiere e dalle frammen-

[1] Ved. p. 125.

tate credè il Biancani dovervi leggere THELAPHE, ed il Lanzi THENUPHE, o THENAPHE [1].

Io che vi ravviso il nome di Filottete incomincio da leggervi all' orientale da destra a sinistra, non ostante che nell' altra epigrafe chiaramente si veda doversi leggere da sinistra a destra, conforme avrò luogo di fare osservare. Le asticelle delle due lettere Ƨ Ƨ volte all' in giù, come ordinariamente costumarono gli Etruschi, non mi guidano a leggervi diversamente. Altri Dischi scritti e figurati mi assicurano ch' io non erro, poichè in essi trovo il nome di Apollo replicatamente scritto nelle due indicate maniere [2]: metodo già notato dallo stesso Lanzi, come il vero antico bustrofedo, poichè imita i solchi che stampansi dai bovi sempre alternativamente da destra a sinistra, e da sinistra a destra [3]; non però applicato dal Lanzi all' uopo di leggere in questo Disco, altrimenti non avrebbe tenuta la terza lettera per una N, con leggervi THEN, e supplire TENUPHE, poichè per il verso che io leggo, cioè all' orientale, chiaramente comparisce una L. Sembra che il Biancani non leggesse diversamente da quel che io leggo la terza lettera, mentre ne rilevò la parola THELAPHE, ove ha luogo la L.

La prima lettera, come dissi, può esser intesa secondo il Biancani tanto per PH che per TH, talchè tanto indica Telefo come Filottete. Sulla E che ne segue non cade questione relativamente al valore della sua voce, ma potrebbesi disputare sull' applicazione di essa al nome di Filottete. Premetto alla discussione una domanda. Nel Disco

1 Lanzi, l. cit.
2 Gori, Difesa dell' Alfabeto Etrusco, pref., p. CXLIX.
3 Lanzi, l. cit., Tom. 1, p. 81.

famoso Cospiano vedesi Giove con epigrafe non corrispondente a quel suo nome che ha in altre lingue dell'etrusca più note, giacchè vi si legge *TINA* [1]: e diremo per
questo non esser Giove quel nume? Rispondo piuttosto che
gli Etruschi nominarono Giove diversamente dagli altri,
mentre quella figura con tutto ciò che l'accompagna ci
assicura esser Giove. Simile ragionamento dee riferirsi alla
epigrafe spettante a Filottete, ove gli Etruschi per loro
special pronunzia pare che lo nominassero con la prima
sillaba *Phel* e non *Phil*, come volevano i nominati dotti che vi si dovesse leggere, per intendere Filottete.

Non mancano esempi dei nomi etruschi, diversi assai da
quei latini e greci nella mitologia. *Turan* per esempio è
Venere [2]: *Setlans* è Vulcano [3]: *Puluctre* è Pilade. Ho esempi ancora ove la I è convertita in E, come ANE per *An-
nius* [4], ACHELE per *Achilles* [5]. Ma quand'anche non vi fossero esempi, questo del Disco che illustro ne sia uno, e c'inse-
gni che Filottete il quale sicuramente è rappresentato in
esso, scrivevasi colle prime lettere PHE. Sulla seguente lettera non cade dubbio che sia L, non ostante che in questo
io abbia contrario il Lanzi. L'ultima è di chiara lezione
per una E, la quale può convenire alla finale del nome Filottete.

Le intermedie restano incerte. Par che si veda un punto
o qualche avanzo di lettera già consumata dopo la L; nè
inverisimile sarebbe che vi fosse l'uno e l'altra, sì per-

---

1 Ved. p. 222.

2 Lanzi, l. cit., Tom. II, part. III,
p. 201.

3 Ivi, p. 191.

4 Ivi, p. 397.

5 Ivi, p. 158, e Caylus, Antiq.
Grec., Etr. et Rom., Tom. IV,
tav. XXXI, num. 1.

chè gli Etruschi usarono i punti ridondanti framezzo ai
nomi propri, come lo stesso Lanzi ne trova un esempio
in epitaffio, dove *Aulus* è scritto in etrusco AVLE, adducen-
do di alcuni sodisfacienti ragioni [1]; sì perchè il monumento è talmente guasto che non è irregolare il trovarvi mancanza di lettere logorate dal tempo. La seguente, comparisce
una v quale usarono gli antichi anche per o, come APVLV
per *Apollo* e simili: esempio applicabile anche al nome di
Filottete che in etrusco può notar FELV, col resto della
leggenda, la quale per essere assai guasta non merita la
pena delle nostre indagini. Può ancora esser nome sincopato, come era il metodo popolare delle lingue antiche per
tutta l'Italia. Frattanto le lettere che restano FEL.V....E non
mi paiono male adattate a indicar Filottete nel Disco.

Lesse il Lanzi nell'altra epigrofe MACHA, e supplì MACHAN;
e tanto avvedutamente e con possesso tale della lingua
etrusca, che trovasi nel monumento più diligentemente copiato nell'Opera del sig. prof. Schiassi, esservi difatto la N
supplita dal Lanzi, ed omessa da chi trasmise la copia
di quelle lettere, o non veduta da lui stesso nell'originale
mal conservato. Il Biancani vi lesse MACHAN, non potendo-
visi leggere diversamente, ancorchè manchi porzione della prima lettera. Convengono infatti quei dotti illustratori
che ravvisar si debba Macaone in quella figura occupato a
sanar la piaga dell'eroe barbato, ch'io tengo per Filottete. Allorchè il Biancani ha supposto anch'esso Filottete
nel Disco, ha eruditamente trovata la ragione del serpe nel
seguente verso di Ovidio:

---

1 Lanzi, l. cit., p. 282.

Quidve Philoctetes ictus ab angue gemat [1];
allegando in aggiunta il parere di Cicerone, ove dice che
Filottete non fosse già ferito per caso da una freccia d'Ercole, ma bensì morso da un serpe inviatogli dall'ira di
Giunone, in pena di avere ardito onorare Ercole della pira [2].

Ma ciò che più sodisfarebbe la curiosità dell'osservatore
di questo Disco, sarebbe il sapere perchè vi sia stata posta la storia di Filottete, mentre ancorchè vi fosse effigiato Telefo, o piuttosto l'uno e l'altro, l'idea che risvegliano i due soggetti altra non è che di feriti, e quindi o
prodigiosamente o artificialmente medicati e sanati; lo che
non interessa gran fatto lo spettatore di una tal'opera. Io
per tanto lo invito ad osservare che la storia di Filottete è
spesso ripetuta nelle urne etrusche di Volterra, la cui interpetrazione molto gioverà come spero a maggior cognizione della Mitologia degli Etruschi. Le urne cinerarie servivano per sepoltura dei morti, e presso i morti si trovano questi Dischi, creduti finora patere sacrificiali [3]. Gli
altri più frequenti soggetti delle urne sono le avventure
di Paride, di Edipo, di Elena, di Teseo e di altri, che
nati in grandi espettative di fortuna dovettero combattere
contro le avventure della sorte, starsene ritirati ed afflitti
per le sciagure, e quindi ritornare a nuova gloria.

Infatti che sono mai la maggior parte degli antichi poemi e sopra Ercole e sopra Bacco, e di quegli sopra Teseo e sopra Giasone, se non che favole di personaggi
allegorici, i quali tutti mostrano un corso di fatiche per

---

1 Ovid., Trist., lib. v, Eleg. iv,
v. 12.
2 Cic., de Fato, cap. xvi, Op., Tom.
ix, p. 3282.
3 Ved. p. 68.

giungere alla propostasi lor meta? Fra questi ebber gli antichi anche il sole, che destinato ad essere il signore del mondo, si trova al solstizio iemale oppresso nella forza ignea e luminare dalle tenebre, che alla luce prevalgono nella maggior lunghezza delle notti, come altrettanti nemici, non che dai geli, dai turbini, dalle nubi e dal freddo, che lo tengono inerte, neghittoso, e spesso affatto nascosto. In simil guisa vive Filottete in Lemno, traendo vita oscura, nascosto agli uomini, debole per la piaga.

Giunto il sole all'equinozio di primavera è fatto più robusto dal tempo: supera da indi in poi i suoi nemici: le notti si abbreviano, e trionfa la sua luce nel giorno: l'ignea sua forza dissipa le nubi che lo tenevan coperto, e distrugge i geli ed i freddi iemali [1]. Acquistato in quel tempo il vigore, si pone in attività; ed a misura che percorre le stazioni dello Zodiaco, va cooperando allo sviluppo salutevole della vegetante natura. In fine giunge trionfante al Leone, che gli astronomi stabiliscono come luogo di suo domicilio [2], e quale aspirata meta al suo corso. Con allegoria relativa a questo soggetto si trova che Filottete invitato a combattere dai Troiani, si libera dalla piaga e s'incammina sotto le mura di Troia, cioè vittoria, e d'Ilio, cioè forza del sole, dove lo attende favorevol destino. Ivi da robusto combatte e trionfa di Paride, cagione di tante sciagure [3]. L'anima umana tenuta immortale, assomigliavasi al sole ed a tutti quegli eroi, che in vari poemi allegorici lo rappresentavano, come anche a quei, le cui storie han servito a lei d'allusione. Avviluppata anch'essa nel-

[1] Ved. ser. II, p. 135, seg.
[2] Ved. p. 297.

[3] Q. Calabr., Paralip. ad Homer., lib. X, v. 207, sq.

le umane spoglie fra le afflizioni e i contrasti, era, come il sole d'inverno, considerata quasi fosse in uno stato di morte apparente, in cui doveva prepararsi, operando bene, al trionfo di una vita futura e beata [1] nei fantastici Elisi, ed al luogo di sua esaltazione, per cui fu creduto il sole medesimo, dal quale vicendevolmente ascendeva e discendeva, e che sotto varie allegorie gli veniva presentato per modello del corso di sua vita.

Rammentando per tanto i monumenti dell'arte di questo genere sepolcrale, che l'uomo non moriva già, ma transitava da uno stato ad un altro migliore, [2] come Filottete, per esempio, dalle sciagure sofferte in Lemno al trionfo ottenuto sotto le mura di Troia; questi monumenti, io dico, eran per l'uomo un oggetto di consolazione e di conforto a viver con probità e morir coraggiosamente.

Quanto qui sopra è scritto si trova ripetuto nella famosa opera periodica di corrispondenza astronomica del barone di Zach, stampata in Genova, cui egli aggiunge eruditissime note; approvando che a ragione cercar si debba nell'astronomia la vera spiegazione della mitologia degli antichi non solo, ma sibbene delle teogonie loro e cosmogonie ancora; e dopo lungo ragionamento su tal proposito conchiude, che se le avventure di Ercole furono finte nei segni del Zodiaco, non potrà rifiutarsi che ivi sia condotto anche Filottete di lui fedele compagno. E da ciò passa a dichiarare buona e vera traccia di cammino quella che io seguo, osservando che spesso fu detto essere la mitologia degl'antichi un ammasso di assurdità e di scioc-

1 Ved. ser. 1, p. 127.   2 Ved. p. 385.

chezze: ma se vi si applichi la chiave astronomica, troviamo delle verità sotto allegorie ingegnose, piacevoli e talvolta sublimi [1].

Vedutosi quest'opuscolo dal prof. Vermiglioli, uno dei rarissimi intelligenti di lingua etrusca in Italia del nostro secolo, ed essendo meco legato in parentela come in amicizia, mi scrisse una lettera su tal proposito; della quale ecco quanto ci interessa a questo riguardo. « *Ho letto il vostro ragionamento sulla patera bolognese . . . . ma se voi foste stato in mia compagnia in Bologna nell' agosto del* 1819, *non avreste avuto bisogno di tante prove pel vostro Filottete. Io ve lo lessi chiarissimo, ed alla presenza dei sig. Mezzofanti, Schiassi ed altri: ecco in qual modo vi rilevai questa voce intiera* .. ꓱꓽꓛVᛁꓦꓱꙨ. *Notate bene se in Etrusco si disse* TVTE *per Tideo, qual cosa più facile si dicesse* PHELIVTHE *per* Filottete ? *Avete avvertito benissimo il cambiamento del* I *nell'* E *in secondo luogo: sciogliete l'epentesi col* ᛁ *che vi stà per esempio come in* ᴀᴏ *per* ᴀᴏ *degli Eoli presso Ateneo, ed in* cavitio favitor *presso gl' antichi latini, ed avrete* Pheluthi *in vece di* Phelothe; *perchè gl' Etruschi, come avete asserito mancavano dell'* O: *volete cosa più chiara* [2]? »

1 Zach, Correspond. Astronom.,
   Tom. II, p. 142.
2 Lettera a me diretta dal ch. prof. Vermiglioli da Perugia in data del Febbraio 1820.

TAVOLA XL

Un passo interessante di Seneca viene attamente in aiuto di quanto sono per dire, spiegando la figura di questa XL Tav., non meno che in conferma di quanto ho esposto illustrando quelle che nei già esaminati mistici Specchi a questa si assomigliano. Allorchè questo filosofo pretende di svolgere la definizione di Dio, si esprime con queste parole: «*Est enim ex quo nata sunt omnia, cuius spiritu vivimus: vis illum vocare Mundum! non falleris, ipse enim est totum quod vides, totus suis partibus inditus, et se sustinens vi sua. Idem et Etruscis visum est* [1]». Parve dunque agli Etruschi, secondo che narra il citato scrittore, che la Divinità fosse inerente al mondo, o ne fosse lo spirito e l'anima, che tutto fa nascere ed a tutto dà vita, di quanto vedevano esistere nella natura. Ciò si uniforma perfettamente con quel ch'io dissi spiegando la figura di un mistico Specchio posto alla Tav. XXXIV [2], ancorchè le dottrine ivi esposte sembrino piuttosto spettanti alle antiche religioni fenicie ed egizie, che a quella degli Etruschi.

Ebbi anche occasione di notare che per lo stesso antico scrittor latino sapevasi che gli Etruschi riguardavano questa divinità come il Fato [3], e quindi la confondevano con la Nemesi [4]. Sappiamo peraltro che talvolta questo simulacro presentatoci dagli Etruschi or sotto l'aspetto del Fa-

---

1 Ved. p. 255, not. 2.
2 Ved. p. 373, 375.
3 Ved. p. 255.
4 Ved. p. 7, e ser. 1, p. 310.

to [1], or della Nemesi [2], or della Minerva confusa con la
Neita degli Egiziani [3], fu altresì tra questi ultimi l'emblema della Divinità, come il di lei nome in più aspetti considerato lo manifesta [4], egualmente che tra i Greci fu detta Minerva la Dea per eccellenza [5]. In tal guisa volli ancor io spiegarmi, allorchè presentata allo spettatore questa
figura muliebre solita trovarsi negli specchi, la dichiarai
simbolo della Divinità presso gli antichi [6].

Stabilito questo evidente rapporto tra la Neita degli Egiziani e la figura muliebre degli Specchi mistici presso gli
Etruschi, e veduto che sotto queste figure intendevasi parimente lo spirito del mondo, noi potremo scendere all'e-
same di alcuni particolari di essa che rischiaransi a vicenda. E ricalcando le orme degli Egiziani, troveremo che
questo spirito del mondo non solo era significato dalle predette figure Neita e Minerva [7], ma geroglificamente
ancora da un globo alato, sul quale dottissime osservazioni si fecero da un letterato in un Opuscolo che ho pubblicato [8]. Egli adduce più d'un monumento geroglifico di simil genere [9], e più d'uno semplicemente ne cita [10]. A render chiaro sotto l'occhio dell'osservatore il mio tema, gio-
vami riportarne due, l'un de' quali assai complicato, l'altro
compendiatissimo. Il primo che addito [11] consiste principal-

1 Ivi.
2 Ved. p. 165.
3 Ved. p. 372.
4 Mem. de Litt. de l'Acad. des Inscript., Tom. xiv, p. 7.
5 Iablonski, Pantheon Aegypt., lib.
1, cap. iii, § 12, p. 76.
6 Ved. p. 7.

7 Ved. p. 372.
8 Nuova Collezione d'opuscoli e
notizie di scienze, lettere ed
arti, Tom. ii, p. 365.
9 Ivi, tav. i, num. 16, e tav. v,
num. 33.
10 Ved. p. 369.
11 Ved. ser. vi, tav. B5, n. 1.

mente in un globo dal quale cadono fino al basso immense ali che abbracciano tutto il contenuto geroglifico. L'ali aggiunte al globo dell'altro si riconoscono appena col paragone di simili monumenti, ma per se stesse neppure hanno l'effigie d'ali, essendo prive assolutamente d'ogn'indizio di penne.[1], e mancando in esso inclusive i geroglifici minori che sono annessi agli altri.

La scultura neppure accenna una somiglianza alle foglie di palma, come sogliono avere le ali delle figure egiziane, e come vedonsi quelle della Iside al monumento indicato sottoposta[2], e come accenna la iscrizione copta esplicativa del geroglifico da un moderno erudito interpetrata[3], e riportata nel citato opuscolo[4]. Per le ragioni medesime noi vediamo le ali di questa Dea del Disco ben dichiarate in altri[5], mentre qui come in molti appena hanno con le ali una qualche similitudine. E' peraltro notabile che sempre sono assai grandi, occupando la maggior parte dell'area del Disco. Il geroglifico egiziano da me addotto in esempio ha similmente le ali tanto grandi, che toccano coll'estremità loro una linea di stelle[6], spiegata dal dotto interpetre per simbolo del cielo[7], quasi dir si volesse con quel geroglifico che le ali abbracciano tutto il cielo. Nè diversamente dobbiamo intendere nel Disco che spiego come negli altri simili a questo, mentre dissi altrove[8] che l'area degli Specchi esser poteva egualmente il simbolo del

---

1 Ivi, tav. E4, num. 3.
2 Ivi, num. 6.
3 S. F. Gunther Wahl, Mines O-
  rient., part. II, division v, p. 117.
4 Nuova Collez., l. cit., p. 369.

5 Ved. tavv. VIII, XI, XVI.
6 Ved. ser. VI, tav. B5, num. 1.
7 Nuova Collezione, l. cit., p. 390.
8 Ved. p. 97.

cielo. Ora intendiamo altresì perchè in molti dei passati Dischi ove non giungevano le ali mancanti di soverchia
dimensione, ad esse dall'artista non accordata, si aggiun-
gevano certe linee che occupavano lo spazio del cielo dalle
ali in giù [1], quando esse non erano assai grandi come
nella figura della presente Tav. XL, e dell'altra XXIV
che ho spesso paragonata con questa.

Più interessante notizia sarà per chi legge il saper la ragione e il significato di quelle grandi ali del monumento egiziano, come dal ch. espositore di tal geroglifico apprendiamo, per le dottrine ch'egli raccoglie dall'arabo Abenefi a questo proposito. « Volendo (gli Egiziani) indicare le
tre virtù, o proprietà divine delineavano un circolo alato,
dal quale emanava un serpe: significando così per la figura del circolo la natura di Dio incomprensibile, insepara-
bile, eterna, e dotata d'ogni principio e fine: per la figura del serpente indicavano la virtù di Dio creatrice di
tutte le cose; per la figura delle due ali indicavano la virtù di Dio animatrice del moto di tutte le cose, che sono nel mondo »; ed in altro luogo soggiunge: « Per mezzo della figura del circolo con due serpenti e dotata di ali
notavano lo spirito del mondo ». Così Abenefi citato dal
prelodato interpetre [2]; il quale per sempre più accreditare
le sue dottrine le conferma con altri passi di antichi scrittori, tra i quali cita uno interessante di Sanconiatone sulla religione dei Fenici conservatoci in caldaico siriaco, e
da esso apprendiamo come siffatta dottrina simbolica fosse nota generalmente in Oriente. « Giove, dice lo scrittore

---

[1] Ved. tavv. 1. XII, XIII, XIV,   [2] Collezione cit., p. 368, 369.
XIX, XXII, XXIII, XXIV, XXV, XXXI.

antico, è in figura di una sfera alata, da cui emana un
serpente: il circolo dimostra la natura divina, senza principio nè fine: il serpente significa il suo divino spirito che
anima e feconda il mondo, e le ali figurano lo spirito medesimo che vivifica il mondo col moto [1]». Osserva poi lo
scrittor prelodato [2] che nei frammenti d'Orapollo manca
l'intiera descrizione di tal geroglifico, ma se ne fa menzione in due capitoli separati [3], ove peraltro la mentovata
sfera non dicesi esser simbolo di Giove, ma del sole, come del sole tratta la iscrizione copta da me poco sopra
mentovata, e riportata nelle Tavv. di corredo [4], così volta-
ta in latino dal rammentato Gunther Wahl.

Sol folia palmae ferens, qui sunt duae suspendentes
Aspides annexae caudis
Est repraesentatio solis constituti regis coeli.
Solis circumientis Regis aevi viam aetheris quotidie facientis
Vigesimo octavo mensis Pharnuthi
Haec ornamento data sunt super ostium portae
Anno ccccxxx Aerae Alexandri
quem dicunt magnum [5].

Relativamente all'espressione di questa iscrizione, dove
al sole si dà l'epiteto di re del cielo, paragonato agli aspidi, nota anche il citato interpetre che gli aspidi o serpentelli di questi geroglifici sogliono avere in testa una mitra
o tutulo [6]: indizio di reale e sacerdotale dignità [7], come

---

1 Sanconiat., ap lo stesso, Collez.
  cit, p. 369, seg.
2 Ivi.
3 Orapoll., Geroglif. Egiziani, lib.
  II, cap. XIV, p. 62, e lib. 1, cap.

LXIV, p. 49 seg.
4 Ved. ser. VI, tav. E4. num. 3.
5 Ved. p. 419, not. 3, 4.
6 Collezione cit., p. 370.
7 Ivi, p. 364.

difatti vedonsi mitrati nel più compito geroglifico da me
riportato[1]. Anco lo sparviere è similmente mitrato, e stando sopra una geroglifica nota simbolica del cielo, e riportato dal nostro interpetre[2] con la conveniente assai dotta spiegazione[3]. Di ciò adduco io pure altri esempi nel
corso di quest'Opera[4], dove comparisce che rappresentano
l'anima del sole, come sostenuto dalla testimonianza di
Abenefi, arabo dottissimo, lo asserisce anche il più volte lodato interpetre di questi geroglifici[5]. Siffatta mitra più manifestamente distinguesi sulla testa di una Iside o sacerdotessa di lei, come faccio vedere[6], cui talvolta sostituirono
gli Egiziani la gallina numidica, indicante il cielo stellato
per le macchie innumerabili che mostrano le di lei penne[7]; e di questa do pure un esempio[8].

In fine oso dire che più manifesto attributo della divinità si mostra quel tutulo o gran berretto, quando lo ravvisiamo coprir la testa anche d'Osiride, che rappresentò
il sole in Egitto[9], e come si vede anche nei monumenti
fenici, ed egiziani[10]. E chi volesse spinger più oltre un
tal'esame, troverebbe che le principali deità dell'oriente
hanno il capo coperto[11].

Restami ancora una dichiarazione utile non meno delle
antecedenti a far chiaro il monumento etrusco di questa

1 Ved. ser. vi, tav. B5, num. 1.
2 Collezione cit., tav. i, num. 15.
3 Ivi, p. 362, 363.
4 Ved. ser. i, p. 174, 372, e ser.
vi, tav. B2, num. 2.
5 Collezione cit., p. 363,
6 Ved. ser. vi, tav. E4, num. 4.
7 Collez. cit., p. 389.

8 Ved. ser. vi, tav. E4, num. 5.
9 Plutarc., de Isid. et Osir., Op.,
Tom. ii, p. 371, sq.
10 Ved. ser. vi, tavv. H2, num 3,
5, A3, Q3.
11 Ivi, tavv. B5, num. 2, 3, 4,
C2, num. 1, 2, 4.

XL Tavola. Si osservi il più complicato geroglifico da me
esibito [1], e vedransi dal globo emanare alcune regolari figure, che il ch. interpetre con ottimo avvedimento, e col paragone d'altri monumenti di simil genere [2], dichiarò esser
gocciole di rugiada che proviene dal cielo; significando in
sostanza che riconoscevasi una superiore influenza sull'u-
mane cose, come trae da Orapollo [3], o allegoricamente la
dottrina, entrambe apportatrici di fertilità, tanto nell'ingegno che sulla terra [4], e fortifica l'asserto sostenuto dai
filosofi antichi [5].

Vuole che talvolta significhi anche una bevanda particolarmente domandata dagl'iniziati, or col nome di ambrosia,
or di nepete, o dell'oblio [6]; di che le anime dissetavan-
si o per salire in cielo bevendo l'ambrosia [7], o per tornare in terra bevendo l'acqua d'oblio, che fu detta anco le-
te, obliando le sedi della immortalità [8]. Difatti nel papiro
ch'io riporto tra i monumenti di corredo, non solo presso
al globo stillante pioggia si vede l'iniziato con bastone in
mano che s'incammina pel viaggio da questa all'altra vita,
ma pure quella di uno simile in figura di volatile, che
dall'altro mondo torna a retrocedere per discendere in
questa terra [9], di che ho dato altrove diversi cenni [10]. Debbo dire di più che il prelodato interpetre ravvisa nei pa-
piri egiziani il sopra indicato globo spargere la rugiada inclusive su i corpi estinti ridotti a mummie [11]: segno

1 Ivi, tav. B5, num. 1.

2 Ivi, tav. M3, num. 3.

3 Collezione cit., p. 365.

4 Ivi, p. 464, seg.

5 Porphir., ap. Euseb., Praep.
  Evang., lib. I, cap. VI, p. 28.

6 Collezione cit,, p. 383.

7 Ved. ser. I, p. 370, seg., e ser.
  V, p. 376.

8 Ivi

9 Ved. ser. VI, tav M3, num. 3.

10 Ved. ser. V, p. 368, 369.

11 Collez. cit., tav. IV, n. 31, 32.

manifesto, a mio credere, della relazione tra questa rugiada
e le anime, o della intimità tra i corpi estinti ed i numi,
per cui molto dai Gentili furono rispettate le ceneri umane, di che egli pure pienamente conviene [1].

Ma è tempo ormai che tali dottrine si applichino alla
interpetrazione del nostro Disco. Quando le ali debbono
indicare la divinità animatrice di tutte le cose che sono
nel mondo, uopo è che tutto abbraccino e per ciò si fecero assai grandi, o con linee tali che tutta l'area del Disco ne restasse occupata: nè gli artisti dei Dischi si detter-
ro briga di farle quali agli uccelli si converrebbero per vo-
lare, ma contentaronsi di qualunque forma esse fossero,
mentre servir dovevano soltanto per geroglifico significativo della virtù animatrice del moto. Difatti osservai che
il geroglifico egiziano più semplice da me riportato appena di ali mostra qualche lontana similitudine [2].

Invito pure ad osservare che la figura del nostro Disco, egualmente che le altre a lei simili, sono in atteggiamento di muoversi o camminare a gran passi: indizio
più manifesto dell'additato moto di tutta la natura, di quello che mostrino le semplici ali degli Egiziani. In questo
moto appunto consiste l'anima o lo spirito del mondo,
rammentato da Abenefi [3], e rappresentato da questa donna che mostra chiaramente esser la natura animata degli
Etruschi secondo Seneca [4], e perciò, cred'io, nuda quando
non si confuse con la Minerva [5]. Nè dissimile mostrasi
la nostra figura dal Giove dei Fenici secondo il citato

1 Ivi, p. 383.

2 Ved. ser. vi, tav. E4, num. 3.

3 Ved, p. 420.

4 Ved. p. 255, not. 2.

5 Ved. tav. xxxiv, p. 373.

Sanconiatone [1], mentre noi la vedemmo in altri Dischi in
maschili sembianze, benchè avesse presso a poco gli attributi medesimi [2]; e Seneca ammette che questa Natura divina
chiamasi anche Giove presso gli Etruschi.

Se gli Egiziani vollero significato anco il sole da quel
globo alato, nominandolo perciò la di lui anima [3], non per
questo sarà dissimile dall'allegoria che racchiude il nostro
Disco, mentre noi vedemmo talvolta gli Etruschi aver considerato anche il sole come l'anima del mondo [4]. Nè la
rotondità di questo Specchio potrebbe esser lontana dal significato del circolo espresso nel geroglifico egiziano relativamente al sole, oltre i vari altri significati da me da-
tigli altrove [5]. Ma perchè la nostra figura, come l'egizia
Neita, dir si possa lo spirito o l'anima del mondo, conforme
accennai [6], fa duopo ravvisarvi anche altre approssimative
qualità del geroglifico simboleggiante lo spirito del mondo
medesimo. I Serpentelli per esempio che vedemmo nell'u-
no e nell'altro dei due geroglifici, mancano in questi Specchi, mentre secondo il citato Abenefi era in tal geroglifico il serpente significativo della divina virtù creatrice di
tutte le cose. Noi vedemmo difatti altrove nelle antiche
da me citate cosmogonie essere stato il serpente il primo
Ente divino mostratosi nella creazione [7]. Ma poichè dicemmo che la Neita, egualmente che la Minerva, rasso-
migliate alla figura muliebre di questo Specchio, furono
considerate come la divinità creatrice [8], così è chiaro ab-

1 Ved. p. 420.
2 Ved. tav. XIII.
3 Ved. p. 422.
4 Ved. p. 370.

5 Ved. p. 81.
6 Ved. p. 375, 376.
7 Ved. ser. 1, p. 224.
8 Ved. p. 373, 375.

bastanza che ove comparisce essa virtù personificata nella
donna in questi Specchi, non vi abbia luogo altrimenti il
serpente che n'era soltanto il simbolo. E poichè l'interpetre del geroglifico accenna come osservabili quelle mi-
tre che hanno in capo i serpentelli aderenti al globo [1], e ne
dà la spiegazione, così ancor io rilevo in particolar modo
che non vedemmo nessuna di queste donne degli Specchi
mistici senza la mitra, o berretto o pileo che voglia dirsi,
e come ai serpenti può benissimo darsi a quelle il carattere
di dominatrici su tutta la natura, e sopra ogni altro ente creato, come primaria divinità presso gli Etruschi. Ciò combina col passaggio di Seneca da me più volte citato, dove confondesi in certo modo il creatore col creato, e se ne
forma un essere stesso [2].

L'altro aggiunto dall'interpetre del geroglifico assai ri-
marcato ed ottimamente spiegato è l'aggregato di quelle
gocce che chiamammo rugiada [3]: aggiunto che nella nostra muliebre figura vedesi più chiaramente che in altri Specchi, qual sarebbe quello posto alla Tav. XVI e l'altro alla Tav. XXXI, come in altri molti: voglio dire quell'ampolla, che ha sempre nella sinistra mano la Dea da lei
tenuta orrizzontalmente, quasi che da essa versasse al
basso il contenutovi liquido. Ne ho dato altrove qualche
cenno [4], ed ivi rimando il lettore onde veda che quanto io dissi non discorda da quel che scrive l'interpetre del
geroglifico egiziano relativamente alla indicata rugiada [5].
Io peraltro ne faccio qui una particolar menzione, ancor-

1 Ved. ser. vi, tav. B5, num. 1.   4 Ved. p. 349, e ser. v, p. 282.
2 Ved. p. 255, not. 2.   5 Ved. p. 423.
3 Ved. p. 423.

chè non vedasi tale ampolla nelle mani della donna di
questo Specchio; o se pur vogliamo, vi si trovi di essa
ampolla un piccolissimo accenno e del tutto informe nella sinistra mano, come appunto sono affatto sfigurate
le ali nel geroglifico egiziano il più semplice da me riportato [1]. E con sì moltiplicati esempi e confronti mi sia
permesso di poter francamente riconoscere le rappresentanze di questi mistici Specchi etruschi, piuttosto come geroglifici particolari della nazione, che come produzioni
d'arte della nazione medesima; e intanto apprendasi da questi istessi monumenti quanto dominava in essa l'orientalismo, giacchè a dir vero non vidi mai tra i monumenti dei
Greci una figura di simil genere. Farò peraltro avvertire altrove come gli Etruschi intarsiarono anche di greche massime l'antica loro religione.

Quelli che prima di me si occuparono della spiegazione di
questo Disco non furono del mio sentimento; ma siccome
essi produssero l'opinione loro confondendola colla interpetrazione di tutte le figure simili a questa, effigiate negli
Specchi mistici da essi tenuti per patere etrusche, posso
così ancor io esporre in succinto il loro parere all'occasione di trattare anche di un altro Disco simile al presente.

Restami dunque a notare che questo da me ricalcato
fedelmente sopra un calco avutone dal Museo Romano,
fu pubblicato altra volta dal Contucci dotto illustratore dei
bronzi di quel museo, dove si trasfuse il Kirkeriano [2].

---

1 Ved. ser. vi, tav. E4, num. 3. num. 1, p. 77.
2 Contucci, Mus. Kirk., Tab. xix,

TAVOLA XLI.

Son perplesso a decidermi s'io dichiari genuino o falsificato il monumento che offro in questa Tav. XLI. Le lettere di forme non dichiaratamente antiche mi son sospette, sopra tutte la м. Pure siccome non è facil cosa il deciderlo da un puro calco, per quanto impresso con esattezza, così ho reputato opportuno il pubblicarlo per non defraudar gli eruditi delle utili osservazioni che vi si possono portare, a maggior conferma di quanto dissi spiegando gli antecedenti monumenti simili a questo. D'altronde il disegno della figura, se non è genuino, sembrami peraltro talmente bene imitato che ingannar potrebbe i più gran pratici di questa sorte di monumenti. Che se scrupolosamente da un antico Disco fosse copiato il disegno della figura in bronzo da qualche imitatore moderno e da esso fossero state poi trascurate le lettere, troverebbe tuttavia il lettore di che erudirsi nell'esame della copia, come se fosse l'originale medesimo.

La iscrizione facendo palese che P. Frontone dedica questo sacro Specchio a Minerva, palesa nel tempo stesso che Minerva è la Dea quivi espressa. Non ostante non si dichiarerebbe tale per ogni altro attributo di quella figura, se ne eccettuiamo le ali che a Minerva convengono [1]. È poi talmente trascurata nel vestiario che non si comprende come sia coperta. Pure ha un certo modo di

[1] Ved. p. 372.

portare quel corto peplo sul petto per cui somiglia ad altre figure di Minerva che vedremo in seguito . Nel resto, sì per l'ampolla che ha in mano, sì ancora pel berretto che tiene in testa, e per la mossa de'piedi, pare da assomigliarsi piuttosto alle femminili figure che ho nominate or Nemesi [1], ora divinità degli Etruschi [2].

Quello stilo scrittorio la dichiara per Nemesi, l'arbitra dei nostri destini [3], che una volta scritti neppur Giove ha potestà di variare [4]. Noi la incontrammo in altro Disco scrivendo i destini del nascente Bacco [5]. Credo di avere dichiarato abbastanza spiegando le Tavv. XXXIV [6] e XL [7], in qual modo questa Parca, questa Nemesi, questa divinità degli Etruschi si combini col nome di Minerva.

Come poi la iscrizione sia totalmente latina mentre il simbolo sembra etrusco, è facile intenderlo per più ragioni che se ne possono addurre. Troviamo nei sepolcri etruschi di Volterra ordinariamente scritti in etrusco i nomi dei defonti [8], ma in alcune urne che sembrano di meno antica manifattura delle altre, la iscrizione è latina. Imperciocchè è presumibile che allorquando gli Etruschi, come tutti gli altri popoli dell'Italia, furono soggettati ai Romani, e la lingua della capitale divenne comune anche alle provincie, non per questo avranno gli Etruschi desistito dall'eseguire i lor consueti monumenti a decorazione di religione, ma vi avranno introdotto quella

1 Ved. p. 7 .

2 Ivi .

3 Ved. ser. 1, p. 304, seg.

4 Ved. p. 162, seg.

5 Ved. p. 289

6 Ved. p. 372 .

7 Ved. p. 417 , seg.

8 Ved. ser. 1, tav. III, e ser. VI, tav. U3, num. 1, 2 .

scrittura che allora nella provincia era in uso; benchè ciò non succedesse che tardi e non generalmente, come vedremo.

D'altronde sappiamo quanto i Latini furon ligi degli E-truschi in fatto di religione [1]; tantochè non ci dee sembrare strano se le divinità particolari, come anche le religiose dottrine degli Etruschi si vedono ripetute in monumenti, che possono per altri rapporti reputarsi latini.

Il disegno in esatto calco fatto sull'originale di questo inedito monumento mi perviene da Parigi dalla raccolta di monumenti antichi spettanti al sig. Durand.

TAVOLA XLII.

Sarà difficile determinare l'oggetto che la figura della presente XLII Tav. tiene stretto nella mano destra, poichè nè mostra una forma determinata, nè si assomiglia precisamente ad alcuno di quelli che vedemmo nella man destra di altre simili figure già esposte [2]; se ne eccettuiamo la prima che offre colla presente in quell'oggetto qualche somiglianza [3]. D'altronde la mano aperta in modo, come se alcuna cosa dovesse contenere, indica in queste figure, a mio credere, l'oggetto medesimo sottinteso; conforme in quella della Tav. XL non si vedeva l'ampolla che aver sogliono le altre donne simili a lei [4], per la ragione da me accennata che l'artista ve l'avrà probabilmente sottintesa, giacchè l'atto delle mani e la

1 Ved. ser. iii, p. 152.   3 Ved. tav. i.
2 Ved. tavv. xii, xxiii.   4 Ved. tavv. i, xiv, xvi, xxxi.

positura delle braccia son dappertutto conformi [1]. E poichè non sarebbesi potuto dichiarare con sicurezza, che l'oggetto tenuto nella mano sinistra di queste donne fosse realmente un' ampolla o piccola fiala, senza il soccorso di quella che vedesi nelle mani della donna posta alla Tav. XVI [2], così è da sperare che si trovi qualche Disco dove sia ben dichiarato l'oggetto che ora informe, e per ciò inintelligibile vediamo nella mano destra di esse.

Senza dunque trattenere l'osservatore in arbitrarie ed inutili congetture, protestando di non intendere ciò che sia l'oggetto indicato, passo alla considerazione di quel doppio triangolo, che sembrando un vero geroglifico sta sotto ai piedi della presente, come di varie altre di queste figure muliebri dei nostri mistici Specchi [3].

Nei codici antichi è stato incontrato qualche volta questo segno medesimo, come significativo di fuoco presso gli alchimisti [4]. Trovasi altresì negli scritti di Iamblico la singolare notizia, che le immagini degli Dei si figuravano di fuoco [5]. Se accozziamo queste due idee ne resulterà che i due triangoli del geroglifico in esame potranno esser simbolici di deità. Altresì mi sovviene aver letto, senza potermi rammentar dove, che gli antichi filosofi tennero difatti il triangolo per la figura di Dio a riguardo della sua perfezione. Proseguendo l'esame di quanto dice a tal proposito Iamblico, trovasi che in figura di fuoco era considera-

---

1 Ved. p. 426, seg.

2 Ved. p. 183, sg.

3 Ved. tavv. 1, xxiii, xxiv.

4 Du Cange, Glossar. ad Scriptores mediae Graecit., Tom. ii in not.,

Sentent., Chymicis ec., p. 16, ubi haec nota ⋈ explicatur, πυρίτης

5 Iamblic., de Myster. Aegypt. et Assyriorum, § xix, extat in Marsil. Ficin., Op., Tom. ii, p. 1880.

ta anche l'anima del mondo. Ma qual sarà questa figura di fuoco? Consultiamone gli artisti, come coloro i quali con figure visibili debbono esprimere tutto ciò ch'è in natura. Fu precetto di Michelangiolo che i pittori dovesser fare una figura piramidale serpeggiante e moltiplicata per uno, due e tre. Questo precetto è sviluppato dal Lomazzo dove insegna « che la maggior grazia e leggiadria che possa avere una figura, è che mostri di muoversi, il che chiamano i pittori furia della figura. E per rappresentare questo moto non vi è forma più accomodata, che quella della fiamma del fuoco, la quale, secondo che dicono Aristotele e tutti i filosofi, è elemento più attivo di tutti, e la forma della sua fiamma è più atta al moto di tutte, perchè ha il cono e la punta acuta con la quale par che voglia romper l'aria, e ascendere alla sua sfera. Sicchè quando la figura avrà questa forma, sarà bellissima [1] ». Lo stesso autore soggiunge altrove che i Greci rintracciarono la vera proporzione, dove si rileva l'esatta perfezione della più squisita bellezza e soavità, dedicandola in un cristallo triangolare a Venere, la Dea della bellezza, da cui tutta la bellezza delle cose inferiori derivasi [2].

Sono interessanti le riflessioni di un altro celebre artista a questo proposito, il quale scrive che supponendo autentico questo passo, immaginar si possa egualmente probabile che il simbolo nel cristallo triangolare abbia una somiglianza alla linea triangolare raccomandata da Michelangiolo, specialmente se può sostenersi che la forma triangolare del cristallo e la linea serpeggiante stessa sieno le due

1 Lomazzo, della Proporzione naturale delle cose, lib. 1, cap. 1,   p. 23.
2 Ivi, lib. 1, cap. XXIX, p 99.

più espressive figure che possano immaginarsi per significare non solo la bellezza e la grazia, ma tutto l'ordine
della forma [1].

Senza che io mi estenda ulteriormente in questo argomento, sembrami aver provato abbastanza, per l'autorità di
più scrittori antichi e moderni, che il triangolo, sia semplice, sia duplicato come in questo Specchio, fu geroglifico
del fuoco e della bellezza e perfezione dell'ordine dei
corpi figurati. D'altronde presso gli Egiziani ed Assiri
s'immaginarono gli Dei di natura ignea, ed anche lo spirito del mondo, secondo il citato Iamblico, e come difatti notai altrove, la sua figura esprime il globo solare munito
di due grandi ali [2]; tantochè il geroglifico ripete e conferma esser questa la divinità nei suoi convenienti attributi, o per meglio dire la natura animata e dotata delle se-
ducenti forme di bellezza e d'ordine, che a queste qualità
danno risalto.

Il portare delle congetture per ispiegare il motivo che
indusse gli antichi a raddoppiar quel triangolo, sì nelle
note chimiche [3] e sì ancora nel basso dei mistici Specchi
già indicati, mentre io non trovo chi ne ragioni tra gli
scrittori, sarebbe un turbar la chiarezza di quanto su tale
geroglifico potetti finora con qualche fondamento notare.
Giudico per tanto più opportuno di lasciarne a migliore interpetre lo sviluppo, bastandomi aver provato che nota-
vasi con questa cifra il fuoco, e col fuoco la divinità ed
i pregi di lei, e che tutto ciò ebbe origine in Oriente.

1 Hogarth, Analisi della bellezza,   num 1.
Prefazione, p. 23.   3 Ved. p. 431, not. (4).
2 Ved. p. 418, sg., ser. vi, tav B5,

Nasce qui l'occasione di portar luce alla posterior parte
di un Disco già veduto alla Tav. X, dove una testa femminile tra due volatili sorge da una pianta che par situata
tra le acque, come lo manifestano i segni dei flutti che
le sovrastano [1]. E mentre dico qui sopra che gli anzidetti
simboli provengono d'Oriente, così di là traggo i documenti che in un tempo medesimo provino la spiegazione e la
provenienza del simbolo. Registra l'eruditissimo indicopleusta Duperron tra le indiche dottrine da esso trascritte-
ci, « che non essendovi stato in principio sennonchè l'acqua soltanto, ne seguì che per virtù di Dio venne fuori
un fiore, nel cui mezzo risplendeva *Bramha* sotto l'immagine di una faccia umana, il qual *Bramha* fu l'artefice della creazione [2] ». Nel Disco indicato [3] non credo rappresentato il creatore, ma la creata natura che gli Etruschi, per quel che Seneca insegna, confondevano insieme [4]; e questa natura sembra esser personificata nella Dea
Venere, come pretese Lucrezio [5]: sospetto promosso dalle due colombe a lei aderenti, e confermato dal triangolo
che trovasi talvolta nella posizione medesima dei Dischi,
e che sentimmo già essere un emblema sacro a Venere [6].

Non credo poi questa Dea fuori di luogo nei mistici
Specchi, specialmente quando rappresenti la natura, mentre
ve l'accennai confusa in quella donna che suole occupare
i Dischi simili al presente [7] della Tav. XLII. Intendiamo

---

1 Ved. tav. x.

2 Anquetil Duperron, Oupnek'hat, siv. theolog et philosoph. Indica, Tom. 1, Monitum ad lect., p. xvii.

3 Ved. tav. x.

4 Ved p. 260, 261.

5 De Rer. natura, lib. 1, v. 3, sq.

6 Ved p. 432.

7 Ved. p. 263.

altresì la ragione di quel fiore, che talvolta in luogo del triangolo vedesi espresso nell'appendice di alcuni Dischi dov'è la consueta muliebre figura [1]. Esso fiore comparisce della stessa forma di quello, che nell'Egitto portava altresì la immagine di una divinità [2], la quale sembrami sottintesa dove si trova un semplice accenno del fiore che la dee sostenere. Ebbi anche occasione di rammentare altra testa emanante da un fiore e coperta di un berretto asiatico [3]: nuova ragione per considerare in questo concetto un'origine asiatica di esso, ed una propagazione sì in Grecia, sì nell'Egitto come anche in Etruria; quando non si voglia, come alcuni pretendono, che dall'Egitto si spargessero questi simboli in tutta l'Asia, e di là fino a noi.

E poichè del berretto asiatico ragioniamo, voglio pregare l'osservatore a riflettere che questa muliebre figura dei nostri specchi, alla quale nessun'altra rappresentanza greca somiglia, non ha mai altro berretto che quello usato dagli Asiatici, vale a dire colla sommità ritorta in avanti. Riflettono a tal proposito anche gli antiquari, che gli artisti se ne servono costantemente per dare un carattere distintivo agli Asiatici. Così trovan Paride, Priamo, Ati, Orfeo ed altri, che per essere Asiatici e stranieri alla Grecia propria si rappresentarono dagli artisti col berretto ritorto e pendente sulla fronte. Può vederne l'osservatore anche dei simili in quest'Opera, come Cefeo [4], Mitra [5], le Amazzoni, il Bacco indiano [6], Medea [7], Pelope [8] ed altri che per

---

[1] Ved. tav. xiv.

[2] Ved. ser. vi, tav. M3, num. 3.

[3] Ved. ser. v, tav. v, num 1.

[4] Ved. ser. vi, tav. T, num. 1.

[5] Ivi, tavv. C 2, n. 1, R 2, n. 1.

[6] Ved. ser. v, tav. v, num. 1.

[7] Ivi, tav. xii, linea infer.

[8] Ivi, tav. xv.

essere stranieri alla nazione dei Greci, furono rappresentati nei monumenti dell'arte con simile berretto, che l'Ancarville dichiara comune agli Sciti, ai Frigi, ai Traci e ad altri popoli loro limitrofi [1]. Aggiungo io che tal costume di berretto dovè correre anche tra i Lidi, mentre Pelope oriundo di Lidia [2] n'è decorato; di che fanno testimonianza non solo i monumenti [3], ma gli scrittori ancora i più accreditati [4].

Seguendo il filo di queste tracce, chi non mi presterà fede, quando si rammenti che gli Etruschi ebbero nome di provenienza dai Lidi [5]? È inclusive probabile che dagli Etruschi passasse questa deità tra i Romani col medesimo costume, come altrove ho accennato [6], mentre qualche volta si trova anche tra i monumenti non etruschi [7].

Non va lungi dal genio degli Orientali neppur quel simbolo, che ho detto essere un'ampolla stillante un qualche liquore [8]. Credo in sostanza poterla ridurre ad una verbale espressione usata comunemente fra gli Orientali. Cito per un esempio all'uopo ch'io tratto l'intiero paragrafo di un inno, scritto dal dottissimo Sinesio della scuola Alessandrina, e lo riporto in tre lingue, cioè nella originale greca, nella latina e nella italiana, onde i dotti trovino a lor grado la forza della espressione, e giudichino se dal significato di questa potè nascere l'espressione iconica degli artisti.

---

1 Hancarville, Recherc. sur l'orig. de l'Art, Tom II, p. 147.

2 Ved. ser. v, p. 129, 138.

3 Ivi, tav. xv.

4 Ivi, p. 139, not. 1.

5 Ved. ser. III, pag. 38.

6 Ved. p. 248, e ser. III, p. 152.

7 Ved. tav. VIII, p. 131, e ser. VI, tav. S, num. 1.

8 Ved. p. 364.

Πάτερ αἰώνων	Pater saeculorum,	Padre dei secoli,
Πάτερ ἀφθέγκτων	Pater ineffabilium	Padre degl' ineffabili
Νοερῶν κόσμων·	Intellectualium mundorum ;	Intellettuali mondi;
Ο'θεν ἀμβροσία	Unde ambrosius	Donde d' ambrosia
Σταλάοισα πνοὰ,	Distillans spiritus,	Spirito distillando,
Σώματος ὄγκοις	Corporis moli	Sulla mole del corpo
Ε'πινηξαμένα,	Adnatans,	Notando,
Δεύτερον ἤδη	Secundum jam	Già un secondo
Κόσμον ἀνάπτει.	Mundum excitat [1].	Mondo risveglia.

È osservabile un' altra espressione orientale dei Cabalisti, i quali pensarono che anteriormente alla creazione del mondo Iddio fosse il tutto semplicemente. Dopo essendo già il mondo esistente, non per questo è aumentata l' entità di grado o misura, ma Iddio stesso si svolge in certo modo e si sviluppa, diffondendosi ovunque per emanazione, per cui si costituiscono le diverse forme e modificazioni delle cose create. Ad esprimere il qual concetto in un modo simbolico e compendiato, essi usano dei recipienti e piccoli vasi, onde rammentare la divina emanazione e l'umana percezione di tali influssi [2].

Queste dottrine applicate alla muliebre figura dei mistici Specchi, ci fanno intendere che quel vaso da essa tenuto in mano indica la creazione delle cose tutte [3], come anche l' ordine della natura e del mondo, non meno che la partecipazione della divinità alle cose mondane, secondo la espressione cabalistica. E quindi ancora la diffusio-

---

1 Synesii, Episcop. Cyren., Hymn. IV, v. 71, sq., Op., et interpr. Dionys. Petav., p. 337.

2 Burnet., Telluris Theor. sacr. et Archaeolog. philosoph., siv. doctr. antiq. de Rer. orig., lib. 1, cap. VIII, p. 373, 374.

3 Ved. p. 88, e ser. v, p. 251.

ne e distillazione dal vaso stesso di uno spirito nettareo
o d'ambrosia, cioè di un divino influsso sopra tutto il
creato, secondo l'espressione di Sinesio, è coerente a quanto altrove ho già detto [1]. Ma più apertamente si spiegano
in quest'allusione i Bramini, pensando che l'anima dei corpi da loro chiamata *Djiw atma*, sia una goccia dal creatore *Bramha* in essi stillata in forma di scienza [2], e da lui
estratta da tre qualità, cioè della creazione, conservazione,
e distruzione, avendo già fatta scendere la goccia principale della creazione, ordinazione e forma delle cose, non
meno che del moto d'animazione cui molte di esse respettivamente competonsi [3].

Se a tali comparazioni tra le dottrine orientali e le
rappresentanze degli Etruschi noi vogliamo aggiungere anche la considerazione, che gli Egiziani costituirono una
femmina per loro principale divinità col nome d'Iside,
come dal complesso delle dottrine teologiche d'Egitto de-
sumono gli eruditi [4], e come infatti anche vari passi di
antichi scrittori lo manifestano [5]; e che questa Iside sotto
l'aspetto, le forme e qualità di Minerva [6] e di Neit,
confondasi poi colla femmina di questi Specchi [7]; noi vedremo in questo caso che attamente anche gli Etruschi
effigiarono la deità loro primaria in sembianza di femmina, per la relazione che il culto etrusco patentemente ma-

1 Ved. p. 349, e ser. v, p. 282.

2 Ved. p. 426.

3 Duperron, Indicopleusta, Oupnek' hat, h. e. Theolog. et philosoph. Indica, Tom. 1, Oupnek' hat
III, p. 316, et Annotat., num.

LXVIII, p. 590.

4 Acad. des inscript., Tom. xiv, p. 7.

5 Ved. p. 364, not. 6.

6 Ved. p. 372.

7 Ved. p. 373.

nifesta con quelli d'Oriente: prossimità ch'io non trovo con quello dei Greci. Un altro passaggio di Sinesio conferma ciò ch'io dico. Egli attribuisce le ali a Dio unico [1]; distintivo compartito altresì dagli Etruschi alla Dea loro principale cioè alla Fatalità: esempio che non incontrasi nei monumenti dei Greci. Lo Specchio mistico di questa XLII Tav. esiste inedito nella R. Galleria di Firenze.

TAVOLA XLIII.

La frequenza delle nude alate figure muliebri che occupano questi Specchi mistici, simili alla presente della XLIII Tav., non isfuggì all' osservazione dei dotti che prima di me scrissero su questi soggetti; e poichè fu informato il lettore della mia opinione su tali figure, così fa d'uopo che lo ragguagli altresì di quella d'altrui. Il Contucci che fu degli ultimi a scriverne ci avverte che il Gori considerò questa pittura lineare, secondo la sua espressione, come antichissima, ed eseguita nell'infanzia dell'arte, sopra di che feci le mie opposizioni [2]. Credè inoltre che la curvata linea, ch'è per lo più lungo il torso di queste figure [3], fosse indizio di una strettissima veste, mentre io la giudico indizio d'anatomia in tutto degenerata e corrotta, di che ho una prova nella figura posta alla Tav. XIX, dove questa linea medesima ricorre soltanto nel mezzo del corpo, giungendo quindi fino al ginocchio sinistro. Ma nessuno

---

1 Synesii Episcop., l. cit., Hymn. ix, v. 44, sq., p. 348.

2 Ved. p. 303, seg. e 313.

3 Ved tavv. xxiii, xxiv, xxv.

disegno è più atto a darcene idea, quanto quello informe
del volto ch' è alla Tav. XXII. Così la Tav. XXXI mostra
sul petto della donna una linea quasi retta nel mezzo ed una
altra raddoppiata e curva attorno di essa. La Tav. XL ne
fa vedere due curve, con piccolo indizio di una mammella, che in altre simili figure apparisce duplicato, ma
sempre in maniera eccessivamente scorretta, e talvolta soppressa la stessa mammella. A simil figura diede il Gori il
nome di Libitina, e quindi credè che ad una tale Dea con-
venisse il pileo che le si vede sul capo [1].

Ma in vero disse di più l'erudito Gori che questa Dea
potevasi credere o Cloto, la più severa di tutte le Parche
la quale tronca lo stame fatale di nostra vita senza pietà
per veruno, o piuttosto la Dea Libitina, ossia questa la
Venere, o la Proserpina, o l'Ecate, che i Greci stessi non
seppero ben distinguere, ed all'influenza della quale crederono raccomandate la nascita egualmente che la morte degli uomini [2]; e cita Plutarco testimone di tal dottrina [3].

Segue a dire il prelodato Gori, che quanto facevasi o avevasi
spettante ai morti, era posto sotto la di lei tutela, o nel
tempio ad essa eretto, come trae dagli antichi [4], e riferisce particolarmente un passo di Plutarco, da dove apprendiamo che in Delfo era un'immagine di Venere Epithym-
bia che presiedeva ai sepolcri, alla cui presenza facevano
libazioni coloro che evocavano i morti [5]. Alla testimonian-

---

1 Contucci, Mus. Kirkh., tab. xix,
  n. 1, p. 77.

2 Gori, Mus. Etr., Tom. ii, Cl. i,
  p 186.

3 Plutarch., Quaest. rom., Op.,
  Tom. ii, p. 269.

3 Dionys. Alic., lib. iv, p. 220.

4 Plutarch, l. cit.

za di Plutarco aggiunge la seguente iscrizione antica
VIRGINI VENERI CUPIDINI INFEROR [1].

Par che il Gori qui abbandoni il soggetto dei mistici
Specchi, mentre proseguendo tratta di una statuetta trovata
tra i sepolcri in un sotterraneo di Pisa, unitamente ad
un vasetto e ad un asse in bronzo, ch'egli chiama etrusco;
di che sto in dubbio, mentre ha creduto esser tali anche
gli antichi assi romani [2]. Tuttavia la statuetta ch'egli riporta si può dire etrusca, poichè trovata in Etruria, dove
potè aver corso la moneta romana in mancanza della propria, specialmente in Pisa, a cui dai numismatici non è stata assegnata nessuna moneta autonoma. Io ripeto la stampa di tale statuetta, per la somiglianza ch'ella ritiene con
le figure muliebri di questi Specchi [3], onde si veda che
non sempre dagli artisti fu rappresentata in orrido aspetto [4], e in grazia d'altre riflessioni che a tal proposito son per
fare in seguito.

Riferisce il Gori che la figura ora esposta aveva un certo
foro nel capo, quasi vi si dovesse aggiungere un diadema ovvero il polo che a' simulacri d'alcune Veneri difatti
si apponeva [5]; come pure ai piedi le scarpe [6], delle quali è munita anche la statuetta presente, che io credo essere stata in antico un manico di uno Specchio mistico; ed
a suo luogo ne darò schiarimento. Il Gori peraltro la giudica semplicemente una di quelle statuette che ponevansi
nei sepolcri per simbolo dell'umana vita e della variata

1 Doni, Inscript. ant., Cl. 1, num.
54, p. 14.
2 Ved. ser. III, p. 43, seg.
3 Ved. ser. VI, tav. F5, num. 1.

4 Ved. tav. XI.
5 Pausan., lib. II, cap. X, p. 134.
6 Id., lib. III, cap. XV, p. 246.

età, consacrate agli Dei Mani; sebbene non adduca ragioni che provino la massima [1].

Nell' assegnare alla statuetta or descritta, come alla figura muliebre d'un mistico Specchio [2] il nome di Libitina, soggiunge che questo nome dato a Venere celeste, la più antica delle Parche [3], passasse dagli Etruschi ai Romani [4]; giacchè i Greci la chiamarono in altra maniera [5].

Il Contucci poc' anzi lodato non ammette, che premesse le osservazioni del Gori, ogni figura muliebre con pileo in testa debbasi chiamar Libitina; o che in questi Dischi, dai prelodati dotti scrittori creduti patere sacrificiali, siasi espressa l'idea di morte, che in tutto sfuggivasi, ma specialmente nel far sacrifizi [6]: difficoltà che svanisce quando si convenga non esser questi utensili altrimenti patere, ma Specchi mistici [7].

Il sentimento del Contucci è, che piuttosto sia da riconoscere in essi la Nemesi, cioè quella Dea ch'è favorevole ai buoni ed infesta ai malvagi, altresì conosciuta col nome di Grazia per gli uni, e di Furia per gli altri, e che Platone dichiara ministra del Giudice supremo. A costei, prosegue l'interpetre, acciocchè nulla sia ignoto delle umane azioni, stabilirono gli Egiziani la luna per sede, e le furono aggiunte le ali, perchè potesse accorrere ovunque [8]; quindi fu detta Ramnusia ed Adrastea [9].

1 Gori, Mus. Etr., Tom. 1, tab. LXXXIII, et Tom. 11, Cl. 1, p. 187.
2 Id., Tom. 1, tab. LXXXII, n. 1.
3 Ved. p. 161.
4 Varro, de Lingua Lat., lib. v, ap. Gori, l. cit.

5 Gori, l. cit.
6 Contucci, l. cit.
7 Ved. p. 76.
8 Oppian., ap. Contucci, l. cit.
9 Contucci, l. cit.

A me sembra per tanto che se non vogliamo considerare questa figura muliebre onninamente per un simulacro di Venere, oppure di Nemesi soltanto, esclusone ogni altro significato, saremo autorizzati a dichiararla concordemente significativa dell'una divinità e dell'altra; come anche d'altre più, se attendiamo al seguente insigne passo di Apuleio, dove s'introduce a parlare la natura divinizzata e personificata, altrimenti detta Ramnusia da Nemesi egualmente che da Venere: « Io sono, ella dice per bocca dello scrittore, la Natura, madre delle cose, padrona degli elementi, il principio dei secoli, la sovrana degli Dei, la regina dei Mani, la prima delle nature celesti, la faccia uniforme degli Dei e delle Dee. Son io che governo la sublimità luminosa dei cieli, i venti salutari del mare, il tetro silenzio dell'inferno. La mia unica divinità è onorata per tutto l'universo, ma sotto diverse forme, sotto diversi nomi e con diverse liturgie. I Frigi i più antichi tra gli uomini mi chiamano Pessinunta madre degli Dei; gli Ateniesi, Minerva Cecropia; gl'isolani di Cipro, Venere Pafia; i Cretesi, Diana Ditinna; i Siciliani trilingui, Proserpina Stigia; gli Eleusini, l'antica Dea Cerere; altri Giunone; altri Bellona; qualcuno Ecate; altri Ramnusia. Ma gli Egiziani, che sono istruiti nell'antica dottrina, mi onorano con un culto che mi è proprio e conveniente, chiamandomi col mio vero nome la regina Iside [1] ».

Da questa sì chiara narrazione di Apuleio fassi palese abbastanza che tra i popoli orientali e primitivi si adorava la natura divinizzata, e che se n'estese il culto in altre

---

[1] Apul., Metam., lib. xi, p. 362, sq.

meno antiche popolazioni, e fu sotto diversi nomi, e con
variati culti ossequiata. Fra questi nomi sentimmo per tanto
mentovati anche quelli di Venere e Nemesi Ramnusia; e
nel tempo stesso apprendemmo che a questa Dea si dava
l'epiteto di regina dei Mani, pensando ch'essa governasse
l'inferno. Io non era dunque lontano dal parere dei dotti,
quando dissi che questa figura si poteva chiamar Nemesi [1],
ancorchè in sostanza rappresentasse la Natura divinizzata [2];
nè andai errato giudicandola confusa or con la Minerva
degli Ateniesi [3], or con la madre degli Dei, come la stima-
vano i Frigi [4], or con altre femminili divinità, conforme
avrò luogo di notare.

Il ch. sig. prof. Schiassi nomina questa figura l'effigie
d'ignota Dea [5]: nè a dire il vero impropriamente, giacchè
quanto di lei si dice tutto è congettura, mentre gli scrittori antichi non ne parlano. Tuttavolta le osservazioni
da me portatevi mi sembrano tali e tante, da persua-
derci esser questa la divinità degli Etruschi, suscettibile
di vari nomi, e specialmente di quel di Nemesi, perchè
di essa più che d'altre deità par che ritenga qualche
caratteristica [6]. Altrove ho avvertito altresì che a Nemesi
prestarono culto particolare gli Orientali, poichè seguitai le
dottrine adunate a tal proposito dal Buonarroti, molto in
tali materie versato [7]; e ne fui confermato non solo dalla

1 Ved. p. 7, e le note ad un mio
  Opuscolo intit. Estratto del libro
  intit. de Pateris Antiq. ex schedis Biancani, p. 12, not. (1).
2 Ved. p. 443.
3 Ivi.
4 Ivi.

5 Schiassi, de Pateris Antiq. ex
  schedis Biancani, Sermo et Epistolae, Ep. 11, p. 31.
6 Ved. il mio estratto sulla prelodata opera del prof. Schiassi so-
  pracitata.
7 Buonarroti, Medagl. ant., p. 221.

testimonianza di Nonno [1], ma dal modo altresì col quale una tal figura si trova disegnata in questi Specchi; e specialmente per quel berretto del tutto asiatico, per quelle ali per lo più raddoppiate e per quella fiala che ha in mano [2].

Prosegue il prelodato Schiassi che non ostante le altrui spiegazioni, da me pure accennate qui sopra, parve al Biancani piuttosto ivi rappresentata la Dea Notte [3]. Dichiarala dunque una Dea per le grandi ali che toccano quasi la terra; e per esse egualmente giudica esser la Notte personificata, allegando non pochi esempi e valevoli, a provare non solo che fu essa venerata come Dea [4], ma che poteva coprir la terra colle sue ali [5]. A tutto ciò aggiungo aver io pur date delle ragioni di esse, benchè diverse da quelle proposte dal Biancani [6]; desiderando che al supposto della Notte qui espressa fosse data una qualche ragione analoga alle dottrine degli Etruschi, i quali hanno ripetuta infinite volte questa figura nei loro mistici Specchi, com' io detti nell' analogia da me ricercata tra essa e le dottrine etrusche lasciateci da Seneca [7]. Frattanto non trovando niente da opporre alle plausibili riflessioni del Biancani, ripeterò con lui che tal congettura non si propone affinchè persuada ognuno, ma perchè possa valersene chi restasse sodisfatto più di questa che di qualunque altra interpetrazione [8].

Rigetta il Biancani anche la spiegazione di alcuni che credettero di vedere in quella figura l'effigie della Mor-

1 Dionys., lib. xlviii, v. 376.

2 Ved. p. 349, e l'estratto citato.

3 Schiassi, l. cit, Epist. v, p. 69.

4 Stat., Thebaid., lib. 1, v. 505.

5 Virgil., Aeneid., lib. viii, v. 369.

6 Ved. p. 424.

7 Ved. p. 255.

8 Schiassi, l. cit., Epist. ii., p. 33.

te [1], per la ragione che a lui non fu nota altra figura antica di tal deità [2]. Rifiuta egualmente l'altra opinione del Gori ch' esser possa una Genia o una Parca [3],
allegando per motivo che le Parche non sono mai rappresentate meno di tre [4]. Non so peraltro quanto una regola tale sia stata costante, mentre la stessa Venere che
pur si trova rappresentata isolatamente, vien detta la più
vecchia tra esse [5]. Provai altresì che Genia propriamente
non debba dirsi [6].

In fine il Biancani, per quello che nel ch. Prof. Schiassi leggiamo, dichiarò esser la Notte ognuna delle figure
che vide simili alla presente [7]. Ma poichè questa figura
porge tutto l' aspetto d' essere una delle principali deità degli Etruschi, pei quali onninamente debbesi ragionare in
quest' opera, così fa d' uopo che io ne ricerchi ogni particolarità, onde venire in cognizione delle idee religiose a
questo popolo appartenenti. Quindi è che mi conviene di
trar partito il più utile sì dalla moltiplicità delle immagini di questa medesima divinità, sì dalle dottrine che relativamente ad esse raccolgonsi dagli antichi scrittori, e sì ancora dal giudizio che ne hanno pronunziato i dotti moderni.
Ora si fa chiaro per le carte da me scritte fin qui, che la
Notte non fu già la principale deità degli Etruschi, onde
ne dovessero sì frequentemente effigiare il simulacro; giacchè se molte di tali figure femminili ho inserite in questa

---

1 Bonada, Carm. ex antiq. lapid.,
Tom. 1, Dissert. III, p 234.

2 Biancani, ap. Schiassi, l. cit., epist.
II, p. 31.

3 Gori, Mus. Etr., Tom. III, Dis-

sert., III p. 185

4 Schiassi, l. cit., p. 32.

5 Ved. p. 161, 442.

6 Ved. ser. I, p. 265.

7 Ved. p. 252, Schiassi, l. c., p. 40.

serie, per esaminarne le varietà, moltissime poi ne ho lasciate inedite, perchè superflue a darci maggiori istruzioni sulle religiose opinioni degli Etruschi.

Lo Specchio che in questa Tav. XLIII esibisco della grandezza medesima dell'originale, esiste inedito nella R. Galleria di Firenze.

TAVOLA XLIV

Nella cospicua raccolta di antichi monumenti esistenti in Londra, nota col nome di *Museo Britannico* si trova una collezione assai numerosa di Specchi mistici, che là tuttavia si conoscono col nome di patete [1]. Uno di quei Dischi è il presente della Tav. XLIV, i cui segni ivi incisi son grossolani, come avverte il ch. sig. Cicognara, il quale zelante filantropico bramando che al pubblico fossero noti per le mie cure i monumenti Etruschi, egualmente che per esso plausibilmente lo furono quei dell'arte risorta della scultura, si occupò in Londra ad eseguire dei precitati Dischi i disegni che io mi pregio d'inserire in questa raccolta [2], avendomeli egli gentilmente ceduti.

Se alla mia proposizione che sia Nemesi la figura muliebre del tutto nuda finora trovata negli Specchi s'opponesse che i Numismatici non ravvisarono in tal costume questa deità

---

[1] Synopsis of the contents of the British Museum, thirteenth edition Room xii, Antiquites, case 7, p. 105.

[2] Lettera MS. del conte cav. Leopoldo Cicognara al march. Gino Capponi, da Londra a Firenze nell'anno 1819.

nelle antiche monete [1], rispondo che prevale a quelle un chiaro esempio in questo Disco, dove la Nemesi, oltre gli altri simboli che la mostrano simile alle figure già osservate negli Specchi, ha la veste altresì che la rende non altrimenti dissimile dalle Nemesi scolpite nelle monete [2]. Nè asserir dobbiamo che la numismatica manchi del tutto di esempi ove sia la Nemesi nuda, quando ammettiamo per tale quella di Camerino, da me altrove rammentata [3] ed anche esibita [4].

Oltre di che ci avvertono le due monete di quel paese da me riportate tra i monumenti di corredo, che la stessa Nemesi nell' atteggiamento medesimo si mostra or nuda indifferentemente, ed ora coperta [5]. La stessa figura vestita osserviamo in altro Specchio mistico [6], dove mi adoprai a provare come potevasi dire una Nemesi [7]. Dunque ancor questa della presente XLIV Tavola, sebben simile alle altre donne dei Dischi osservati, sì per le ali, che pel berretto, e per l'ampolla che porta in mano, sarà non ostante da reputarsi Nemesi, come tali posson dirsi le altre che vedemmo nude [8]: tanto più se osserviamo che per molti rapporti, e specialmente per esser vestita, questa sia simile a varie altre dei Dischi già scorsi [9], le quali furon da me dimostrate essere colle figure femminili nude degli altri Dischi una cosa medesima [10]. Restami ora da provare.

1 Rasche, Lexic. numismat., art. Nemesis.
2 Ved. ser. vi, tavv. M, num. 3, D2, num. 2, M3, num. 5,
3 Ved. p. 168.
4 Ved. ser. vi, tav. M, n. 1.
5 Ivi, num. 1, 3.
6 Ved. tav. viii.
7 Ved. p. 165, 168.
8 Ved. p. 349.
9 Ved. tavv. viii, xli,
10 Ved. p. 429.

che gli attributi di questa figura non disdiconsi alla Nemesi, e per conseguenza neppure alla natura personificata che
trovammo poche pagine indietro esser nominata Nemesi, o
Adrastea dagli Orientali [1].

Vedemmo altrove in qual modo il berretto era proprio
di questa Dea [2], e nello spiegare alcuni Dischi dove son
rappresentati i Dioscuri, ne avremo anche più chiaro il
significato . Non vi ha dubbio che a Nemesi fossero aggiunte le ali dagli antichi, mentre ne abbiamo una sicura
testimonianza lasciataci da un antico scrittore nel suo famoso
inno a questa Deità, il qual inno incomincia col seguente periodo « Alata Nemesi, organo potente di nostra vita , Dea
degli occhi severi, figlia della Giustizia [3] ». Potremo desume-
re lo stesso anche da Plutarco, dove ci fa un bel quadro del
viaggio della Fortuna dall'Oriente a Roma, e noi l'abbiamo veduta confondersi con la Nemesi in questi Specchi [4].
Immagina il citato scrittore che questa Dea, lasciate le antiche sedi dell'Asia, leggermente qua e là volando, e varie regioni ed imperi scorrendo e dei Macedoni e dei Siri
e degli Egiziani, e talvolta sopra Cartagine librando il volo,
finalmente perviene al Tevere, là depone le ali, e le scarpe . Così entra in Roma per fare del Palatino, centro del
romano impero, la sua permanente sede [5].

Questi passi di antichi citati scrittori ci mostrano che
alla Dea da noi presa in esame si attribuivano le ali per
indizio di moto, e che le scarpe erano in certo modo un
aggiunto delle ali stesse , mentre depone insieme le une e

1 Ved. p. 442.
2 Ved. p. 164 seg.
3 Ved. p. 319 seg.
4 Ved. p. 245.
5 Plutarc., de Fortuna Roman., lib.
ii, Op., Tom. ii, p. 317, sq.

le altre, allorchè si prefigge di fermarsi in Roma. Ora intendiamo in qual modo la figura muliebre in bronzo del tutto nuda già esposta, avendo le ali, ha poi anche le scarpe ai piedi [1]. Così vedonsi calzate molte altre figure che hanno le ali [2]. Per la ragione medesima vediamo le scarpe alle figure femminili alate che in questi Specchi mistici abbiamo esaminate [3], dove trovammo anche l'aggiunta espressione dell'atto di camminare [4], il quale non manca neppure a questa della presente XLIV Tavola.

Apprendiamo altresì dal citato passo di Plutarco essere stata comune a' suoi tempi l'opinione che il culto di questa Dea provenisse dall'Asia, e perciò non è difficile che dagli artisti si ponesse il pileo frigio in testa di Nemesi a significar questa idea, come ho detto altrove [5]; mentre sembra che un tal berretto fosse comune a popoli diversi [6], o che almeno gli artisti d'Italia volessero accennare con esso gli Asiatici, come vediamo nei monumenti Mitriaci eseguiti per altro in Italia [7], oltre varie altre significazioni del citato berretto; ma questa regola non è costante.

Pensa un dotto scrittor moderno che la Nemesi non sia già da confondersi colla Fortuna, sebbene le idee formateci di queste due deità si ravvicinino assai tra loro [8], e frattanto dichiara in nota il proprio rammarico di non avere sott'occhio l'opera del Buonarroti, onde sapere quello ch'egli pensasse a questo riguardo. Ma poichè non solo i

1 Ved. p. 325.
2 Ved. tav. xvi.
3 Ved. tav. xxv.
4 Ved. p 424.
5 Ved. p. 164.
6 Ved. ser. i, p. 146.

7 Ved. ser. vi, tav. C2, num. 1, 4.
8 Herder, Nemesis, symbole moral des anciens dans le Conservatoire des sciences et des arts, Tom. vi, p. 381.

monumenti [1] fanno vedere una tale approssimazione e talvolta confusione ancora [2]; ma altresì lo stesso Buonarroti,
dal citato scrittore a tal proposito rammentato [3], afferma
che questa Dea con diversi nomi accennata [4], secondo Dion
Grisostomo, era quella suprema causa la quale dicevasi
Fortuna comunemente [5]; così ancor io credo poterla riconoscere come tale in questi Specchi; [6]. tanto più che l'opinione medesima confermasi da altri scrittori [7] e dai moderni unitamente al parere dall' accreditato Buonarroti abbracciato [8]. Del fiore che orna l'estremità di questo utensile
trattai altrove [9], come della fiala che ha in mano la donna.

TAVOLA XLV.

Persiste tuttora in me un interno presentimento che la
più scrupolosa critica debba elevare contro le mie spiegazioni
di questa muliebre figura dei mistici Specchi il dubbio
in apparenza ben motivato, che i monumenti antichi, ma
più particolarmente le medaglie, ove sì frequentemente si
trova la Nemesi, non offrendo nessuna figura simile alla
presente, che Nemesi io soglio appellare, le sia per conseguenza impropriamente apposto un tal nome. Per i
critici dunque scrivo ed espongo replicatamente queste figure più che pei curiosi che già ne videro a sazietà.

1 Buonarroti, Medagl. ant., tav. xi,
   num. 1, p. 226.
2 Ved. tav. xii.
3 Herder, l. cit., not. (2.)
4 Buonarroti, l. cit., p. 221, seg.
5 Dion. Chrysostom., Orat. 65, p.

294.
6 Ved. p. 250.
7 Nicephor., Schol. ad Synes., de
   Somn., p. 405.
8 L. cit.
9 Ved. p. 435,

Ci siano di scorta le monete di Smirne, dove i numismatici vedono costantemente le Nemesi [1], or sole, ora duplicate, come in questa che nelle tavole di corredo esibisco [2], nella quale per la leggenda ΣΜΥΡΝΑΙΩΝ ΟΜΟΝΟΙΑ ΠΕΡΓΑΜΗΝΩΝ comparisce che le due città di Smirne e di Pergamo furono concordi nella dedica di quella moneta, come lo furono i loro numi tutelari, spettando alla seconda Esculapio [3], ed alla prima, le Nemesi [4], e delle quali soltanto ora voglio trattare. Noi ravvisiamo dunque che vari simboli di esse riscontransi parimente nei mistici Specchi. Una di queste ha nella sinistra mano la fionda, o freno che vogliasi giudicare [5]; attributo che si vede ripetuto anche nello Specchio mistico di questa Tav. XLV come in altri [6]. Il braccio elevato al petto sì frequentemente espresso nelle monete di Smirne, come vediamo anche in altra ch'io riporto, non è gesto del tutto insolito nei mistici Specchi [7]. La patera sacrificiale che accennano alcune medaglie smirnee nelle mani di una donna, che ha come la Nemesi [8] anche il cornucopia [9], trovasi parimente in mano di quella Dea, il cui simulacro [10] già dissi essere stato in uso per un manubrio di qualche disco; ed ho accennato altrove in qual modo la libazione che fassi colla patera sacrificiale stia in relazione col gutto o ampolla tenuta in mano dalla muliebre figura degli Specchi mistici [11]. La Neme-

1 Thesaur. Morellian., Tom. ii,
  Famil. Cesen., p. 58.
2 Ved. ser. vi, tav. M3, num. 5.
3 Mionnet, Descript. de Medailles
  anc., Tom. ii, p. 589, sq.
4 Ivi, Tom. iii, p. 243, num. 1372.
5 Ved. p. 320 seg.

6 Ved. tavv. xxiii, xxiv.
7 Ved. tav. xxii, p. 315
8 Buonarroti, l. cit., p. 226.
9 Mionnet, l. x. cit. p. 206, num.
  1119 sq.
10 Ved. ser. vi, tav. F5, num. 1.
11 Ved. p. 349, 426.

si di Smirne comparisce anche alata [1], come queste degli Etruschi; e se quella è sempre vestita, queste lo sono talvolta [2].

Il berretto più d'ogni altro attributo discorda apparentemente dal costume delle Nemesi, che si trovano espresse nelle monete. Ivi a dir vero non incontrasi, per quel ch'io sappia, una Nemesi propriamente detta che abbia il berretto simile a quello delle donne de'nostri Specchi. Ma se consideriamo che gli antichi, e specialmente i Romani, non riconoscevano il positivo nome di Nemesi [3], mentre davano a quella Divinità il nome di Fortuna [4], così troviamo che sotto questo nome ebbe il tutulo, come decorazione spettante alla dignità di una Dea; e con tal simbolo fu da vari numismatici riconosciuto il capo di Nemesi in molti denari specialmente delle famiglie Cornelia, Manlia, Valeria, come di altre [5].

Le ali fanno parte altresì dei simboli coi quali Nemesi fassi riconoscere nelle monete [6]. Nè dobbiamo restar sorpresi veggendo in essa tanti variati simboli, mentre gli antichi la rappresentarono per lo più come una Dea pantea [7], vale a dire partecipante degli attributi di varie divinità, ma specialmente di quei della Vittoria, colla quale assai spesso trovasi confusa, e la cui caratteristica principale si ravvisa nelle ali [8]. Noi vedremo d'altronde, scorrendo la quinta Serie di questi monumenti, come la Vittoria

1 Mionnet, l. cit., p. 208, num. 1133, et p. 221, num. 1234 ec.
2 Ved. tavv. XLI, XLIV.
3 Auson., in Mosella, Idyll. 334, v. 379).
4 Lieb. Got., Numism., p. 284.

ap. Rasche, art. Nemesis.
5 Rasche, ivi.
6 Eckel, Doctr. Num. Veter., Tom. VI, p. 237.
7 Buonarroti, l. cit., p. 225 seg.
8 Eckel, l. cit.

simbolica dagli antichi si riferisse alle anime dei morti, presso ai quali troviamo questi mistici Specchi.

Queste varie allusioni, alle quali ho dovuto riferire la figura muliebre dei mistici Specchi, lungi dall'accertarci del vero di lei significato, ci pongono per contrario nel dubbio di sapere a quali delle tante allusioni appartenga. Ma se il vero aver debbe il suo luogo, non dovrò astenermi dall'esporre candidamente ciò che a mio giudizio resulta dalle osservazioni che su questa figura vado facendo. Vero è per altro che le allusioni da me addotte, ancorchè moltiplici, non son per altro a mio credere da reputarsi contradittorie; anzi tendono tutte, qual più qual meno, a farci conoscere l'analogia tralle figure nei Dischi mistici espresse, ed i morti nelle cui tombe li ritroviamo. Nè ci dee far meraviglia se gli antichi ad un siffatto simbolo più significati attribuissero, mentre dicesi che di tal'indole era l'antichissimo e primitivo linguaggio degli uomini, cui furono siffatti simboli sostituiti, come dico altrove [1].

Questo Specchio esiste inedito nella Real Galleria di Firenze.

TAVOLA XLVI

Come mai, dirà forse taluno, dopo aver trovato fin ora in questi mistici Specchi effigiata la divinità degli Etruschi sotto varie forme [2], e dopo aver traveduto che questi medesimi Specchi, ancorchè privi di figure, servivano alla

---

1 Ved. ser. 1, p. 538.   2 Ved. p. 259, 444.

considerazione di essa divinità [1], ora ci presentano un cacciatore divorato dai cani? Quanto segue servirà di risposta.

È inutile ch'io ripeta (perchè a tutti palese) che gli antichi, nelle religioni loro moltiplici e variatissime, tutti concorsero a confessare l'esistenza di una divina Provvidenza, arbitra e regolatrice delle cose terrene, dalla quale inevitabilmente dipendono, e che dagli Etruschi additavasi col nome di Fato [2]; mentre presso la generalità del paganesimo, allorchè questa Provvidenza riguardava una giusta retribuzione, assegnando a ciascuno ciò che per destino del Fato gli apparteneva, e quando ancora quasi con geloso animo puniva coloro che s'inorgogliavano, per maggior fortuna di quella che dal destino gli veniva assegnata; allora questa Provvidenza distributrice con giusta misura si distingueva col nome di Nemesi.

Posto ciò resulta che questa Nemesi è spesso un simbolo morale di quell'intimo sentimento che appelliamo coscienza, e pel quale siamo allontanati da tutto ciò che è biasimevole. Lo stesso nome significando *biasimo segreto* ne manifesta il carattere [3]. Essa tiene il freno delle nostre azioni. Conservare le qualità naturali di una bell'anima e per conseguenza porla sotto la protezione di questa Dea severa, senza la quale la più brillante fortuna diviene la più dannosa delle illusioni, come argomenta uno scrittore moderno, era il fine di tante morali massime dei Greci, colle quali raccomandavasi una savia temperanza, ed una prudente moderazione dell'anima.

---

1 Ved. p. 91, 92, 200.
2 Ved. p. 257 seg.

3 Herder, Nemesis, Conservatoire, l. cit., Tom. VI, p. 359, not. 1.

Aggiunge lo scrittor prelodato, che siccome i Greci osservavano le umane cose nel più bel punto di vista, così riguardarono questa virtù come centrale. Infatti il migliore dei loro savi avendo inalzato tutto l'edifizio della morale sulla giustizia, sulla moderazione dei desiderii, o piuttosto sopra un giusto centro dei due estremi, che tutti e due degenerano in vizi; dovette per necessità ricorrere a Nemesi, al suo freno, alla sua misura, per significare questo centro di virtù. Credette bene pertanto il savio di rammentare incessantemente i mali che resultano dallo scostarsi per una parte o per l'altra da questo punto centrale, dove la virtù medesima risiede [1].

Nemesi è in questo senso l'anima stessa che risiede in noi assistita dalla divina mente nel buon uso che far dobbiamo del nostro libero arbitrio. Per esempio di ciò non saprei proporre un più espressivo simbolo [2] di un bel cammeo, esistente nel Museo Britannico [3], dove Nemesi che ha in mano il freno, e che mostra la misura del cubito col braccio alzato [4], ha poi le ali di farfalla alle spalle, indizio certo significativo dell'anima [5], e in capo ha l'elmo di Pallade, significativa anch'essa della divina mente [6].

Nello Specchio della presente XLVI Tav. par che si rappresentino i rimorsi di una depravata coscienza [7], o sieno le triste conseguenze di un'anima che si è scostata dall'indicato centro della virtù: massima che rammentavasi dai

1 Herder, l. cit., p. 390.
2 Ved. ser. vi, tav. F5, num. 4.
3 Mus. Volsleianum., Vol. ii, tav. e p. 15.

4 Ved. p. 315.
5 Ved. ser. i., p. 417.
6 Ved. ser. v, p. 361.
7 Ved. ser. i, p. 545.

Greci come ho già detto, per mezzo delle lettere , e delle
arti, ma con espressioni simboliche ed enigmatiche, praticate in antico dove trattavasi di morale [1]. Lo sviluppo della favola che qui si contiene proverà quanto io dico; e ci
mostrerà nel tempo medesimo che questo soggetto ivi e-
spresso equivale a quello della Nemesi che negli altri Specchi si trova.

Atteone fu divorato dai propri cani, per comando di
Giove, secondo Acusilao citato da Apollodoro, per aver ardito di volere sposar Semele, o piuttosto secondo altri per
aver veduta Diana immersa nuda nel bagno, dalla quale fu
converso in cervo, e così dai propri cani ignorato ed in-
seguito nella selva, e quindi raggiunto e sbranato [2]. Altri
vogliono ch'ei si fosse vantato d'esser più bravo cacciatore di Diana [3]. altri ancora ch'egli osasse pretendere alle
nozze di quella Dea [4]; altri in fine che ardisse di attenta-
re al di lei pudore [5]. Alcune più minute circostanze di questa favola son da me altrove descritte [6].

Qui osserveremo che il fatto comunque narrato, indica
sempre in Atteone uno smisurato orgoglio dalla divinità,
che si nomina comunemente Nemesi, punito severamente.
Diana è veduta nel fonte, cioè si volle indagare le operazioni della natura in ragione delle antiche opinioni sul sistema fisico dell'umidità, e della nascita e riproduzione
delle cose : prerogative attribuite alla luna [7], che è Diana [8],

1 Ved. ser. v, p. 29.

2 Apollodor. lib. iii, cap. iv. § 4,
Op. Tom. i, p. 270.

3 Euripid., Bacch., v. 337 seg.

4 Diod. Sicul., lib. iv , cap. lxxx,
p. 281, Op, tom, i, p 324.

5 Hygin., Fab., cap. clxxx. p. 298.

6 Ved. ser. i, tav. lxv e sua spiegazione.

7 Plutarc., de Isid. et Osir., Op.,
Tom. ii, p. 354.

8 Ved. ser. v, p. 414.

per cui divien cervo Atteone, cioè anelante d'acqua, come dicevasi proverbialmente [1], o cupido di unirsi con Diana, vale a dire di penetrare i segreti della natura al di là di quello ch'era permesso ai mortali; mentre dicevasi che il vedere un Dio o una Dea senza loro espressa volontà era delitto che si pagava assai caro [2]; sopra di che lo Spanemio molti esempi riporta di punizione [3]. Il cervo ha parimente il significato di timore per essere animale timidissimo; dunque Atteone già si conosce per coscienza sacrilego e teme l'ira del cielo. I cani lo straziano, ch'è quanto dire, ch'egli colpito da Nemesi sentesi già lacerare nell' interno dell'anima dai rimorsi di una macchiata coscienza [4].

Qui non si mostra in conto alcuno la metamorfosi di Atteone in cervo, sebbene molti scrittori l'abbiano accennata. Ma pur vi furono alcuni che abbreviarono la favola, e solo dissero che per voler di Diana da Atteone furtivamente veduta ad un fonte, fu egli lacerato dai propri cani che seco aveva, essendo cacciatore [5]. Difatti a mostrare i rimorsi della propria coscienza basta l'accenno che ne danno i cani qui espressi. Il Causeo che riporta questo Specchio tra molti altri nel suo museo romano applica soltanto ad esso la favola di Atteone senza tirarne conseguenza nessuna [6]. Da tutto ciò si desume che sotto la figura del cacciatore Atteone sbranato dai cani si debbano inten-

---

1 Psalm. xli, in princip.

2 Callimac., Hymn., in Lavacr. Pallad., v. 54.

3 Spanhem., in Callimac., l. cit, v. 54, 78, 100.

4 Vico, Scienza nuova, lib. v, et ultim., p. 362.

5 Pausan., lib. ix, cap. ii, p. 714.

6 Caus., Mus. Rom. Tom. ii, sect. iii, tav. xxvii, p. 19.

dere gli effetti di una severa Nemesi sugli animi dei colpevoli [1].

Se vogliamo pertanto giudicare di questi Specchi mistici dalle rappresentanze che essi contengono, potremo dire che essi presentavano agl'iniziati, pei quali facevansi, una doppia istruzione cioè di fisica e di morale. Non mi son dunque allontanato dal vero, dove ho giudicato esser questi i medesimi segni da Cicerone cautamente accennati come oggetti adattati ad istruire appunto gl'iniziati nella fisica [2], nella religione e nella morale [3].

FINE DELLA PRIMA PARTE DELLA SERIE SECONDA

[1] Ved. p. 319, seg.
[2] Ved. p. 84.

[3] Ved. p. 123, 343.

SPECCHI
MISTICI

PARTE PRIMA

DELLA SERIE SECONDA

DEI

MONUMENTI ETRUSCHI

POLIGRAFIA FIESOLANA

DAI TORCHI DELL'AUTORE

MDCCCXXIV.

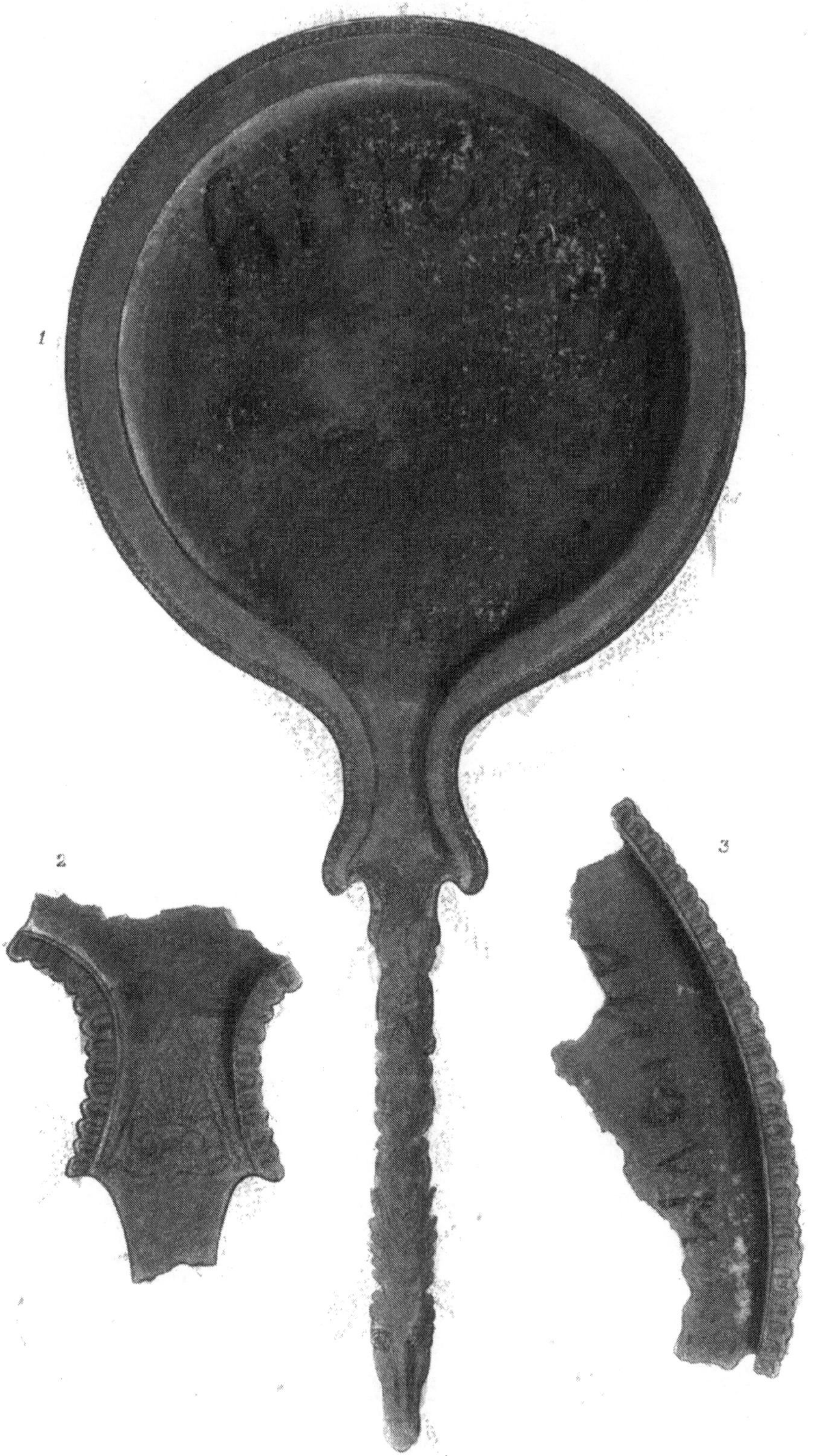

1 2 3

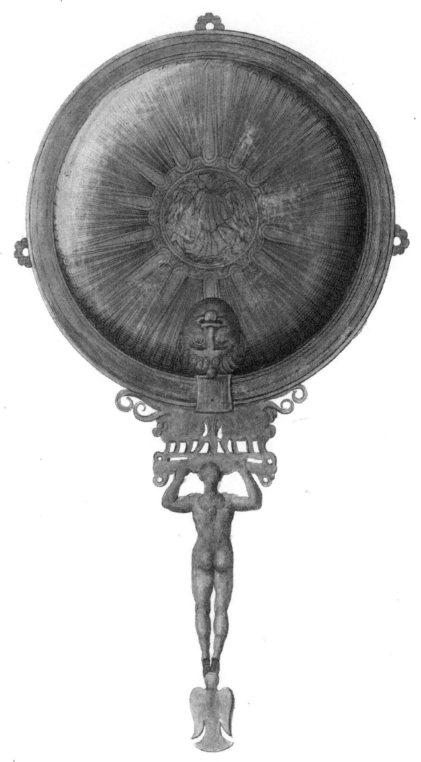

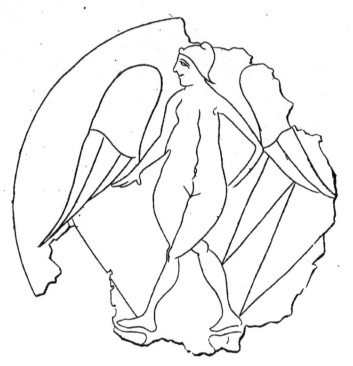

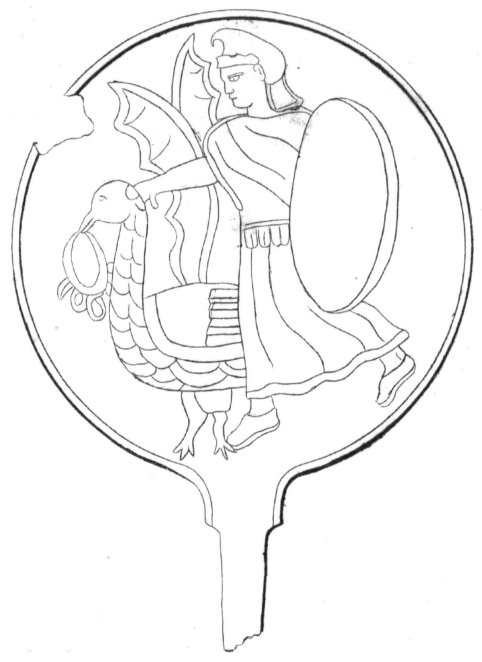

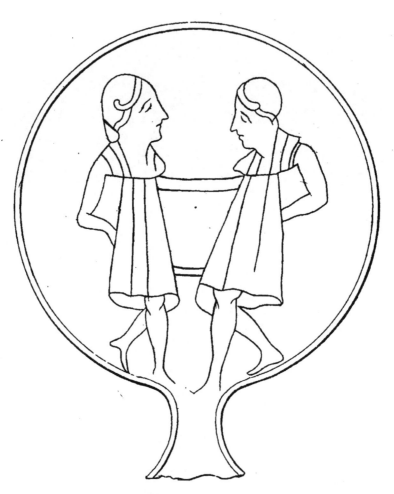

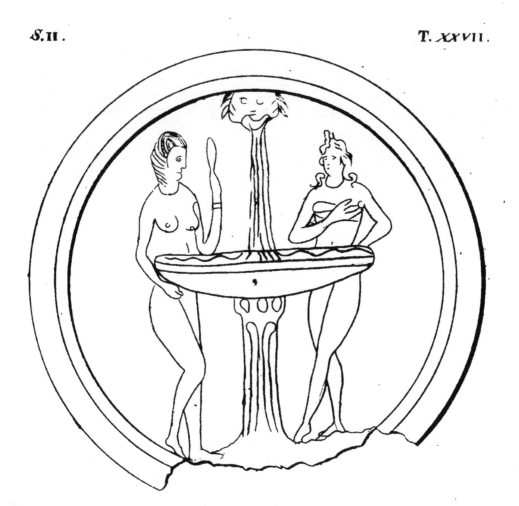

1

C SER   VAC.

2

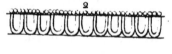

3

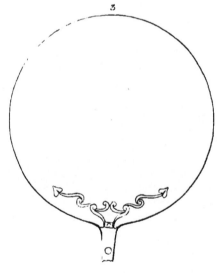

FRONTO·MINER·VAE·D·D

Lightning Source UK Ltd.
Milton Keynes UK
UKHW030104220421
382415UK00006B/248